U0895783

山海经 彩图版

秦国伟　安百连 ◎ 主编

江苏凤凰科学技术出版社 · 南京

序言

泛览周王传，流观山海图

“地之所载，六合之间，四海之内，照之以日月，经之以星辰，纪之以四时，要之以太岁。神灵所生，其物异形，或夭或寿，唯圣人能通其道。”

《山海经》是一部集地理志、方物志、民俗志于一体的上古奇书。全书共三万一千字，记载了约四十个邦国、五百五十座山、三百条水道、一百多个历史人物。《山海经》涉及神话、宗教、历史、民族、天文、地理、动物、植物和医药等方面的内容。

《山海经》中展示很多宗教祭祀活动。书中每一小节的后面，都记载有对某些山神的不同礼典和巫师祠祭时的景象。如《南山经》末尾："其祠皆一白狗祈，糈用稌。"此外，书中还描写一些奇形怪状的怪兽:有的兽身人面，有的鹿身蛇尾，有的鸟身龙首，有的人面三首。

《山海经》书中还有神仙谱系的记录，如帝俊、炎帝、黄帝等人的神谱。上古时期，神话与历史同出一源，神话便是历史的反映。将其他古书中记载的帝王谱系与《山海经》对照，我们就会发现一个有趣的事实：神话与历史是同步的。因此《山海经》对研究和考证上古历史具有重要意义。

整部《山海经》，可以说是一部神话性质的地理书。《山海经》分别从东、西、南、北各个方向记述了上古的山川、河流。此外，还介绍了海内、海外的很多邦国。通过这些记述，足以绘制出一幅展现上古风貌的地图。

《山海经》给我们展示了丰富的民族学方面的知识，这些知识带有神话色彩，像不死民、三首国、长臂国、丈夫国、一目国、夸父国、跂踵国、犬封国、黑齿国，等等。这些民族都是现实不存在的、虚构的，所以，只能属于神话的民族学范围。

《山海经》所记的奇禽怪兽、异草珍木，不胜枚举。这些奇异的动物和植物，各自有其医疗效用，能治各种常见和不常见的病症。例如（育沛）佩之无瘕疾、（玄龟）佩之不聋。

“《山海经》匪特史地之权舆，亦乃神话之渊府。”《山海经》是后世诸多神话的源本。如夸父逐日、女娲补天、后羿射日、黄帝大战蚩尤、大禹治水等上古神话都来源于《山海经》。

《山海经》的真正作者到底是谁？至今众说纷纭。传说是大禹、伯益所作。学术界比较流行的说法有：作者不明说、南方楚人作说、巴蜀人作说、出于众人之手说。今人袁珂则确切地说明：“以今考之，实非出一时一人之手，当为战国至汉初时楚人所作。”更有甚者认为《山海经》并非中国人所作，可能是古印度或古巴比伦人所作。

《山海经》的确切成书年代至今没有被考证出来，大多数古代学者认为此书“出于唐虞之际”。据现代许多学者研究，《山经》和《海经》自成系统，其成书年代也各不相同，大抵《山经》是战国初或中期之作，《海经》则稍晚，但不会在秦统一以后。至于《海经》里某些秦汉郡县名和个别神仙方术之言，则当是流传过程中由后人加入的。

古之为书，有图有文，图文并举是中国的古老传统。《山海经》的母本最早也是有配图的。毕沅在《山海经古今本篇目考》中指出：“《山海经》有古图，有汉所传图，有梁张僧繇等图。”但是，随着时间的流逝，《山海经》的原图被淹没在历史的长河中。我们现在所见《山海经》的图多是明清时期的人根据《山海经》内容所绘制的。

本书对《山海经》进行了系统而全面的展示。首先，原文、译文、注释三者相对照，让读者毫不费力读懂《山海经》原文。其次，考证出山川、河流、国家的现今地理位置。最后，本书选配数百幅明清手绘动物、人物图，并进行上色，将读者带入《山海经》的神奇世界。

阅读导航

本书以图解的形式对《山海经》进行全新编写，除了必不可少的原文、译文、注释外，添加了《山海经》地名考和动物考，解决了长久以来困扰读者的《山海经》之谜。根据现代人的阅读习惯，本书将明清手绘线稿进行上色，将书中涉及的奇异动物、植物一一展现在读者眼前。

猨翼之山、杻阳之山

	矿物	植物	动物
猨翼山	白玉	怪木	怪鱼　蝮虫　怪蛇
杻阳山	赤金　白金	棪木	鹿蜀　玄龟

【原文】

又东三百八十里，曰猨（yuán）翼之山，其中多怪兽，水多怪鱼，多白玉，多蝮（fù）虫①(huǐ)，多怪蛇②，多怪木，不可以上。

又东三百七十里，曰杻(niǔ)阳之山，其阳多赤金③，其阴多白金④。有兽焉，其状如马而白首，其文⑤如虎而赤尾，其音如谣⑥，其名曰鹿蜀⑦，佩之⑧宜子孙。怪水出焉，而东流注于宪翼之水。其中多玄⑨龟，其状如龟而鸟首虺(huǐ)⑩尾，其名曰玄龟⑪，其音如判木⑫，佩之不聋，可以为⑬底⑭。

【译文】

再向东三百八十里，是猨翼山。山上有许多怪异的野兽，水中有许多怪异的鱼，还盛产白玉，有很多蝮虫、很多奇怪的蛇、很多奇怪的树木，人是不可攀登上去的。

再向东三百七十里，是杻阳山。山南面盛产黄金，山北面盛产白银。杻阳山上的鹿蜀，形状像马，白头、红尾，通身是老虎的斑纹，鹿蜀的鸣叫像是有人在唱歌。据说谁佩戴上它的皮毛，谁就可以子孙满堂。怪水从这座山发源，向东流入宪翼水。水中有很多黑色的龟，这种龟外形像普通乌龟，却长着鸟一样的头和蛇一样的尾巴，名叫玄龟，叫声像劈开木头时发出的响声，佩戴上它就能使人的耳朵不聋，还可以治愈脚底老茧。

【注释】

①蝮虫：见图。
②怪蛇：见图。
③赤金：就是上文所说的黄金，指未经提炼过的赤黄色沙金。
④白金：即白银，这里指未经提炼过的银矿石。以下同此。
⑤文：斑纹
⑥谣：不用乐器伴奏的歌唱。
⑦鹿蜀：见图。
⑧佩之：这里指佩戴鹿蜀的皮毛。
⑨玄：黑色。
⑩虺：毒蛇。
⑪玄龟：见图。
⑫判木：劈开木头。
⑬为：治理。这里是医治、治疗的意思。
⑭底：这里与“胝”的意思相同，就是手掌或脚底因长期摩擦而生的厚皮，俗称“老茧”。

40

原文展示

《山海经》的原文文字简洁明了，寥寥几字展现近百里山河面貌，是不得不读的经典。

通俗译文

将生涩难懂的古文用通俗易懂的白话文进行翻译，保证所有人都能读懂《山海经》。

重点注释

将原文中难以理解的字、词进行解释。其中包含丰富的历史、地理、生物知识，是读者不容错过的板块。

《山海经》地理考

结合历代名家和当代学者的研究成果，考证《山海经》文中出现的地名、山名、水名，解决读者心中的困惑。

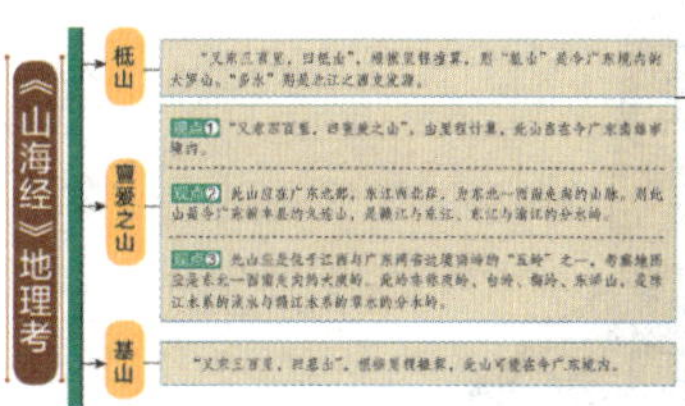

《山海经》动物考

展示文中动物的同时，详细介绍这些奇异动物的性质、形状、声音、产地和今名，读者可以更深入了解这些动物。

明清手绘图

选用明清手绘线稿进行上色，将《山海经》中出现的奇怪动物用图片形式展示出来。

目录

南禺之山：龙身人面神

【第一卷】南山经

南山首经

南次二经

南次三经

【第二卷】西山经

西山首经

西次二经

西次三经

西次四经

【第三卷】北山经

北山首经

北次二经

北次三经

【第四卷】东山经

东山首经

东次二经

中次十经

中次十一经

中次十二经

【第六卷】海外南经

【第七卷】海外西经

【第八卷】海外北经

【第九卷】海外东经

【第十卷】海内南经

【第十一卷】海内西经

【第十二卷】海内北经

【第十三卷】海内东经

【第十四卷】大荒东经

【第十五卷】大荒南经

【第十六卷】大荒西经

【第十七卷】大荒北经

【第十八卷】海内经

《山海经》的基本构成

《山海经》分18卷，大体上分为山、海、荒三种文化体系，每一种体系又具有相对独立的内容。即《五臧山经》为一种系统，《海外经》《海内经》为一种系统；《大荒经》，包括《海内经》另为一种系统。

山经系统

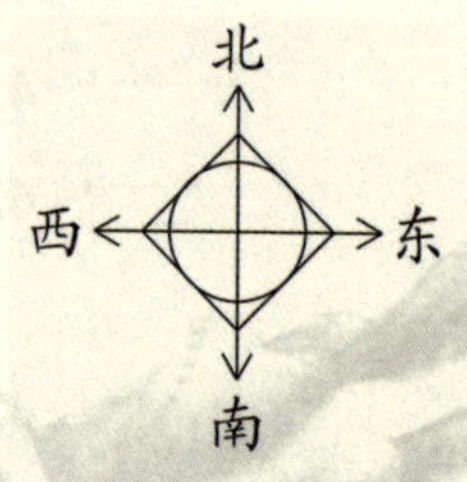

《北山经》的大致范围西起今内蒙古腾格里沙漠，东抵河北中部，即《山经》中所提的大河河水下游，北抵内蒙古阴山以北，北纬43°迤北一线。

《西山经》的大致范围北至今宁夏盐池西北、陕西榆林东北一线，西南至甘肃鸟鼠山、青海青海湖，西北可能到达新疆的东南角（不包括罗布泊以西、以北）。

《中山经》的范围从西南到达四川盆地的西北边缘。

《东山经》的范围东抵今山东成山角，北起莱州湾，南抵安徽濉河。

著名学者谭其骧认为《南山经》的大致范围东起今浙江舟山群岛，西至湖南西部，南至广东南海（不包括今广西、贵州、云南、海南和广东西南部一带）。

海经与大荒经系统

《海经》包括“海内”“海外”“大荒”三部分。“海内”与“海外”不能理解为本土与海外。“海内”指的是“五服”中甸服、侯服、绥服等地区；而“海外”或“大荒”指要服与荒服。

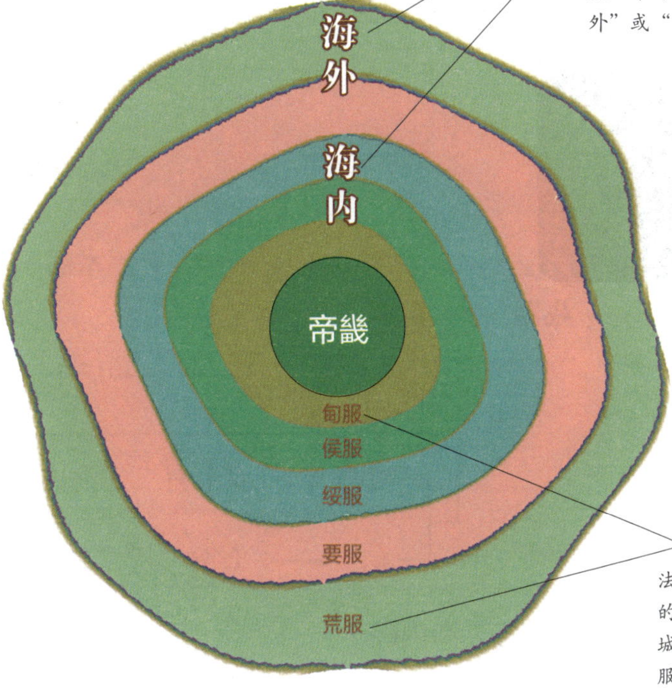

海外

海内

帝畿

甸服

侯服

绥服

要服

荒服

五服是古代一种地域划分方法，古人对整个国家地域没有确切的认识，于是就根据帝畿（帝王都城）的远近划分了“五服”，即甸服、侯服、绥服、要服和荒服。

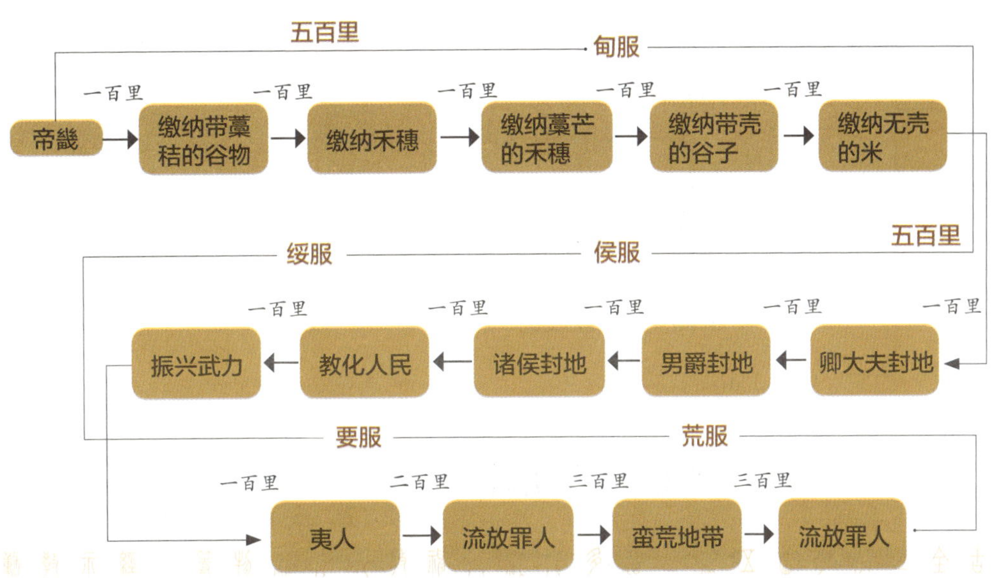

《山海经》中的帝王谱系

《山海经》不仅涉及历史、民族、天文、地理、动物、植物和医药等内容，而且涉及少昊、帝俊、黄帝、颛顼、炎帝和大皞等谱系的内容。谱系是记述宗族世系或同类事物历代系统的书，《山海经》中关于炎帝、黄帝、帝俊三人的谱系内容相当丰富。

炎帝谱系

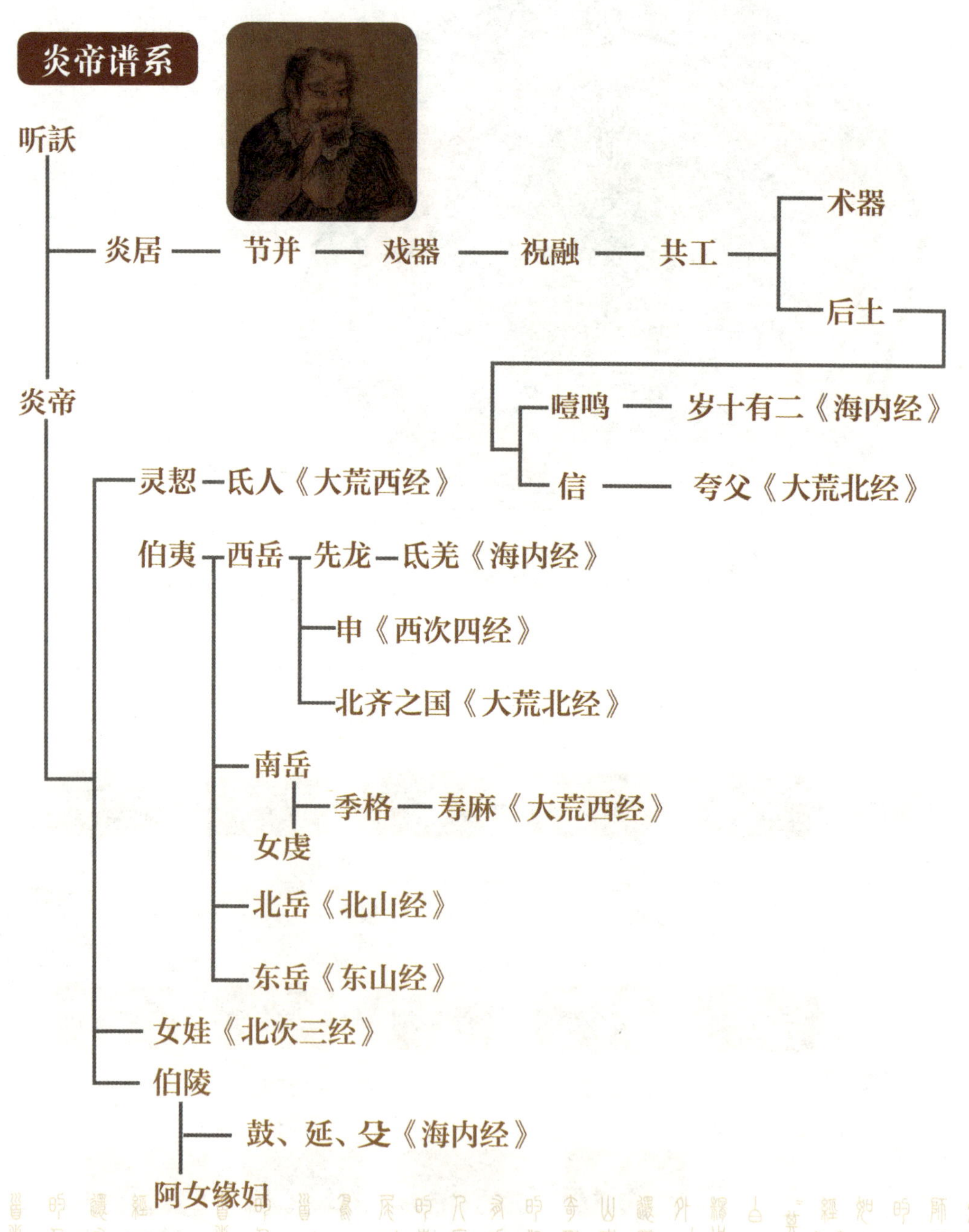

黄帝谱系

- 黄帝
  - 昌意 —— 韩流 —— 颛顼
    - 伯服《大荒南经》
    - 老童 —— 祝融（重黎） 太子长琴《大荒西经》
    - 驩头 —— 苗民《大荒北经》
    - ……………… 淑士《大荒西经》
    - ……………… 中轮《大荒北经》
    - ……………… 叔歜《大荒北经》
    - ……………… 季禺《大荒南经》
  - 骆明 —— 白马
    - 禹
      - 启《海内经》
      - 均国—役采—修鞈《大荒南经》
    - 炎融—驩头《大荒北经》
  - 禺虢—禺京《大荒东经》
  - 均始—北狄— 《大荒西经》
  - 苗龙—祝吾—弄明—犬戎《大荒北经》

帝俊谱系

- 帝俊
  - 帝鸿 —— 白民《大荒东经》
  - 中容《大荒东经》
  - 晏龙—司幽《大荒东经》
  - 季厘《大荒南经》
  - 后稷《大荒西经》
  - 台尔—叔均（姬姓）
  - 黑齿《大荒南经》
  - 禺号—淫梁—番禺—奚仲—吉光《海内经》
  - 三身—义均《海内经》
  - 十日《大荒南经》
  - 十二月《大荒西经》

《山海经·山经》图鉴

白猿（P39）

狌狌能言（P39）

蝮虫（P41）

鹿蜀（P41）

玄龟（P41）

猼訑（P43）

鵸鵌（P43）

灌灌（P45）

九尾狐（P45）

鸟身龙首神（P45）

狸力（P49）

鴸鸟（P49）

长右（P49）

鮆鱼（P51）

彘（P51）

䍺（P53）

蛊雕（P55）

龙身鸟首神（P55）

虎蛟（P59）

瞿如（P59）

凤皇（P59）	兕（P59）	鳟鱼（P61）	颙（P63）
龙身人面神（P65）	羬羊（P71）	螐渠（P71）	肥𧔥（P71）
赤鷩（P73）	葱聋（P73）	䳋（P73）	㸲牛（P73）
肥遗（P75）	鲑鱼（P75）	人鱼（P77）	豪彘（P77）
橐𩇯（P79）	尸鸠（P79）	猛豹（P79）	嚻（P79）

熊（P81） 罴（P81） 白翰（P81） 谿边（P83）

玃如（P83） 数斯（P83） 鹦䳇（P85） 犛（P85）

鸓（P85） 羭山神（P87） 鸾鸟（P93） 凫徯（P93）

朱厌（P95） 飞兽之神（P97） 人面马身神（P97） 麋（P97）

鹿（P97） 举父（P101） 蛮蛮（P101） 鼓（P105）

文鳐鱼（P105） 鵕鸟（P105） 英招（P107） 天神（P107）

陆吾（P109） 土蝼（P109） 钦原（P109） 长乘（P111）

西王母（P111） 䱻鱼（P111） 白帝少昊（P113） 毕方（P113）

狰（P113） 三青鸟（P115） 天狗（P115） 鸱（P115）

獓㹻（P115） 蓐收（P117） 讙（P117） 帝江（P117）

鵸鵌（P117） 当扈（P123） 白鹿（P123） 白狼（P125）

白虎（P125） 神䰠（P125） 蛮蛮（P127） 冉遗鱼（P127）

駮（P127） 穷奇（P129） 鳋鱼（P129） 絮魮鱼（P129）

蠃鱼（P129） 人面鸮（P131） 孰湖（P131） 滑鱼（P137）

水马（P137） 䑏疏（P139） 鵸鵌（P139） 何罗鱼（P139）

儵鱼（P139） 孟槐（P139） 鳛鳛鱼（P141） 橐驼（P141）

寓（P141） 耳鼠（P143） 幽鴳（P143） 孟极（P143）

白鵺（P145） 鵁（P145） 足訾（P145） 诸犍（P145）

那父（P147） 竦斯（P147） 长蛇（P149） 赤鲑（P149）

窫窳（P149） 鱢鱼（P151） 鮨鱼（P151） 山𤟤（P151）

诸怀（P151） 肥遗（P153） 龙龟（P153） 狕（P153）

闾麋（P157） 䮝马（P159） 居暨（P161） 嚻（P161）

人面蛇身神（P163） 驒（P167） 鴺（P167） 鶌鶋（P169）

天马（P169） 飞鼠（P169） 领胡（P171） 鮨父鱼（P171）

象蛇（P171） 酸与（P173） 黄鸟（P175） 鸪鸐（P175）

白蛇（P177）
精卫（P177）
鳠（P179）
黾（P179）
辣辣（P183）
罴（P187）
大蛇（P189）
廿神（P189）
十四神（P189）
十神（P189）
箴鱼（P195）
鳙鳙之鱼（P195）
蚩鼠（P195）
从从（P195）
鱤鱼（P197）
蠕P199）
人身龙首神（P199）
狪狪（P199）
軨軨（P203）
珠蟞鱼（P203）

犰狳（P205）

朱獳（P205）

獙獙（P207）

蠪侄（P209）

絜钩（P209）

峳峳（P209）

人面兽身神（P209）

犭妴胡（P213）

鳣（P213）

鲔（P213）

蠵龟（P215）

精精（P215）

鮯鮯鱼（P215）

人身羊角神（P215）

茈鱼（P219）

獦狚（P219）

鬿雀（P219）

鱃鱼（P219）

薄鱼（P221）

当康（P221）

鮹鱼（P221） 合窳（P223） 蜚（P223） 𪕹（P229）

豪鱼（P229） 飞鱼（P233） 朏朏（P233） 鹖（P239）

鸣蛇（P239） 化蛇（P241） 蠪蚳（P241） 人面鸟身神（P243）

马腹（P243） 熏池（P247） 夫诸（P247） 魋武罗（P247）

鴢（P247） 飞鱼（P249） 泰逢（P249） 麐（P253）

獭（P253）

人面兽身神（P257）

驮鸟（P261）

䰠武罗（P265）

骄虫（P269）

鸰鹦（P269）

旋龟（P273）

脩辟鱼（P273）

犛牛（P287）

豹（P287）

蟲围（P287）

鲛鱼（P287）

鼍（P295）

夔牛（P295）

《山海经·海经》图鉴

梁渠（P314）　结匈国（P327）　无启国（P341）

烛阴（P341）　奢比尸（P349）　大人国（P349）

君子国（P349）　枭阳国（P355）

北
西
东
南

【第一卷】

南山经

《南山经》共有三篇，包括《南山首经》《南次二经》和《南次三经》。这三篇经文主要叙述了位于中国南方的一系列山系。这些山川河流大致位于今天的浙江舟山群岛以西、湖南西部以东、广东南海以北的地域中。

此外，《南山经》中还介绍了各个山上出产的植物、动物、矿物，尤其详细介绍了山中动物、植物的形状特点。《南山经》共叙述了三十九座山，在古人的自然崇拜观念中，每座山都是由山神掌管的，这些山神形态各异，有的是鸟身龙首，有的是龙身鸟首，还有的是龙身人面。不同的山神有不同的祭祀方式，或用太牢，或用少牢，或用雄鸡，或用玉璧。

北
西
东
南

南山首经

《南山经》开篇原无标题，为了与以下《南次二经》《南次三经》名称相匹配，编者加『南山首经』为标题。《西山经》《北山经》《东山经》《中山经》同此，分别加《西山首经》《北山首经》《东山首经》《中山首经》等标题。

《南山首经》中描述了招瑶山、堂庭山、猨翼山等九座山。这九座山物产丰富，随处分布着黄金、白玉；这些山上还长着不少珍奇草木，有一种形似韭菜的祝馀草，人吃了这种草可以不知饥饿；还有一种树木，形态像构树，有黑色的纹理，它的花光华照耀四方，这种树名叫迷榖，人佩带它在身上就不会迷失方向。山上还有很多形态奇特的怪兽，如：有一种神兽叫『鹿蜀』，样子像马，长着白色的脑袋、红色的尾巴，身披虎纹，叫起来就像人在唱歌；还有一种玄龟，样子像乌龟，却长着鸟一样的头和蛇一样的尾巴，叫起来像劈木头的声音。

除山外，《南山首经》还介绍了发源于这九座山上的河流，其中包括发源于招瑶山的丽麂水、发源于阳山的怪水、发源于青丘山的英水等九条河流。

《南山首经》中描述的山川河流大都难以考证，据学者推测，它们大致在今广东、广西、福建境内。通过阅读《南山首经》中光怪陆离的文字，我们可以初步了解古人原始的世界观与地域观。

招瑶之山、堂庭之山

	矿物	植物	动物
招瑶山	金玉	祝馀　迷榖　育沛	狌狌
堂庭山	水玉　黄金	棪木	白猿

【原文】

南山经[①]之首曰鹊山。其首曰招瑶之山，临于西海之上。多桂[②]多金玉[③]。有草焉，其状如韭而青华，其名曰祝馀，食之不饥。有木焉，其状如榖（gǔ）[④]而黑理[⑤]，其华[⑥]四照。其名曰迷榖[⑦]，佩之不迷。有兽焉，其状如禺[⑧]而白耳，伏行人走，其名曰狌（xīng）狌[⑨]，食之善走。丽麂（jī）之水出焉，而西流注于海，其中多育沛[⑩]，佩之无瘕（jiǎ）疾。

又东三百里，曰堂庭之山，多棪（yǎn）木，多白猿，多水玉，多黄金。

【译文】

《南山经》的第一个山系叫作鹊山山系。鹊山山系的第一座山是招瑶山，招瑶山滨临西海，山上遍生桂树，盛产黄金、美玉。山上长着一种形似青色韭菜的祝馀草，人吃了这种草可以不知饥饿。山中有一种树木，形态像构树，有黑色的纹理，它的花光华照耀四方，这种树名叫迷榖，人佩带它在身上就不会迷失方向。山中有一种野兽，像猿猴，长着一双白色的耳朵，既能爬行，又能像人一样直立行走，名叫狌狌，吃了它的肉可以使人跑得飞快。丽麂水从这座山上发源，向西注入大海，水中有许多叫作育沛的东西，人佩带它在身上就不会生鼓胀病。

向东三百里的地方，就是堂庭山。这座山上生长着茂盛的棪木，生长着很多白色猿猴，还生长着许多水玉。山中还蕴藏着很多黄金。

【注释】

①经：经典或某些专门性的著作。一说指经历，一说是衍文。

②桂：桂花树，为木犀科多年生常绿灌木或小乔木。

③金玉：这里指未经过提炼和磨制的天然金属矿物和玉石。以下同此。

④榖：即构树，落叶乔木，长得很高大，适应性强。木材可作为器具等用，而树皮可作为桑皮纸的原料。

⑤理：纹理。

⑥华：通“花”。

⑦迷榖：传说中的一种植物。一说指榖树，一说指雌性榖树。

⑧禺：传说中的一种野兽，像猕猴而大一些，红眼睛，长尾巴。

⑨狌狌：见图。

⑩育沛：不详何物。一说指琥珀或琥珀类的东西；一说指玳瑁，一种外形像龟的爬行动物，生活在海洋里。

《山海经》地理考

丽麂之水

观点1 “丽麂之水”出于“招瑶之山”，因此，可考此水是今广东的连江。此江发源于广东连州市星子圩磨面石，在英德市连江口镇汇入北江。

观点2 “招瑶之山”若是猫儿山，则丽麂之水当是发源于猫儿山之漓江。此江位于广西壮族自治区东北部，全长426千米。

观点3 “丽麂之水出焉，而西流注于海”，因此，由“丽麂之水”注入北部湾推知，此水指位于今广西的钦江。此江发源于广西灵山县平山镇白牛岭。

西海

观点1 “招瑶之山，临于西海之上”，因此，“招瑶之山”的大体位置是今广西桂林附近古时的水泽，现已淹没不存。

观点2 此海即今之北部湾，旧称东京湾。因其海面在雷州半岛之西与海南岛之西，故称西海，是位于南中国海西北部分沿陆封闭式的海湾。

招瑶之山

观点1 此山地处湘粤交界之处，即今之广东连县北上的方山。此山由99峰组成，海拔649米。

观点2 此山大体是中国广西东南部的东北—西南走向的一座山脉，广西的十万大山与此相符。

鹊山

观点1 此山可能是地处广东、广西、湖南、江西四省区交界处之山脉，因此，横跨粤、黔、湘、赣的南岭山脉最为可能。

观点2 从另一方面考证此山可能在广西西北，即广西漓江上游的猫儿山。系五岭之一的越城岭主峰，因山顶峰形似蹲伏的猫儿而得名。

《山海经》动物考

白猿
明 胡文焕图本

狌狌能言
清 萧从云《钦定补绘离骚图·天问》

兽名	性质	形状及声音	产地	今名
狌狌	伏行人走，食之善走	如禺，白耳	招瑶之山	猩猩
白猿	善于攀援	长长的四肢，叫声悲凉	堂庭之山	猿猴

猨翼之山、杻阳之山

	矿物	植物	动物
猨翼山	白玉	怪木	怪鱼　蝮虫　怪蛇
杻阳山	赤金　白金	棪木	鹿蜀　玄龟

【原文】

又东三百八十里，曰猨（yuán）翼之山，其中多怪兽，水多怪鱼，多白玉，多蝮（fǔ）虫[①]（huǐ），多怪蛇[②]，多怪木，不可以上。

又东三百七十里，曰杻（niǔ）阳之山，其阳多赤金[③]，其阴多白金[④]。有兽焉，其状如马而白首，其文[⑤]如虎而赤尾，其音如谣[⑥]，其名曰鹿蜀[⑦]，佩之[⑧]宜子孙。怪水出焉，而东流注于宪翼之水。其中多玄[⑨]龟，其状如龟而鸟首虺（huǐ）[⑩]尾，其名曰玄龟[⑪]，其音如判木[⑫]，佩之不聋，可以为[⑬]底[⑭]。

【译文】

再向东三百八十里，是猨翼山。山上有许多怪异的野兽，水中有许多怪异的鱼，还盛产白玉，有很多蝮虫、很多奇怪的蛇、很多奇怪的树木，人是不可攀登上去的。

再向东三百七十里，是杻阳山。山南面盛产黄金，山北面盛产白银。杻阳山上的鹿蜀，形状像马，白头、红尾，通身是老虎的斑纹，鹿蜀的鸣叫像是有人在唱歌。据说谁佩戴上它的皮毛，谁就可以子孙满堂。怪水从这座山发源，向东流入宪翼水。水中有很多黑色的龟，这种龟外形像普通乌龟，却长着鸟一样的头和蛇一样的尾巴，名叫玄龟，叫声像劈开木头时发出的响声，佩戴上它就能使人的耳朵不聋，还可以治愈脚底老茧。

【注释】

①蝮虫：见图。
②怪蛇：见图。
③赤金：就是上文所说的黄金，指未经提炼过的赤黄色沙金。
④白金：即白银，这里指未经提炼过的银矿石。以下同此。
⑤文：斑纹
⑥谣：不用乐器伴奏的歌唱。
⑦鹿蜀：见图。
⑧佩之：这里指佩戴鹿蜀的皮毛。
⑨玄：黑色。
⑩虺：毒蛇。
⑪玄龟：见图。
⑫判木：劈开木头。
⑬为：治理。这里是医治、治疗的意思。
⑭底：这里与“胝”的意思相同，就是手掌或脚底因长期摩擦而生的厚皮，俗称“老茧”。

《山海经》地理考

猨翼之山

观点❶ “又东三百八十里，曰猨翼之山”，按照里程计算，此山可能是位于广东与广西的交界处的云开大山。此山东北—西南走向，北起广东广西交界的西江南岸，余脉南至广东的廉江市。

观点❷ 堂庭之山若在今，在今湖南境内。由此推之，东三百八十里的“猨翼之山”亦在今湖南境内。

杻阳之山

观点❶ “又东三百七十里，曰杻阳之山”，由此推知，“杻阳之山”当是今广东连县北的方山。

观点❷ “杻阳之山”当即矩形山，在北江、西江之间，北起花山，西起大鼎山。此山当为广东的鼎湖山。此山位于肇庆市区东北18千米，岭南四大名山之首。

宪翼之水

广东西江与北江汇于三水县，然后向东南分为多支，其形有如鸟翼之伸张，似乎与“宪翼之水”命名方式相吻合。

怪水

所谓“怪水”可能是因三方水会聚而东注，旋又分为三支，形如鸟之伸翼，此种情况甚为少见。广东的北江及其支流连江与此种情况吻合。

《山海经》动物考

蝮虫 明 蒋应镐绘图本

怪蛇 明 蒋应镐绘图本

鹿蜀 明 蒋应镐绘图本

玄龟 清 毕沅图本

兽名	性质	形状及声音	产地
蝮虫		鼻子上长有针刺	猨翼之山
鹿蜀	佩之宜子孙	如马，白首，虎文，音如谣	杻阳之山
玄龟	佩之不聋，可以为底	如龟，鸟首，虺尾，音如判木	杻阳之山

柢山、亶爰之山、基山

	矿物	植物	动物
柢山			鯥
亶爰山			类
基山	玉	怪木	猼訑　鹇鸺

【原文】

又东三百里，曰柢（dǐ）山，多水，无草木。有鱼焉，其状如牛，陵居，蛇尾有翼，其羽[①]在魼（qū）[②]下，其音如留牛[③]，其名曰鯥（lù），冬死[④]而夏生，食之无肿[⑤]疾。

又东四百里，曰亶爰（dǎn yuán）之山，多水，无草木，不可以上。有兽焉，其状如狸[⑥]而有髦（máo）[⑦]，其名曰类[⑧]，自为牝（pìn）牡[⑨]，食者不妒。

又东三百里，曰基山，其阳多玉，其阴多怪木，有兽焉，其状如羊，九尾四耳，其目在背，其名曰猼訑（bóshī）[⑩]，佩之[⑪]不畏。有鸟焉，其状如鸡而三首、六目、六足、三翼，其名曰鹇鸺（chǎng fū）[⑫]，食之无卧[⑬]。

【译文】

再向东三百里，是柢山，山间多流水，没有花草树木。有一种长得像牛的鱼，栖息在山坡上，长着蛇一样的尾巴而且有翅膀，而翅膀长在肋骨上，鸣叫的声音像犁牛，这种鱼叫鯥，它冬天冬眠、夏天复苏，吃了它的肉就能使人不生毒疮。

再向东四百里，是亶爰山，山间多流水，但不生长草木，不可攀登。山上有种奇特的野兽，形体像野猫，头生长发，名叫类。这种野兽，一身具有雄、雌两体，人们若吃了这种野兽的肉，就不会产生妒忌。

再向东三百里的地方，叫作基山，山的南坡遍布玉石，山的北坡多产奇花异草。山中生长着一种兽，形体似羊，生有四耳九尾，两只眼睛长在背上，这种兽叫作猼訑。佩戴猼訑的皮毛可使人勇气倍增，无所畏惧。山上还有一种鸟，长相似鸡，却有三个头、六只眼睛、六只脚、三个翅膀，叫作鹇鸺。人们倘若吃了它的肉，就可以不知疲劳。

【注释】

①羽：鸟虫的翅膀。

②魼：即“胠”的同声假借字，指腋下胁上部分。

③留牛：可能就是本书另一处所讲的犁牛。据古人讲，犁牛身上的纹理像老虎的斑纹。

④冬死：指冬眠，也叫冬蛰。一些动物在过冬时处在昏睡不动的状态中，好像死了一般。

⑤肿：毒疮。

⑥狸：哺乳动物；又叫山猫，毛棕黄色，有黑色斑纹。

⑦髦：下垂至眉的长发。

⑧类：动物名称。

⑨牝：鸟兽的雌性。这里指雌性器官。牡：鸟兽的雄性。这里指雄性器官。

⑩猼訑：见图。

⑪佩之：这里指佩戴猼訑的毛皮。

⑫鹇鸺：见图。

⑬无卧：不知疲劳。

《山海经》地理考

柢山

“又东三百里，曰柢山”，根据里程推算，则“柢山”是今广东境内的大罗山。“多水”则是北江之西支发源。

亶爰之山

观点1 “又东四百里，曰亶爰之山”，由里程计算，此山当在今广东南雄市境内。

观点2 此山应在广东北部，东江西北岸，为东北—西南走向的山脉。则此山是今广东新丰县的九连山，是赣江与东江、东江与滃江的分水岭。

观点3 此山应是位于江西与广东两省边境南岭的“五岭”之一，考察地图应是东北—西南走向的大庾岭。此岭亦称庾岭、台岭、梅岭、东峤山，是珠江水系的浈水与赣江水系的章水的分水岭。

基山

“又东三百里，曰基山”，根据里程推算，此山可能在今广东境内。

《山海经》动物考

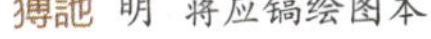

猼訑　明　蒋应镐绘图本

鵸鵂　明　蒋应镐绘图本

兽名	性质	形状及声音	产地
鯥	冬死夏生，食之无肿疾	如牛，陵居，蛇尾有翼，羽在魼下，音如留牛	柢山
类	自为牝牡，食者不妒	如狸，有髦	亶爰之山
猼訑	佩之不畏	如羊，九尾四耳，目在背	基山
鵸鵂	食之无卧	如鸡，三首，六目，六足，三翼	基山

青丘之山、箕尾之山

	矿物	动物
青丘山	青雘　玉	九尾狐　灌灌　赤鱬
箕尾山	沙石　白玉	

【原文】

又东三百里，曰青丘之山，其阳多玉，其阴多青雘(huò)①。有兽焉，其状如狐而九尾②，其音如婴儿，能食人；食者不蛊。有鸟焉，其状如鸠③，其音若呵④，名曰灌灌⑤，佩之不惑。英水出焉，南流注于即翼之泽。其中多赤鱬(rú)⑥，其状如鱼而人面，其音如鸳鸯⑦，食之不疥⑧。

又东三百五十里，曰箕(jī)尾之山，其尾踆(cún)于东海，多沙石。汸(fāng)水出焉，而南流注于淯(yù)，其中多白玉。

凡鹊山之首，自招瑶之山，以至箕尾之山，凡十山，二千九百五十里。其神状皆鸟身而龙首。其祠⑨之礼：毛⑩用一璋⑪玉瘗(yì)⑫，糈(xǔ)⑬用稌(tú)⑭米，一璧稻米，白菅⑮为席。

【译文】

再向东三百里，是青丘山，山南阳面盛产玉石，山北多出产青雘。山中有一种野兽，长得像狐狸却长着九条尾巴，叫声与婴儿啼哭相似，爱吃人；吃了它的肉就能使人不中妖邪毒气。还有一种禽鸟，长得像斑鸠，鸣叫的声音如同人在互相斥骂，名叫灌灌，把它的羽毛插在身上，能使人不迷惑。英水从这座山发源，然后向南流入即翼泽。泽中有很多赤鱬，长得像普通的鱼，却有一副人的面孔，发出的声音如同鸳鸯鸟在叫，吃了它的肉就能使人不生疥疮。

再向东三百五十里的地方，叫作箕尾山，这座山的尾部踞于东海之中，山中多沙石。山中流出的河叫作汸水，向南流去，注入淯水，其中盛产白玉。

鹊山山系，从首座招瑶山到箕尾山，共计有十座山，总长二千九百五十里。每座山山神的形状都是鸟的身子、龙的头。祭祀山神的仪式是把畜禽和璋一起埋入地下，祀神用一块璧，米用稻米，用白茅草来做神的座席。

【注释】

①青雘：一种颜色很好看的天然涂料。
②狐而九尾：即九尾狐，见图。
③鸠：即斑鸠，一种体形似鸽子的鸟。
④呵：大声呵斥。
⑤灌灌：见图。
⑥赤鱬：见图。
⑦鸳鸯：一种雌雄同居同飞而不分离的鸟，羽毛色彩绚丽。
⑧疥：疥疮。
⑨祠：祭祀。
⑩毛：指祭祀所用的毛物，即猪、羊、狗、鸡等家养畜禽。
⑪璋：古时一种顶端作斜锐角形的玉器，是在举行朝聘、祭祀、丧葬时使用的礼器之一。
⑫瘗：埋葬。
⑬糈：祭神用的稻米。
⑭稌：稻米，也有说是专指糯稻。
⑮菅：茅草的一种，叶片线形，细长，根坚韧，可做扫帚。

《山海经》地理考

青丘之山：根据“青丘之山”与箕尾之山有水流和水流方向可知，此山可能是今福建省西北部的武夷山。此山位于中国江西省、福建省两省边境。北接仙霞岭，南接九连山，是赣江、抚河、信江与闽江的分水岭。

英水：“英水出焉，南流注于即翼之泽。”今察有水至其下游三角洲分支后入海的当为闽江，因此“英水”可能是闽江的支流南溪。

即翼之泽：假设青丘之山为武夷山，英水是闽江的一条支流，南次二经的柜山为仙霞岭。则即翼之泽应为闽江三角洲。

箕尾之山：“又东三百五十里，曰箕尾之山，其尾踆于东海，多沙石。”由此推测，此山是今三面临海的太姥山。此山位于福建省福鼎市境内，北距温州市150千米，南至福州市250千米，背山面海，素以“山海大观”著称。

汸水：“汸水”出于箕尾之山，“南流注于淯”与位于福建省福安县南注于三都澳的交溪相吻合。

淯：“汸水”南流注于淯，“澳”与“淯”古音相同，汸水若为交溪，则淯为三都澳。

《山海经》动物考

灌灌　清　四川成或因图本

九尾狐　明　胡文焕图本

赤鱬　明　蒋应镐绘图本

鸟身龙首神　明　蒋应镐绘图本

兽名	性质	形状及声音	产地
九尾狐	能食人，食者不蛊	如狐，九尾，音如婴儿	青丘之山
灌灌	佩之不惑	如鸠，音若呵	青丘之山
赤鱬	食之不疥	如鱼，人面，其音如鸳鸯	青丘之山

北
西
东
南

南次二经

《南次二经》的『次』怎么解释呢？学术界有以下几种解释：一是认为这里的『次』有停留居住的意思，因此，『南次二经』即人们居住的南方第二列山脉；一是认为『南次二经』是南方之山经第二条考察路线；一是认为『经』应作『山』，『南次二经』即『南次二山』，指南方第二列山系；一是认为『次』表示次序，『南次二经』即《南山经》的第二经。另外，其他山经中也有类似命名方法，如《东次三经》《中次十一经》，其中『次』的意思皆与『南次二经』的『次』意义相同。

《南次二经》的山岭中有狸力、鴸鸟、长右、猾褢等动物，还有梓、荆杞等植物；另外还有可以做染料的矿物丹、青。

《南次二经》共记述了十七座山，里数累计相加为六千九百里。《南次二经》之山的首山『柜山』发源于『英水』，而『英水』西南流注于『赤水』，所以，它的起始点也应该在大巴山脉中，又有『会稽之山』『鹿吴之山』『区吴之山』『漆吴之山』，则其结束点应该在浙江，在大巴山与浙江之间画一条线，则将这些山脉包含在里头。

柜山、长右山、尧光之山

	矿物	动物
柜山	白玉　丹粟	狸力　鴸鸟
长右山		长右
尧光山	玉　金	猾裹

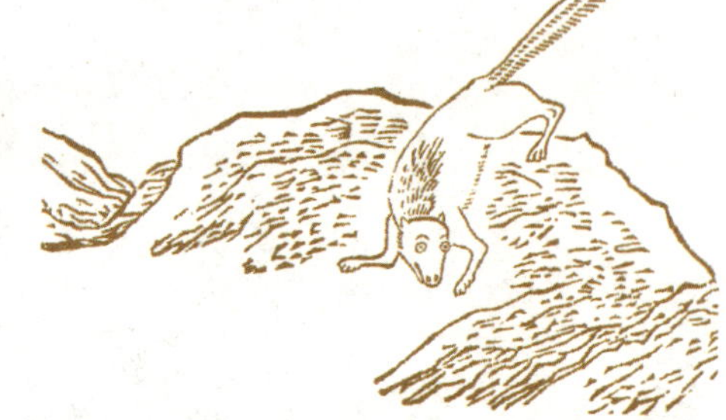

【原文】

南次二经山之首曰柜山，西临流黄[①]，北望诸毗（pí），东望长右。英水出焉，西南流注于赤水，其中多白玉，多丹粟[②]。有兽焉，其状如豚[③]，有距[④]，其音如狗吠，其名曰狸力[⑤]，见则其县[⑥]多土功[⑦]。有鸟焉，其状如鸱（chī）[⑧]而人手，其音如痺（bì）[⑨]，其名曰鴸（zhū）鸟[⑩]，其名自号也，见则其县多放士[⑪]。东南四百五十里，曰长右之山，无草木，多水。有兽焉，其状如禺而四耳，其名长右[⑫]，其音如吟，见则郡县大水。又东三百四十里，曰尧光之山，其阳多玉，其阴多金。有兽焉，其状如人而彘（zhì）[⑬]鬣（liè）[⑭]，穴居而冬蛰，其名曰猾裹（huái），其音如斫（zhuó）木，见则县有大繇（yáo）[⑮]。

【译文】

《南次二经》的首座山是柜山，西边临近流黄酆氏国，在山上向北可以望见诸毗山，向东可以望见长右山。英水从这座山发源，向西南流入赤水，水中有白色玉石，还有粟粒般大小的丹砂。山中有一种野兽，长得像小猪，有一双鸡爪，叫的声音像狗叫，名叫狸力，哪个地方出现狸力，就一定会有繁多的水土工程。山中还有一种鸟，长得像鹞鹰，长着人手一样的爪子，啼叫的声音如同痺鸣，名叫鴸鸟，它的鸣叫声就是自身名称，哪个地方出现鴸鸟，那里就一定会有众多的文士被流放。东南方向四百五十里的地方，叫作长右山。山上寸草不生，但水源丰富。山上有一种形体似猴的野兽，长着四只耳朵，它叫的声音如同人在呻吟。在山中看到它，当地就会发大水。再向东三百四十里，是尧光山，山南阳面产玉石，山北阴面产金。山中有一种野兽，像人，却长有猪那样的鬣毛，冬季蛰伏在洞穴中，名叫猾裹，叫声如同砍木头的响声，哪个地方出现猾裹，那里就会有繁重的徭役。

【注释】

①流黄：古国名。
②丹粟：细小的丹砂像粟的颗粒大小。
③豚：小猪，也泛指猪。
④距：雄鸡、野鸡等跖后面突出像脚趾的部分。这里指鸡的足爪。
⑤狸力：见图。
⑥县：这里泛指有人聚居的地方。
⑦土功：土木工程。
⑧鸱：即鹞鹰，一种凶猛的飞禽，常捕食其他小型鸟禽。
⑨痺：不详何鸟。
⑩鴸鸟：见图。
⑪放士：一说指放达之人，一说指放逐之人。
⑫长右：见图。
⑬彘：猪。
⑭鬣：牲畜身上刚硬的毛。
⑮繇：通“徭”，即徭役。

《山海经》地理考

柜山

观点❶ 上文已证明"青丘之山"是武夷山，则"柜山"应是与武夷山相连的仙霞岭。此山位于浙江省西部。东起衢州、金华、丽水三市交界处，西延至浙江、江西、福建三省交界处。长100余千米。主峰大龙岗海拔1503米。

观点❷ 南次二经之山当与前文相接，由此向北推算，此山当是湖南张家界。此山位于湖南西北部，澧水中上游，属武陵山脉腹地。

诸毗

"北望诸毗"仙霞岭之北应是今浙江的钱塘江。此江发源于安徽省黄山，流经安徽、浙江二省。河流全长688千米，流域面积5.56万平方千米。

赤水

此水当在闽江上游，因其南有沙溪，西南有金溪，西北有富屯溪、崇溪，北有南浦溪，东北有东溪，三方六大溪流的泥沙在南平县汇合，因此水流浑浊。

长右之山

"东南四百五十里，曰长右之山"，据里程推测，此山是今湖南雪峰山中段。此山主体位于湖南中部和西部，是湖南境内重要的山脉，为资江与沅水的分水岭。主峰苏宝顶海拔1934米。

尧光之山

"又东三百四十里，曰尧光之山"，由此推之，此山当是湘鄂边界呈东北—西南走向的山脉，此特征与武功山相符。此山位于江西省与湖南省边界中部，属罗霄山脉北支，绵延120余千米，总面积近千平方千米。

《山海经》动物考

狸力 清《禽虫典》

鴸鸟 明 胡文焕图本

长右 明 蒋应镐绘图本

兽名	性质	形状及声音	产地
狸力	见则其县多土功	如豚，有距，音如狗吠	柜山
鴸鸟	见则其县多放士	如鸱，人手，音如痺	柜山
长右	见则郡县大水	如禺，四耳，音如吟	长右之山
猾褢	穴居而冬蛰，见则县有大繇	如人，彘鬣，音如斫木	尧光之山

羽山、瞿父之山、句余之山、浮玉之山、成山、会稽之山

	矿物	动物
羽山		蝮虫
成山	金玉　青雘	
会稽之山	金玉　砆石	

【原文】

又东三百五十里，曰羽山，其下多水，其上多雨，无草木，多蝮(fǔ)虫。又东三百七十里，曰瞿(qú)父之山，无草木，多金玉。又东四百里，曰句余之山，无草木，多金玉。

又东五百里，曰浮玉之山，北望具区，东望诸毗(pí)。有兽焉，其状如虎而牛尾，其音如吠犬,其名曰彘[①],是食人。苕(tiáo)水出于其阴,北流注于具区。其中多鮆(zī)鱼[②]。又东五百里，曰成山，四方而三坛[③]，其上多金玉，其下多青雘(huò)。阌(zhuō)水出焉，而南流注于虖(hū)勺(shuò)。其中多黄金。又东五百里，曰会(kuài)稽(jī)之山，四方，其上多金玉，其下多砆(fū)石[④]。勺水出焉，而南流注于湨(jué)。

【译文】

再向东三百五十里，是羽山，山下水源丰富，山上雨量充沛，没有花草树木，有很多蝮蛇。再向东三百七十里，是瞿父山，山上没有花草树木，但有丰富的金属矿物和玉石。再向东四百里，是句余山，山上没有花草树木，但有丰富的矿物和玉石。

再向东五百里的地方，叫作浮玉山。登上浮玉山顶，向北能望到太湖，向东可以望到诸毗河。山中有一种野兽，虎身牛尾，叫声像狗吠，名叫彘，吃人。苕水发源于浮玉山的北坡，朝北方向流去，注入太湖。水中生长着很多鮆鱼。再向东五百里，是成山，呈现四方形，又像三层土坛，山上盛产金属矿物和玉石，山下盛产青雘。阌水从这座山发源，然后向南流入虖勺水，水中有丰富的黄金。再向东五百里，是会稽山，呈四方形，山上有丰富的金属矿物和玉石，山下盛产晶莹剔透的砆石。勺水从这座山发源，然后向南流入湨水。

【注释】

①彘：见图。
②鮆鱼：见图。
③三坛：指像三个重叠的台。
④砆石：即碔砆，一种似玉的美石。

《山海经》地理考

羽山

“又东三百五十里，曰羽山。”按里程计算，此山应在今浙江或江西境内。传说中的上古帝王祝融曾奉黄帝之命，将大禹的父亲鲧杀死在羽山。

瞿父之山

“又东三百七十里，曰瞿父之山。”按里程推测，此山是今浙江衢州的三衢山。此山位于浙江衢州常山县城北10千米的宋畈乡及灰埠镇。

句余之山

“再向东四百里，是句余山。”据此推测，此山是今浙江境内的四明山。此山是浙江省东北部的一座山脉，为天台山向北延伸的支脉，山脉整体呈南西—北东走向，为曹娥江和甬江水系的发源地和分水岭。

浮玉之山

“又东五百里，曰浮玉之山，北望具区，东望诸毗。”此山应在太湖之北与钱塘江之东，因此正是今浙江境内的天目山。此山位于浙江省西北部，东起湖州，临太湖平原，西延浙皖交界处，遥望黄山。长200千米，宽约60千米。

具区

根据“苕水出于其阴，北流注于具区”推测，此水即今江苏境内的太湖。此湖是中国五大淡水湖之一，水域面积排第三，位于江苏省南部和浙江省北部交界处，是江、浙两省的界湖。

苕水

由“苕水”出于浮玉山之阴，注入太湖，可推断“苕水”即是今浙江境内的苕溪。此水位于浙江省西北部。因流域内省长芦苇，秋天芦花飘飞而得名。

成山

“又东五百里，曰成山”，据此计算，此山为浙江桐庐县南的富春山。一名严陵山。此山前临富春江，山下有滩称严陵濑，为汉隐士严光游钓处。

虖勺

“而南流注于虖勺”，此水临于富春山因此应是今浙江境内的富春江。此江为浙江省钱塘江上游，新安江与兰江汇合后河段始称富春江，下起富阳，上至淳安县。其中桐庐县境河段称桐江。

会稽之山

“又东五百里，曰会稽之山”，此山即今浙江境内的会稽山。此山原名茅山，亦称亩山，地处浙江省中东部，呈西南—东北走向，是中国历代帝王加封祭祀的著名镇山之一，是我国五镇名山中的南镇。

湨

“而南流注于湨”，由此推断“湨”为丰溪，旧称永丰溪。此水为信江上游的一个主要支流。

勺水

“勺水出于会稽之山”，由此推知，此水应为金华江（又称婺江），是中国浙江省金华市境内的主要河流，由义乌江、武义江汇合而成，是钱塘江最大的支流。

《山海经》动物考

鮆鱼 清 汪绂图本

彘 明 蒋应镐绘图本

兽名	性质	形状及声音	产地
彘	食人	如虎，牛尾，音如吠犬	浮玉之山

夷山、仆勾之山、咸阴之山、洵山、虖勺之山

	矿物	植物	动物
夷山	沙石		
仆勾山	金玉		
洵山	金玉		䍺
虖勺之山		荆杞　梓枏	

【原文】

又东五百里，曰夷山，无草木，多沙石。湨（jué）水出焉，而南流注于列涂。

又东五百里，曰仆勾之山，其上多金玉，其下多草木，无鸟兽，无水。

又东五百里，曰咸阴之山，无草木，无水。

又东四百里，曰洵（xún）山，其阳多金，其阴多玉。有兽焉，其状如羊而无口，不可杀①也，其名曰䍺（huān）②。洵水出焉，而南流注于阏（é）之泽，其中多茈（zǐ）蠃（luó）③。

又东四百里，曰虖（hū）勺（shuò）之山，其上多梓枏（nán）④，其下多荆杞（qǐ）⑤。滂（pāng）水出焉，而东流注于海。

【译文】

再向东五百里，是夷山，山上没有花草树木，到处是细沙石子。湨水从这座山发源，然后向南流入列涂水。

再向东五百里，是仆勾山，山上有丰富的金属矿物和玉石，山下有茂密的花草树木，但没有禽鸟野兽，也没有水。

再向东五百里，是咸阴山，没有花草树木，也没有水。

再向东四百里，是洵山，山南阳面盛产金属矿物，山北阴面多出产玉石。山中有一种野兽，长得像普通的羊，却没有嘴巴，不吃东西也能活着，名叫䍺。洵水从这座山发源，然后向南流入阏泽，水中有很多紫色的螺。

再向东四百里，是虖勺山，山上到处是梓树和楠木树，山下生长许多牡荆树和枸杞树。滂水从这座山发源，然后向东流入大海。

【注释】

①不可杀：这里杀是死的意思。不可杀就是不能死，意思是这种兽即使不吃东西，也不能使它死去。

②䍺：见图。

③茈蠃：茈通“紫”。蠃通“螺”。茈蠃就是紫色的螺。

④梓：梓树，落叶乔木，生长较快。木材轻软，耐朽，供建筑及制作家具、乐器等用。枏：即楠木树，常绿乔木，叶质厚，花小，核果小球形。木材富有香气，是建筑和制造器具的上等材料。

⑤荆：即牡荆，落叶灌木，小枝方形，叶对生，掌状复叶。果实称为黄荆子，可供药用。杞：即枸杞，落叶小灌木，夏季开淡紫色花。果实是红色的，叫枸杞子，药用价值很大。

《山海经》地理考

夷山

观点1 “又东五百里，曰夷山”应作“又东南五百里”。“夷山”当为今天台山，主要位于浙江省台州市天台县境内，是佛教天台宗、道教南宗的发祥地，更因活佛济公出生于此而闻名。

观点2 根据“又东五百里，曰夷山”推断，“夷山”是今浙江境内的括苍山；此山位于浙江省中部，为灵江和瓯江的分水岭，和雁荡山同为福建洞宫山脉向东北伸展而成。

观点3 此山在福建境内。

列涂

所指丰溪下游云江，分为多支后，泥沙甚多，因此称为“列涂”。

仆勾之山

观点1 “又东五百里，曰仆勾之山”，则“仆勾之山”当为今浙江鄞县自崎头山至王海尖一带的山脉。

观点2 根据夷山在今福建境内，推知“仆勾之山”亦在今福建境内。

咸阴之山

“再向东五百里，是咸阴山”，因此，此山应是今白象山。此山命名为“咸阴”，是因其在象山港水之南，水南曰阴；而在天台山与临海群山之东北，山北曰阴，故名咸阴。

洵山

根据“又东四百里，曰洵山”推断，此山应是浙江省临海县东的群山，最高峰为大罗山。

虖勺之山

“又东四百里，曰虖勺之山”，此山可能是松阴溪以北诸山。

滂水

“滂水”出于虖勺之山，即今浙江瓯江。此水源头是出自浙闽边界百山祖洞宫山脉的龙泉溪，由西往东，途经丽水、温州两市，在温州湾灵昆岛附近流入东海。滂水为浙江省第二大河流，处浙江省东南部，古称“慎江”。

《山海经》动物考

䍺 明 蒋应镐绘图本

兽名	性质	形状及声音	产地
䍺	不可杀	如羊	洵山

区吴之山、鹿吴之山、漆吴之山

	金属	动物
区吴山	沙石	
鹿吴山	金玉	蛊雕
漆吴山	博石	

【原文】

又东五百里，曰区吴之山，无草木，多沙石。鹿水出焉，而南流注于滂水。

又东五百里，曰鹿吴之山，上无草木，多金石。泽更之水出焉，而南流注于滂水。水有兽焉，名曰蛊雕①，其状如雕而有角，其音如婴儿之音，是食人。

东五百里，曰漆吴之山，无草木，多博石②，无玉。处于东海③，望丘山，其光载④出载入，是惟日次⑤。

凡南次二经之首，自柜山至于漆吴之山，凡十七山，七千二百里。其神状皆龙身而鸟首。其祠：毛用一璧⑥瘗（yì）⑦，糈（xǔ）用稌（tú）。

【译文】

再向东五百里，是区吴山，山上没有花草树木，到处是沙子石头。鹿水从这座山发源，然后向南流入滂水。

再向东五百里，是鹿吴山，山上没有花草树木，但有丰富的金属矿物和玉石。泽更水从这座山发源，然后向南流入滂水。水中有一种猛兽，名叫蛊雕，长得像普通的雕，头上却长角，发出的声音如同婴儿啼哭，是能吃人的。

再向东五百里，是漆吴山，山中没有花草树木，多出产可以用作棋子的博石，不产玉石。这座山位于东海之滨，在山上远望是大片丘陵，有忽明忽暗的光影，那是太阳停歇之处。

总计《南次二经》山系的山，从首座柜山起到漆吴山结束，一共十七座山，距离为七千二百里。诸山山神的形状都是龙的身子、鸟的头。祭祀山神是把畜禽和玉璧一起埋入地下，祀神的米用稻米。

【注释】

①蛊雕：见图。

②博石：用于博戏的石头。

③东海：一作“海东”。

④载：又；且。

⑤次：停歇。

⑥璧：古时一种玉器，平圆形，正中有孔，是古代朝聘、祭祀、丧葬时使用的礼器之一。

⑦瘗：埋葬。

《山海经》地理考

区吴之山：“又东五百里，曰区吴之山”，由此可知，“区吴之山”是括苍山及北雁荡山。雁荡山坐落于浙江省温州市，分为北雁荡山、中雁荡山、南雁荡山。北雁荡山总面积450平方千米，最高峰百岗尖海拔1150米，以奇峰、瀑布著称。

鹿水：古人给山川命名的惯例是以山名水，因此“鹿水”之名当来源于鹿吴之山，则鹿水即丽水。

鹿吴之山：“又东五百里，曰鹿吴之山”，由此可知，“鹿吴之山”即今长山，北起于双溪山。

泽更之水：根据“泽更之水”出于鹿吴之山推断，此水应纵横多支，合流后向南注于瓯江。

漆吴之山：“处于东海，望丘山，其光载出载入，是惟日次。”可以考证此地当是今浙江东部海外诸岛。舟山群岛可能性最大。舟山群岛岛屿罗列，明灭于东海波光之间，故曰“是惟日次”。

《山海经》动物考

蛊雕 明 蒋应镐绘图本

龙身鸟首神 明 蒋应镐绘图本

兽名	性质	形状及声音	产地
蛊雕	食人	如雕，有角，音如婴儿之音	鹿吴之山

北
西
东
南

南次三经

《南次三经》中共记述了十三座山，这些山岭位于《南山首经》中山列之南。其中的河流基本上都往南流入被称为『渤海』的大海，东西相距近六千里之遥，其最东端为『南禺』，秦末汉初，赵陀为『番禺』令，最初的县址设立在今天广东省东北部的河源市龙川县，所以它应该就是云贵高原及南岭诸山。

《南次三经》中的奇怪动物有长着猪尾巴的鱄鱼、人面鸟身的颙、古代传说中的鸟王凤凰等。《南次三经》中的山神是龙身人面神，祭祀山神要用一条白色的狗和一些稻米做供品。

天虞之山、祷过之山、丹穴之山

	矿物	动物
祷过之山	金玉	犀 兕 象 瞿如
丹穴之山	金玉	凤皇

【原文】

南次三经之首，曰天虞之山，其下多水，不可以上。东五百里，曰祷过之山，其上多金玉，其下多犀(xī)①、兕(sì)②，多象③。有鸟焉，其状如䴔(jiāo)④而白首，三足，人面，其名曰瞿如⑤，其鸣自号也。泿(yín)水出焉，而南流注于海。其中有虎蛟⑥，其状鱼身而蛇尾，其音如鸳鸯，食者不肿⑦，可以已⑧痔⑨。

又东五百里，曰丹穴之山，其上多金玉。丹水出焉，而南流注于渤海。有鸟焉，其状如鸡，五采而文，名曰凤皇⑩，首文⑪曰德，翼文曰义，背文曰礼，膺(yīng)⑫文曰仁，腹文曰信。是鸟也，饮食自然，自歌自舞，见(xiàn)则天下安宁。

【译文】

《南次三经》山系的首座山是天虞山，山下到处是水，人不能上去。从天虞山向东五百里，是祷过山，山上盛产金属矿物和玉石，山下到处是犀、兕，还有很多大象。山中有一种禽鸟，长得像䴔，却是白色的脑袋，长着三只脚，和人一样的脸，名叫瞿如，它的鸣叫声就是自身名称的读音。泿水从这座山发源，然后向南流入大海。水中有一种虎蛟，长得像普通鱼的身子，却拖着一条蛇的尾巴，叫声像鸳鸯叫，吃了它的肉就能使人不生毒疮，还可以治愈痔疮。

再向东五百里，是丹穴山，山上盛产金属矿物和玉石。丹水从这座山发源，然后向南流入渤海。山中有一种鸟，长得像普通的鸡，全身上下是五彩羽毛，名叫凤皇，头上的花纹是“德”字的形状，翅膀上的花纹是“义”字的形状，背部的花纹是“礼”字的形状，胸部的花纹是“仁”字的形状，腹部的花纹是“信”字的形状。这种鸟，吃喝很自然从容，经常独自边唱边舞，它一出现，天下就会太平。

【注释】

①犀：据古人说，犀的身子像水牛，头像猪头，蹄子好似象的蹄子，黑色皮毛，生有三只角，一只长在头顶上，一只长在前额上，一只长在鼻子上。它生吃荆棘，往往刺破嘴而口吐血沫。

②兕：见图。

③象：《南山经》中所说的象，就是我们现在所见的大象。

④䴔：传说中的一种鸟，样子像野鸭而体形小一些，脚长在接近尾巴的部位。

⑤瞿如：见图。

⑥虎蛟：见图。

⑦肿：毒疮。

⑧已：停止。这里是止住、制止的意思。

⑨痔：痔疮。

⑩凤皇：见图。

⑪文：通“纹”，指花纹。

⑫膺：胸部。

《山海经》地理考

天虞之山

观点1 依次考证《南山经》山水方位,《南次三经》当为《南山经》之首。“天虞之山”当即今缅甸西北的青山山脉，亦称明夷山脉，其山在孟加拉湾以东，上接喜马拉雅山脉南支脉。北段是缅甸与巴基斯坦的界山。

观点2 根据《南次二经》山水位置向南推算,“天虞之山”在今广东境内，具体所指待考。

祷过之山

观点1 青山山脉向东五百里之地，“祷过之山”当是缅甸西部西北—东南走向的若开山脉，此山位于缅甸西部，伊洛瓦底江以西，又称阿拉干山脉。北起钦岭，南至伊洛瓦底江三角洲西侧的内格雷斯角。

观点2 假若天虞之山在今广东境内，根据“东五百里，曰祷过之山”，则此山在今广东境内。

丹穴之山

“又东五百里，曰丹穴之山”，由此推之，“丹穴之山”当是缅甸中南部的勃固山脉。此山南北延伸435千米，位于伊洛瓦底江与锡当河之间，止于仰光附近。

丹水

观点1 丹穴之山当是缅甸中南部的勃固山脉，发源于其上的“丹水”应是锡唐河。

观点2 “丹水出焉，而南流注于渤海。”据此推测，“丹水”是今广东的流溪河，此河在广州市从化市北部。源于从化县桂峰山，流经从化、花都、广州市白云区，于广州白鹅潭注入珠江。

《山海经》动物考

虎蛟 明 蒋应镐绘图本

瞿如 明 蒋应镐绘图本

凤皇 清《禽虫典》

兕 清 汪绂图本

兽名	性质	形状及声音	产地
虎蛟	食者不肿，可以已痔	鱼身，蛇尾，音如鸳鸯	祷过之山
凤皇	是鸟也，饮食自然，自歌自舞，见则天下安宁	如鸡，五采而文，首文曰德，翼文曰义，背文曰礼，膺文曰仁，腹文曰信	丹穴之山

发爽之山、旄山之尾、非山之首、阳夹之山、灌湘之山、鸡山

	矿物	动物
发爽山		白猿
旄山尾		怪鸟
非山首	金玉	蝮虫

	矿物	动物
灌湘山		怪鸟
鸡山	金　丹雘	鱄鱼

【原文】

又东五百里，曰发爽之山，无草木，多水，多白猿。汎（fàn）水出焉，而南流注于渤海。

又东四百里，至于旄（máo）山之尾。其南有谷，曰育遗，多怪鸟，凯风[1]自是出。

又东四百里，至于非山之首。其上多金玉，无水，其下多蝮虫。

又东五百里，曰阳夹之山，无草木，多水。

又东五百里，曰灌湘之山，上多木，无草；多怪鸟，无兽。

又东五百里，曰鸡山，其上多金，其下多丹雘（huò）[2]。黑水出焉，而南流注于海。其中有鱄（tuán）鱼[3]，其状如鲋（fǔ）[4]而彘[5]毛，其音如豚[6]，见则天下大旱。

【译文】

再向东五百里，是发爽山，没有花草树木，到处是流水，有很多白色的猿猴。汎水从这座山发源，然后向南流入渤海。

再向东四百里，就到了旄山的尾端。此处的南面有一个峡谷，叫作育遗，生长着许多奇怪的鸟，南风就是从这里吹出来的。

再向东四百里，就到了非山的顶部。山上盛产金属矿物和玉石，没有水，山下到处是蝮蛇。

再向东五百里，是阳夹山，没有花草树木，到处是流水。

再向东五百里，是灌湘山，山上到处是树木，但没有花草；山中有许多奇怪的飞鸟，却没有野兽。

再向东五百里，是鸡山，山上有丰富的金属矿物，山下盛产丹雘。黑水从这座山发源，然后向南流入大海。水中有一种鱄鱼，长得像鲫鱼，却长着猪毛，发出的声音如同小猪叫，它一出现就会天下大旱。

【注释】

①凯风：南风，意思是柔和的风。

②丹雘：红色的可作颜料的矿石。

③鱄鱼：见图。

④鲋：即今鲫鱼，体侧扁，稍高，背面青褐色，腹面银灰色。

⑤彘：猪。

⑥豚：小猪。也泛指猪。

《山海经》地理考

发爽之山

观点① 根据丹穴之山是缅甸的勃固山脉的推测，向东五百里的发爽之山当是缅甸东部的山脉。

观点② “又东五百里，曰发爽之山”，此山应为东北—西南走向，因此可能在今广西境内的大瑶山中段。此山又称金秀瑶山，位于广西壮族自治区中部偏东金秀瑶族自治县。

旄山

观点① 缅甸东部的山脉东四百里到达旄山，则“旄山”是泰国清迈西南的长岭。

观点② “又东四百里，至于旄山之尾。”大瑶山东四百里是今广东的罗浮山。此山位于中国广东省博罗县的西北部，横跨博罗县、龙门县、广州市增城市三地。

育遗

坤丹山脉东有次高岭，中央狭长平地为湄南河河谷，这条山谷当是“育遗”。南风由此向北吹，与“凯风自是出”相吻合。

灌湘之山

观点① 根据以下鸡山和黑水的位置推测，“灌湘之山”是在云南景洪与琅勃拉邦山之间的山脉。

观点② 阳夹之山在今广西境内。“又东五百里，曰灌湘之山”，则“灌湘之山”。亦在今广西境内。

鸡山

观点① 从黑水是澜沧江上游，黑水出于鸡山，推断“鸡山”是云南景洪的山脉。

观点② “又东五百里，曰鸡山”，由此推断，“鸡山”为广东韶关的桂山。

《山海经》动物考

鱄鱼 明 蒋应镐绘图本

兽名	性质	形状及声音	产地
鱄鱼	见则天下大旱	如鲋，彘毛，音如豚	鸡山

令丘之山、仑者之山、禺稾之山

	金属	植物	动物
令丘山			颙
仑者山	金玉　青雘	白䓘	
禺稾山			大蛇

【原文】

又东四百里，曰令丘之山，无草木，多火。其南有谷焉，曰中谷，条风①自是出。有鸟焉，其状如枭②，人面四目而有耳，其名曰颙（yú）③，其鸣自号也，见则天下大旱。

又东三百七十里，曰仑者之山，其上多金玉，其下多青雘。有木焉，其状如穀（gòu）而赤理，其汗④如漆，其味如饴⑤，食者不饥，可以释劳⑥，其名曰白䓘（gāo）⑦，可以血⑧玉。

又东五百八十里，曰禺稾（gǎo）之山，多怪兽，多大蛇。

【译文】

再向东四百里，是令丘山，没有花草树木，到处是野火。山的南边有一峡谷，叫作中谷，东北风就是从这里吹出来的。山中有一种禽鸟，长得像猫头鹰，却长着一副人脸和四只眼睛，而且有耳朵，名叫颙，它发出的叫声就是自身名称的读音，它一出现，天下就会大旱。

再向东三百七十里，是仑者山，山上有丰富的金属矿物和玉石，山下盛产青雘。山中有一种树木，长得像一般的构树，却是红色的纹理，枝干流出的汁液似漆，味道是甜的，人吃了它就不感到饥饿，还可以解除疲劳，名叫白䓘，可以用它把玉石染得鲜红。

再向东五百八十里，是禺稾山，山中有很多奇怪的野兽，还有很多大蛇。

【注释】

①条风：也叫调风、融风，即春天的东北风。

②枭：通“鸮”，俗称猫头鹰，嘴和爪弯曲呈钩状，很锐利，两眼长在头部的正前方，眼的四周羽毛呈放射状，周身羽毛大多为褐色，散缀细斑，稠密而松软，飞行时无声，在夜间活动。

③颙：见图。

④汗：一作“汁”。

⑤饴：用麦芽制成的糖浆。

⑥劳：忧；疲劳。

⑦白䓘：植物名，具体所指待考。

⑧血：这里用作动词，“染”的意思，就是染器物饰品，使之发出光彩。

《山海经》地理考

令丘之山

观点1 按山川道里与方向推知，"令丘之山"当是老挝的长岭，此山最高处约 2000 米，平均海拔约 1000 米。"多火"指此山附近有火山口。

观点2 "又东四百里，曰令丘之山"，由鸡山位置推断，此山大约在今广东或广西境内。

禺稾之山

观点1 按山川道里与方向推知，"禺稾之山"为云南无量山，向南延伸到老挝的群山，至越南则为安南山脉。

观点2 "又东五百八十里，曰禺稾之山"，由此推之，"禺稾之山"为今广州的白云山。位于广州市区北部，与广州市内穿过的珠江并称"云山珠水"。由 30 多座山峰组成，呈长方形，南北长 9.7 千米，东西宽 4.5 千米，总面积约 28 平方千米，为东北—西南走向。

观点3 由地理地貌特征推知，此山是一列东北西南走向的山脉。北起广东广西交界的西江南岸的，与云开大山相符。

仑者之山

"又东三百七十里，曰仑者之山"，由此推之，此山为老挝镇宁高原的比亚山脉。

《山海经》动物考

颙　明　蒋应镐绘图本

兽名	性质	形状及声音	产地
颙	见则天下大旱	如枭，人面四目，有耳，其鸣自号	令丘之山

南禺之山

	矿物	动物
南禺山	金玉	凤皇　鹓雏

【原文】

又东五百八十里，曰南禺之山，其上多金玉，其下多水。有穴焉，水出辄入[①]，夏乃出，冬则闭。佐水出焉，而东南流注于海，有凤皇、鹓(yuàn)雏[②]。

凡南次三经之首，自天虞之山以至南禺之山，凡一十四山，六千五百三十里。其神[③]皆龙身而人面。其祠皆一白狗祈[④]，糈用稌。

右[⑤]南经之山志[⑥]，大小凡四十山，万六千三百八十里。

【译文】

再向东五百八十里，是南禺山，山上盛产金属矿物和玉石，山下到处流水。山中有一个洞穴，水在春天就流入洞穴，在夏天便流出洞穴，在冬天则壅塞不通。佐水从这座山发源，然后向东南流入大海，佐水流经的地方有凤皇和鹓雏栖息。

总计《南次三经》山系的首尾，从天虞山起到南禺山止，一共十四座山，途经六千五百三十里。诸山山神都是龙的身子、人的脸面。祭祀山神全部是用一条白色的狗做供品祈祷，祀神的米用稻米。

以上是南方山系的记录，大大小小总共四十座，一万六千三百八十里。

【注释】

①辄：就。

②鹓雏：传说中的一种鸟，和凤凰、鸾凤是同一类。

③神：山神。

④祈：向神求祷。

⑤右：以上，上述。

⑥志：记载的文字。

《山海经》地理考

南禺之山

观点1 “又东五百八十里，曰南禺之山”，按山川道里与方向推知，“南禺之山”即云南哀牢山。此山是元江与阿墨江的分水岭、云贵高原和横断山脉两大地貌区的分界线，亦为云贵高原气候的天然屏障，云岭南延分支，起于大理州南部，止于红河州南部。

观点2 根据以上山川河流位置的推断，加之“南禺”读音与“番禺”推测“南禺之山”是今广东的番禺山。

佐水

“佐水出焉，而东南流注于海”，由此推之“佐水”即越南的红河。红河在中国云南境内称元江，是越南北部最大的河流；由于流域多红色的沙页岩地层，水呈红色，故称“红河”。红河呈西北—东南流向，经北部湾入南海。

《山海经》图典 

龙身人面神　明　蒋应镐绘图本

北
西
东
南

【第二卷】

西山经

《西山经》共有四篇，包括《西山首经》《西次二经》《西次三经》和《西次四经》。这四篇经文主要叙述了位于中国西部的七十七座山脉。这些山川河流大致位于今天的陕西、甘肃、宁夏、青海、新疆和内蒙古境内。

此外，《西山经》中还介绍了各个山上出产的植物、动物和矿物，尤其详细介绍了山中动物、植物的形状特点。在古人的自然崇拜观念中，每座山都是由山神掌管的，这些山神形态各异，有的是人面鸟身，有的是人面羊身，不同的山神有不同的祭祀方式，或用太牢，或用少牢，或用雄鸡，或用玉璧。

北
西
东
南

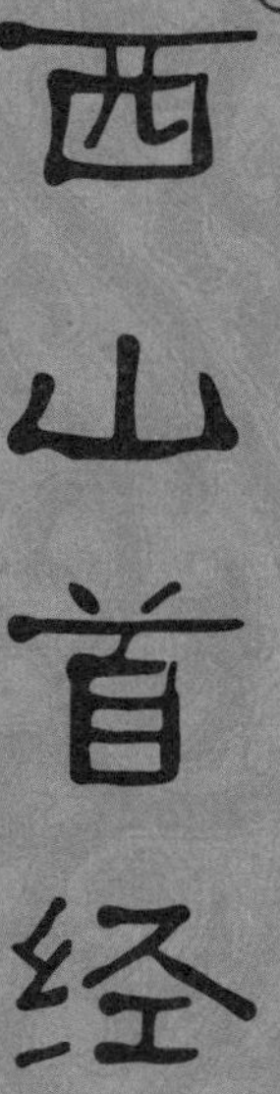

西山首经

《西山首经》包括从钱来之山到騩山共十九座山，四百四十七古华里。这里发源的河流基本上都是北流注于渭河。《西山首经》中所说的『华山』，在今天依然叫作『华山』。顺着华山一路往西按着里程数过去，就可以考证出《西山首经》大部分山川的位置。

从《西山首经》对动植物的记载情况来看，当时的人们已经掌握较丰富的医药知识。如文中记载羬羊的油脂可以治疗皮肤干裂；吃了萆荔草能治愈心痛病；文茎可以用来治疗耳聋；条草可使人不迷惑肥遗，可以杀死体内的寄生虫。

《西山首经》还记载很多神奇动物，如体重都在一千斤左右的㸲牛，如禺长臂的䍺、人面一足的橐𩇯等。华山神羭山神是诸山神的宗主，祭祀华山山神要用猪、牛、羊齐全的三牲做祭品。

钱来之山、松果之山、太华之山

	植物	矿物	动物
钱来山	松	洗石	羬羊
松果山		铜	螐渠
太华山			肥𧔥

【原文】

西山经华山之首，曰钱来之山，其上多松，其下多洗石①。有兽焉，其状如羊而马尾，名曰羬(xián)羊②，其脂可以已③腊(xī)④。

西四十五里，曰松果之山。濩(huò)水出焉，北流注于渭，其中多铜⑤。有鸟焉，其名曰螐(tōng)渠⑥，其状如山鸡，黑身赤足，可以已𦢊(bào)⑦。

又西六十里，曰太华之山，削成而四方，其高五千仞(rèn)⑧，其广十里，鸟兽莫居。有蛇焉，名曰肥𧔥(yí)⑨，六足四翼，见则天下大旱。

【译文】

《西山经》的华山山系的第一座山，叫作钱来山，山上有许多松树，山下有很多洗石。山中有一种野兽，长得像普通的羊，却长着马的尾巴，名叫羬羊，羬羊的油脂可以治疗皮肤干裂。

向西四十五里，是松果山。濩水从这座山发源，向北流入渭水，其中多产铜。山中有一种禽鸟，名叫螐渠，长得像一般的野鸡，有黑色的身子和红色的爪子，可以用来治疗皮肤干皱。

再向西六十里，是太华山，山崖陡峭，像刀削而呈四方形，山高五千仞，方圆十里，禽鸟野兽无法栖身。山中有一种蛇，名叫肥𧔥，长着六只脚和四只翅膀，它一出现就会天下大旱。

【注释】

①洗石：古人说是一种在洗澡时用来擦去身上污垢的瓦石。

②羬羊：见图。

③已：治愈。

④腊：皮肤皴裂。

⑤铜：这里指可以提炼为精铜的天然铜矿石。以下同此。

⑥螐渠：见图。

⑦𦢊：皮肤皱起。

⑧仞：古时八尺为一仞。

⑨肥𧔥：见图。

《山海经》地理考

华山

由名称考证，此处“华山”，即五岳中的西岳。亦称太华山，位于距中国陕西省西安市100多千米的华阴市城南秦、晋、豫黄河三角洲交汇处，南接秦岭，北瞰黄河，扼西北进出中原之门户，素有“奇险天下第一山”之称。

钱来之山

“西山经华山之首，曰钱来之山”“西四十五里，曰松果之山”“又西六十里，曰太华之山”，计算里程，钱来山在太华山东一百五十里，则此山为河南洛南县与卢氏县之间的界山。

松果之山

李善注《长杨赋》曰：“松梁之山西六十里曰太华之山。”由此推之，此山当在今陕西境内。

濩水

水经云:“河水又南至华阴潼南。”华山有两条河，一在东，注入黄河；一在西,先入渭河,再合流入黄河,即“濩水”现名“潼河”,在今陕西境内,流经潼关，入黄河、渭河。

渭水

即渭河，黄河最大的支流，流域范围主要在陕西省中部。发源于甘肃省渭源县鸟鼠山，东至陕西省渭南市潼关县汇入黄河。

太华之山

“又西六十里，曰太华之山”，按里程计算，则“太华之山”就是现在陕西省境内的西岳华山的主峰。

《山海经》动物考

羬羊　明　蒋应镐绘图本

螐渠　清　四川成或因绘图本

肥𧔥　明　蒋应镐绘图本

兽名	性质	形状及声音	产地
羬羊	其脂可以已腊	如羊，马尾	钱来之山
螐渠	可以已㬥	如山鸡，黑身赤足	松果之山
肥𧔥	见则天下大旱	六足四翼	太华之山

小华之山、符禺之山

	植物	矿物	动物
小华山	荆杞　萆荔	磬石　玉	㸲牛　赤鷩
符禺山	文茎	铜　铁	葱聋　鴖

【原文】

又西八十里，曰小华之山，其木多荆杞，其兽多㸲（zuō）牛[①]，其阴多磬石[②]，其阳多㻬（yǔ）琈（fú）[③]之玉。鸟多赤鷩（biē）[④]，可以御火[⑤]。其草有萆（bì）荔[⑥]，状如乌韭[⑦]，而生于石上，亦缘木而生，食之已心痛。

又西八十里，曰符禺之山，其阳多铜，其阴多铁[⑧]。其上有木焉，名曰文茎，其实如枣，可以已聋。其草多条，其状如葵[⑨]，而赤华黄实，如婴儿舌，食之使人不惑。符禺之水出焉，而北流注于渭。其兽多葱聋[⑩]，其状如羊而赤鬣（lié）[⑪]。其鸟多鴖（mín），其状如翠而赤喙，可以御火。

【译文】

再向西八十里，是小华山，山上的树木大多是牡荆树和枸杞树，山中的野兽大多是㸲牛，山北面盛产磬石，山南面盛产㻬琈玉。山中有许多赤鷩鸟，饲养它就可以辟火。山中还有一种叫作萆荔的草，长得像乌韭，但生长在石头上面，也攀援树木而生长，人吃了它就能治愈心痛病。

再向西八十里，是符禺山，山南阳面盛产铜，山北阴面盛产铁。山上有一种树木，名叫文茎，结的果实像枣子，可以用来治疗耳聋。山中生长的草大多是条草，形状与葵菜相似，但开的是红色花朵而结的是黄色果实，果实的样子像婴儿的舌头，吃了它就可使人不迷惑。符禺水从这座山发源，然后向北流入渭水。山中的野兽大多是葱聋，长得像普通的羊，却长有红色的鬣毛。山中的禽鸟大多是鴖鸟，长得像一般的翠鸟，却有红色的嘴巴，饲养它可以辟火。

【注释】

①㸲牛：见图。

②磬石：是一种可以制造乐器的石头。古人用它制成的打击乐器叫作磬，一般是挂在架子上进行演奏。

③㻬琈：古时传说中的一种玉，具体的形状、质料不清楚。

④赤鷩：见图。

⑤御火：御在这里是屏除、辟开的意思。御火就是辟火，意思是火不能烧及人的身子。

⑥萆荔：古时传说中的一种香草。

⑦乌韭：一种生长在潮湿地方的苔藓。

⑧铁：这里指能够提炼成铁的天然铁矿石。以下同此。

⑨葵：即冬葵，也叫冬寒菜，是古代重要蔬菜之一。

⑩葱聋：见图。

⑪鬣：胡须。

《山海经》地理考

小华之山

此山与西岳太华山峰势相连，遥遥相对。也叫少华山，位于陕西省华县少华乡（今莲花寺镇）刘家河村南，在县城东南约 5 千米处。东连小夫峪，西接白石峪，主峰海拔 1664.4 米。与华山并称“二华”，但低于华山，因名其少华山，又名小华山。

符禺之山

“符禺之山”，《太平御览》或引作“愚”，又作“遇”。据《太平寰宇记》记载，符禺之山在郑县西南 5 千米。

符禺之水

《水经注》云：“渭水，又东合沙沟水，即‘符禺之水’也。南出符禺之山，北流入于渭。”因此，“符禺之水”可能是陕西沙沟水。

《山海经》动物考

赤鷩 清 汪绂图本

㸲牛 清 四川成或因绘图本

鴖 明 蒋应镐绘图本

葱聋 明 蒋应镐绘图本

兽名	性质	形状及声音	产地	今名
赤鷩	可以御火		小华之山	锦鸡
葱聋		如羊，赤鬣	符禺之山	野羊或藏羚羊
鴖	可以御火	如翠，赤喙	符禺之山	

石脆之山、英山

	植物	矿物	动物
石脆山	棕枏　条	瑀浮之玉　铜　流赭	
英山	杻　橿　箭䉋	铁　赤金	鲜鱼　㸲牛　羬羊　肥遗

【原文】

又西六十里，曰石脆之山，其木多棕枏（nán）①，其草多条②，其状如韭，而白华黑实，食之已疥。其阳多瑀（yǔ）琈（fú）之玉，其阴多铜。灌水出焉，而北流注于禺水。其中有流赭（zhě）③，以涂牛马无病。

又西七十里，曰英山，其上多杻橿（niǔ jiāng）④，其阴多铁，其阳多赤金。禺水出焉，北流注于招（sháo）水，其中多鲜（bàng）鱼⑤，其状如鳖，其音如羊。其阳多箭䉋（méi）⑥，其兽多㸲（zuō）牛、羬（xián）羊。有鸟焉，其状如鹑（chūn）⑦，黄身而赤喙，其名曰肥遗⑧，食之已疠（lì），可以杀虫。

【译文】

再向西六十里，是石脆山，山上的树大多是棕树和楠木树，草大多是条草，形状与韭菜相似，但是开的是白色花朵，而结的是黑色果实，人吃了这种果实就可以治愈疥疮。山南面盛产瑀琈玉，而山北面盛产铜。灌水从这座山发源，然后向北流入禺水。这条水里有硫磺和赭黄，将这种水涂洒在牛马的身上，就能使牛马健壮不生病。

再向西七十里，是英山，山上到处是杻树和橿树，山北阴面盛产铁，而山南面盛产黄金。禺水从这座山发源，向北流入招水，水中有很多鲜鱼，长得像一般的鳖，发出的声音如同羊叫。山南面还生长有很多箭竹和䉋竹，野兽大多是㸲牛、羬羊。山中有一种禽鸟，长得像一般的鹌鹑鸟，是黄身子而红嘴巴，名叫肥遗，人吃了它的肉就能治愈麻风病，还能杀死体内寄生虫。

【注释】

①棕枏：指棕榈。

②条：这里讲的条草和上文所说的条草，名称虽相同，但形状不同，实际上是两种草。

③流赭：流即硫磺，是一种天然的矿物质，中医入药，有杀虫作用；赭即赭黄，是一种天然生成的褐铁矿，可做黄色颜料。

④杻橿：杻：杻树，长得近似于棣树，叶子细长，可以用来喂牛，木材能造车辋。橿：橿树，木质坚硬，古人常用来制作车子。

⑤鲜鱼：见图。

⑥箭䉋：一种节长、皮厚、根深的竹子，冬天可以从地下挖出它的笋来吃。

⑦鹑：即“鹌鹑”的简称，是一种鸟，体形像小鸡，头小尾短，羽毛赤褐色，有黄白色条纹。雄性的鹌鹑好斗。

⑧肥遗：见图。

《山海经》地理考

石脆之山

“又西六十里，曰石脆之山”，著名学者丁文江认为“二龙山为赤水源，然则今之二龙山殆即经中‘石脆之山’矣”。因此，“石脆之山”是陕西境内的二龙山。

英山

《水经注》云：“禺水出英山，北流，与招水相得乱流，西北注于灌。灌水又北注于渭。”则“英山”在陕西华县西南。

招水

观点1 “禺水出焉，北流注于招水”，根据以上山川河流范围推测，“招水”是今陕西渭南的皂水，“招水”读音也与“皂水”相似。

观点2 “招水出于英山。”“招水”很可能是灞河，此河是中国陕西省境内的一条河流，属渭河南岸一级支流，发源于蓝田县灞塬乡麻家坡以北，秦岭北坡。灞河古称滋水。

《山海经》动物考

鲑鱼　明　胡文焕图本

肥遗　明　蒋应镐绘图本

兽名	性质	形状及声音	产地
鲑鱼		如鳖，音如羊	英山
肥遗	食之已疠，可以杀虫	如鹑，黄身，赤喙	英山

竹山、浮山

	植物	矿物	动物
竹山	乔木 黄雚 竹箭	铁 苍玉 水玉	人鱼 豪彘
浮山	盼木 薰草		

【原文】

又西五十二里，曰竹山，其上多乔木，其阴多铁。有草焉，其名曰黄雚(guàn)[①]，其状如樗(chū)[②]，其叶如麻[③]，白华而赤实，其状如赭(zhě)[④]，浴之已疥，又可以已胕(fū)[⑤]。竹水出焉，北流注于渭，其阳多竹箭[⑥]，多苍玉。丹水出焉，东南流注于洛水，其中多水玉，多人鱼[⑦]。有兽焉，其状如豚而白毛，毛大如笄(jī)[⑧]而黑端，名曰豪彘[⑨]。

又西百二十里，曰浮山，多盼木[⑩]，枳[⑪]叶而无伤[⑫]，木虫居之。有草焉，名曰薰草，麻叶而方茎，赤华而黑实，臭(xiù)如靡(mí)芜，佩之可以已疠(lì)。

【译文】

再向西五十二里，是竹山，山上到处是高大的树木，山北面盛产铁。山中有一种草，名叫黄雚，长得像樗树，但叶子像麻叶，开白色的花朵而结红色的果实，果实外表的颜色像赭石，用它洗浴就可治愈疥疮，又可以治疗浮肿病。竹水从这座山发源，向北流入渭水，竹水的北岸有很多的小竹丛，还有许多青色的玉石。丹水也发源于这座山，向东南流入洛水，水中多出产水晶石，又有很多人鱼。山中有一种野兽，长得像小猪，却长着白色的毛，毛如簪子粗细而尖端呈黑色，名叫豪彘。

再向西一百二十里，是浮山，到处是盼木，长着枳树一样的叶子却没有刺，树木上的虫子寄生于此。山中有一种草，名叫薰草，叶子像麻叶却长着方方的茎秆，开红色的花朵结黑色的果实，气味像靡芜，把它插在身上就可以治疗恶疮。

【注释】

①黄雚：即黄花蒿。

②樗：即臭椿树，长得很高大，树皮灰色而不裂，小枝粗壮，羽状复叶，夏季开白绿色花。

③麻：草本植物，有大麻、亚麻等。

④赭：赭石，就是现在所说的赤铁矿，即古人使用的一种黄棕色的矿物染料。

⑤胕：浮肿。

⑥竹箭：小竹，一说指箭竹。

⑦人鱼：见图。

⑧笄：即簪子，是古人用来插住挽起的头发或连住头发上的冠帽的一种长针。

⑨豪彘：见图。

⑩盼木：木名，具体所指待考。

⑪枳：枳树，也叫作"枸橘""臭橘"，叶子上有粗刺。复叶，小叶三片，有透明腺点。

⑫无伤：指没有能刺伤人的尖刺。

《山海经》地理考

竹山

“又西五十二里，曰竹山”，由此推测，“竹山”可能是陕西华县的公王岭。

竹水

“竹水出焉，北流注于渭”，由此推测，“竹水”在今陕西境内，又名“大赤水”。

丹水

“丹水出焉，东南流注于洛水”，由此推知，“丹水”在今山西华阴市南。

洛水

由丹水位置可知，“洛水”即今天的陕西洛河。黄河下游南岸大支流，发源于陕西省洛南县洛源乡的木岔沟，向东流入河南境，到偃师县杨村附近纳伊河后称伊洛河，在巩义市洛口以北入黄河，全长453千米。

浮山

“又西百二十里，曰浮山”，《水经注》记载，“浮山”在今陕西临潼县西南。

《山海经》动物考

人鱼　明　蒋应镐绘图本

豪彘　明　蒋应镐绘图本

兽名	性质	形状及声音	产地
豪彘		如豚，白毛，毛大如笄，黑端	竹山

羭次之山、时山、南山

	植物	矿物	动物
羭次山	棫　橿　竹箭	赤铜　婴垣之玉	橐𩇯　嚻
时山		水玉	
南山	丹粟		猛豹　尸鸠

【原文】

又西七十里，曰羭（yú）次之山，漆水出焉，北流注于渭。其上多棫（yù）[①]橿（jiāng），其下多竹箭，其阴多赤铜[②]，其阳多婴垣[③]之玉。有兽焉，其状如禺而长臂，善投，其名曰嚻（xiāo）[④]。有鸟焉，其状如枭[⑤]，人面而一足，曰橐𩇯（tuó féi）[⑥]，冬见夏蛰[⑦]，服之不畏雷。

又西百五十里，曰时山，无草木。逐水出焉，北流注于渭，其中多水玉。

又西百七十里，曰南山，上多丹粟。丹水出焉，北流注于渭。兽多猛豹[⑧]，鸟多尸鸠（jiū）[⑨]。

【译文】

再向西七十里，是羭次山。漆水发源于此，向北流入渭水。山上有茂密的棫树和橿树，山下有茂密的小竹丛，山北阴面有丰富的赤铜，而山南阳面有丰富的婴垣玉。山中有一种野兽，长得像猿猴而双臂很长，擅长投掷，名叫嚻。山中还有一种禽鸟，长得像一般的猫头鹰，长着人一样的面孔而只有一只脚，叫作橐𩇯，常常是冬天出现而夏天蛰伏，把它的羽毛插在身上就使人不怕打雷。

再向西一百五十里，是时山，山上没有花草树木。逐水从这座山发源，向北流入渭水。水中有很多水晶石。

再向西一百七十里，是南山，到处是粟粒大小的丹砂。丹水从这座山发源，向北流入渭水。山中的野兽大多是猛豹，而禽鸟大多是布谷鸟。

【注释】

①棫：棫树，长得很小，枝条上有刺，结的果子像耳珰，红紫色，可以吃。

②赤铜：即黄铜。这里指未经提炼过的天然铜矿石。以下同此。

③婴垣：一种玉石，主要可用来制作挂在脖子上的装饰品。

④嚻：见图。

⑤枭：即鸮，猫头鹰一类的鸟。

⑥橐𩇯：见图。

⑦蛰：动物冬眠时潜伏在土中或洞穴中不食不动的状态。

⑧猛豹：见图。

⑨尸鸠：见图。

《山海经》地理考

羭次之山

“又西七十里，曰羭次之山”，根据山川道里计算，“羭次之山”为陕西蓝田县的终南山。此山又名“太乙山”，是秦岭山脉的一段，西起陕西宝鸡眉县，东至陕西蓝田。

漆水

《水经注》:“漆水出扶风杜阳俞山东北,入于渭。”“漆水”即今漆水河，渭河支流。古称杜水、武亭水、中亭水。在陕西省中部偏西北。源出麟游县庙湾附近山丘。东流折南流，至武功县白石滩入渭河。

时山

观点① “又西百五十里，曰时山”，“羭次之山”一百五十里处还是终南山山脉。

观点② 此山横贯中国中部的东西走向山脉。大致位置与秦岭吻合。此山西起甘肃南部，经陕西南部到河南西部，主体位于陕西省南部与四川省北部交界处，呈东西走向，长约1500千米。为黄河支流渭河与长江支流嘉陵江、汉水的分水岭。

南山

观点① 终南山又名太乙山、地肺山、中南山、周南山，简称“南山”，因此南山可能是终南山的简称。

观点② “又西百七十里，曰南山”，根据里程计算，此山是首阳山。首阳山位于渭源县东南34千米的莲峰乡亨堂沟，因其列群山之首，阳光先照而得名。

《山海经》动物考

橐𩇯　明　蒋应镐绘图本

猛豹　明　蒋应镐绘图本

尸鸠　清《禽虫典》

嚻　明　蒋应镐绘图本

兽名	性质	形状及声音	产地
嚻	善投	如禺，长臂	羭次之山
橐𩇯	冬见夏蛰，服之不畏雷	如枭，人面，一足	羭次之山

大时之山、嶓冢之山

	植物	动物	矿物
大时山	榖柞 杻橿		银 玉
嶓冢山	桃枝 鉤端 蓇蓉	犀 兕 熊 罴 白翰 赤鷩	

【原文】

又西百八十里，曰大时之山，上多榖(gòu)柞(zuò)[①]，下多杻(niǔ)橿(jiāng)，阴多银，阳多白玉。涔(qiàn)水出焉，北流注于渭。清水出焉，南流注于汉水。

又西三百二十里，曰嶓(bō)冢之山，汉水出焉，而东南流注于沔(miǎn)；嚻(xiāo)水出焉，北流注于汤水。其上多桃枝[②]鉤端[③]，兽多犀兕熊[④]罴(pí)[⑤]，鸟多白翰[⑥]赤鷩(béi)。有草焉，其叶如蕙[⑦]，其本如桔梗[⑧]，黑华而不实，名曰蓇(gǔ)蓉[⑨]，食之使人无子。

【译文】

再向西一百八十里，是大时山，山上有很多构树和栎树，山下有很多杻树和橿树，山北面多出产银，而山南面有丰富的白色玉石。涔水从这座山发源，向北流入渭水。清水也从这座山发源，却向南流入汉水。

再向西三百二十里，是嶓冢山，汉水发源于此，然后向东南流入沔水；嚻水也发源于此，向北流入汤水。山上到处是葱茏的桃枝竹和钩端竹，野兽以犀牛、兕、熊、罴最多，禽鸟却以白翰和赤鷩最多。山中有一种草，叶子长得像蕙草叶，茎却像桔梗，开黑色花朵但不结果实，名叫蓇蓉，吃了它就会使人不能生育孩子。

【注释】

①柞：古人说的栎树。它的木材可供建筑、器具、薪炭等用。
②桃枝：一种竹子，每隔四寸为一节。
③鉤端：属于桃枝竹之类的竹子。
④熊：见图。
⑤罴：见图。
⑥白翰：见图。
⑦蕙：蕙草，是一种香草，属于兰草之类。
⑧桔梗：橘树的茎干。
⑨蓇蓉：草名，具体所指待考。

#《山海经》地理考

大时之山

观点1 通鉴地理通释云："斜水出右扶风武功衙岭山，北至郿入渭。褒水亦出衙岭，南至郑入沔。"则"大时之山"即武功衙岭山，今通称秦岭。

观点2 "又西百八十里，曰大时之山。"此山应是在今陕西境内的太白山。此山位于陕西宝鸡，秦岭北麓，眉县、太白县、周至县三县境内。是秦岭山脉的主峰，也是我国大陆东部的第一高峰，海拔3767米。

涔水

"涔水出焉，北流注于渭。"由此推知，此河是渭河南岸支流之一，因此可能是今斜水，又名石头河。位于陕西宝鸡境内，发源于秦岭北麓，自南向北流经安乐镇、落星镇和五丈原镇后汇入渭河，因河床为石质，遍布大大小小的圆石而得名。

清水

观点1 《括地志》云："斜水源出褒城县西北衙岭山，与褒水同源而流派。"《汉书·沟洫志》："褒水通沔，斜水通渭。""清水"即今褒水。

观点2 "清水出焉，南流注于汉水。"由里程推算，"清水"是褒水的上源紫金河。

汉水

"汉水"是汉江的古称，古代也称沔水，长1532千米，流域面积17.43万平方千米，是长江最大的支流。发源于陕西省汉中市。

嶓冢之山

观点1 "嶓冢之山，汉水出焉"，汉水为北汉水，源出陕西宁强县的嶓冢山，因此，"嶓冢之山"当在陕西。

观点2 "嶓冢山"当在华山以西676千米的地方，而天水的嶓冢山（齐寿山）距华山约600千米，方位一致，地理位置基本与记载相符。西汉水古代又叫犀牛江，正与《山海经》内"兽多犀兕熊罴"的记载相符。因此，此山是甘肃天水东南西汉水之源的嶓冢山，在今甘肃境内。

沔

古代把汉水源出今陕西留坝的一支称为沔水，也把汉水通称为沔水。"汉水出焉，而东南流注于沔"，此处"沔"应是汉江的支流。

##《山海经》动物考

熊 清 汪绂图本

白翰 清 汪绂图本

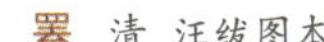

罴 清 汪绂图本

天帝之山、皋涂之山

	植物	矿物	动物
天帝山	棕枬　菅蕙　杜衡		谿边　栎
皋涂山	丹粟　桂木　无条	银　黄金　礜	玃如　数斯

【原文】

又西三百五十里，曰天帝之山，上多棕枬，下多菅蕙。有兽焉，其状如狗，名曰谿（xī）边①，席②其皮者不蛊。有鸟焉，其状如鹑，黑文而赤翁③，名曰栎④，食之已痔。有草焉，其状如葵，其臭如靡芜，名曰杜衡⑤，可以走马，食之已瘿（yǐng）⑥。

西南三百八十里，曰皋（gāo）涂之山，蔷（sé）水出焉，西流注于诸资之水；涂水出焉，南流注于集获之水。其阳多丹粟，其阴多银、黄金，其上多桂木。有白石焉，其名曰礜（yù）⑦，可以毒鼠。有草焉，其状如槀茇（gǎo bá）⑧，其叶如葵而赤背，名曰无条，可以毒鼠。有兽焉，其状如鹿而白尾，马脚人手而四角，名曰玃（jué）如⑨。有鸟焉，其状如鸱（chī）而人足，名曰数斯⑩，食之已瘿（yǐng）。

【译文】

再向西三百五十里，是天帝山，山上有许多棕树和楠木树，山下遍布茅草和蕙草。山中有种叫谿边的野兽，长得像狗，人坐卧时铺垫上谿边兽的皮就不会中妖邪毒气。又有叫作栎的鸟，长得像鹌鹑，花纹是黑的，颈毛是红的，吃了它可以治愈痔疮。还有一种名叫杜衡的草，长得像葵菜，散发出靡芜一样的气味，马插上它可以跑得很快，人吃了可以治愈脖子上的赘瘤病。

向西南三百八十里，是皋涂山，蔷水发源于此，向西流入诸资水；涂水也发源于此，向南流入集获水。山南面遍布粟粒大小的丹砂，北面盛产银、黄金，山上都是桂树。山中有种叫礜的白石头，可以毒死老鼠。又有一种叫无条的草，长得像槀茇，叶子像葵菜，背面是红色的，可以毒死老鼠。还有一种叫玃如的野兽，像鹿，却长着白尾巴、马一样的蹄、人一样的手，又有四只角。还有一种叫数斯的鸟，像鹞鹰，却长着人一样的脚，吃了它能治愈人脖子上的赘瘤病。

【注释】

①谿边：见图。
②席：这里作动词用，铺垫的意思。
③翁：鸟脖子上的毛。
④栎：长得像鹌鹑的一种鸟。
⑤杜衡：一种香草。
⑥瘿：长在颈上的大瘤子。
⑦礜：即礜石，一种矿物，有毒。苍白二色的礜石可以入药。如果山上有各种礜石，草木不能生长，霜雪不能积存；如果水里有各种礜石，就会使水不结冰。
⑧槀茇：一种香草，根茎可以入药。
⑨玃如：见图。
⑩数斯：见图。

#《山海经》地理考

天帝之山

“又西百八十里，曰大时之山”，此山应是在今陕西境内的太白山。此山位于陕西宝鸡，秦岭北麓，眉县、太白县、周至县三县境内。是秦岭山脉的主峰，也是我国大陆东部的第一高峰，海拔 3767 米。

皋涂之山

自天水市的高山向西南行三百八十里，符合有西流合流和南流的河流的，只有岷县峪儿岭。因此，峪儿岭当是“皋涂之山”。

蔷水

根据“蔷水出焉，西流注于诸资之水”推断，“蔷水”可能是今甘肃洮河的支流。

诸资之水

诸资之水出于皋涂之山，有蔷水注入。以此推断，此河可能是今洮河或由洮河等汇聚成的沼泽。

涂水

“涂水出焉，南流注于集获之水。”由以上山川河流的考证推断，“涂水”是岷江源头与汉江源头多条水流的总称。

集获之水

“集获之水”应发源于川、甘边境的岷山北麓，因此可能是今甘肃的白龙江。此江是嘉陵江支流。跨甘肃、四川两省。海拔 4078 米，经甘肃省武都东南入四川，在广元市昭化汇入嘉陵江。

##《山海经》动物考

谿边　清　四川成或因图本

玃如　明　胡文焕图本

数斯　明　蒋应镐绘图本

兽名	性质	形状及声音	产地	今名
谿边	席其皮者不蛊	如狗	天帝之山	树狗
栎	食之已痔	如鹑，黑文，赤翁	天帝之山	红腹鹰
玃如		如鹿，白尾，马脚人手，四角	皋涂之山	大母猴或四角羚
数斯	食之已瘿	如鸱，人足	皋涂之山	

黄山、翠山

	植物	矿物	动物
黄山	竹箭	玉	犟 鹦䳇
翠山	棕枏 竹箭	黄金 玉	旄牛 麢 麝 鸓

【原文】

又西百八十里，曰黄山，无草木，多竹箭。盼水出焉，西流注于赤水，其中多玉。有兽焉，其状如牛，而苍黑大目，其名曰犟（mǐn）①。有鸟焉，其状如鸮（xiāo）②，青羽赤喙③，人舌能言，名曰鹦䳇（móu）④。

又西二百里，曰翠山，其上多棕枏，其下多竹箭，其阳多黄金、玉，其阴多旄（máo）牛⑤、麢（líng）⑥、麝（shè）⑦。其鸟多鸓（lěi）⑧，其状如鹊，赤黑而两首、四足，可以御火。

【译文】

再向西一百八十里，是黄山，没有花草树木，到处是郁郁葱葱的竹丛。盼水从这座山发源，向西流入赤水，水中有很多玉石。山中有一种野兽，长得像普通的牛，却长着苍黑色的皮毛和大大的眼睛，名叫犟。山中又有一种禽鸟，长得像一般的猫头鹰，却长着青色的羽毛和红色的嘴，长着像人一样的舌头，能学人说话，名叫鹦䳇。

再向西二百里，是翠山，山上是茂密的棕树和楠木树，山下到处是竹丛，山南面盛产黄金、玉，山北面有很多牦牛、羚羊、麝。山中的禽鸟大多是鸓鸟，长得像一般的喜鹊，却长着红黑色羽毛和两个脑袋、四只脚，人养着它可以辟火。

【注释】

①犟：见图。
②鸮：猫头鹰一类的鸟。
③喙：鸟兽的嘴。
④鹦䳇：见图。
⑤旄牛：即牦牛，牛的一种，全身有长毛，腿短。
⑥麢：即羚羊，哺乳动物，外形像山羊，四肢细长，动作敏捷。
⑦麝：哺乳动物，外形像鹿而小，前腿长、后腿短，善于跳跃，也叫香獐子。
⑧鸓：见图。

《山海经》地理考

黄山 盼水、赤水出于黄山，根据盼水、赤水位置推测，“黄山”当是临洮县东山。

盼水 “盼水出焉，西流注于赤水”，赤水为洮河，则“盼水”为甘肃会川县北山之河。此河至临洮县北流入洮河。

赤水

观点1 《水经注》云，“赤水城亦曰临洮东城”，则赤水即为洮河，因洮河多泥沙，前秦时代曾有“赤水”之称。洮河是黄河水系上游的重要支流，发源于青海省河南蒙古族自治县西倾山，于永靖县注入刘家峡水库。

观点2 “赤水”出于黄山，根据山川里程推算，赤水可能指黄河，且黄河水多泥沙，因此水色赤红。

翠山

观点1 “翠山，多棕枏，多竹箭，多旄牛、麢、麝。其鸟多鸓”，据里程及山中物产推断，此山是今青海西宁的小积石山。

观点2 “又西二百里，曰翠山”，根据以上考证黄山位置推断，此山在今甘肃境内。

《山海经》动物考

鹦鹉 清《禽虫典》

㸲 清 汪绂图本

鸓 明 蒋应镐绘图本

兽名	性质	形状及声音	产地	今名
㸲		如牛，苍黑大目	黄山	
鹦鹉		如鸮，青羽赤喙，人舌能言	黄山	鹦鹉
鸓	可以御火	如鹊，赤黑，两首，四足	翠山	

騩山

	矿物	植物
騩山	玉　采石　黄金　丹粟	

【原文】

又西二百五十里，曰騩(guī)山，是錞(chún)[①]于西海，无草木，多玉。淒水出焉，西流注于海，其中多采石[②]、黄金，多丹粟。

凡西经之首，自钱来之山至于騩(guī)山，凡十九山，二千九百五十七里。华山冢[③]也，其祠之礼：太牢[④]。羭(yú)山神[⑤]也，祠之用烛[⑥]，斋[⑦]百日以百牺[⑧]，瘗(yì)用百瑜(yú)[⑨]，汤[⑩]其酒百樽[⑪]，婴[⑫]以百珪(guī)[⑬]百璧。其余十七山之属，皆毛牷(quán)用一羊祠之。烛者，百草之未灰，白席采等纯之。

【译文】

再向西二百五十里，是騩山，它坐落在西海边上，这里没有花草树木，却有很多采石。淒水从这座山发源，向西流入大海，水中有许多采石、黄金，还有很多粟粒大小的丹砂。

总计西方第一列山系的首尾，自钱来山起到騩山止，一共十九座山，途经二千九百九十七里。华山神是诸山神的宗主，祭祀华山山神的典礼：用猪、牛、羊齐全的三牲做祭品。羭山神是神奇威灵的，祭祀羭山山神用火炬，斋戒一百天后用一百只毛色纯正的牲畜，随一百块美玉埋入地下，再烫上一百樽美酒，祀神的玉器用一百块玉珪和一百块玉璧。祭祀其余十七座山山神的典礼相同，都是用一只完整的羊做祭品。所谓的烛，就是用百草制作未烧成灰的火把，而祀神的席是用各种颜色等差有序地将边缘装饰起来的白茅草席。

【注释】

①錞：依附。这里是坐落、高踞的意思。

②采石：据古人说是一种彩色石头，就像雌黄之类的矿物。

③冢：这里指大的山神。

④太牢：古人进行祭祀活动时，祭品所用牛、羊、猪三牲全备为太牢。

⑤羭山神：见图。

⑥烛：照明用的火炬。

⑦斋：古人在祭祀前或举行典礼前清洁身体以示庄敬。

⑧牺：古代祭祀时用的纯色的牲。牲是供祭祀用的整体的家畜。

⑨瑜：美玉。

⑩汤：通“烫”。

⑪樽：酒杯。

⑫婴：据学者研究，婴是用玉器祭祀神的专称。

⑬珪：同“圭”，一种玉器，长条形，上端作三角状，是古时朝聘、祭祀、丧葬所用的礼器之一。

《山海经》地理考

騩山

山海经以青海湖为西海，“騩山，是錞于西海”，有水西流入海。与今青海西宁的日月山吻合。日月山位于青海湖东侧，海拔最高点为4877米。历来是内地赴西藏大道的咽喉。因山体呈现红色，古代称为“赤岭”。

凄水

“凄水出焉，西流注于海”，与发源于日月山注入青海湖的倒淌河符合。“其中多采石、黄金，多丹粟。”也与青海人的传说相符。此河是青海湖水系中最小的一支，发源于日月山西麓的察汗草原，海拔约3300米，全长40多千米，自东向西，流入青海湖，故名“倒淌河”。

《山海经》图典

羭山神　清　汪绂图本

北
西
东
南

西次二经

《西次二经》记述了十七座山。《西次二经》的区域也应该是今黄土高原。按照经书的里程指示往东和往西标设山头，《西次二经》之山大概可以画为从青海省首府西宁到红色首都延安南边的铜川市之间的一条线。

《西次二经》中记述的动物只有两种：一是类似凤凰的鸾鸟；一是人面鸟身的怪鸟凫徯。但是，《西次二经》中记载的植物却有很多，如檀楮、女床、杻橿、竹、棕、豫章等。掌管《西次二经》中山岭的有人面马身神和飞兽之神两位山神。

铃山、泰冒之山、数历之山、高山

	矿物	植物
铃山	铜 玉	杻橿
泰冒山	金 铁 藻玉	
高山	银 青碧 雄黄 磬石	竹 棕

【原文】

西次二经之首，曰钤(qián)山，其上多铜，其下多玉，其木多杻橿。

西二百里，曰泰冒之山，其阳多金，其阴多铁。洛水出焉，东流注于河，其中多藻玉①，多白蛇。

又西一百七十里，曰数历之山，其上多黄金，其下多银，其木多杻橿，其鸟多鹦䳇(móu)。楚水出焉，而南流注于渭，其中多白珠。

又西北五十里，曰高山，其上多银，其下多青碧②、雄黄③，其木多棕，其草多竹④。泾水出焉，而东流注于渭，其中多磬(qìng)石⑤、青碧。

【译文】

西方第二列山系的首座山，叫作钤山，山上盛产铜，山下盛产玉，山中的树大多是杻树和橿树。

向西二百里，是泰冒山，山南面多出产金，山北面多出产铁。洛水从这座山发源，向东流入黄河，水中有很多藻玉，还有很多白色的水蛇。

再向西一百七十里，是数历山，山上盛产黄金，山下盛产银，山中的树木大多是杻树和橿树，而其中的禽鸟大多是鹦䳇。楚水从这座山发源，然后向南流入渭水，水中有很多白色的珍珠。

再向西北五十里，是高山，山上有丰富的白银，山下到处是青碧、雄黄，山中的树木大多是棕树，而草大多是小竹丛。泾水从这座山发源，然后向东流入渭水，水中有很多磬石、青碧。

【注释】

①藻玉：带有色彩纹理的美玉。

②青碧：青绿色的美玉。

③雄黄：也叫鸡冠石，是一种矿物。古人常用作解毒、杀虫的药物。

④竹：这里指低矮而丛生的小竹子，所以被当作草。

⑤磬石：适宜制磬的美玉。

#《山海经》地理考

铃山

“西次二经之首，曰铃山”，“铃山”当为今稷山，此山位于山西西南部，运城市正北端，距太原市410千米。与西山首经的钱来山隔黄河、汾河遥遥相望。

泰冒之山

“西二百里，曰泰冒之山”，据考证，此山为今陕西韩城附近的西山，又名壶梯山、中峙山、西峙山。

洛水

“洛水出焉，东流注于河”，由此可见，此河为黄河支流之一，即今洛河。洛河是黄河下游南岸大支流，发源于陕西省洛南县洛源乡的木岔沟，向东流入河南境，在巩义市洛口以北入黄河。

河

古人单称“河”或“河水”而不贯以名者，则大多是专指黄河，这里即指黄河。但本书记述山川水流的方位走向都不甚确实，所述黄河也不例外，再加上黄河在古时屡次改道，所以，和今天所看到的黄河不尽一致。

数历之山

“又西一百七十里，曰数历之山”，按照里程计算，此山可能在今陕西铜川境内。

楚水

“楚水出焉，而南流注于渭”，由此推断，“楚水”应为渭河支流，由位置推断，楚水可能是今陕西耀县的石川河。石川河从富平县西北，与耀县相邻的岔口入境，曲曲折折流向东南，奔入渭河。

高山

“又西北五十里，曰高山”“其木多棕，其草多竹”，与今宁夏六盘山山脉中的米缸山吻合。米缸山古称“高山”，又名“美高山”，海拔2942米，是六盘山的主峰，也是固原市原州区与隆德、泾源两县的分界。

泾水

“泾水出焉，而东流注于渭”，由此可知，“泾水”为渭河支流泾河。此河南源出于宁夏泾源老龙潭，北源出于宁夏固原大弯镇。两河在甘肃平凉附近汇合后折向东南，至陕西长武县亭口附近先后纳马莲河、蒲河、黑河等支流，形成辐射状水系，在陕西高陵县附近注入渭河。

女床之山、龙首之山、鹿台之山、鸟危之山

	矿物	植物	动物
女床山	赤铜　石涅		虎　豹　犀　兕　鸾鸟
龙首山	黄金　铁　美玉		
鹿台山	白玉　银		㸲牛　羬羊　白豪　凫徯
鸟危山	磬石　丹粟	檀楮　女床	

【原文】

西南三百里，曰女床之山，其阳多赤铜，其阴多石涅(niè)①，其兽多虎、豹、犀、兕。有鸟焉，其状如翟(dí)②而五采文，名曰鸾鸟③，见则天下安宁。又西二百里，曰龙首之山，其阳多黄金，其阴多铁。苕水出焉，东南流注于泾水，其中多美玉。

又西二百里，曰鹿台之山，其上多白玉，其下多银，其兽多㸲(zuó)牛、羬(xián)羊、白豪④。有鸟焉，其状如雄鸡而人面，名曰凫(fú)徯(xī)⑤，其鸣自叫也，见则有兵⑥。西南二百里，曰鸟危之山，其阳多磬石，其阴多檀楮(tán chǔ)⑦，其中多女床⑧。鸟危之水出焉，西流注于赤水，其中多丹粟。

【译文】

向西南三百里，是女床山，山南面多出产黄铜，山北面多出产石涅，山中的野兽以老虎、豹子、犀牛和兕居多。还有一种禽鸟，长得像野鸡，却长着色彩斑斓的羽毛，名叫鸾鸟，一出现天下就会安宁。再向西二百里，是座龙首山，山南面盛产黄金，山北面盛产铁。苕水从这座山发源，向东南流入泾水，水中有很多美玉。

再向西二百里，是鹿台山，山上多出产白玉，山下多出产银，山中的野兽多为㸲牛、羬羊、白豪。山中有一种禽鸟，长得像普通的雄鸡，却长着人一样的脸面，名叫凫徯，它的叫声就是自身名称的读音，它一出现则天下就会有战争。向西南二百里，是鸟危山，山南面多出产磬石，山北面到处是檀树和构树，山中生长着很多女肠草。鸟危水从这座山发源，向西流入赤水，水中有许多粟粒大小的丹砂。

【注释】

①石涅：据古人讲，就是石墨，古时用作黑色染料，也可以画眉和写字。

②翟：一种有很长尾巴的野鸡，形体也比一般的野鸡要大些。

③鸾鸟：见图。

④白豪：长着白毛的豪猪。

⑤凫徯：见图。

⑥兵：军事、战斗。

⑦檀：檀树，木材极香，可作器具。楮：即构树，长得很高大，皮可以制作桑皮纸。

⑧女床：据古人说是女肠草。

《山海经》地理考

女床之山

观点1 “其阳多赤铜，其阴多石涅，其兽多虎、豹、犀、兕。”根据山中物产及地理位置推断，此山为中国西部山脉，即“六盘山”。此山在宁夏回族自治区西南部、甘肃省东部。

观点2 “西南三百里，曰女床之山”，由此推断，此山可能是今陕西岐山。岐山，位于关中平原西部，陕西省宝鸡市境内，因境内东北部的箭括岭双峰对峙，山有两岐而得名。

龙首之山

“又西二百里，曰龙首之山”，由里程计算，此山当是今陕西和甘肃交界处的陇山。陇山地处宁夏南部，位于西安、银川、兰州三省会城市所形成的三角地带中心。是陕北黄土高原和陇西黄土高原的界山，及渭河与泾河的分水岭，曲折险峻。

苕水

“苕水出焉，东南流注于泾水”，据考证，“泾”当作“渭”，则“苕水”即为散渡河，此河是渭河的主要支流之一，发源于华家岭牛营大山。

鹿台之山

“又西二百里，曰鹿台之山”，根据里程计算，此山可能是今甘肃岷县的东山。

鸟危之山

“西南二百里，曰鸟危之山”，根据里程计算，此山为今甘肃陇西县西南的山脉。

鸟危之水

观点1 鸟危之水与鸟危之山同名，由此推断，此河是黄河水系上游的支流，因此可能是洮河。

观点2 “鸟危之水出焉，西流注于赤水”，由此推断是甘肃会宁祖历河或其上游支流。

《山海经》动物考

鸾鸟 明 蒋应镐绘图本

凫徯 明 蒋应镐绘图本

兽名	性质	形状及声音	产地
鸾鸟	见则天下安宁	如翟，五采文	女床之山
凫徯	见则有兵	如雄鸡，人面，鸣自叫	鹿台之山

小次之山、大次之山、薰吴之山、底阳之山、众兽之山

	矿物	植物	动物
小次山	白玉　赤铜		朱厌
大次山	垩　碧		㸲牛　麢羊
薰吴山	金　玉		
底阳山		椶　枏　豫章	犀　兕　虎　犳　㸲牛

【原文】

又西四百里，曰小次之山，其上多白玉，其下多赤铜。有兽焉，其状如猿，而白首赤足，名曰朱厌[①]，见则大兵。

又西三百里，曰大次之山，其阳多垩（è）[②]，其阴多碧[③]，其兽多㸲（zuó）牛、麢（líng）羊。

又西四百里，曰薰吴之山，无草木，多金玉。

又西四百里，曰底（zhǐ）阳之山，其木多椶（jì）[④]、枏、豫章[⑤]，其兽多犀、兕、虎、犳（zhuó）[⑥]、㸲（zuó）牛。

又西二百五十里，曰众兽之山，其上多㻬（yǔ）琈（fú）之玉，其下多檀楮，多黄金，其兽多犀、兕。

【译文】

再向西四百里，是小次山，山上盛产白玉，山下盛产铜。山中有一种野兽，长得像普通的猿猴，但头是白色的，脚是红色的，名叫朱厌，它一出现就会大起战事。

再向西三百里，是大次山，山南面多出产垩土，山北面多出产碧玉，山中的野兽多是㸲牛、麢羊。

再向西四百里，是薰吴山，山上没有花草树木，而有丰富的金属矿物和玉石。

再向西四百里，是底阳山，山中的树木大多是水松树、楠木树、樟树，而野兽大多是犀牛、兕、老虎、犳、㸲牛。

再向西二百五十里，是众兽山，山上遍布㻬琈玉，山下到处是檀树和构树，有丰富的黄金，山中的野兽多为犀牛、兕。

【注释】

①朱厌：见图。

②垩：能用来涂饰粉刷墙体的泥土。

③碧：青绿色的玉石。

④椶：即水松，有刺，木头纹理很细。

⑤豫章：古人说就是樟树，也叫香樟，常绿乔木，有樟脑香气。古代还有一种说法，认为二树在幼小时不可辨知而被人看作一种树木，其实，豫就是枕木，章就是樟木，生长到七年以后，枕、章才能分别。

⑥犳：据古人讲是一种身上有豹子斑纹的野兽。

《山海经》地理考

小次之山

“又西四百里，曰小次之山”，根据里程和大次山的位置推测，“小次之山”可能是甘肃境内的旗堡寺山。

大次之山

“又西三百里，曰大次之山”，由此推测，此山为中国西部大山，即岷山。此山位于甘肃省西南、四川省北部。西北—东南走向。西北接西倾山，南与邛崃山相连。包括甘肃南部的迭山，甘肃、四川边境的摩天岭。

熏吴之山

岷山之西四百里，相当于今青海郭罗山，因此“熏吴之山”即郭罗山。

厎阳之山

“又西四百里，曰厎阳之山。”据此推测，此山为巴颜喀拉山，昆仑山脉东延部分。位于中国青海省中部偏南。西北—东南走向。西连可可西里山，东接松潘高原和邛崃山。为黄河与长江河源段的分水岭。

众兽之山

“又西二百五十里，曰众兽之山”，巴颜喀拉山全长780千米。西二百五十里的“众兽之山”仍然在巴颜喀拉山范围内。

《山海经》动物考

朱厌 明 蒋应镐绘图本

兽名	性质	形状及声音	产地	今名
朱厌	见则大兵	如猿，白首，赤足	小次之山	白眉长臂猿

皇人之山、中皇之山、西皇之山、莱山

	矿物	植物
皇人山	金玉　青　雄黄　丹粟	
中皇山	黄金	蕙　棠

【原文】

又西五百里，曰皇人之山，其上多金玉，其下多青[①]、雄黄。皇水出焉，西流注于赤水，其中多丹粟。

又西三百里，曰中皇之山，其上多黄金，其下多蕙、棠(tánɡ)[②]。

又西三百五十里，曰西皇之山，其阳多金，其阴多铁，其兽多麋(mí)[③]、鹿[④]、牸(zuó)牛。

又西三百五十里，曰莱山，其木多檀楮，其鸟多罗罗[⑤]，是食人。

凡西次二经之首，自钤(qián)山至于莱山，凡十七山，四千一百四十里。其十神者，皆人面而马身。其七神皆人面牛身，四足而一臂，操杖以行，是为飞兽之神[⑥]。其祠之，毛[⑦]用少(shào)牢[⑧]，白菅为席，其十辈神者，其祠之，毛一雄鸡，钤而不糈(xǔ)[⑨]；毛采[⑩]。

【译文】

再向西五百里，是皇人山，山上多产金玉矿石，山下多产石青、雄黄。皇水发源于此，向西注入赤水，盛产丹粟。

又向西三百里，是中皇山，山上多产黄金矿石，山下生长着很多蕙、棠。

再向西三百五十里，是西皇山，山南面多出产金，山北面多出产铁，山中的野兽以麋、鹿、牸牛居多。

再向西三百五十里，是莱山，山中的树木多是檀树和构树，而禽鸟大多是罗罗鸟，这种鸟能吃人。

总计西方第二列山系的首尾，自钤山起到莱山止，共十七座山，途经四千一百四十里。其中十座山的山神，都是人面马身。还有七座山的山神是人面牛身，有四只脚和一条臂，扶着拐杖行走，这就是所谓的飞兽之神。祭祀这七位山神，在毛物中用猪、羊为祭品，将其放在白茅草席上。另外那十位山神，祭祀的典礼，在毛物中用一只公鸡，祭祀神时无须用米做祭品；毛物用一只杂色雄鸡。

【注释】

①青：石青，蓝色的矿物颜料。

②棠：这里指棠梨树，结的果实似梨而小点，可以吃，味道甜酸。

③麋：见图。

④鹿：见图。

⑤罗罗：鸟名，兀鹫，秃鹫之类。

⑥飞兽之神：见图。

⑦毛：指毛物，就是祭神所用的猪、鸡、狗、羊、牛等畜禽。

⑧少牢：古代称祭祀用的猪和羊。

⑨钤而不糈：关锁而不用精米。

⑩毛采：指杂色的雄鸡。

《山海经》地理考

皇人之山	“又西五百里，曰皇人之山”，众兽之山西五百里为巴颜喀拉山西段，则“皇人之山”为巴颜喀拉山西段。
皇水	“皇水出焉，西流注于赤水”，据此考证，此河是今青海的湟水，黄河上游支流。位于中国青海省东部。发源于海晏县包呼图山，东南流经西宁市，到甘肃省兰州市西面的达家川入黄河。长 349 千米，流域面积 3200 多平方千米。
赤水	此处“赤水”与洮河赤水相距 625 千米。据考证，此处赤水应为乌拉山与西藏交界处大小河流的总称。
中皇之山	“又西三百五十里，曰西皇之山”，巴颜喀拉山西三百五十里为青海省玉树藏族自治州治多县的乌兰乌拉山。此山为扬子江源头。
西皇之山	乌兰乌拉山再向西三百五十里，为扬子江源头的西界山。因此“西皇之山”即乌兰乌拉山的长岭。
莱山	“再向西三百五十里，是莱山”，按照里程和地理方位计算，“莱山”可能是今青海境内的托莱山。

《山海经》动物考

飞兽之神　明　蒋应镐绘图本

人面马身神　明　蒋应镐绘图本

麋　清　汪绂图本

鹿　清　《禽虫典》

北
西
东
南

西次三经

《西次三经》记述了二十二座山，共计六千六百四十里。这些山大致在今新疆、甘肃、青海、内蒙古境内。

《西次三经》记载着共工所触之不周山、后稷所潜之大泽、黄河之源头、帝之下都之昆仑山、西王母所居之玉山、黄帝所建之轩辕之丘、大禹所导之积石山等一系列衍生中华文化的根源重地。

《西次三经》中的动物有：举父、蛮蛮、大鹗、鵕鸟、文鳐鱼等。另外还有一些历史人物和神名，如黄帝、葆江、英招、后稷、白帝少昊等。掌管《西次三经》中的山脉的山神为人面羊身神，他的祭祀方法是把祀神的一块吉玉埋入地下，祀神的米用稷米。

崇吾之山、长沙之山、不周之山

	矿物	植物	动物
崇吾之山			举父　蛮蛮
长沙之山	青　雄黄	蕙　棠	
不周之山		嘉果	

【原文】

西次三经之首，曰崇吾之山，在河之南，北望冢遂，南望䍃（yǎo）之泽，西望帝[①]之搏兽之丘，东望䗡（yān）渊。有木焉，员[②]叶而白柎（fū）[③]，赤华而黑理，其实如枳，食之宜子孙。有兽焉，其状如禺而文臂，豹尾而善投，名曰举父[④]。有鸟焉，其状如凫[⑤]，而一翼一目，相得乃飞，名曰蛮蛮[⑥]，见则天下大水。

西北三百里，曰长沙之山。泚（cǐ）水出焉，北流注于泑（yōu）水，无草木，多青、雄黄。

又西北三百七十里，曰不周之山。北望诸<U+5D25>（pí）之山，临彼岳崇之山，东望泑（yōu）泽，河水所潜也，其原[⑦]浑浑（gǔn）泡泡（páo）[⑧]。爰（yuán）[⑨]有嘉果，其实如桃，其叶如枣，黄华而赤柎（fū），食之不劳。

【译文】

崇吾山是西方第三列山系之首，位于黄河南岸，向北可以望见冢遂山，向南可以望见䍃泽，向西可以望见天帝的搏兽山，向东可以望见䗡渊。山里有种树，圆圆的叶子、白色的花萼，红色花朵上有黑色的纹理，果实与枳相似，人吃了多子多孙。又有一种叫举父的野兽，像猿猴而臂上有斑纹，有豹一样的尾巴，擅长投掷。还有一种叫蛮蛮的禽鸟，像野鸭，却只有一只翅膀和一只眼睛，两只鸟合起来才能飞翔，它一出现就会发生水灾。

向西北三百里，是长沙山。泚水发源于此，向北流入泑水，山上没有花草树木，多产石青、雄黄。

再西北三百七十里，是不周山。向北可以望见诸<U+5D25>山，高高地居于岳崇山之上，向东可以望见泑泽，是黄河源头潜在的地方，源头之水喷涌发出浑浑泡泡的响声。这里有一种珍贵的果树，果实像桃子，叶子像枣树叶，开着黄色的花朵，花萼却是红的，人吃了能解除烦恼忧愁。

【注释】

①帝：一说指黄帝，一说指天帝，一说指炎帝。

②员：通“圆”。

③柎：花萼。是由若干萼片组成，处在花的外轮，起保护花芽的作用。

④举父：见图。

⑤凫：水鸟，俗称野鸭。

⑥蛮蛮：见图。

⑦原：“源”的本字。即水源。

⑧浑浑泡泡：大水奔流时的奔涌之声。

⑨爰：这里；那里。

《山海经》地理考

崇吾之山

观点① “日崇吾之山，在河之南，北望冢遂，南望䍃之泽，西望帝之搏兽之丘，东望蠕渊。”“崇吾之山”即新疆维吾尔自治区若羌县与且末县之南，昆仑山系中的祁曼山。

观点② 青海省海西蒙古族藏族自治州乌兰县茶卡镇附近，茶卡盐湖南面有鄂拉山，北面有青海南山，与青海湖相隔。盐湖的边缘的茶卡河、莫河、小察汗乌苏河等河水直接入湖。此情景与“崇吾之山”附近类似，因此崇吾之山可能在茶卡盐湖附近。

冢遂

“北望冢遂”，“遂”据《穆天子传中》记载为山间峡谷的意思。因此，“冢遂”为阿尔金山中的峡谷。

搏兽之丘

“西望帝之搏兽之丘”，崇吾之山向西可以看到的山，即明铁盖达坂山口的白山长岭，此山向西直达西藏边界。

蠕渊

观点① “东望蠕渊”，“蠕渊”为柴达木盆地西北角的格孜湖。此湖从海拔5千米，直降到1千米，因此称“渊”。 蠕为虫名。格孜湖在阿尔金山与祁曼山之间，柴达木盆地尽头，湖岸曲折如虫形，有深渊在其下，故名“蠕渊”。

观点② 崇吾之山可能在茶卡盐湖附近。“蠕渊”即“盐湖”，指茶卡盐湖，也叫茶卡，位于青海省海西蒙古族藏族自治州乌兰县茶卡镇附近。

长沙之山

“西北三百里，日长沙之山。”据此推测，“长沙之山”为白大山西北长三百里的长岭，此山东起哈拉木兰河主流，西到玉龙哈什河主流。

不周之山

“不周之山”是一座雪山，应在昆仑山系中，西起叶城县，东到和田县。山脉走向呈“瓜”字形。

《山海经》动物考

蛮蛮 明 胡文焕图本

举父 明 蒋应镐绘图本

峚山

	矿物	植物
峚山	白玉　玉膏　玄玉	丹木

【原文】

又西北四百二十里，曰峚(mì)山，其上多丹木[①]，员叶而赤茎，黄华而赤实，其味如饴，食之不饥。丹水出焉，西流注于稷泽，其中多白玉。是有玉膏[②]，其原沸沸(fèi)汤汤(shāng)[③]，黄帝[④]是食是飨(xiǎng)[⑤]。是生玄[⑥]玉。玉膏所出，以灌丹木，丹木五岁，五色乃清，五味乃馨[⑦]。黄帝乃取峚山之玉荣[⑧]，而投之钟山之阳。瑾[⑨]瑜之玉为良，坚栗精密，浊泽[⑩]而有光。五色发作，以和柔刚。天地鬼神，是食是飨；君子服之，以御不祥。自峚山至于钟山，四百六十里，其间尽泽也。是多奇鸟、怪兽、奇鱼，皆异物焉。

【译文】

再向西北四百二十里，是峚山，山上多产丹木，茎是红的，叶是圆的，开黄色的花，结红色的果，味道像糖，人吃了就不会感到饥饿。丹水源出于此，向西流入稷泽，水中有很多白色玉石。这里有玉膏，玉膏之源涌出时一片沸腾，黄帝常常服食这种玉膏。这里还出产一种黑色玉石。用这涌出的玉膏去浇灌丹木，丹木再生长五年，便开出美丽的五色花朵，结下五种味道的果实，更加香美。黄帝于是就采撷峚山中玉石的精华，而投种在钟山向阳的南面。后来便生出瑾和瑜这类美玉，坚硬而精密，润厚而有光泽。五种色彩一同散发出来，相互辉映，那就有刚有柔而非常和美。无论是天神还是地鬼，都来享用。君子佩戴它，能抵御妖邪不祥之气的侵袭。从峚山到钟山，长四百六十里，其间全部是水泽。在这里生长着许多神奇的禽鸟、奇怪的野兽、奇异的鱼类，都是些罕见的怪物。

【注释】

①丹木：木名，一说即槭树，种类很多，木材坚硬，入秋后叶子变红。

②玉膏：成膏状的玉，传说是一种仙药。

③沸沸汤汤：水腾涌的样子。

④黄帝：（前 2697– 前 2599 年）少典之子，本姓公孙，长居姬水，因改姓姬，居轩辕之丘（在今河南新郑西北），故号轩辕氏，出生、创业和建都于有熊（今河南新郑），故亦称有熊氏，因有土德之瑞，故号“黄帝”。

⑤飨：通“享”。享受。

⑥玄：黑。

⑦馨：芳香。

⑧玉荣：玉华。

⑨瑾：美玉。

⑩浊泽：浑厚而润泽。

《山海经》地理考

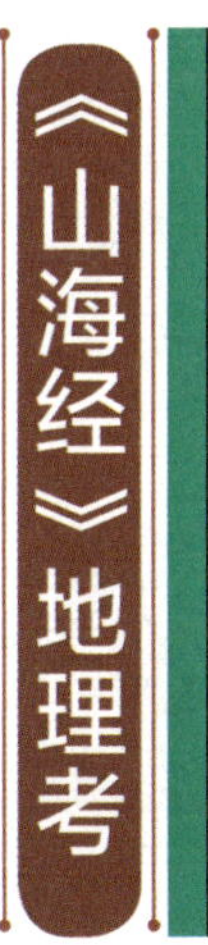

峚山

“又西北四百二十里，曰峚山”，根据上文山川地貌推测，此山应为新疆叶城县米尔岱山。此山盛产“西域玉”，与“其中多白玉”吻合。

丹水

“其中多白玉。……是有玉膏，其原沸沸汤汤”，据此推测，此河为玉河，上游有温泉，所以会有“沸沸汤汤”（水腾涌）景象。

稷泽

“西流注于稷泽”，综合各经文条目推断，此河在叶尔羌西北，英吉沙尔东南，昔称大泽，今已干涸为沙漠。

《山海经》图典

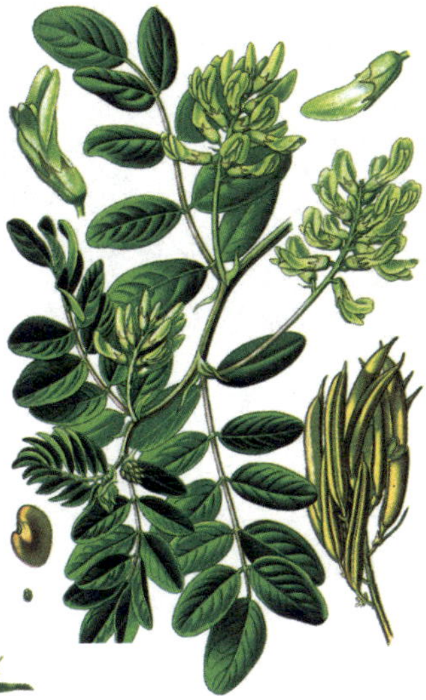

黄耆

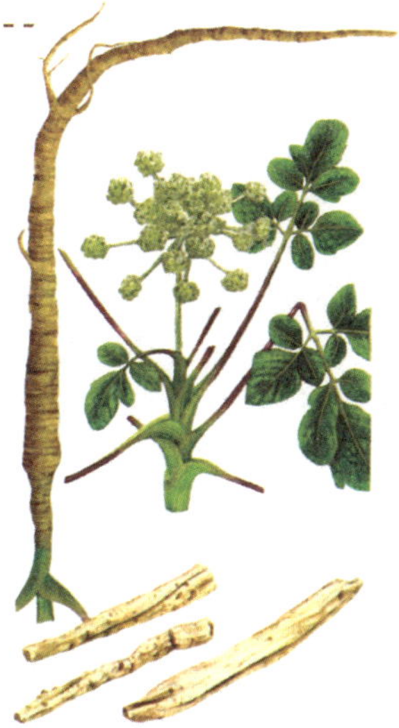

沙参

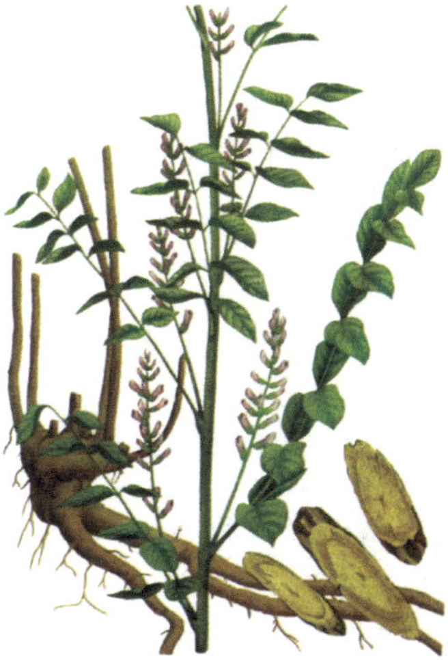

甘草

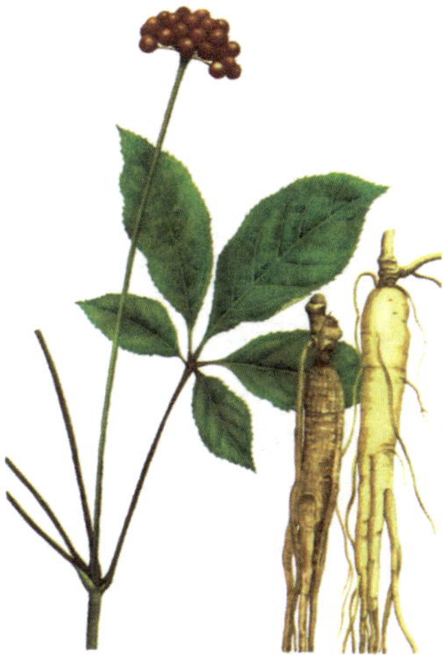

人参

钟山、泰器之山

	矿物	植物	动物
钟山			大鹗　鵕鸟
泰器山			文鳐鱼

【原文】

又西北四百二十里，曰钟山。其子曰鼓[①]，其状（如）人面而龙身，是与钦䲹（pī）[②]杀葆江[③]于昆仑之阳，帝乃戮之钟山之东曰（山）瑶（yáo）崖。钦䲹化为大鹗（è）[④]，其状如雕而黑文白首，赤喙而虎爪，其音如晨鹄（hú）[⑤]，见则有大兵；鼓亦化为鵕（jùn）鸟[⑥]，其状如鸱（chī），赤足而直喙，黄文而白首，其音如鹄[⑦]，见则其邑[⑧]大旱。

又西百八十里，曰泰器之山。观水出焉，西流注于流沙。是多文鳐（yáo）鱼[⑨]，状如鲤鱼，鱼身而鸟翼，苍文而白首赤喙，常行西海，游于东海，以夜飞。其音如鸾鸡[⑩]，其味酸甘，食之已狂，见则天下大穰（ráng）[⑪]。

【译文】

再向西北四百二十里，是钟山。钟山山神的儿子叫鼓，鼓长着人面龙身，曾和钦䲹神联手在昆仑山南面杀死天神葆江，天帝因此将鼓与钦䲹处于在钟山东面的瑶崖。钦䲹化为一只大鹗，长得像雕鹰，却有黑色的斑纹和白色的脑袋，红色的嘴巴和老虎一样的爪子，叫声如同晨鹄鸣叫，它一出现就预示有大的战争；鼓也化为鵕鸟，长得像鹞鹰，脚是红的，嘴是直的，身上有黄色的斑纹，头却是白色的，叫声像鸿鹄鸣叫，它出现的地方会有旱灾。

再向西一百八十里，是泰器山，观水在此发源，向西流入流沙。观水中有很多文鳐鱼，长得像鲤鱼，长着鱼一样的身子和鸟一样的翅膀，浑身有苍色的斑纹，白脑袋，红嘴巴，常常在西海行走，在东海畅游，在夜间飞行。它的叫声像鸾鸡，肉味酸中带甜，人吃了可以治好癫狂病，它一出现就会五谷丰登。

【注释】

①鼓：见图。
②钦䲹：不详。
③葆江：人名。
④鹗：也叫鱼鹰，头顶和颈后羽毛白色，有暗褐色纵纹，头后羽毛延长成矛状。趾具锐爪，趾底遍生细齿，外趾能前后转动，适于捕鱼。
⑤晨鹄：鹗鹰之类的鸟。
⑥鵕鸟：见图。
⑦鹄：也叫鸿鹄，即天鹅，脖颈很长，羽毛白色，鸣叫的声音洪亮。
⑧邑：这里泛指有人聚居的地方。
⑨文鳐鱼：见图。
⑩鸾鸡：传说中的一种鸟。
⑪穰：庄稼丰熟。

《山海经》地理考

钟山

观点① “黄帝乃取峚山之玉荣，而投之钟山之阳”，由此可见，“钟山”是一座产玉的山，因此，钟山为新疆英吉沙县的山脉，与密尔岱山相对。

观点② “又西北四百二十里，曰钟山。”根据山川里程推测，此山应在今青海境内。

泰器之山

观点① “钟山向西百八十里为玛尔瑚鲁克山”，此山即为“泰器之山”，在新疆莎车县，与密尔岱山相连，亦产玉，青抽黑晕，若血沁然，回民鬻此者多来自裕勒阿里克卡伦，故名亦其玉曰裕勒阿里克。

观点② “又西百八十里，曰泰器之山。”钟山在今青海境内，则此山在今甘肃境内。

观水

“观水出焉，西流注于流沙。”据此推算，此河为白昆仑山口的两条西流合流，合称“听难阿布河”。

流沙

古时指中国西北的沙漠地区，也指今新疆境内的白龙堆沙漠一带。

《山海经》动物考 

鵕鸟 清 汪绂图本

鼓 明 蒋应镐绘图本

文鳐鱼 明 蒋应镐绘图本

兽名	性质	形状及声音	产地
大鹗	见则有大兵	如雕，黑文白首，赤喙，虎爪，音如晨鹄	钟山
鵕鸟	见则其邑大旱	如鸱，赤足而直喙，黄文而白首，如鹄音	钟山
文鳐鱼	常行西海，游于东海，以夜飞；其味酸甘，食之已狂，见则天下大穰	如鲤鱼，鱼身，鸟翼，苍文，白首赤喙，音如鸾鸡	泰器之山

槐江之山

	动物	矿物
槐江山	蠃母 鹰鹯	青 雄黄 琅玕 黄金 玉 银 丹粟

【原文】

又西三百二十里，曰槐江之山。丘时之水出焉，而北流注于泑(yōu) 水。其中多蠃(luó)母[①]，其上多青、雄黄，多藏琅玕(láng gān)[②]、黄金、玉，其阳多丹粟，其阴多采黄金银。实惟帝之平圃，神英招(sháo)[③]司之，其状马身而人面，虎文而鸟翼，徇于四海，其音如榴[④]。南望昆仑，其光熊熊，其气魂魂。西望大泽[⑤]，后稷[⑥]所潜也。其中多玉，其阴多榣木之有若[⑦]。北望诸𪇔(pí)，槐鬼离仑居之，鹰鹯(zhān)[⑧]之所宅也。东望恒山四成，有穷鬼居之，各在一搏抟(tuán)[⑨]。爰有淫水，其清洛洛[⑩]。有天神焉，其状如牛，而八足二首马尾，其音如勃皇，见则其邑有兵。

【译文】

再向西三百二十里，是槐江山。丘时水发源于此，向北流入泑水。水中多产蠃母，山上多产石青、雄黄，还有很多琅玕、黄金、玉石，山南遍布粟粒大小的丹砂，山北多产带符彩的黄金白银。槐江山是天帝悬在半空的园圃，由天神英招主管。英招长着马身人面，有老虎的斑纹和禽鸟的翅膀，它巡行四海，传布天帝的旨命，声音如同辘轳抽水。在山上向南可以望见昆仑山，山势雄浑。向西可以望见大泽，那是后稷死后埋葬之地。其中有很多玉石，南面有许多榣木，上面又有若木。向北可以望见诸𪇔山，是叫作槐鬼离仑的神仙所居住的地方，也是鹰鹯等飞禽的居所。向东可以望见四重高的恒山，里面住着穷鬼，各在山的一边。这里有大水下泻，清泠流淌。山里有天神，长得像牛，却有八只脚、两个头，还长着一条马尾巴，叫声如同人在吹奏乐器时薄膜发出的声音，它在哪个地方出现，哪里就有战争。

【注释】

①蠃母：蜗牛。
②琅玕：像玉一样的石头。
③英招：见图。
④榴：同“抽”。引出、提取。
⑤大泽：后稷所葬的地方。传说后稷出生以后，就很灵慧，而且先知，到他死时，便化形而遁于大泽成为神。
⑥后稷：周人的先祖。相传他在虞舜时任农官，善于种庄稼。
⑦榣木：特别高大的树木。神话传说中的树，具有奇异而神灵的特性。
⑧鹯：鸱鹰一类的鸟。
⑨抟：把散碎的东西捏聚成团。
⑩洛洛：形容水流声。

《山海经》地理考

槐江之山

观点1 “又西三百二十里，曰槐江之山。”据此推测，“槐江之山”为密尔岱山附近的英峨奇盘山。

观点2 泰器之山在今甘肃境内，向西三百二十里，“槐江之山”应该在今新疆与甘肃交界处。

丘时之水

“丘时之水出焉”，“丘时之水”出于槐江之山，则丘时之水为喇斯库木河。《清史稿》载：“奇盘河自叶城西北流入，合喇斯库木河，折东北入府，为泽勒普善河。”

恒山

按照地理位置，此处“恒山”不可能为北岳恒山。因此，有学者认为“恒”当为“垣”，“恒山四成”，可能指东望不周山，有东、西、南、北四方环绕成“垣”。

淫水

观点1 “爰有淫水，其清洛洛。”由此推测，“淫水”为发源于玉山的一条河流，因为河底布满玉石所以称“其清洛洛”。

观点2 “淫水”并不是指一条河流，而是指洪水。这里指水从山上流下时广阔而四溢的样子。

《山海经》动物考

英招 明 蒋应镐绘图本

天神 明 蒋应镐绘图本

天神考	性质	形状及声音	产地
英招	徇于四海	马身，人面，虎文，鸟翼，音如榴	槐江之山
天神	见则其邑有兵	如牛，八足二首，马尾，音如勃皇	槐江之山

昆仑之丘

	动物	植物
昆仑丘	土蝼　钦原　鹑鸟	沙棠　蘋草

【原文】

西南四百里，曰昆仑之丘，是实惟帝之下都，神陆吾[①]司之。其神状虎身而九尾，人面而虎爪；是神也，司天之九部[②]及帝之囿(yòu)[③]时。有兽焉，其状如羊而四角，名曰土蝼[④]，是食人。有鸟焉，其状如蜂，大如鸳鸯，名曰钦原[⑤]，蠚(ruó)[⑥]鸟兽则死，蠚木则枯。有鸟焉，其名曰鹑鸟[⑦]，是司帝之百服。有木焉，其状如棠，黄华赤实，其味如李而无核，名曰沙棠[⑧]，可以御水，食之使人不溺。有草焉，名曰蘋(pín)草[⑨]，其状如葵，其味如葱，食之已劳。河水出焉，而南流东注于无达。赤水出焉，而东南流注于氾(fàn)天之水。洋水出焉，而西南流注于丑涂之水。黑水出焉，而西流于大杅(yú)。是多怪鸟兽。

【译文】

向西南四百里，是昆仑山，它是天帝在下界的都邑，由天神陆吾主管。这位天神长着老虎的身子却有九条尾巴，一副人的面孔，却长着老虎的爪子；它主管天上的九部和天帝苑圃的时节。山中有种叫土蝼的野兽，长得像羊，却有四只角，能吃人。有种叫作钦原的鸟，长得像蜜蜂，大小和鸳鸯差不多。这种鸟能将动物蜇死，将植物蜇枯。还有另一种叫鹑的鸟，主管天帝的各种器用服饰。山中又有一种树木，像棠梨树，花是黄的，果实是红的，味道像李子，却没有核，叫作沙棠，可以用来辟水，人吃了能漂浮不沉。还有一种草，叫作蘋草，长得像葵菜，味道像葱，吃了能解除人的烦恼忧愁。黄河发源于此，向南注入无达山。赤水发源于此，向东南流入氾天水。洋水发源于此，向西南流入丑涂水。黑水也发源于此，向西流到大杅山。这座山中有许多奇怪的鸟兽。

【注释】

①陆吾：见图。

②九部：据古人解释是九域的部界。

③囿：古代帝王畜养禽兽的园林。

④土蝼：见图。

⑤钦原：见图。

⑥蠚：毒虫类咬刺。

⑦鹑鸟：传说中的凤凰之类的鸟，和上文所说的鹑鸟，即鹌鹑不同。

⑧沙棠：木名，具体所指待考。

⑨蘋草：即赖草。

《山海经》地理考

昆仑之丘

“西南四百里，曰昆仑之丘”，这里的“西南四百里”是从不周山之首计算的，则“昆仑之丘”是昆仑山的最高峰黄穆峰，这座山是为了纪念最早在上面修建宫殿的黄帝和千年后来此居住的周穆王。

河

“河水出焉”，这里的“河”指塔里木河。此河是中国最长的内流河，有三源：南为和田河，发源于喀喇昆仑山；西南源叶尔羌河，源出喀喇昆仑山和帕米尔高原；北源阿克苏河源于天山山脉西段。

无达

观点1 “东注于无达”，塔里木河是内流河，洪水期无固定河槽，水流分散，河流容易改道；枯水期常常断流。因此，称为“无达”。

观点2 “河水出于无达”，河是黄河的古称。因此根据位置推断“无达”是巴颜喀拉山下的星宿海星。宿海，位于黄河源头地区，东与扎陵湖相邻，西与黄河源流玛曲相接。

汜天之水

“赤水出焉，而东南流注于汜天之水。”“汜天之水”即是疏勒河，发源于青海省祁连山脉西段疏勒南山和托来南山之间，西北流经玉门、安西等绿洲，注入哈拉湖。

洋水

“洋水出焉”，据推测，“洋水”是今阿姆河，此河是中亚流程最长、水量最大的内陆河，是咸海的两大水源之一，源于帕米尔高原东南部高山冰川，是阿富汗与塔吉克斯坦界河。

丑涂之水

“洋水出焉，而西南流注于丑涂之水。”阿姆河在阿富汗与塔吉克斯坦边界形成大泽，当为“丑涂之水”。

《山海经》动物考

陆吾 明 蒋应镐绘图本

土蝼 明 蒋应镐绘图本

钦原 清《禽虫典》

兽名	性质	形状及声音	产地
土蝼	是食人	如羊，四角	昆仑之丘
钦原	蠚鸟兽则死，蠚木则枯	如蜂，大如鸳鸯	昆仑之丘

乐游之山、嬴母之山、玉山

	矿物	植物	动物
乐游山	白玉		䱻鱼
嬴母山	玉　青石		
玉山			狡　胜遇

【原文】

又西三百七十里，曰乐游之山。桃水出焉，西流注于稷泽，是多白玉，其中多䱻(huá)鱼[①]，其状如蛇而四足，是食鱼。

西水行四百里，曰流沙，二百里至于嬴(luó)母之山，神长乘[②]司之，是天之九德[③]也。其神状如人而犳(guō)[④]尾。其上多玉，其下多青石而无水。

又西三百五十里，曰玉山，是西王母[⑤]所居也。西王母其状如人，豹尾虎齿而善啸[⑥]，蓬发戴胜[⑦]，是司天之厉[⑧]及五残[⑨]。有兽焉，其状如犬而豹文，其角如牛，其名曰狡，其音如吠犬，见则其国大穰。有鸟焉，其状如翟而赤，名曰胜(xìng)遇，是食鱼，其音如录，见则其国大水。

【译文】

再向西三百七十里，是乐游山。桃水发源于此，向西流入稷泽。这里遍布白色玉石，水中还有很多䱻鱼，长得像蛇，却有四只脚，以鱼类为食。

向西行四百里水路，就是流沙，再行二百里就到嬴母山，由天神长乘主管，他是天的九德之气所生。这个天神长得像人，却有犳的尾巴。山上遍布玉石，山下到处是青石而没有水。

再向西北三百五十里，是玉山，这是西王母的居所。西王母长得像人，却有豹子一样的尾巴和老虎一样的牙齿，而且喜好啸叫，蓬松的头发上戴着玉胜，主管上天灾疫和五刑残杀。山中有一种野兽，长得像狗，却有豹子的斑纹，头上的角与牛角相似，叫作狡，叫声像狗，它出现的地方会五谷丰登。山中还有一种禽鸟，长得像野鸡，通身红色，叫作胜遇，以鱼类为食，叫声像鹿，它出现的地方会发生水灾。

【注释】

①䱻鱼：见图。
②长乘：见图。
③天之九德：天所据有的九种德行。
④犳：一种类似于豹子的野兽。
⑤西王母：见图。
⑥啸：兽类长声吼叫。
⑦胜：指玉胜，古时用玉制作的一种首饰。
⑧厉：灾疫。
⑨五残：五刑残杀。

《山海经》地理考

乐游之山

“又西三百七十里，曰乐游之山。”根据山川道里推测，“乐游之山”可能在今青海境内。

嬴母之山

“西水行四百里，曰流沙，二百里至于嬴母之山”，相当于自英吉尔县延赤水向西行四百里，约相当于今疏勒西北的乌鲁瓦特山。

玉山

观点1 “又西三百五十里，曰玉山”，这里的“西三百五十里”是针对不周山而言。玉山距槐江山约三十里。关于西王母的民间记载《竹书纪年》中载“周穆王十七年西王母来朝，居于昭宫”“或于来时会与群玉之山”，“玉山”即为其中之山。

观点2 据古人讲，这座山遍布着玉石，所以叫作“玉山”，其位置当在今新疆和田市产玉的山区。

《山海经》动物考

西王母 明 蒋应镐绘图本

长乘 明 蒋应镐绘图本

䱻鱼 明 蒋应镐绘图本

兽名	性质	形状及声音	产地
䱻鱼	是食鱼	如蛇，四足	乐游之山
狡	见则其国大穰	如犬，豹文，角如牛，音如吠犬	玉山
胜遇	见则其国大水	如翟，赤，是食鱼，其音如录	玉山

轩辕之丘、积石之山、长留之山、章莪之山

	矿物	植物	动物
轩辕丘	丹粟　青　雄黄		
长留山	文玉石		
章莪山	瑶　碧		狰　毕方

【原文】

又西四百八十里，曰轩辕之丘，无草木。洵水出焉，南流注于黑水，其中多丹粟，多青、雄黄。

又西三百里，曰积石之山，其下有石门，河水冒①以西南流。是山也，万物无不有焉。

又西二百里，曰长留之山，其神白帝少昊(hào)②居之。其兽皆文尾，其鸟皆文首。是多文玉石。实惟员神磈(wěi)氏③之宫。是神④也，主司反景(yǐng)⑤。

又西二百八十里，曰章莪(é)之山，无草木，多瑶碧。所为甚怪。有兽焉，其状如赤豹，五尾一角，其音如击石，其名曰狰(zhēng)⑥。有鸟焉，其状如鹤，一足，赤文青质而白喙，名曰毕方⑦，其鸣自叫也，见则其邑有譌(é)火⑧。

【译文】

再向西四百八十里，是轩辕丘，这里没有花草树木。洵水在此发源，向南流入黑水，水中遍布粟粒大小的丹砂，还有很多石青、雄黄。

再向西三百里，是积石山，山下有个石门，黄河水漫过石门向西南流去。这座山万物俱全。

再向西二百里，是长留山，天神白帝少昊居住在这里。山中的野兽都是花尾巴，禽鸟都是花脑袋。山上盛产彩色花纹的玉石。这座山是员神磈氏的宫殿。磈氏主要掌管太阳落山时光线射向东方的反影。

再向西二百八十里，是章莪山，山上没有花草树木，到处是瑶、碧一类的美玉。山里常常发生怪事。山中有种叫作狰的野兽，长得像赤豹，有五条尾巴和一只角，叫声像敲击石头的响声。还有一种叫作毕方的鸟，长得像鹤，但只有一只脚，红色的斑纹、青色的身子、白色的嘴巴，叫声同它的名字一样，它出现的地方会发生怪火。

【注释】

①冒：往外透。

②白帝少昊：见图。

③磈氏：即白帝少昊。

④神：指少昊。

⑤反景：指太阳西落时的景象。景通“影”。

⑥狰：见图。

⑦毕方：见图。

⑧譌火：怪火，像野火那样莫名其妙地烧起来。

《山海经》地理考

轩辕之丘

“又西四百八十里，曰轩辕之丘”，“轩辕之丘”是距昆仑山七百余里的科可山。传说上古帝王黄帝居住在这里，娶西陵氏女为妻，因此也号称轩辕氏。

积石之山

“又西三百里，曰积石之山”，由此可知，“积石之山”即为阿尼玛卿山，此山位于青海省东南部的果洛藏族自治州玛沁县雪山乡，为藏族“四大神山”之一。地处为黄河源头最高山峰。该山为昆仑山东脉，总长28千米，宽约10千米。

石门

“其下有石门，河水冒以西南流”，这里的“石门”是指大积石山之东与西倾山之西南的峡谷。黄河从星宿海发源后，流过石门。

长留之山

“又西二百里，曰长留之山”，则“长留之山”即今布尔汗不达山东北的山脉。此山在柴达木盆地东南，其西部有诸多河流注入盆地，因此称“长留之山”。

章莪之山

“又西二百八十里，曰章莪之山”，按照里程计算，“章莪之山”应为青海都兰县汗布达山区中的山脉。

《山海经》动物考

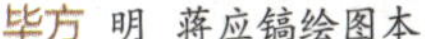

毕方 明 蒋应镐绘图本

白帝少昊 清 汪绂图本

狰 明 蒋应镐绘图本

兽名	性质	形状及声音	产地
狰		如赤豹，五尾一角，音如击石	章莪之山
毕方	见则其邑有譌	如鹤，一足，赤文青质，白喙	章莪之山

阴山、符惕之山、三危之山、騩山

	矿物	植物	动物
阴山			文贝 天狗
符惕山	金玉	棕枏	
三危山			三青鸟 獓狠 鸱

【原文】

又西三百里，曰阴山。浊浴之水出焉，而南流注于蕃泽，其中多文贝。有兽焉。其状如狸而白首，名曰天狗[①]，其音如榴榴[②]，可以御凶。

又西二百里，曰符惕(yáng)之山，其上多棕枏，下多金玉。神江疑[③]居之。是山也，多怪雨，风云之所出也。

又西二百二十里，曰三危之山，三青鸟[④]居之。是山也，广员百里。其上有兽焉，其状如牛，白身四角，其豪[⑤]如披蓑(suō)[⑥]，其名曰獓狠(ào yē)[⑦]，是食人。有鸟焉，一首而三身，其状如多少鵅(luò)，其名曰鸱(chī)[⑧]。

又西一百九十里，曰騩(guī)山，其上多玉而无石。神耆(qí)童[⑨]居之，其音常如钟磬。其下多积蛇。

【译文】

再向西三百里，是阴山。浊浴水从这座山发源，然后向南流入蕃泽，水中有很多五彩斑斓的贝壳。山中有一种野兽，长得像野猫，却是白脑袋，叫作天狗，它发出“榴榴”的叫声，人饲养它可以辟凶邪之气。

再向西二百里，是座符惕山，山上到处是棕树和楠木树，山下有丰富的金属矿物和玉石。神仙江疑居住于此。这座符惕山，常常落下怪异之雨，风和云也从这里兴起。

再向西二百二十里，是三危山，三青鸟栖息在这里。这座三危山，方圆百里。山上有一种野兽，长得像普通的牛，却长着白色的身子和四只角，身上的硬毛又长又密，好像披着蓑衣，叫作獓狠，是能吃人的。山中还有一种禽鸟，长着一个脑袋，却有三个身子，形状与鵅鸟很相似，叫作鸱。

再向西一百九十里，是騩山，山上遍布美玉而没有石头。天神耆童居住在这里，他发出的声音像是敲钟击磬的响声。山下到处是一堆堆的蛇。

【注释】

①天狗：见图。

②榴榴：也做猫猫，指猫叫声。

③神江疑：据古人说，从山中、树木中、河谷中、丘陵中，都能升出云、刮起风、落下雨，凡是能兴风作雨的怪兽，都是神。这座山上的神江疑，就能兴风作雨，就是这类的风雨神。

④三青鸟：见图。

⑤豪：豪猪身上的刺。这里指长而刚硬的毛。

⑥蓑：遮雨用的草衣。

⑦獓狠：见图。

⑧鸱：见图。

⑨耆童：即老童，传说是上古帝王颛顼的儿子。传说耆童声如洪钟，能做乐风，是音乐的创始人。

《山海经》地理考

浊浴之水

“浊浴之水出焉”，据此推断，“浊浴之水”即为青海的塔塔棱河。

蕃泽

“而南流注于蕃泽”，可能是今青海的巴嘎柴达木湖。

阴山

据浊浴之水和蕃泽的位置推断，“阴山”为塔塔河和巴嘎柴达木湖南的山脉。巴阴河环绕其北、东、南三面，水南曰阴，故称“阴山”。

符惕之山

“又西二百里，曰符惕之山”，据此推断，此山为阴山西北部的高山，可能是祁连山中的山岭。此山正南面与西南面皆为盆地，西北与东南为火盆地，多水泽，东北山脉阻隔云雨，因此多怪云雨。

三危之山

“又西二百二十里，曰三危之山”，此山即今甘肃敦煌市的三危山，又名卑羽山，在敦煌市东南 25 千米处，绵延 60 千米，主峰在莫高窟对面，三峰危峙，故名“三危”。

騩山

三危山西一百九十里的騩山即当金山。此山位于甘肃、青海、新疆三省（区）交界处的阿克塞哈萨克族自治县，东至燕丹与肃北县接壤，北依催木图山与敦煌市为邻，南面的赛什腾山与青海省毗连，西面的芨芨台与新疆维吾尔自治区的戈壁相望。昔日属于人迹罕至、飞鸟不驻之地。

《山海经》动物考

三青鸟　明　蒋应镐绘图本

天狗　明　蒋应镐绘图本

鸱　明　蒋应镐绘图本

獓䚥　明　蒋应镐绘图本

天神考	性质	形状及声音	产地
天狗	可以御凶	如狸，白首，音如榴榴	阴山
獓䚥	是食人	如牛，白身四角，豪如披蓑	三危之山
鸱		一首，三身，状如鸈	三危之山

天山、泑山、翼望之山

	矿物	动物
天山	金玉 青 雄黄	
泑山	婴短之玉 瑾 瑜 青 雄黄	
翼望山	金玉	讙

【原文】

又西三百五十里，曰天山，多金玉，有青、雄黄。英水出焉，而西南流注于汤谷。有神焉，其状如黄囊，赤如丹火，六足四翼，浑敦[①]无面目，是识歌舞，实为帝江[②]也。又西二百九十里，曰泑(yōu)山，神蓐(rǔ)收[③]居之。其上多婴短之玉[④]，其阳多瑾、瑜之玉，其阴多青、雄黄。是山也，西望日之所入，其气员，神红光[⑤]之所司也。西水行百里，至于翼望之山，无草木，多金玉。有兽焉，其状如狸，一目而三尾，名曰讙(huān)[⑥]，其音如夺[⑦]百声，是可以御凶，服之已瘅(dàn)[⑧]。有鸟焉，其状如乌，三首六尾而善笑，名曰鵸鵌(yī yú)[⑨]，服之使人不厌(yǎn)[⑩]，又可以御凶。凡西次三经之首，崇吾之山至于翼望之山，凡二十三山，六千七百四十四里。其神状皆羊身人面。其祠之礼，用一吉玉瘗，糈用稷米。

【译文】

再向西三百五十里是天山，山上有黄铜，石青、雄黄。英水从这发源，向西南流入汤谷。山里有神，像黄色口袋，红得像火，有六只脚、四只翅膀，混混沌沌没有面目，能唱歌跳舞，就是帝江。再向西二百九十里，是泑山，天神蓐收居住在这里。山上盛产作颈饰的玉石，山南面有瑾、瑜，北面有石青、雄黄。这座山，向西可以望见太阳落山的情景，气象雄浑，由天神红光掌管。向西行一百里水路，便到了翼望山，山上没有草木，到处是金玉。有一种野兽，像野猫，有一只眼睛、三条尾巴，叫作讙，叫声能赛过一百种动物，它可以辟凶邪之气，人吃了它就能好黄疸病。还有一种禽鸟，像乌鸦，长着三个脑袋、六条尾巴，喜欢笑，叫作鵸鵌，吃了它人不做噩梦，还能辟凶邪。西方第三列山系的首尾，从崇吾山起到翼望山止，一共二十三座山，六千七百四十四里。诸山山神都是羊的身子、人的面孔。祭祀山神时要把一块吉玉埋入地下，祀神的米用稷米。

【注释】

①浑敦：即“混沌”，没有具体的形状。
②帝江：见图。
③蓐收：见图。
④婴短之玉：就是上文黐次山一节中所记述的婴垣之玉。据今人考证，“垣”、“短”可能都是“脰”之误。
⑤红光：就是蓐收。
⑥讙：见图。
⑦夺：竞取，争取。这里是超出、压倒的意思。
⑧瘅：通“疸”，即黄疸病。中医将此病症分为谷疸、酒疸、黑疸、女劳疸、黄汗五种，认为是由湿热造成的。
⑨鵸鵌：见图。
⑩厌：通“魇”，梦中遇可怕的事而呻吟、惊叫。

《山海经》地理考

天山

观点① 此处的“天山”并非今日所指的“天山”，而是阿尔金山北段。自当金山口西南三百五十里的山脉皆称“天山”。

观点② “又西三百五十里，曰天山”，根据山川道里推断，“天山”即位于今甘肃张掖的祁连山；祁连山脉位于青海省东北部与甘肃省西部边境，西端在当金山口与阿尔金山脉相接。东端至黄河谷地，与秦岭、六盘山相连。

观点③ 天山山脉长约 2500 千米。此处“天山”不是今天天山山脉的全部而应是新疆天山山脉东端的博格罗山。

观点④ 根据对“天山”物产及神话传说的描述，从大致位置推测此山，可能是昆仑山山脉北面的帖尔斯克伊山。

泑山

观点① “又西二百九十里，曰泑山”，则“泑山”是阿尔金山南段，新疆罗布泊东南，从上文天山分界处起，向西至库尔汗山口，都是泑山。

观点② 上文天山若是昆仑山，“泑山”就是今新疆的火焰山；火焰山位于新疆吐鲁番盆地的北缘。古书称之为“赤石山”，东起鄯善县兰干流沙河，西至吐鲁番桃儿沟。

翼望之山

“西水行百里，至于翼望之山”，库尔汗山西南，有水道直通台特马湖，其水东南有山，即木兰东南之山，即翼望之山。这座山像蝙蝠张开双翼，故称“翼望之山”。

《山海经》动物考

蓐收 明 蒋应镐绘图本

讙 明 蒋应镐绘图本

帝江 明 蒋应镐绘图本

鵸鵌 明 蒋应镐绘图本

天神考	性质	形状及声音	产地
讙	可以御凶，服之已瘅	如狸，一目，三尾，音如夺百声	翼望之山
鵸鵌	服之使人不厌，又可以御凶	如乌，三首六尾，善笑	翼望之山

北
西
东
南

西次四经

《西次四经》共记述了十九座山，共计三千二百一十五里。其中，有不少河流都『东流』注于『河』，即黄河；『南流』注于『渭』，即渭河；并且有『泾水』，还有『洛水』；则我们可知，这里的地域范围主要就是号称八百里秦川的陕西省渭河平原以北的黄土高原。本经记述的奇禽怪兽主要有：用鬃毛当翅膀来飞的当扈，鼠身鳖首的蛮蛮，鱼身蛇首六足目如马耳的冉遗鱼等。祭祀山神时都是用一只白色鸡献祭，祀神的米用稻米，拿白茅草来做神的坐席。

阴山、劳山、罢父之山、申山、鸟山

	植物	矿物
阴山	穀 茆 蕃	
劳山	茈草	
罢父山	茈	碧

【原文】

西次四经之首，曰阴山，上多榖(gǔ)，无石，其草多茆(mǎo)[①]、蕃[②]。阴水出焉，西流注于洛。

北五十里，曰劳山，多茈(zǐ)草[③]。弱水出焉，而西流注于洛。

西五十里，曰罢父之山，洱(ěr)水出焉，而西流注于洛，其中多茈[④]、碧[⑤]。

北百七十里，曰申山，其上多榖、柞(zuò)，其下多杻橿，其阳多金玉。区水出焉，而东流注于河。

北二百里，曰鸟山，其上多桑，其下多楮，其阴多铁，其阳多玉。辱水出焉，而东流注于河。

【译文】

西方第四列山系的首座山，是阴山，山上生长着茂密的构树，但没有石头，这里的草以莼菜、蘋草居多。阴水从这座山发源，向西流入洛水。

向北五十里，是劳山，这里有茂盛的紫草。弱水从这座山发源，然后向西流入洛水。

向西五十里，是罢父山，洱水从这里发源，然后向西流入洛水，水中多出产紫色美石、碧色玉石。

向北一百七十里，是申山，山上是茂密的构树和柞树，山下是茂密的杻树和橿树，山南面还有丰富的金属矿物和玉石。区水从这座山发源，然后向东流入黄河。

向北二百里，是鸟山，山上到处是桑树，山下到处是构树，山北面盛产铁，而山南面盛产玉石。辱水从这座山发源，然后向东流入黄河。

【注释】

①茆：即莼菜，又叫凫葵，多年生水生草本，叶椭圆形，浮生在水面，夏季开花。嫩叶可供食用。

②蕃：即蘋草，像莎草而大一些，生长在江湖水边，大雁以它为食。

③茈草：即紫草，可以染紫色。

④茈：紫色。这里指紫色的美石。

⑤碧：青绿色。这里指青绿色的玉石。

《山海经》地理考

阴山

根据注入洛河的阴水推断，水源的东山应该是将军山，即文中的“阴山”。

阴水

“阴水出焉，西流注于洛。”“阴水”向西注入“洛水”，符合这一条件的当为石门河。

劳山

观点① 洛水是今黄连河，则其水源的东山“劳山”应是今要险山。

观点② “北五十里，曰劳山”，根据山川道里推算，“劳山”在今陕西甘泉县。

弱水

观点① 根据上文“阴水”推断，其北五十里西注于洛水的河流应该是今黄连河。

观点② 劳山在今陕西甘泉县，源出劳山的“弱水”可能是流经甘泉县的甘泉河、介子河。

罢父之山

观点① “西五十里，曰罢父之山”，劳山西五十里的山即今原要险山，山北有幕府沟，“罢父“即“幕府”的谐音。

观点② 劳山在今陕西甘泉县，西五十里的“罢父之山”应在今陕西境内。

洱水

观点① 出于“罢父之山”，向西注入洛水的河流即仙官河，此河即为“洱水”。

观点② “洱水出焉，而西流注于洛”，根据地理位置推测，“洱水”可能是今周河。

申山

观点① 根据区水位置可以推断出“申山”位置，白水川出自黄龙山，因此申山为今黄龙山。

观点② “北百七十里，曰申山”，根据里程计算，“申山”是今陕西安塞县北的芦关山。

区水

观点① “区水出焉，而东流注于河。”“区水”在仕望川南，东流注入黄河，此河是今白水川。

观点② “区水”应发源于陕西省榆林地区靖边县，经志丹、安塞镰刀湾乡南下入延安，流贯延安城，转向东流入延长县。因此“区水”是今延安的延河。在延长县南河沟乡凉水岸附近注入黄河。

鸟山

“北二百里，曰鸟山……辱水出焉”，仕望川为辱水，则“鸟山”即为仕望川源头大盘山。

辱水

观点① 云岩河之南，注入黄河的大河为仕望川，仕望川即为“辱水”。

观点② “辱水出焉，而东流注于河。”“区水”是今延安的延河，“辱水”可能是今陕西的清涧河。

上申之山、诸次之山、号山

	矿物	植物	动物
上申山	硌石	榛 楛	白鹿 当扈
诸次山			众蛇
号山	汵石	漆 棕 药	

【原文】

又北百二十里，曰上申之山，上无草木，而多硌（luò）[①]石，下多榛楛（zhēn hù）[②]，兽多白鹿[③]。其鸟多当扈（hù）[④]，其状如雉[⑤]，以其髯[⑥]飞，食之不眴（shùn）目[⑦]。汤水出焉，东流注于河。

又北百八十里，曰诸次之山，诸次之水出焉，而东流注于河。是山也，多木无草，鸟兽莫居，是多众蛇。

又北百八十里，曰号山，其木多漆[⑧]、棕，其草多药[⑨]、虈（xiāo）芎（xiōng）䓖（qióng）。多汵（jīn）石。端水出焉，而东流注于河。

【译文】

再向北一百二十里，是上申山，山上没有花草树木，到处是大石头，山下是茂密的榛树和楛树，野兽以白鹿居多。山里最多的禽鸟是当扈鸟，长得像普通的野鸡，却用髯毛当翅膀来飞，人吃了它的肉就能不眨眼睛。汤水从这座山发源，向东流入黄河。

再向北八十里，是诸次山，诸次水从这座山发源，然后向东流入黄河。这座诸次山到处生长着树木，却不生长花草，也没有禽鸟野兽栖居，但有许多蛇聚集在山中。

再向北一百八十里，是号山，山里的树木大多是漆树、棕树，而草以白芷草、䓖草、芎䓖草居多。山中还盛产汵石。端水从这座山发源，然后向东流入黄河。

【注释】

①硌：石头很大的样子。

②榛：落叶灌木，结的果实叫榛子，近球形，果皮坚硬。木材可做器物。楛：一种树木，形似荆而赤茎似蓍，其木材可以做箭。

③白鹿：见图。

④当扈：见图。

⑤雉：俗称野鸡。雄性雉鸟的羽毛华丽，颈下有一显著白色环纹。雌性雉鸟全身砂褐色，体形较小，尾巴也较短。善于行走，但不能长时间飞行。肉可以食用，而尾羽可做装饰品。

⑥髯：脖子咽喉下的须毛。

⑦眴目：即瞬目，眨闪眼睛。

⑧漆：这里指漆树，落叶乔木，从树干中流出的汁液可作涂料用。

⑨药：白芷的别名，是一种香草，根称白芷，叶子称药，统称为白芷。

《山海经》地理考

上申之山

"又北百二十里，曰上申之山"，根据里程推测，"上申之山"即今崆峒山。此山属六盘山支脉，位于甘肃省平凉市城西12千米处，东瞰西安，西接兰州，南邻宝鸡，北抵银川，是古丝绸之路西出关中之要塞。

汤水

"汤水出焉，东流注于河。"在延河之南，东注于黄河的河流即今云岩河，此河即为"汤水"。

诸次之山

观点1 延河为诸次之水，该河源出于梁山，因此梁山即为"诸次之山"。

观点2 "又北百八十里，曰诸次之山"，据此推测，"诸次之山"在今陕西榆林北的毛乌素沙漠中。

诸次之水

观点1 根据下文"端水"位置推断，在清涧河南，东注入黄河的河流为延河，则延河即为"诸次之水"。

观点2 "诸次之水出焉，而东流注于河"，"诸次之山"在今陕西榆林北的毛乌素沙漠中，"诸次之水"可能是流经陕西佳县的佳芦河。

号山

"又北百八十里，曰号山……端水出焉"，清涧河为端水，端水出于号山，则"号山"为今高柏山。

端水

观点1 根据下文"生水"位置推测，在无定河之南，向东注入黄河的河流为清涧河。此河即为"端水"。

观点2 "端水出焉，而东流注于河。"由此推测，"端水"可能是今山西境内的秃尾河。秃尾河是黄河中游河龙区间一条多泥沙的河流。

《山海经》动物考

当扈 明 蒋应镐绘图本

白鹿 清 汪绂图本

兽名	性质	形状及声音	产地
当扈	食之不眴目	如雉，以其髯飞	上申之山

盂山、白於之山、申首之山、泾谷之山、刚山

	矿物	植物	动物
盂山	铁 铜		白狼 白虎 白雉 白翟
白於山		松柏 栎檀	㸲牛 羬羊 鸮
申首山	白玉		

【原文】

又北二百二十里，曰盂山，其阴多铁，其阳多铜，其兽多白狼[①]白虎[②]，其鸟多白雉白翟。生水出焉，而东流注于河。

西二百五十里，曰白於之山，上多松柏，下多栎檀，其兽多㸲牛、羬羊，其鸟多鸮(xiāo)[③]。洛水出于其阳，而东流注于渭；夹水出于其阴，东流注于生水。

西北三百里，曰申首之山，无草木，冬夏有雪。申水出于其上，潜于其下，是多白玉。

又西五十五里，曰泾谷之山。泾水出焉，东南流注于渭，是多白金白玉。

又西百二十里，曰刚山，多柒[④]木，多㻬琈之玉。刚水出焉，北流注于渭。是多神䰠(chì)[⑤]，其状人面兽身，一足一手，其音如钦[⑥]。

【译文】

再向北二百二十里，是盂山，山北产铁，山南产铜，山中的野兽大多是白狼和白虎，禽鸟也大多是白雉和白翟。生水从这座山发源，向东流入黄河。

向西二百五十里，是白於山，山上是松树和柏树，山下是栎树和檀树，山中的野兽大多是㸲牛、羬羊，禽鸟以鸮居多。洛水发源于这座山的南面，向东流入渭水；夹水发源于这座山的北面，向东流入生水。

向西北三百里，是申首山，没有花草树木，而冬季夏季都有积雪。申水从这座山上发源，潜流到山下，水中有很多白色玉石。

再向西五十五里，是泾谷山。泾水从这座山发源，向东南流入渭水，这里多出产白银和白玉。

再向西一百二十里，是刚山，到处是漆树，多出产㻬琈玉。刚水从这座山发源，向北流入渭水。这里有很多神䰠，长着人的面孔、野兽的身子，一只脚一只手，叫声像人呻吟。

【注释】

①白狼：见图。

②白虎：见图。

③鸮：猫头鹰一类的鸟。

④柒：漆树。“柒”即“漆”字。

⑤神䰠：见图。

⑥钦：“吟”字的假借音，用“呻吟”之意。

《山海经》地理考

孟山

“又北二百二十里，曰孟山”，据此推测，“孟山”即今横山，此山位于陕西省北部，榆林市中部，无定河中游。处陕北黄土高原、风沙高原过渡区。

生水

“生水出焉，而东流注于河。”“生水”出于孟山，因此生水即为黄河支流无定河。此河位于中国陕西省北部。上源红柳河源于定边东南长春梁东麓，在清涧县河口注入黄河 。

白於之山

“西二百五十里，曰白於之山”，“白於之山”之名至今没有变，即今白于山。此山在陕西省北部、宁夏回族自治区南部、甘肃省东南部与内蒙古自治区西南部边缘接壤。

夹水

“洛水出于其阳，而东流注于渭；夹水出于其阴，东流注于生水。”根据洛河、渭河的位置可以确定“夹水”为无定河上游，即陕西的红柳河。

申首之山

“西北三百里，曰申首之山”，泾谷是六盘山的水沟梁，其东五十五里为虎头山，此山即为“申首之山”。

申水

“申水出于其上，潜于其下”，虎头山下有蒲河，据此推测，蒲河即为“申水”。

泾谷之山

“又西五十五里，曰泾谷之山。泾水出焉”，泾河出自今六盘山的水沟梁，则“泾谷之山”即水沟梁。

泾水

是今泾河，渭河最大的支流。本源有二，南源出于宁夏泾源老龙潭，北源出于宁夏固原大弯镇。两河在甘肃平凉附近汇合后折向东南，在陕西高陵县附近注入渭河。

刚山

“又西百二十里，曰刚山”，根据里程计算，“刚山”为今屈吴山，为祁连山东延余脉，主峰南沟大顶，海拔2858米，为平川区最高峰。

《山海经》动物考

白虎 清 汪绂图本

白狼 清 汪绂图本

神魄 明 蒋应镐绘图本

刚山之尾、英鞮之山、中曲之山

	矿物	植物	动物
刚山尾			蛮蛮
英鞮山	金玉	漆木	冉遗鱼
中曲山	玉　雄黄　白玉　金	櫰木	駮

【原文】

又西二百里，至刚山之尾。洛水出焉，而北流注于河。其中多蛮蛮①，其状鼠身而鳖首，其音如吠犬。

又西三百五十里，曰英鞮（dī）之山，上多漆木，下多金玉，鸟兽尽白。涴水出焉，而北流注于陵羊之泽。是多冉遗②之鱼，鱼身蛇首六足，其目如马耳，食之使人不眯③，可以御凶。

又西三百里，曰中曲之山，其阳多玉，其阴多雄黄、白玉及金。有兽焉，其状如马而白身黑尾，一角，虎牙爪，音如鼓音，其名曰駮（bó）④，是食虎豹，可以御兵。有木焉，其状如棠，而员叶赤实，实大如木瓜⑤，名曰櫰（guī）木⑥，食之多力。

【译文】

再向西二百里，是刚山的尾端。洛水发源于此，向北流入黄河。这里有很多蛮蛮兽，长着老鼠的身子、甲鱼的脑袋，发出的声音如同狗叫。

再向西三百五十里是英鞮山，山上生长着漆树，山下有很多铜矿，禽鸟野兽都是白色的。涴水从这座山发源，然后向北流入陵羊泽。水里有很多冉遗鱼，长着鱼的身子、蛇的头和六只脚，眼睛像马耳朵，人吃了它的肉就能睡觉不做噩梦，也可以辟凶邪之气。

再向西三百里，是座中曲山，山南产玉石，山北产雄黄、白玉和金属矿物。山中有一种野兽，长得像普通的马，却长着白身子和黑尾巴、一只角、老虎的牙齿和爪子，发出的声音如同击鼓的响声，叫作駮，是能吃老虎和豹子的，饲养它可以辟兵器。山中还有一种树木，长得像棠梨，但叶子是圆的，并结红色的果实，果实像木瓜大小，叫作櫰木，人吃了它就能增添气力。

【注释】

①蛮蛮：见图。

②冉遗：既冉遗鱼，见图。

③眯：梦魇。

④駮：见图。

⑤木瓜：木瓜树所结的果子。这种果树也叫楙（mào）树，落叶灌木或乔木，果实在秋季成熟，椭圆形，有香气，可以吃，也可入药。

⑥櫰木：櫰槐，一种落叶乔木。

《山海经》地理考

洛水

观点① "又西二百里，至刚山之尾。洛水出焉"，刚山为今屈吴山，"洛水"是今甘肃境内的祖厉河。黄河上游支流。位于中国甘肃省中部，兰州市东侧。源出会宁县南华家岭。北流经会宁县、靖远县入黄河。

观点② "洛水"不是今天的洛河，是宁夏境内的清水河的古称。清水河为黄河上游支流。发源于六盘山东麓开城乡境内的黑刺沟脑，在中卫的泉眼山西侧注入黄河。

英鞮之山

"又西三百五十里，曰英鞮之山"，据此推测，"英鞮之山"是今乌鞘岭。此山位于甘肃省天祝藏族自治县中部，属祁连山脉北支冷龙岭的东南端。为陇中高原和河西走廊的天然分界。

涴水

"涴水出焉，而北流注于陵羊之泽。""英鞮之山"是今乌鞘岭，则"涴水"为石羊河（唐时称白亭河）。此河位于甘肃河西走廊东端，河流起源于南部祁连山，消失于巴丹吉林和腾格里沙漠之间的民勤盆地北部。

陵羊之泽

"涴水"为石羊河，则"陵羊之泽"为白亭海。此湖位于甘肃省武威市民勤县北部湖区，古时又称鱼海子。《寰宇记》记载"姑藏县白亭海，水色洁白，因以为名"。

泾水

是今泾河，渭河最大的支流。本源有二，南源出于宁夏泾源老龙潭，北源出于宁夏固原大弯镇。两河在甘肃平凉附近汇合后折向东南，在陕西高陵县附近注入渭河。

中曲之山

"又西三百里，曰中曲之山"，白亭海西行约百里，到达今天的天梯山，沿山岭西行一二百里到达平羌口雪山，雪山与天梯山组成一个"卜"字。这就是经中的"中曲之山"。

《山海经》动物考

蛮蛮 明 蒋应镐绘图本

冉遗鱼 明 蒋应镐绘图本

駮 明 蒋应镐绘图本

兽名	性质	形状及声音	产地	今名
蛮蛮		鼠身，鳖首，音如吠犬	刚山之尾	水獭
冉遗鱼	食之使人不眯，可以御凶	鱼身蛇首六足	英鞮之山	
駮	是食虎豹，可以御兵	如马，白身黑尾，一角，虎牙爪，如鼓音	中曲之山	

邽山、鸟鼠同穴之山

	矿物	动物
邽山		穷奇　蠃鱼
鸟鼠同穴山	白玉	白虎　鳋鱼　䰻魮鱼

【原文】

又西二百六十里，曰邽(guī)山。其上有兽焉，其状如牛，猬毛，名曰穷奇①，音如嗥(háo)②狗，是食人。濛水出焉，南流注于洋水，其中多黄贝③；蠃(luó)鱼④，鱼身而鸟翼，音如鸳鸯，见则其邑大水。

又西二百二十里，曰鸟鼠同穴之山，其上多白虎、白玉。渭水出焉，而东流注于河，其中多鳋(sāo)鱼⑤，其状如鳣(zhān)鱼⑥，动则其邑有大兵。滥(jiàn)水出于其西，西流注于汉水，多䰻(rú)魮(pí)之鱼⑦，其状如覆铫(diào)⑧，鸟首而鱼翼鱼尾，音如磬石之声，是生珠玉。

【译文】

再向西二百六十里，是邽山。山上有一种野兽，长得像一般的牛，但全身长着刺猬毛，叫作穷奇，发出的声音如同狗叫，是能吃人的。濛水从这座山发源，向南流入洋水，水中有很多黄贝；还有一种蠃鱼，长着鱼的身子，却有鸟的翅膀，发出的声音像鸳鸯鸣叫，它在哪个地方出现，哪里就会有水灾。

再向西二百二十里，是鸟鼠同穴山，山上有很多白色的虎、洁白的玉。渭水从这座山发源，然后向东流入黄河，水中生长着许多鳋鱼，长得像一般的鳣鱼，它在哪个地方出没，哪里就会有大战发生。滥水从鸟鼠同穴山的西面发源，向西流入汉水，水中有很多䰻魮鱼，长得像反转过来的铫，但长着鸟的脑袋和鱼一样的鳍及尾巴，叫声就像敲击磬石发出的响声，能吐出珠玉。

【注释】

①穷奇：见图。
②嗥：野兽吼叫。
③黄贝：据古人说是一种甲虫，肉如蝌蚪，但有头，也有尾巴。
④蠃鱼：见图。
⑤鳋鱼：见图。
⑥鳣鱼：一种形体较大的鱼，大的有二三丈长，嘴长在颔下，身体上面有甲，无鳞，肉是黄色的。
⑦䰻魮之鱼：即䰻魮鱼，见图。
⑧铫：即吊子，一种有把柄有流嘴的小型烹器。

《山海经》地理考

邽山

“又西二百六十里，曰邽山。”根据山川里程计算，“邽山”为今燕麦山。

濛水

“濛水出焉，南流注于洋水”，“邽山”为今燕麦山，山南有水即濛水。因此濛水为青海省西宁市二十里铺镇北川河。

洋水

北川河注入湟水河，因此“洋水”即为湟水河，又名西宁河，指流经西宁城北的黄河重要支流。位于中国青海省东部，发源于海晏县包呼图山，到甘肃省兰州市西面的达家川入黄河。

鸟鼠同穴之山

“又西二百二十里，曰鸟鼠同穴之山”，根据山名和地理位置推断，此山是今甘肃渭源县西南的鸟鼠山。属西秦岭北支。海拔3495米，东西长3千米，南北宽2千米，是渭河上游北源和洮河支流东峪沟的分水岭。

《山海经》动物考

穷奇 明 蒋应镐绘图本

鳋鱼 明 蒋应镐绘图本

鴽魮鱼 明 蒋应镐绘图本

蠃鱼 清 《禽虫典》

兽名	性质	形状及声音	产地
穷奇	是食人	如牛，猬毛，如嗥狗	邽山
蠃鱼	见则其邑大水	鱼身，鸟翼，音如鸳鸯	邽山
鴽魮鱼	是生珠玉	如覆铫，鸟首，鱼翼鱼尾，音如磬石	鸟鼠同穴之山

崦嵫之山

	植物	矿物	动物
崦嵫山	丹木	玉	龟 孰湖

西南三百六十里，曰崦嵫（yān zī）之山，其上多丹木，其叶如穀，其实大如瓜，赤符[①]而黑理，食之已瘅，可以御火。其阳多龟，其阴多玉。苕水出焉，而西流注于海，其中多砥砺（dǐ lì）[②]。有兽焉，其状马身而鸟翼，人面蛇尾，是好举人，名曰孰湖[③]。有鸟焉，其状如鸮（xiāo）而人面[④]，蜼[⑤]（wěi）身犬尾，其名自号也，见则其邑大旱。

凡西次四经自阴山以下，至于崦嵫之山，凡十九山，三千六百八十里。其神祠礼，皆用一白鸡祈，糈以稻米，白菅为席。

右西经之山，凡七十七山，一万七千五百一十七里。

【译文】

向西南三百六十里，是崦嵫山，山上生长着丹树，叶子像构树叶，结出的果实像瓜，红色的花萼带着黑色的斑纹，人吃了可以治愈黄疸病，还可以辟火。山南有很多乌龟，山北面到处是玉石。苕水从这座山发源，向西流入大海，水中有很多磨刀石。山中有一种野兽，像马，但长有鸟的翅膀、人的面孔、蛇的尾巴，喜欢把人抱着举起，叫作孰湖。山中还有一种禽鸟，长得像一般的猫头鹰而长着人的面孔，蜼一样的身子，拖着一条狗尾巴，它发出的叫声就是自己的名字，它在哪个地方出现，哪里就会有大旱灾。

总计西方第四列山系，从阴山开始，直到崦嵫山为止，一共十九座山，途经三千六百八十里。祭祀诸山山神的典礼，都是用一只白色鸡献祭，祀神的米用稻米，拿白茅草来做神的坐席。

以上是西山经中记载的山脉，总共七十七座山，一万七千五百一十七里。

【注释】

①符："柎"的假借字。柎：花萼。
②砥砺：两种磨刀用的石头。细磨刀石叫砥，粗磨刀石叫砺，后一般合起来泛指磨石。
③孰湖：见图。
④鸮而人面：即人面鸮，见图。
⑤蜼：传说中的一种猴子，似猕猴之类。

《山海经》地理考

崦嵫之山

“西南三百六十里，曰崦嵫之山”，“崦嵫之山”是神话传说中太阳落入的地方，山下有濛水，水中有虞渊。据考证，这座山为大通雪山。

苕水

“苕水出焉，而西流注于海”，这里的海是指青海湖，则苕水为向西注入青海湖的一条河流。有两条河符合条件，一为倒淌河，此河已考证是䰠山凄水；一为哈伦乌苏河，此河即为“苕水”。

《山海经》动物考

人面鸮 明 蒋应镐绘图本

孰湖 明 蒋应镐绘图本

兽名	性质	形状及声音	产地
孰湖	好举人	马身，鸟翼，人面蛇尾	崦嵫之山
人面鸮	见则其邑大旱	如鸮，人面，身犬尾，其名自号	崦嵫之山

北
西
东
南

【第三卷】

北山经

《北山经》共有三篇，包括《北山首经》《北次二经》和《北次三经》。这三篇经文主要叙述了八十八座山脉。这些山川及河流大致位于今天的宁夏、新疆、山西、河南境内。

此外，《北山经》中还介绍了各个山上出产的植物、动物、矿物，尤其详细介绍了山中动物、植物的形状特点。在古人的自然崇拜观念中，每座山都是由山神掌管的，这些山神形态各异，有的是人面蛇身、有的是龙身鸟首，还有的是龙身人面，不同的山神有不同的祭祀方式，或用太牢，或用少牢，或用雄鸡，或用玉璧。

北
西
东
南

北山首经

《北山首经》记述了二十五座山，共计五千五百八十里。《北山经》首经里的水都是往西（北、或西、或西南）流入黄河的，由此推断《北山首经》中山脉大体在今宁夏、新疆、内蒙古境内，有的甚至可能在今西伯利亚或蒙古国境内。

《北山首经》中记述了多种怪兽、怪鱼。其中有样子像黄鳝背部呈赤色的滑鱼，文臂牛尾的水马，长得像马、头上有独角的䑏疏，长得像鸡、赤毛、三尾六足四首的儵鱼等。掌管本经记述的山岭的是人面蛇身神，祭祀山神无须用米，而是用一只公鸡和一只猪及一块玉珪，埋入地下来祭祀。

单狐之山、求如之山

	植物	矿物	动物
单狐山	机木　华草	茈石　文石	
求如山		铜　玉	滑鱼　水马

北山经之首，曰单狐之山，多机木[1]，其上多华草[2]。逢(fēng)水出焉，而西流注于泑水，其中多茈石[3]、文石[4]。

又北二百五十里，曰求如之山，其上多铜，其下多玉，无草木。滑水出焉，而西流注于诸毗(pí)之水。其中多滑鱼[5]，其状如䱇(shàn)[6]，赤背，其音如梧[7]，食之已疣[8]。其中多水马[9]，其状如马，文臂牛尾，其音如呼[10]。

【译文】

《北山经》的第一座山，叫作单狐山，有茂密的桤木树，也有茂盛的花草。逢水从这座山发源，然后向西流入泑水，水中有很多紫石、文石。

再向北二百五十里，是求如山，山上蕴藏着丰富的铜，山下有丰富的玉石，但没有花草树木。滑水从这座山发源，然后向西流入诸毗水。水中有很多滑鱼，长得像一般的鳝鱼，却是红色的脊背，发出的声音像人支支吾吾说话，人吃了它的肉就能治好赘疣病。水中还生长着很多水马，形状与一般的马相似，但前腿上长有花纹，并拖着一条牛尾巴，发出的声音像人呼喊。

【注释】

①机木：即桤(qī)木树，长得像榆树，把枝叶烧成灰撒在稻田中，可作肥料用。

②华草：不详何草。

③茈石：紫颜色的漂亮石头。

④文石：有纹理的漂亮石头。

⑤滑鱼：见图。

⑥䱇：即鳝鱼。俗称黄鳝，体形如蛇，又长、又圆、又光滑，肉味鲜美。

⑦梧：枝梧，也作“支吾”，用含混的言语搪塞。

⑧疣：皮肤上的赘生物，俗称瘊子。

⑨水马：见图。

⑩呼：指人的呼吸。

《山海经》地理考

单狐之山

观点1 “北山经之首，曰单狐之山”，据推测，“单狐之山”是库斯浑山，此山上为东西岭，下分为南北岭。共计有五大山岭、数十个小岭。

观点2 根据上文《西山经》的山川河流方位推测，“单狐之山”是今宁夏、内蒙古交界处的贺兰山的一部分。

逢水

“逢水出焉，而西流注于泑水”，“单狐之山”是库斯浑山，则“逢水”为乌兰乌苏河。

泑水

观点1 乌兰乌苏河向下注入葱岭北河，因此“泑水”可能为葱岭北河。

观点2 乌兰乌苏河向下注入葱岭北河后葱岭北河再向下注入塔里木河。因此，“泑水”可能为新疆塔里木河或其支流。

求如之山

观点1 库斯浑山向北二百五十里是天山主脉的天可汗岭。“求如之山”是天可汗岭及其西之青砂岭的总称——苏浑山。

观点2 “又北二百五十里，曰求如之山”，根据里程推测，“求如之山”可能是宁夏、内蒙古交界处的贺兰山的一部分。

滑水

观点1 “滑水出焉，而西流注于诸𣻌之水。”“求如之山”是今苏浑山，则“滑水”即今喀什噶尔河。

观点2 “求如之山”是宁夏、内蒙古交界处的贺兰山的一部分，则“滑水”可能是今汉中的滑水河。

《山海经》动物考

滑鱼 清 汪绂图本

水马 清 汪绂图本

兽名	性质	形状及声音	产地	今名
滑鱼	食之已疣	如鱓，赤背，音如梧	求如之山	鳝鱼 黄鳝
水马		如马，文臂牛尾，音如呼	求如之山	河马

带山、谯明之山

	矿物	动物
带山	玉　青碧	䑏疏　鵸䳜　儵鱼
谯明山	青　雄黄	何罗鱼　孟槐

【原文】

又北二百里，曰带山，其上多玉，其下多青碧。有兽焉，其状如马，一角有错[1]，其名曰䑏(huān)疏[2]，可以辟火。有鸟焉，其状如乌，五采而赤文，名曰鵸(yī)䳜(yú)[3]，是自为牝牡，食之不疽(jū)。彭水出焉，而西流注于芘湖之水，其中多儵(yóu)鱼[4]，其状如鸡而赤毛，三尾六足四首，其音如鹊，食之可以已忧。

又北四百里，曰谯明之山。谯水出焉，西流注于河。其中多何罗之鱼[5]，一首而十身，其音如吠犬，食之已痈。有兽焉，其状如貆(huán)[6]而赤毫[7]，其音如榴榴，名曰孟槐[8]，可以御凶。是山也，无草木，多青、雄黄。

【译文】

再向北二百里，是带山，山上盛产玉石，山下盛产青石碧玉。山中有种野兽，长得像马，有一只角如同粗硬的磨刀石，叫作䑏疏，可以辟火。还有一种鸟，长得像乌鸦，但浑身长着带着红色斑纹的五彩羽毛，叫作鵸䳜。这种鸟自身有雌雄两种性器官，人吃了它就能不患痈疽病。彭水从这座山发源，然后向西流入芘湖水，水中有很多儵鱼，长得像一般的鸡，却长着红色的羽毛，还长着三条尾巴、六只脚、四只眼睛，叫声像喜鹊，人吃了它能无忧无虑。

再向北四百里，是谯明山。谯水从这座山发源，向西流入黄河。水中生长着很多何罗鱼，长着一个脑袋，却有十个身子，发出的声音像狗叫，人吃了可以治愈毒疮。山中有一种兽，长得像豪猪，却长着柔软的红毛，叫声如同用辘轳抽水的响声，叫作孟槐，可以辟凶邪之气。这座谯明山没有花草树木，到处是石青、雄黄。

【注释】

①错："厝"(cuò)的假借字。厝：磨刀石。
②䑏疏：见图。
③鵸䳜：见图。
④儵鱼：见图。
⑤何罗之鱼：即何罗鱼，见图。
⑥貆：豪猪。
⑦毫：细毛。
⑧孟槐：见图。

带山

观点① 求如之山是今苏浑山，北二百里的"带山"应在青砂岭与苏浑山之间，即哈拉钱客套山。此山东西很长，像带子，故名。

观点② "又北二百里，曰带山"，此范围还在贺兰山之中，为今宁夏、内蒙古交界处的贺兰山的一部分。

谯明之山

观点① "又北四百里，曰谯明之山。"根据山川道里计算，"谯明之山"为乌什县的青砂岭。

观点② 贺兰山向北四百里是今内蒙古境内的卓资山，此山即为"谯明之山"。卓资山地处内蒙古高原阴山山脉南麓，山丘属阴山山脉的东延部分。分大青山、灰腾梁、财神梁、铁炮山和斧刃山四个部分。

《山海经》动物考

鵸鵌 明 蒋应镐绘图本

䑏疏 明 蒋应镐绘图本

儵鱼 明 蒋应镐绘图本

何罗鱼 明 蒋应镐绘图本

孟槐 明 蒋应镐绘图本

兽名	性质	形状及声音	产地
䑏疏	可以辟火	如马，一角有错	带山
鵸鵌	自为牝牡，食之不疽	如乌，五采，赤文	带山
儵鱼	食之可以已忧	如鸡，赤毛，三尾六足四首，音如鹊	带山
何罗鱼	食之已痈	一首，十身，音如吠犬	谯明之山
孟槐	可以御凶	如貆，赤毫，音如榴榴	谯明之山

涿光之山、虢山、虢山之尾

	矿物	植物	动物
涿光山		松柏　棕橿	麢羊　蕃　鳛鳛鱼
虢山	玉　铁	漆　桐椐	橐驼　寓　文贝

【原文】

又北三百五十里，曰涿光之山。嚻(xiāo)水出焉，而西流注于河。其中多鳛鳛(xí)之鱼[①]，其状如鹊而十翼，鳞皆在羽端，其音如鹊，可以御火，食之不瘅。其上多松柏，其下多棕橿，其兽多麢(líng)羊，其鸟多蕃[②]。

又北三百八十里，曰虢(guó)山，其上多漆，其下多桐椐(qū)[③]。其阳多玉，其阴多铁。伊水出焉，西流注于河。其兽多橐(tuó)驼[④]，其鸟多寓[⑤]，状如鼠而鸟翼，其音如羊，可以御兵[⑥]。

又北四百里，至于虢山之尾，其上多玉而无石。鱼水出焉，西流注于河，其中多文贝。

【译文】

再向北三百五十里，是涿光山。嚻水从这座山发源，然后向西流入黄河。水中生长着很多鳛鳛鱼，长得像一般的喜鹊，却长有十只翅膀，鳞甲全长在羽翅之上，发出的声音与喜鹊的鸣叫相似，人饲养它可以辟火，人吃了它的肉就能治好黄疸病。山上到处是松树和柏树，而山下到处是棕树和橿树，山中的野兽以羚羊居多，禽鸟以蕃鸟居多。

再向北三百八十里，是虢山，山上是茂密的漆树，山下是茂密的梧桐树和椐树。山南面盛产玉石，山北面盛产铁，伊水从这座山发源，向西流入黄河。山中的野兽以橐驼最多，而禽鸟大多是寓鸟，形状与一般的老鼠相似，却长着鸟一样的翅膀，发出的声音像羊叫，人饲养它可以防御兵祸。

再向北四百里，便到了虢山的尾端，山上到处是美玉而没有石头。鱼水从这里发源，向西流入黄河，水中有很多花纹斑斓的贝。

【注释】

①鳛鳛之鱼：即鳛鳛鱼，见图。

②蕃：不详何鸟。也有认为可能是猫头鹰之类的鸟。

③椐：椐树，也就是灵寿木，树干上多长着肿节，古人常用来制作拐杖。

④橐驼：见图。

⑤寓：见图。

⑥御兵：即辟兵。兵在这里指各种兵器的锋刃。辟兵就是指兵器的尖锋利刃不能伤及身子。

《山海经》地理考

涿光之山 “又北三百五十里，曰涿光之山。”据此计算，“涿光之山”为天可汗岭西南及其以下南行各分支山岭的总称。

嚻水 “嚻水出焉，而西流注于河。”“嚻水”是阿克苏河。河水从山上流下，声音有如雷声，因此称嚻水。

虢山 “又北三百八十里，曰虢山”，“虢山”即为拜城的北山，此山是哈雷客套山向西至木素尔山以及向南一系列山脉的总称。

虢山之尾 “又北四百里，至于虢山之尾”，“虢山之尾”是由鱼水向东北、东南海拔急剧下降的山岭，则虢山之尾为轮台县的秀德尔山与帖尔斯克山。

鱼水 “鱼水出焉，西流注于河”，虢山东北，向西流入黄河的河只有伯什克勒克河，此河当为“鱼水”。鳛鳛

《山海经》动物考

橐驼 清 汪绂图本

鳛鳛鱼 明 蒋应镐绘图本

寓 明 蒋应镐绘图本

兽名	性质	形状及声音	产地	今名
鳛鳛鱼	可以御火，食之不瘅	如鹊，十翼，鳞皆在羽端，音如鹊	涿光之山	
寓	可以御兵	如鼠，鸟翼，音如羊	虢山	蝙蝠

丹熏之山、石者之山、边春之山

	矿物	植物	动物
丹熏山	丹臒	樗柏　韭薤	耳鼠
石者山	瑶　碧		孟极
边春山		葱　葵　韭　桃　李	幽鴳

【原文】

又北二百里，曰丹熏之山，其上多樗(chū)柏，其草多韭薤(xiè)①，多丹臒。熏水出焉，而西流注于棠水。有兽焉，其状如鼠，而菟(tù)②首麋身，其音如嗥犬，以其尾飞，名曰耳鼠③，食之不睬(cǎi)④，又可以御百毒⑤。

又北二百八十里，曰石者之山，其上无草木，多瑶、碧。泚水出焉，西流注于河。有兽焉，其状如豹，而文⑥题⑦白身，名曰孟极⑧，是善伏，其鸣自呼。

又北百一十里，曰边春之山，多葱⑨、葵、韭、桃⑩、李。杠水出焉，而西流注于泑泽。有兽焉，其状如禺而文身，善笑，见人则卧，名曰幽鴳(è)⑪，其鸣自呼。

【译文】

再向北二百里，是丹熏山，山上遍布臭椿树和柏树，在众草中以野韭菜和野薤菜最多，还盛产丹臒。熏水发源于此，向西流入棠水。山中有一种野兽，长得像老鼠，却有兔子的脑袋和麋鹿的耳朵，叫声像狗，用尾巴飞行，叫作耳鼠，人吃了就不会生鼓胀病，还可以辟百毒之害。

再向北二百八十里，是石者山，山上没有花草树木，但到处是瑶、碧之类的美玉。泚水从这座山发源，向西流入黄河。山中有一种野兽，长得像普通的豹子，却长着花额头和白身子，叫作孟极，善于伏身隐藏，它叫的声音便是自身名称的读音。

再向北一百一十里，是边春山，山上到处是野葱、葵菜、韭菜、野桃树、李树。杠水从这座山发源，然后向西流入泑泽。山中有一种野兽，长得像猴而身上满是花纹，喜欢笑，一看见人就假装睡着，叫作幽鴳，它叫的声音便是自身名称的读音。

【注释】

①薤：也叫藠头，一种野菜，茎可食用，并能入药。

②菟：通“兔”。

③耳鼠：见图。

④睬：鼓胀。

⑤百：这里表示多的意思，非实指。

⑥文：花纹。这里指野兽的皮毛因多种颜色相间杂而呈现出的斑纹或斑点。

⑦题：额头。

⑧孟极：见图。

⑨葱：山葱，又叫茖葱，一种野菜。茎生有枝格，一边拔取一边又生长起来，食之不尽。冬天也不枯萎。

⑩桃：山桃，又叫榹(sī)桃，也叫毛桃，一种野果木。果子很小，核与果肉在粘结在一起，桃仁多脂，可入药。

⑪幽鴳：见图。

《山海经》地理考

丹熏之山

观点1 在库尔勒与焉耆之间的紫泥泉旁有多罗岭与白拉起岭，这两座山上有红石磊山。这座山即是“丹熏之山”。

观点2 “又北二百里，曰丹熏之山”，根据里程推测，此山在今内蒙古境内。

棠水、熏水

“熏水出焉，而西流注于棠水。”根据“丹熏之山”的位置推测，“棠水”即为库尔楚草湖或哈拉里克草湖，“熏水”为注入草湖的河流。

石者之山

“石者之山，……多瑶、碧。”“瑶、碧”可能为孔雀石，“石者之山”即为多铜矿的库尔泰山。

泚水

丹熏之山东北，“西流注于河”的河流只有孔雀河，此河即为“泚水”。孔雀河亦称饮马河，传说东汉班超曾饮马于此，故称。孔雀河是罕见的无支流水系，其唯一源头来自博斯腾湖，从湖的西部溢出，流经库尔勒、尉犁县，终点为罗布泊。

边春之山

“又北百一十里，曰边春之山”，根据里程推测，“边春之山”可能是葱岭的一部分。

《山海经》动物考

耳鼠 清 《禽虫典》

幽鴳 明 蒋应镐绘图本

孟极 明 蒋应镐绘图本

兽名	性质	形状及声音	产地
耳鼠	以尾飞，食之不睬，可以御百毒	如鼠，菟首麋身，音如獋犬	丹熏之山
孟极	善伏	如豹，文题白身，鸣自呼	石者之山
幽鴳	见人则卧	如禺，文身善笑，鸣自呼	边春之山

蔓联之山、单张之山

	动物
蔓联山	足訾 鵁
单张山	诸犍 白鵺

【原文】

又北二百里，曰蔓联之山，其上无草木。有兽焉，其状如禺[1]而有鬣，牛尾、文臂、马蹄，见人则呼，名曰足訾（zǐ）[2]，其鸣自呼。有鸟焉，群居而朋飞，其毛如雌雉，名曰鵁（jiāo）[3]，其鸣自呼，食之已风[4]。

又北百八十里，曰单张之山，其上无草木。有兽焉，其状如豹而长尾，人首而牛耳，一目，名曰诸犍[5]，善咤[6]，行则衔其尾，居则蟠[7]其尾。有鸟焉，其状如雉，而文首、白翼、黄足，名曰白鵺（yé）[8]，食之已嗌（yì）[9]痛，可以已痸（zhì）[10]。栎水出焉，而南流注于杠水。

【译文】

再向北二百里，是蔓联山，山上没有花草树木。山中有一种野兽，长得像猿猴，却长着鬣毛，还有牛一样的尾巴、长满花纹的双臂、马一样的蹄子，一看见人就呼叫，叫作足訾，它叫的声音便是自身名称的读音。山中又有一种禽鸟，喜欢成群栖息、结队飞行，尾巴与雌野鸡相似，叫作鵁，它叫的声音便是自身名称的读音，人吃了它的肉就能治好中风。

再向北一百八十里，是单张山，山上没有花草树木。山中有一种野兽，长得像豹子，却拖着一条长长的尾巴，还长着人一样的脑袋和牛一样的耳朵，一只眼睛，叫作诸犍，喜欢吼叫，行走时就用嘴衔着尾巴，卧睡时就将尾巴盘蜷起来。山中又有一种禽鸟，长得像普通的野鸡，却长着有花纹的脑袋、白色的翅膀、黄色的脚，叫作白鵺，人吃了它的肉就能治好咽喉疼痛的病，还可以治愈疯癫病。栎水从这座山发源，然后向南流入杠水。

【注释】

①禺：母猿。
②足訾：见图。
③鵁：见图
④风：中风。
⑤诸犍：见图。
⑥咤：怒声。这里是大声吼叫的意思。
⑦蟠：盘曲而伏。
⑧白鵺：见图。
⑨嗌：咽喉。
⑩痸：痴病，疯癫病。

蔓联之山

观点1 上文已知丹熏之山是白拉起岭，石者之山为库尔泰山，则“蔓联之山”最可能是珠勒都斯山。

观点2 “又北二百里，曰蔓联之山”，根据山川里程计算，“蔓联之山”可能在今内蒙古境内。

单张之山

观点1 栎水出于“单张之山”，则“单张之山”为哈布岭向西到博罗蕴山之间的一系列山脉。

观点2 “又北百八十里，曰单张之山”，如果“蔓联之山”在内蒙古境内，北百八十里的“单张之山”也应在今内蒙古境内。

栎水

“栎水出焉，而南流注于杠水。”已知杠水是海都河，则“栎水”为塔拉斯河。塔拉斯河的一部分在吉尔吉斯斯坦境内，是由卡拉科尔和乌奇柯绍依两河汇合而成的。

《山海经》动物考

白鵺 明 蒋应镐绘图本

鵁 明 蒋应镐绘图本

足訾 明 蒋应镐绘图本

诸犍 明 蒋应镐绘图本

兽名	性质	形状及声音	产地	今名
足訾	见人则呼	如禺，有鬣，牛尾，文臂，马蹄，鸣自呼	蔓联之山	
鵁	群居，朋飞，食之已风	鸣自呼，毛如雌雉	蔓联之山	
诸犍	善咤，行则衔其尾，居则蟠其尾	如豹，长尾，人首，牛耳，一目	单张之山	
白鵺	食之已嗌痛，可以已痸	如雉，文首，白翼，黄足	单张之山	雪雉

灌题之山、潘侯之山、小咸之山

	植物	矿物	动物
灌题山	樗 柘	流沙 砥 磁石	那父 竦斯
潘侯山	松 柏 榛 楛	玉 铁	旄牛

【原文】

又北三百二十里，曰灌题之山，其上多樗[①]柘（zhé）[②]，其下多流沙，多砥。有兽焉，其状如牛而白尾，其音如訆（jiào）[③]，名曰那父[④]。有鸟焉，其状如雌雉而人面，见人则跃，名曰竦（sǒng）斯[⑤]，其鸣自呼也。匠韩之水出焉，而西流注于泑泽，其中多磁石[⑥]。

又北二百里，曰潘侯之山，其上多松柏，其下多榛（zhēn）楛（hǔ），其阳多玉，其阴多铁。有兽焉，其状如牛，而四节[⑦]生毛，名曰旄牛。边水出焉，而南流注于栎泽。

又北二百三十里，曰小咸之山，无草木，冬夏有雪。

【译文】

再向北三百二十里，是灌题山，山上是茂密的臭椿树和柘树，山下到处是流沙，还多出产磨刀石。山中有一种野兽，长得像普通的牛，却拖着一条白色的尾巴，发出的声音如同人在高声呼唤，叫作那父。山中还有一种禽鸟，长得像一般的雌野鸡，却长着人的面孔，一看见人就跳跃，叫作竦斯，它叫的声音便是自身名称的读音。匠韩水从这座山发源，然后向西流入泑泽，水中有很多磁铁石。

再向北二百里，是潘侯山，山上是茂密的松树和柏树，山下是茂密的榛树和楛树，山南面蕴藏着丰富的玉石，山北面蕴藏着丰富的铁。山中有一种野兽，长得像一般的牛，但四肢关节上都有长长的毛，叫作旄牛。边水从这座山发源，然后向南流入栎泽。

再向北二百三十里，是小咸山，没有花草树木，冬天和夏天都有积雪。

【注释】

①樗：椿树。

②柘：柘树，也叫黄桑，奴柘。落叶灌木，叶子可以喂蚕，果子可以食用，树皮可以造纸。

③訆：同“叫”。大呼。

④那父：见图。

⑤竦斯：见图。

⑥磁石：也作“慈石”，一种天然矿石，具有吸引铁、镍、钴等金属物质的属性。俗称吸铁石，今称磁铁石。中国古代四大发明之一的指南针，就是利用磁石制作成的。

⑦四节：四肢的关节。

《山海经》地理考

灌题之山

观点1 “灌题之山，其下多流沙，多砥，其中多磁石”，这些特征与天格尔山相符，因此，“灌题之山”为天格尔山。天格尔山的海拔 3700—4480 米，雪线平均高度约为 4055 米。

观点2 “又北三百二十里，曰灌题之山”，单张之山在今内蒙古境内，向北三百二十里的“灌题之山”也在今内蒙古境内。

匠韩之水

“匠韩之水出焉，而西流注于泑泽”，则“匠韩之水”为巴伦哈布齐垓河，此河经海都山下进入孔雀河，最后注入罗布泊。

潘侯之山

“又北二百里，曰潘侯之山……其阳多玉，其阴多铁。”罗格多山山南产铜，山北产铁，与文中表述类似，因此罗格多山即为“潘侯之山”。

边水

“边水出焉，而南流注于栎泽。”则“边水”为新疆哈密的白杨河。

栎泽

白杨河向北到达吐鲁番，南流经托克逊注入觉罗浣，则觉罗浣即为“栎泽”。

小咸之山

“又北二百三十里，曰小咸之山”，根据里程计算，“小咸之山”即友谊峰。友谊峰为阿尔泰山脉塔蓬博格多山脉中的主峰，海拔 4374 米，耸立于中、蒙两国国界上。自山汇向西北延伸，山势略有降低，入俄罗斯、哈萨克斯坦境内后称鲁德内阿尔泰山；从山汇向东南山势逐渐降低，延入蒙古国境内，称蒙古阿尔泰山。

《山海经》动物考

那父 明 蒋应镐绘图本

竦斯 明 蒋应镐绘图本

兽名	性质	形状及声音	产地
那父		如牛，白尾，音如訆	灌题之山
竦斯	见人则跃	如雌雉，人面，鸣自呼	灌题之山
旄牛		如牛，四节，生毛	潘侯之山

大咸之山、敦薨之山、少咸之山

	矿物	植物	动物
大咸山	玉		长蛇
敦薨山		棕枏　茈草	赤鲑　兕　旄牛　鸤鸠
少咸山	青碧		窫窳　鯆鯆鱼

【原文】

北二百八十里，曰大咸之山，无草木，其下多玉。是山也，四方，不可以上。有蛇名曰长蛇[①]，其毛如彘豪，其音如鼓柝(tuò)[②]。

又北三百二十里，曰敦薨(hōng)之山，其上多棕、枏，其下多茈草。敦薨之水出焉，而西流注于泑泽。出于昆仑之东北隅，实惟河原。其中多赤鲑(guī)[③]。其兽多兕、旄牛，其鸟多鸤鸠[④]。

又北二百里，曰少咸之山，无草木，多青碧。有兽焉，其状如牛，而赤身、人面、马足，名曰窫(zhá)窳(yǔ)[⑤]，其音如婴儿，是食人。敦水出焉，东流注于雁门之水，其中多鯆鯆(péi)[⑥]之鱼，食之杀人。

【译文】

向北二百八十里，是大咸山，没有花草树木，山下盛产玉石。这座大咸山，呈四方形，人不能攀登上去。山中有一种蛇叫作长蛇，身上的毛与猪脖子上的硬毛相似，发出的声音像是人在敲击木梆子。

再向北三百二十里，是敦薨山，山上是茂密的棕树和楠木树，山下是大片的紫草。敦薨水从这座山发源，然后向西流入泑泽。泑泽位于昆仑山的东北角，其实就是黄河的源头。水中有很多赤鲑。那里的野兽以兕、牦牛最多，而禽鸟大多是布谷鸟。

再向北二百里，是少咸山，山上没有花草树木，到处是青石碧玉。山中有一种野兽，长得像普通的牛，却长着红色的身子、人的面孔、马的蹄子，叫作窫窳，发出的声音如同婴儿啼哭，是能吃人的。敦水从这座山发源，向东流入雁门水，水中生长着很多鯆鯆鱼，人吃了它的肉就会中毒而死。

【注释】

①长蛇：见图。
②鼓：击物作声。柝：是古代巡夜人在报时间时所敲击的一种木梆子。
③赤鲑：见图。
④鸤鸠：即尸鸠，也就是布谷鸟。
⑤窫窳：见图。
⑥鯆鯆：据古人说就是江豚，黑色，大小如同一百斤重的猪。

《山海经》地理考

大咸之山

“北二百八十里，曰大咸之山”，则“大咸之山”为喀尔雷克山，此山四方险峻，故文中说“不可以上”。此山在哈密东北，传说周穆王曾到此游览。

敦薨之山

“又北三百二十里，曰敦薨之山”，敦薨即今甘肃省敦煌市，则“敦薨之山”的甘肃河西走廊北端马鬃山，东至内蒙古自治区西部的弱水西岸，西南楔入新疆罗布泊洼地东缘，南起疏勒河北岸戈壁残丘，北迄中、蒙边境。

敦薨之水

“敦薨之水出焉”，“敦薨之水”即为弱水。《尚书·禹贡》记载：“导弱水至于合黎。”“弱水”是黑河自金塔县的鼎新以下到额济纳旗湖西新村段的别称，又称额济纳河，位于甘肃省西北部和内蒙古自治区西部。

少咸之山

观点1 “少咸之山”与“小咸之山”“大咸之山”同属一个山系，在“敦薨之山”以北。则“少咸之山”即库库推穆尔山。

观点2 “又北二百里，曰少咸之山”，“少咸之山”即今山西大同、阳高二县界上的采凉山。采凉山位于大同城东20公里处，古称纥真山、纥干山、采药山。系阴山余脉，海拔2144.6米，为大同之镇山。

雁门之水、敦水

观点1 “敦水出焉，东流注于雁门之水”，“雁门之水”即居延海，居延海位于内蒙古自治区阿拉善盟额济纳旗北部，形状狭长弯曲，有如新月，额济纳河汇入湖中，是居延海最主要的补给水源。“敦水”为注入居延海的河流。

观点2 根据名称推测，“雁门之水”指流经雁门山的河，即位于今山西代县的南洋河。

《山海经》动物考

长蛇　明　蒋应镐绘图本

赤鲑　清　《禽虫典》

窫窳　明　蒋应镐绘图本

兽名	性质	形状及声音	产地
长蛇		毛如彘豪，音如鼓柝	大咸之山
窫窳	食人	如牛，赤身，人面，马足，音如婴儿	少咸之山
鯆鯆	食之杀人		少咸之山

狱法之山、北岳之山

	植物	动物
狱法山		鱳鱼　山猈
北岳山	枳棘　刚木	诸怀　鮨鱼

【原文】

又北二百里，曰狱法之山。瀤(huái)泽之水出焉，而东北流注于泰泽。其中多鱳(zǎo)鱼[①]，其状如鲤而鸡足，食之已疣。有兽焉，其状如犬而人面，善投，见人则笑，其名山猈(hún)[②]，其行如风，见则天下大风。

又北二百里，曰北岳之山，多枳棘[③]刚木[④]。有兽焉，其状如牛，而四角、人目、彘耳，其名曰诸怀[⑤]，其音如鸣雁，是食人。诸怀之水出焉，而西流注于嚻水，其中多鮨(yì)鱼[⑥]，鱼身而犬首，其音如婴儿，食之已狂[⑦]。

【译文】

再向北二百里，是狱法山。瀤泽水从这座山发源，然后向东北流入泰泽。水中生长着很多鱳鱼，长得像一般的鲤鱼，却长着鸡爪子，人吃了它的肉就能治好赘疣病。山中还有一种野兽，长得像普通的狗，却长着人的面孔，擅长投掷，一看见人就笑，叫作山猈，它走起来就像刮风，一出现天下就会起大风。

再向北二百里，是北岳山，山上到处是枳树、酸枣树和檀、柘一类的树木。山中有一种野兽，长得像一般的牛，却长着四只角、人的眼睛、猪的耳朵，叫作诸怀，发出的声音如同大雁鸣叫，是能吃人的。诸怀水从这座山发源，然后向西流入嚻水，水中有很多鮨鱼，长着鱼的身子、狗的脑袋，发出的声音像婴儿啼哭，人吃了它的肉就能治愈疯狂病。

【注释】

①鱳鱼：见图。

②山猈：见图。

③枳棘：枳木和棘木，两种矮小的树。枳木像橘树而小一些，叶子上长满刺。春天开白花，秋天成果实，果子小而味道酸，不能吃，可入药。棘木就是丛生的小枣树，即酸枣树，枝叶上长满了刺。

④刚木：指木质坚硬的树，即檀木、柘树之类。

⑤诸怀：见图。

⑥鮨鱼：见图。

⑦狂：本义是说狗发疯。后来也指人的神经错乱、精神失常。

《山海经》地理考

狱法之山

“北岳之山”为阿尔泰山，“狱法之山”的意思为与阿尔泰山形状相似的山，即杭爱山。杭爱山，位于蒙古国中部，杭爱山脉是北冰洋流域与内流区域的主要分水岭。

瀤泽之水

观点① “瀤泽之水出焉，而东北流注于泰泽。”“泰泽”是今贝加尔湖，“瀤泽之水”为注入贝加尔湖的色楞格河。该河是蒙古和俄罗斯中东部河流。由伊德尔河和木伦河汇合而成。

观点② “泰泽”指今内蒙古的岱海，“瀤泽之水”则可能是今注入内蒙古岱海的一条河。

泰泽

观点① 根据地理为主推测，“泰泽”是今贝加尔湖。其位于俄罗斯西伯利亚的南部伊尔库茨克州及布里亚特共和国境内，在贝加尔湖周围。

观点② 根据上文的山川河流推测，“泰泽”可能指今内蒙古凉城县东的岱海。岱海南面有马头山，北有蛮汉山拱卫，内陆淡水湖泊，其水源由周围 20 多条河流和中层地下水汇聚而成。

北岳之山

观点① “又北二百里，曰北岳之山”，“北岳之山”是阿尔泰山中的山峰。此山即奇吉尼山的乌里鄂博峰和木孜得套山。

观点② “北岳之山”是阴山山脉的主体，即今内蒙古四王子旗西南的大青山。此山西至包头昆都伦河，东至呼和浩特大黑河上游谷地。

《山海经》动物考

鱳鱼　明　蒋应镐绘图本

山䍺
明　蒋应镐绘图本

鮨鱼　明　蒋应镐绘图本

诸怀
明　蒋应镐绘图本

兽名	性质	形状及声音	产地
鱳鱼	食之已疣	如鲤，鸡足	狱法之山
山䍺	善投，见人则笑，其行如风，见则天下大风	如犬，人面	狱法之山
诸怀	食人	如牛，四角，人目，彘耳，音如鸣雁	北岳之山
鮨鱼	食之已狂	鱼身，犬首，音如婴儿	北岳之山

浑夕之山、北单之山、罴差之山、北鲜之山、隄山

	植物	矿物	动物
浑夕山		铜玉	肥遗
北单山		葱 韭	

【原文】

又北百八十里，曰浑夕之山，无草木，多铜玉。嚻水出焉，而西北流注于海。有蛇一首两身，名曰肥遗[①]，见则其国大旱。又北五十里，曰北单之山，无草木，多葱韭。又北百里，曰罴差之山，无草木，多马[②]。

又北百八十里，曰北鲜之山，是多马。鲜水出焉，而西北流注于涂吾之水。

又北百七十里，曰隄（tí）山，多马。有兽焉，其状如豹而文首，名曰狕（yāo）[③]。隄水出焉，而东流注于泰泽，其中多龙龟[④]。

凡北山经之首，自单狐之山至于隄山，凡二十五山，五千四百九十里，其神皆人面蛇身。其祠之：毛用一雄鸡彘[⑤]瘗（yì），吉玉[⑥]用一珪，瘗而不糈。其山北人，皆生食不火之物。

【译文】

再向北一百八十里，是浑夕山，山上没有花草树木，盛产铜和玉石。嚻水发源于此，向西北流入大海。这里有一种蛇，长着一个头、两个身子，叫作肥遗，它出现的地方会发生旱灾。再向北五十里，是北单山，山上没有花草树木，遍布野葱和野韭菜。再向北一百里，是罴差山，山上没有花草树木，有很多小个头的野马。

再向北一百八十里，是北鲜山，山里有很多小个头的野马。鲜水发源于此，向西北流入涂吾水。

再向北一百七十里，是隄山，有许多小个头的野马。山中有一种野兽，长得像豹子，脑袋上有花纹，叫作狕。隄水发源于此，向东流入泰泽，水中有很多龙龟。

总计《北山经》山系的首尾，自单狐山起到隄山止，共二十五座山，途经五千四百九十里，山神都是人面蛇身。祭祀时，毛物用一只公鸡和一头猪埋入地下，玉器用一块玉珪埋入地下，无须用米。住在诸山北面的人，都生吃未经火烤的食物。

【注释】

①肥遗：见图。
②马：指一种野马，与一般的马相似而个头小一些。
③狕：见图。
④龙龟：见图。
⑤彘：猪。
⑥吉玉：彩色的玉。

《山海经》地理考

浑夕之山：“又北百八十里，曰浑夕之山”，“浑夕之山”为阿尔泰山中的比鲁哈山，是伊尔齐河的源头。

海：“鄌水出焉，而西北流注于海。”鄂毕河穿越西西伯利亚，经鄂毕湾注入北冰洋的喀拉海。“海”即为北冰洋的喀拉海。

北单之山：“又北五十里，曰北单之山”，比鲁哈山向北五十里，则“北单之山”为赛留格穆山。

罴差之山：“又北百里，曰罴差之山”。北单之山为赛留格穆山，向北一百里，则“罴差之山”为唐努乌梁拉山。

北鲜之山：“又北百八十里，曰北鲜之山”，则“北鲜之山”为萨彦岭，此山为唐努乌梁海与西伯利亚的界山，位于蒙古高原的北沿。向北西起阿尔泰山，东至贝加尔湖，南与外贝加尔湖地区的哈马尔达坂山系相连。

鲜水：“鲜水出焉，而西北流注于涂吾之水。”“涂吾之水”是今叶尼塞河，则“鲜水”为乌鲁克穆河或喀孜尔河。

涂吾之水：北鲜之山为萨彦岭，则“涂吾之水”是今叶尼塞河。叶尼塞河位于亚洲北部，中西伯利亚高原西侧，流入北冰洋，起源于蒙古国，朝北流向喀拉海，全长5539千米。

隄山：“又北百七十里，曰隄山”，萨彦岭向北一百七十里是今西伯利亚的屯金山。“隄山”即为屯金山。

《山海经》动物考

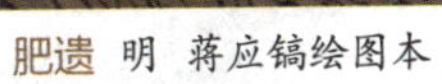

肥遗　明　蒋应镐绘图本

龙龟　清　四川成或因绘图本

狕　明　蒋应镐绘图本

兽名	性质	形状及声音	产地
肥遗	见则其国大旱	一首，两身	浑夕之山
狕		如豹，文首	隄山

北
西
东
南

北次二经

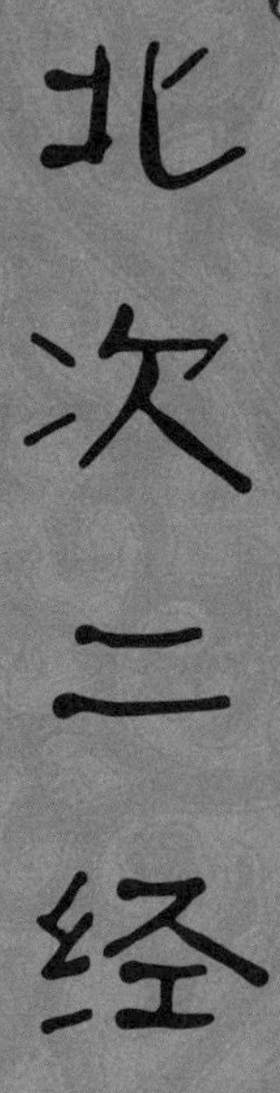

《北次二经》记述了中国北部的十六座山，共计五千二百四十里。《北次二经》中的山脉从汾河的源头往西折两百五十里作为起点，然后几乎成直线地一路往北，由此可以知道，本经所描述的山脉夹在《北山经》首经与《北次三经》的太行山脉之间，从黄土高原到内蒙古高原，所跨地域有山西、内蒙古和现在的蒙古国。

《北次二经》中记述了多种怪兽，有牛尾而白身、一角的䍺马，集虎、狗、马、猪四兽于一身的独狢，浑身长着红色毛的居暨等。这些山的山神是蛇身人面神。祭祀山神的方法是：带毛的动物用一只公鸡、一头猪一起埋入地下，用一块玉璧和一块玉珪，一起投向山中。

管涔之山、少阳之山、县雍之山、狐岐之山

	植物	矿物	动物
管涔山	草	玉	
少阳山	葱 韭	玉 赤银 美赭	
县雍山		玉 铜	闾麋 白翟 白鹌 鮆鱼

【原文】

北次二经之首山，在河之东，其首枕汾，其名曰管涔（cén）之山。其上无木而多草，其下多玉。汾水出焉，而西流注于河。

又北二百五十里，曰少阳之山，其上多玉，其下多赤银[①]。酸水出焉，而东流注于汾水，其中多美赭[②]。又北五十里，曰县雍之山，其上多玉，其下多铜，其兽多闾（lǘ）麋[③]，其鸟多白翟、白鹌（yóu）[④]。晋水出焉，而东南流注于汾水。其中多鮆（zī）鱼，其状如儵（yóu）[⑤]而赤鳞，其音如叱[⑥]，食之不骄[⑦]。

又北二百里，曰狐岐之山，无草木，多青碧。胜水出焉，而东北流注于汾水，其中多苍玉。

【译文】

《北次二经》山系的首座山，坐落在黄河的东岸，山的首端枕着汾水，这座山叫管涔山。山上没有树木，却到处是茂密的花草，山下盛产玉石。汾水从这座山发源，然后向西流入黄河。

再向北二百五十里，是少阳山，山上盛产玉石，山下盛产赤银。酸水从这座山发源，然后向东流入汾水，水中有很多优良赭石。再向北五十里，是县雍山，山上蕴藏着丰富的玉石，山下蕴藏着丰富的铜，山中的野兽大多是山驴和麋鹿；而禽鸟以白色野鸡和白鹌鸟居多。晋水从这座山发源，然后向东南流入汾水。水中生长着很多鮆鱼，长得像小儵鱼，却长着红色的鳞甲，发出的声音如同人的斥责声，吃了它的肉可使人没有狐臭。

再向北二百里，是狐岐山，山上没有花草树木，到处是青石碧玉。胜水从这座山发源，然后向东北流入汾水，水中有很多苍玉。

【注释】

①赤银：最精最纯的银子。这里指天然含银量很高的优质银矿石。

②赭：即赭石，一种红土中含着铁质的矿物。

③闾麋：见图。

④白鹌：据古人讲，就是前面已说过的白翰鸟。

⑤儵：通“鯈”，这里指的是小鱼。

⑥叱：大声呵斥。

⑦骄：狐臭。

《山海经》地理考

汾

“在河之东，其首枕汾”，“汾”即今山西中部的汾河，黄河第二大支流，在山西境内。源于山西宁武管涔山麓，贯穿山西省南北，在河津附近汇入黄河，长716公里。

管涔之山

“管涔之山”是汾河的发源地。其名未变，在今山西宁武县境内。管涔山，属吕梁山脉，主峰芦芽山海拔2736米，处于宁武、岢岚、五寨等县的交界处。

少阳之山

“又北二百五十里，曰少阳之山”，管涔山向北二百五十里为吕梁山中段的关帝山。则“少阳之山”是今山西交城、静乐县界上的关帝山。

酸水

“酸水出焉，而东流注于汾水”，“酸水”即今山西的文峪河。汾河支流，古称文水，又名文谷水，浑谷水，《水经注》中已有记载，发源于山西省交城县关帝山，在孝义市境内入汾河。

县雍之山

“又北五十里，曰县雍之山”，“县雍”为“悬瓮”的谐音，县雍山即悬瓮山，此山是今山西太原市西南晋祠西山。

晋水

“晋水出焉，而东南流注于汾水。”水经注云：“晋水出晋阳西悬瓮山。”“晋水”即今韩村河。

狐岐之山

观点1 “狐岐之山”即白龙山，此山东距岚县县城22公里，西与兴县相接，主峰海拔2253米。

观点2 “又北二百里，曰狐岐之山”，悬瓮山向北二百里的“狐岐之山”在今山西孝义市西南。

胜水

“胜水出焉，而东北流注于汾水”，太原南注入汾河的河流只有岚河，则此河即为“胜水”，岚河亦名岚州河，发源于岚县河口乡马头山脚下，上源亦称岚城河，有普明河、合会河等较大支流，至曲立入娄烦县境后入汾河。

《山海经》动物考

闾麋 清 汪绂图本

兽名	性质	形状及声音	产地
鮆鱼	食之不骄	如儵，赤麟，音如叱	县雍之山

白沙山、尔是之山、狂山、诸余之山、敦头之山

	植物	矿物	动物
白沙山		白玉	
诸余山	松柏	铜　玉	
狂山		美玉	
敦头之山		金玉	騂马

又北三百五十里，曰白沙山，广员[①]三百里，尽沙也，无草木鸟兽。鲔(wěi)水出于其上，潜于其下，是多白玉。

又北四百里，曰尔是之山，无草木，无水。

又北三百八十里，曰狂山，无草木。是山也，冬夏有雪。狂水出焉，而西流注于浮水，其中多美玉。

又北三百八十里，曰诸余之山，其上多铜玉，其下多松柏。诸余之水出焉，而东流注于旄水。

又北三百五十里，曰敦头之山，其上多金玉，无草木。旄水出焉，而东流注于邛(qióng)泽。其中多騂(bó)马[②]，牛尾而白身，一角，其音如呼。

【译文】

再向北三百五十里，是白沙山，方圆三百里，到处是沙子，没有花草树木和禽鸟野兽。鲔水从这座山的山顶发源，然后潜流到山下，水中有很多白玉。

再向北四百里，是尔是山，没有花草树木，也没有水。

再向北三百八十里，是狂山，没有花草树木。这座狂山，冬天和夏天都有雪。狂水从这座山发源，然后向西流入浮水，水中有很多美丽的玉石。

再向北三百八十里，是诸余山，山上蕴藏着丰富的铜和玉石，山下到处是茂密的松树和柏树。诸余水从这座山发源，然后向东流入旄水。

再向北三百五十里，是敦头山，山上有丰富的金属矿物和玉石，但不生长花草树木。旄水从这座山发源，然后向东流入邛泽。山中有很多騂马，长着牛一样的尾巴和白色身子，一只角，发出的声音如同人呼唤。

【注释】

①员：同“圆”。

②騂马：见图。

《山海经》地理考

白沙山	“又北三百五十里，曰白沙山”，根据里程计算，“白沙山”应在今河北、内蒙古、山西的交界处。
尔是之山	“又北四百里，曰尔是之山”，根据山川道里计算，“尔是之山”可能是今山西阳高县的老爷岭。
狂山	“又北三百八十里，曰狂山”，“狂山”为大兴安岭南端，大兴安岭山顶终年积雪，因此经中说“冬夏有雪”。
狂水	“狂水出焉，而西流注于浮水”，狂山为大兴安岭南端，则“狂水”为公吉尔河。
浮水	“公吉尔河”注入达里湖，此湖即为“浮水”。达里湖汉语译为“大海一样的湖”。它位于内蒙古赤峰市贡格尔草原的西南部，面积约238平方千米，是内蒙古地区四大名湖之一。
诸余之山	“又北三百八十里，曰诸余之山”，大兴安岭向北三百八十里为都图伦群山，此山即为“诸余之山”。
旄水	“诸余之水出焉，而东流注于旄水”，诸余之山为都图伦群山，则“旄水”即为克鲁伦河。
敦头之山	“又北三百五十里，曰敦头之山”，根据里程计算，“敦头之山”为巴颜山。
邛泽	“旄水出焉，而东流注于邛泽。”“邛泽”即为呼伦湖。此湖位于内蒙古自治区东北部。贝尔湖位于呼伦贝尔草原的西南部边缘，是哈拉哈河和乌尔逊河的吞吐湖。

《山海经》动物考

䍶马　清《禽虫典》

兽名	性质	形状及声音	产地
䍶马		牛尾，白身，一角，音如呼	敦头之山

鉤吾之山、北嚻之山、梁渠之山

	矿物	动物
鉤吾山	玉 铜	狍鸮
北嚻山	碧 玉	独狢 鹙鹛
梁渠山	金 玉	居暨 嚻

【原文】

又北三百五十里，曰鉤吾之山，其上多玉，其下多铜。有兽焉，其状如羊身人面，其目在腋下，虎齿人爪，其音如婴儿，名曰狍(páo)鸮(xiāo)①，是食人。

又北三百里，曰北嚻之山，无石，其阳多碧，其阴多玉。有兽焉，其状如虎，而白身犬首，马尾彘鬣，名曰独狢(gú)②。有鸟焉，其状如乌，人面，名曰鹙鹛(bànmào)，宵飞而昼伏，食之已暍(yē)③。涔(cén)水出焉，而东流注于邛(qióng)泽。

又北三百五十里，曰梁渠之山，无草木，多金玉。脩水出焉，而东流注于雁门。其兽多居暨(jī)④，其状如彙(wéi)⑤而赤毛，其音如豚(tún)。有鸟焉，其状如夸父⑥，四翼、一目、犬尾，名曰嚻⑦，其音如鹊，食之已腹痛，可以止衕(dòng)⑧。

【译文】

再向北三百五十里，是鉤吾山，山上盛产玉石，山下盛产铜。山中有种野兽，长着羊的身子、人的面孔，眼睛长在腋窝下，有老虎般的牙齿和人一样的脚，叫声像婴儿哭啼，叫作狍鸮，能吃人。

再向北三百里，是北嚻山，没有石头，山南面多产碧玉，北面多产玉石。山中有种野兽，长得像老虎，却长着白身子、狗脑袋、马尾巴、猪鬃毛，叫作独狢。山中还有一种鸟，长得像乌鸦，却是人的面孔，叫作鹙鹛，夜里飞行，白天休息，吃了它能使人不中暑。涔水发源于此，向东流入邛泽。

再向北三百五十里，是梁渠山，不长花草树木，却遍布金属矿物和玉石，脩水发源于此，向东流入雁门。山中的野兽大多是居暨兽，长得像彙，毛是红的，叫声像小猪。还有一种鸟，长得像夸父，有四只翅膀、一只眼睛、狗一样的尾巴，叫作嚻，叫声像喜鹊，人吃了可以止住肚子痛，还可以治好腹泻。

【注释】

①狍鸮：即饕餮，是传说中的龙的第五子，是一种吃人怪兽。羊身，眼睛在腋下，虎齿人爪，有一个大头和一个大嘴。十分贪吃，见到什么就吃什么，由于吃得太多，最后被撑死。

②独狢：是一种集虎、狗、马、猪四兽于一身的怪兽。

③暍：中暑，受暴热。

④居暨：见图。

⑤彙：据古人讲，这种动物长得像老鼠，红色的毛硬得像刺猬身上的刺。

⑥夸父：即前文所说的举父，一种长得像猕猴的野兽。

⑦嚻：见图。

⑧衕：腹泻。

《山海经》地理考

钩吾之山

观点① 诸余之山为都图伦群山，向北三百五十里的“钩吾之山”为今大兴安岭中段。

观点② “又北三百五十里，曰钩吾之山”，按照里程计算，“钩吾之山”可能在今山西境内。

北嚻之山

观点① “钩吾之山”为今大兴安岭中段，向北三百里为小兴安岭，小兴安岭即为“北嚻之山”。小兴安岭，西北接伊勒呼里山，东南到松花江畔，纵贯黑龙江省中北部。

观点② “又北三百里，曰北嚻之山”，“钩吾之山”可能在今山西境内，北三百里“北嚻之山”也在今山西境内。

涔水

小兴安岭为“北嚻之山”，“涔水”则是发源于小兴安岭山脉哲温山的梧桐河，纳老梧桐河、西梧桐河、嘎拉基河、细鳞河，注入太平源沼泽地带，最后注入松花江。

邛泽

“涔水出焉，而东流注于邛泽。”已知“涔水”是梧桐河，梧桐河出山后流入太平源沼泽，则邛泽为太平源沼泽。

梁渠之山

观点① 根据以上山川位置推断，“梁渠之山”即为雁门山，古称勾注山。这里群峰挺拔、地势险要。雁门山因两山东西对峙，其形如门，飞雁出于其间而得名。

观点② “又北三百五十里，曰梁渠之山”，根据里程推测，“梁渠之山”位于今内蒙古兴和县。

《山海经》动物考

居暨 明 蒋应镐绘图本

嚻 明 蒋应镐绘图本

兽名	性质	形状及声音	产地
狍鸮	食人	如羊身人面，目在腋下，虎齿人爪，音如婴儿	钩吾之山
独狢		如虎，白身犬首，马尾彘鬣	北嚻之山
鸄鹛	宵飞昼伏，食之已暍	如乌，人面	北嚻之山
居暨		如彙，赤毛，音如豚	梁渠之山
嚻	食之已腹痛，可以止衕	如夸父，四翼，一目，犬尾，音如鹊	梁渠之山

姑灌之山、湖灌之山、洹山、敦题之山

	植物	矿物	动物
湖灌山		玉 碧	马 䱇
洹山	三桑 百果树	金 玉	怪蛇
敦题山		金 玉	

【原文】

又北四百里，曰姑灌之山，无草木。是山也，冬夏有雪。

又北三百八十里，曰湖灌之山，其阳多玉，其阴多碧、多马。湖灌之水出焉，而东流注于海，其中多䱇（shàn）[①]。有木焉，其叶如柳而赤理。

又北水行五百里，流沙三百里，至于洹（huán）山，其上多金玉。三桑[②]生之，其树皆无枝，其高百仞[③]，百果树生之。其下多怪蛇。又北三百里，曰敦题之山，无草木，多金玉。是錞（chún）[④]于北海。凡北次二经之首，自管涔之山至于敦题之山，凡十七山，五千六百九十里。其神皆蛇身人面。其祠：毛[⑤]用一雄鸡、彘瘗；用一璧一珪，投而不糈。

【译文】

再向北四百里，是姑灌山，没有花草树木，冬天夏天都有雪。

再向北三百八十里，是湖灌山，山南面盛产玉石，北面盛产碧玉，有许多个头小的野马。湖灌水发源于此，向东流入大海，水中有很多鳝鱼。山里生长着一种树木，叶子像柳树，有红色的纹理。

再向北行五百里水路，然后穿过三百里沙漠，便到了洹山，山上遍布金属矿物和玉石。山中生长着一种三桑树，不长枝条，树干高达一百仞。山上还生长着各种果树。山下有很多怪蛇。再向北三百里，是敦题山，这里不长花草树木，遍布金属矿物和玉石。这座山坐落在北海的岸边。总计北次二经山系的首尾，自管涔山起到敦题山止，共十七座山，途经五千六百九十里。诸山山神都是蛇的身子人的面孔。祭祀这些山神的方法是：毛物用一只公鸡、一头猪一起埋入地下，玉器用一块玉璧和一块玉珪，一起投向山中，不用米。

【注释】

①䱇：同“鱓”。即黄鳝。

②三桑：传说中的一种树。

③仞：古代的八尺为一仞。

④錞：依附。这里是坐落、高踞的意思。

⑤毛：用于祭祀的带毛的动物，如猪、牛、羊等。

《山海经》地理考

姑灌之山

观点① “姑灌之山，冬夏有雪”，“姑灌之山”即为朔毛山，因纬度较高，山上终年积雪。

观点② “又北四百里，曰姑灌之山”，“姑灌之山”，可能在今河北境内。

湖灌之山

观点① 根据名称推测，“湖灌之山”可能是三湖山，此山因其三面环绕着大小三个湖泊故名。

观点② 即今河北沽源县境内的大马群山。大马群山在河北省与内蒙古自治区交界处。属阴山山脉东段，东北－西南走向，西接桦山，东接白岔山。

湖灌之水

发源于冀北山地中的独石口以北大马群山的东麓。上游即今白河，下游称北运河。位于河北省与北京市的北部。

海

“湖灌之水出焉，而东流注于海”，“海”指渤海。在辽宁省、河北省、天津市、山东省之间，基本上为陆地所环抱，仅东部以渤海海峡与黄海相通。

洹山

“又北水行五百里”为混同江到海口的距离，“流沙三百里”是自黑龙江口绕过海峡到达洹山的距离，则“洹山”为麦法虔山。

敦题之山

“又北三百里，曰敦题之山”，因此“敦题之山”可能在今俄罗斯境内。

《山海经》动物考

人面蛇身神　明　蒋应镐绘图本

北
西
东
南

北次三经

《北次三经》记述了中国北部的四十七座山，共计一万二千四百四十里。经中的前1/3段朝南流入黄河，后2/3段则基本上东流注入黄河。《北次三经》的山脉的总体走向是西南——东北走向。《北次三经》中的一些山名与现在相同，如太行山、王屋山、燕山。因此，《北次三经》记载的大体位置在今山西、河南、河北、内蒙古境内。

《北次三经》中记述的动物有：驿、鷶、人鱼、天马、鶌鶋、飞鼠等；还有一种奇特的植物名叫器酸，这种器酸三年才能收成一次，吃了它就能治愈人的麻风病。《北次三经》的山岭有三位山神掌管，马身人面廿神掌管太行山到无逢山四十六座山其中十二座山，十四神是锡山至高是山十四座山的山神，彘身八足神是陆山至无逢山十座山的山神。

归山、龙侯之山

	矿物	动物
归山	金 玉 碧	驿 鹈
龙侯山	金 玉	人鱼

【原文】

北次三经之首，曰太行之山。其首曰归山，其上有金玉，其下有碧。有兽焉，其状如麢(líng)羊而四角，马尾而有距①，其名曰驿(huī)②，善还(xuán)③，其鸣自訆(jiào)④。有鸟焉，其状如鹊，白身、赤尾、六足，其名曰鹈(bēn)⑤，是善惊，其鸣自詨(jiào)⑥。

又东北二百里，曰龙侯之山，无草木，多金玉。决决(jué)之水出焉，而东流注于河。其中多人鱼，其状如鳑(tí)鱼，四足，其音如婴儿，食之无痴疾。

【译文】

《北次三经》山系的首座山，叫作太行山。太行山的首端叫归山，山上出产金属矿物和玉石，山下出产碧玉。山中有一种野兽，长得像普通的羚羊，却有四只角，长着马一样的尾巴和鸡一样的爪子，叫作驿，善于旋转起舞，它发出的叫声就是自身名称的读音。山中还有一种禽鸟，长得像一般的喜鹊，但长着白身子、红尾巴、六只脚，叫作鹈，这种鸟十分敏捷，它发出的叫声就是自身名称的读音。

再向东北二百里，是龙侯山，不生长花草树木，有丰富的金属矿物和玉石。决决水从这座山发源，然后向东流入黄河。水中有很多人鱼，长得像一般的鳑鱼，长有四只脚，发出的声音像婴儿啼哭，吃了它的肉就能使人不得疯癫病。

【注释】

①距：雄鸡、野鸡等跖后面突出像脚趾的部分。这里指鸡爪子。

②驿：见图。

③还：通“旋”。旋转。

④訆：同“叫”，大声叫唤。

⑤鹈：见图。

⑥詨：叫，呼。

《山海经》地理考

太行之山

“太行之山”的山名未改，是今山西高原和河北平原之间的太行山。此山位于北京、河北、山西、河南四省、市间。北起北京西山，南达豫北黄河北崖，西接山西高原，东临华北平原。

归山

“太行之山，其首曰归山”，则“归山”为大乐岭，此山是山西阳城与河南济源的界山。

龙侯之山

“又东北二百里，曰龙侯之山”，“龙侯之山”即是五指山（也称西五指山），位于邢台沙河市最西端，邢台县、武安县交界处。

决决之水

决决

“决决之水出焉，而东流注于河。”“决决之水”可能是今河南济源市的白涧河。

《山海经》动物考

驿 明 蒋应镐绘图本

鹓 明 蒋应镐绘图本

兽名	性质	形状及声音	产地	今名
驿	善还	如麢羊，四角，马尾，有距，鸣自訆	太行之山	马鹿
鹓	善惊	如鹊，白身，赤尾，六足，鸣自詨	太行之山	
人鱼	食之无痴疾	如鯑鱼，四足，音如婴儿	龙侯之山	大鲵

马成之山、咸山、天池之山

	矿物	植物	动物
马成山	文石　金　玉		天马　鶌鶋
咸山	玉　铜　器酸	松　柏　茈草	
天池山	文石　黄垩		飞鼠

【原文】

又东北二百里，曰马成之山，其上多文石，其阴多金玉。有兽焉，其状如白犬而黑头，见人则飞，其名曰天马①，其鸣自訆。有鸟焉，其状如乌，首白而身青、足黄，是名曰鶌鶋(qū jū)②，其鸣自詨(jiào)，食之不饥，可以已寓③。

又东北七十里，曰咸山，其上有玉，其下多铜，是多松柏，草多茈草。条菅之水出焉，而西南流注于长泽。其中多器酸④，三岁一成，食之已疠。

又东北二百里，曰天池之山，其上无草木，多文石。有兽焉，其状如兔而鼠首，以其背飞，其名曰飞鼠⑤。渑(shéng)水出焉，潜于其下，其中多黄垩(è)⑥。

【译文】

再向东北二百里，是马成山，山上多产有纹理的美石，北面有丰富的金属矿物和玉石。山里有种野兽，长得像白狗，黑脑袋，一看见人就腾空飞起，叫作天马，它的叫声就是自身名称的读音。还有一种鸟，长得像乌鸦，白色的脑袋、青色的身子、黄色的爪，叫作鶌鶋，它的叫声便是自身名称的读音，吃了它能使人不感觉饥饿，还可以医治老年健忘症。

再向东北七十里，是咸山，山上盛产玉石，山下盛产铜。这里到处是松树和柏树，草类以茈草最多。条菅水发源于此，向西南流入长泽。水中多出产器酸，三年才能收一次，人吃了能治麻风病。

再向东北二百里，是天池山，山上没有花草树木，到处是带有花纹的美石。山中有种野兽，长得像兔子却有老鼠的头，借助它背上的毛飞行，叫作飞鼠。渑水发源于此，潜流到山下，水中有很多黄色垩土。

【注释】

①天马：见图。

②鶌鶋：见图。

③寓：古人认为寓即“误”字，大概以音近为义，指昏忘之病，就是现在所谓的老年健忘症，或老年痴呆症。也有另一种意见认为指疣病，就是中医学上所谓的千日疮，是因病毒感染在皮肤上生出的小疙瘩。

④器酸：据古人讲，大概是一种可以吃而有酸味的东西，就像山西解州盐池所生产的盐之类的东西。因为泽水静止而不流动，积的时间长了，就形成一种酸味的物质。

⑤飞鼠：见图。

⑥垩：可用来涂饰的有色土。

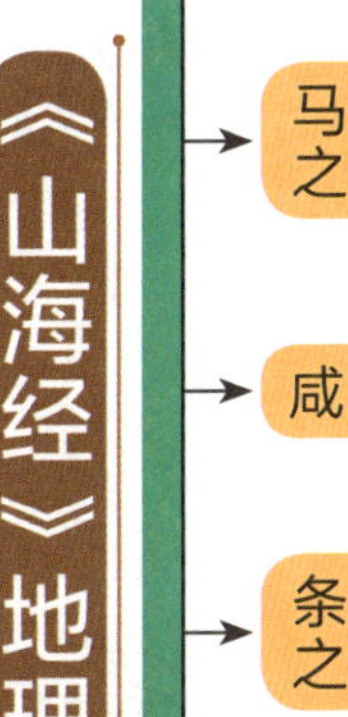

马成之山："又东北二百里，曰马成之山"，考察山上的水流方向，可知"马成之山"为山西晋城市附近的赤土坡山。

咸山：观点1 北次三经中山川河流位置与实际不符，"咸山"应在"马成之山"西南七十里，因此咸山是河南张岭山。

观点2 "又东北七十里，曰咸山"，根据里程计算，"咸山"在今山西南部。

条菅之水："条菅之水出焉，而西南流注于长泽。"条菅之水可能是今山西南部解州附近的水流。

天池之山："又东北二百里，曰天池之山"，则"天池之山"为析城山，此山在阳城县南横河镇，四周崖壁似城，中间凹陷如盆，有东、西、南、北门分析，故曰析城。

《山海经》动物考

天马 明 蒋应镐绘图本

鶌鶋 清 《禽虫典》

飞鼠 明 蒋应镐绘图本

兽名	性质	形状及声音	产地	今名
天马	见人则飞	如白犬，黑头，鸣自訆	马成之山	马鹿
鶌鶋	食之不饥，可以已寓	如乌，首白，身青，足黄，鸣自詨	马成之山	斑鸠
飞鼠	以其背飞	如兔，鼠首	天池之山	

阳山、贲闻之山、王屋之山、教山

	矿物	动物
阳山	玉 金 铜	领胡 象蛇 鲐父鱼
贲闻山	苍玉 黄垩 涅石	

【原文】

又东三百里，曰阳山，其上多玉，其下多金铜。有兽焉，其状如牛而赤尾，其颈䏨(shén)[①]，其状如句(gōu)瞿[②]，其名曰领胡[③]，其鸣自詨，食之已狂。有鸟焉，其状如雌雉，而五采以文，是自为牝牡，名曰象蛇[④]，其鸣自詨。留水出焉，而南流注于河。其中有鲐(xiàn)父之鱼[⑤]，其状如鲋鱼，鱼首而彘身，食之已呕。

又东三百五十里，曰贲闻之山，其上多苍玉，其下多黄垩，多涅石[⑥]。

又北百里，曰王屋之山，是多石。𣶏(lián)水出焉，而西北流于泰泽。

又东北三百里，曰教山，其上多玉而无石。教水出焉，西流注于河，是水冬干而夏流，实惟干河。其中有两山，是山也，广员三百步，其名曰发丸之山，其上有金玉。

【译文】

再向东三百里，是阳山，山上有很多玉石，山下有很多金属。山中有种野兽，长得像牛，红尾巴，脖子上有像斗的肉瘤，叫作领胡，它的叫声便是自身名称的读音，吃了它能治愈癫狂症。还有一种鸟，长得像红色野鸡，羽毛上有五彩斑斓的花纹，这种鸟雌雄同体，叫作象蛇，它的叫声便是自身名称的读音。留水发源于此，向南流入黄河。水中生长着鲐父鱼，长得像鲫鱼，有鱼的头、猪的身子，吃了它可以治愈呕吐。

再向东三百五十里，是贲闻山，山上盛产苍玉，山下盛产黄色垩土，也有许多涅石。

再向北一百里，是王屋山，这里到处是石头。𣶏水发源于此，向西北流入泰泽。

再向东北三百里，是教山，山上有丰富的玉，没有石头。教水发源于此，向西流入黄河，这条河冬季干枯，夏季流水，确实可以说是干河。教水的河道中有两座小山，方圆三百步，叫作发丸山，小山上遍布金属矿物和玉石。

【注释】

①䏨：肉瘤。

②句瞿：斗。

③领胡：见图。

④象蛇：见图。

⑤鲐父之鱼：即鲐父鱼，见图。

⑥涅石：一种黑色矾石，可做黑色染料。矾石是一种矿物，为透明结晶体，有白、黄、青、黑、绛五种。

《山海经》地理考

阳山

观点1 阳山即为虞山，虞山位于常熟市内西北处。因商周之际江南先祖虞仲（即仲雍）卒葬于此而得名。

观点2 “又东三百里，曰阳山”，根据里程推测，“阳山”在今山西南部。

留水

“留水出焉，而南流注于河。”“阳山”为虞山，则“留水”可能是沙涧河。

贲闻之山

“又东三百五十里，曰贲闻之山”，则“贲闻之山”是今河北省境内的岱嵋山。此山位于新安县、渑池县交界处，北、西、南三面陡竣。

王屋之山

“又北百里，曰王屋之山”，在今山西垣县和河南济源市之间的王屋山。王屋山又称“天坛山”。位于河南省济源市西北40公里处。有谓“山中有洞，深不可入，洞中如王者之宫，故名曰王屋也”。

教山

“又东北三百里，曰教山”，“教山”即今山西垣县北历山。历山是中条山的主峰，与翼城、垣曲、阳城毗连衔接。

教水

“教水出焉，西流注于河”，“教山”是历山，则“教水”在今山西垣县，经古城入黄河。

发丸之山

据古人讲，发丸山居于水中，形状像似神人所发射的两颗弹丸，所以这样叫“发丸之山”。从“其上有金玉”推测，此山应该是一座产铜的山。

《山海经》动物考

领胡 明 蒋应镐绘图本

象蛇 明 蒋应镐绘图本

鮨父鱼 明 蒋应镐绘图本

兽名	性质	形状及声音	产地	今名
领胡	食之已狂	如牛，赤尾，颈腎，如句瞿鸣自詨	阳山	
象蛇	自为牝牡	如雌雉，五采以文，鸣自詨	阳山	马鸡
鮨父鱼	食之已呕	如鲋鱼，鱼首，彘身	阳山	

景山、孟门之山、平山、京山、虫尾之山

	矿物	植物	动物
景山	赭 玉	藷萸 秦椒	酸与
孟门山	苍玉 金 黄垩 涅石		

又南三百里，曰景山，南望盐贩之泽，北望少泽。其上多草、藷萸（yú）[①]，其草多秦椒[②]，其阴多赭，其阳多玉。有鸟焉，其状如蛇，而四翼、六目、三足，名曰酸与[③]，其鸣自詨，见则其邑有恐。

又东南三百二十里，曰孟门之山，其上多苍玉[④]，多金，其下多黄垩，多涅石。

又东南三百二十里，曰平山。平水出于其上，潜于其下，是多美玉。

又东二百里，曰京山，有美玉，多漆木，多竹，其阳有赤铜，其阴有玄[⑤]𥔲（sǔ）[⑥]。高水出焉，南流注于河。

又东二百里，曰虫尾之山，其上多金玉，其下多竹，多青碧。丹水出焉，南流注于河。薄水出焉，而东南流注于黄泽。

【译文】

再向南三百里，是景山，向南可以望见盐贩泽，向北可以望见少泽。山上生长着茂密的草、藷萸，草以秦椒最多，北面多产赭石，南面多出产玉石。山里有一种鸟，长得像蛇，有四只翅膀、六只眼睛、三只脚，叫作酸与，它的叫声便是自身名称的读音，它出现的地方会发生使人惊恐的事情。

再向东南三百二十里，是孟门山，山上蕴藏有丰富的苍玉，还盛产金属矿物，山下到处是黄色垩土，还有许多涅石。

再向东南三百二十里，是平山。平水从山顶上发源，潜流到山下，水中有很多美玉。

再向东二百里，是京山，盛产美玉，到处有漆树，遍山是竹林，山南出产黄铜，山北出产黑色磨刀石。高水发源于此，向南流入黄河。

再向东二百里，是虫尾山，山上遍布金属矿物和玉石，山下到处是竹子，还有很多青石碧玉。丹水发源于此，向南流入黄河。薄水也发源于此，向东南流入黄泽。

【注释】

①藷萸：一种植物，根像羊蹄，可以食用，就是今天所说的山药。

②秦椒：一种草，所结的子实像花椒，叶子细长。

③酸与：见图。

④苍玉：灰白色的玉。

⑤玄：黑色。

⑥𥔲：砥石，就是磨刀石。

《山海经》地理考

景山

观点① “又南三百里，曰景山”，“景山”则为位于石家庄市西南部赞皇县的赞皇山。

观点② “南望盐贩之泽，北望少泽。”“盐贩之泽”为山西解池，则景山在今山西闻喜县。

盐贩之泽

根据名称及大致地理位置推测，“盐贩之泽”即今山西西南部的解池。我国最著名的池盐产地，是山西运城的盐池，即解池。解池位于中条山的北麓，面对黄河由北向东的转弯处。

孟门之山

“又东南三百二十里，曰孟门之山”，壶口山在山西省长治市东南部地区，跨壶关县界处，又名壶山，以两峰夹峙而中虚，壮如壶口，故名“壶口山”。

平山

“又东南三百二十里，曰平山”，“平山”即今山西临汾市西的姑射山。姑射山位于临汾城西35千米处，属于吕梁山脉。

平水

“平水出于其上，潜于其下”，“平水”应是发源于姑射山，向东流入汾河的河流。

京山

“又东二百里，曰京山”，“京山”是今山西翼城县的霍山。霍山位于山西省霍州市及洪洞、古县、沁源、灵石等县，北接恒岳，南达中条山，南北走向。

虫尾之山

“又东二百里，曰虫尾之山”，根据丹河推知，“虫尾之山”是高平市赵庄丹朱岭。在山西省高平市北四十五里，与长子县接界，以尧封长子丹朱得名，呈东西走向。

《山海经》动物考

酸与　明　蒋应镐绘图本

兽名	性质	形状及声音	产地
酸与	见则其邑有恐	如蛇，四翼，六目，三足，鸣自詨	景山

彭毗之山、小侯之山、泰头之山、轩辕之山、谒戾之山

	矿物	植物	动物
彭毗山	金　玉		肥遗之蛇
轩辕山	铜	竹	黄鸟
谒戾山	金玉	松柏	

【原文】

又东三百里，曰彭毗（pí）之山，其上无草木，多金玉，其下多水。蚤（zào）林之水出焉，东南流注于河。肥水出焉，而南流注于床水，其中多肥遗之蛇。又东百八十里，曰小侯之山。明漳之水出焉，南流注于黄泽。有鸟焉，其状如乌而白文，名曰鸪（gū）鹨（xī）[①]，食之不灂（jiào）[②]。

又东三百七十里，曰泰头之山。共水出焉，南注于虖沱（hū tuó）。其上多金玉，其下多竹箭[③]。又东北二百里，曰轩辕之山，其上多铜，其下多竹。有鸟焉，其状如枭[④]而白首，其名曰黄鸟[⑤]，其鸣自詨[⑥]，食之不妒。

又北二百里，曰谒戾（lì）之山，其上多松柏，有金玉。沁水出焉，南流注于河。其东有林焉，名曰丹林。丹林之水出焉，南流注于河。婴侯之水出焉，北流注于汜水。

【译文】

再向东三百里，是彭毗山，山上不长花草树木，遍布金属矿物和玉石，山下到处是流水。蚤林水发源于此，向东南流入黄河。肥水也发源于此，向南流入床水，水中有很多叫作肥遗的蛇。再向东一百八十里，是小侯山。明漳水发源于此，向南流入黄泽。山中有种鸟，长得像乌鸦，却有白色斑纹，叫作鸪鹨，吃了它能明目。

再向东三百七十里，是泰头山。共水发源于此，向南流入虖沱。山上遍布金属矿物和玉石，山下到处是小竹丛。

再向东北二百里，是轩辕山。山上多产铜，山下到处是竹子。山中有种鸟，形状像枭，长着白脑袋，叫作黄鸟，发出的叫声便是它自身名称的读音，吃了它能使人不生嫉妒心。

再向北二百里，是谒戾山，山上遍布松柏，还蕴藏着金属矿物和玉石。沁水发源于此，向南流入黄河。东面有一片树林，叫丹林。丹林水发源于此，向南流入黄河。婴侯水发源于此，向北流入汜水。

【注释】

①鸪鹨：见图。
②灂：眼昏瞜。
③箭：一种生长较小的竹子，坚硬，可做箭矢。
④枭：指猫头鹰一类的鸟。
⑤黄鸟：见图。
⑥詨：叫呼。

《山海经》地理考

彭𩇯之山

观点1 “虫尾之山是高平市赵庄丹朱岭”，则“彭𩇯之山”即今山西灵川县东的三雍山。

观点2 “又东三百里，曰彭𩇯之山”，根据里程计算，“彭𩇯之山”在今河南境内。

床水

“肥水出焉，而南流注于床水”，则“床水”可能是今河南北部的淇水。淇河发源于山西省陵川县棋子山，其源头峰峦叠嶂，入豫后在淇县淇门入卫河。

小侯之山

“又东百八十里，曰小侯之山。”根据里程计算，“小侯之山”是汤阴县的西山。

明漳之水

“明漳之水出焉，南流注于黄泽。”“明漳之水”是今河南北部的汤河。向东流注入卫河，最终注入黄泽。

泰头之山

“又东三百七十里，曰泰头之山。”因此，“泰头之山”是五台山的北台山。

虖沱

“共水出焉，南注于虖沱。”“虖沱”即今位于河北北部的滹沱河。发源于山西省繁峙县泰戏山孤山村一带，向西南流经恒山与五台山之间，东流至河北省献县臧桥，与子牙河另一支流滏阳河相会入海。

谒戾之山

观点1 根据源出此山的沁河推断，“谒戾之山”为长治县、长子县和高平市交界处的羊头山。此山海拔1297米，因山之巅有羊头状巨石而得名。

观点2 “又北二百里，曰谒戾之山”，可能在今山西平遥县之南、介休市东南，现总名太岳山，又称霍太山。

《山海经》动物考

黄鸟 清 汪绂图本

鸪鸐 清 《禽虫典》

兽名	性质	形状及声音	产地	今名
鸪鸐	食之不灂	如乌，白文	小侯之山	鹧鸪
黄鸟	其鸣自詨，食之不妒	如枭，白首	轩辕之山	

沮洳之山、神囷之山、发鸠之山

	矿物	植物	动物
沮洳山	金玉		
神囷山	文石		白蛇　飞虫
发鸠山		柘木	精卫

【原文】

东三百里，曰沮洳（rù）之山，无草木，有金玉。濝（qì）水出焉，南流注于河。

又北三百里，曰神囷（qūn）之山，其上有文石，其下有白蛇[①]，有飞虫[②]。黄水出焉，而东流注于洹（huán）。滏（fǔ）水出焉，而东流注于欧水。

又北二百里，曰发鸠之山，其上多柘（zhé）木[③]。有鸟焉，其状如乌，文首、白喙、赤足，名曰精卫[④]，其鸣自詨。是炎帝[⑤]之少女，名曰女娃。女娃游于东海，溺而不返，故为精卫，常衔西山之木石，以堙（yīn）[⑥]于东海。漳水出焉，东流注于河。

【译文】

向东三百里，是沮洳山，不生长花草树木，有金属矿物和玉石。濝水从这座山发源，向南流入黄河。

再向北三百里，是神囷山，山上有带花纹的漂亮石头，山下有白蛇，还有飞虫。黄水从这座山发源，然后向东流入洹水。滏水也从这座山发源，向东流入欧水。

再向北二百里，是发鸠山，山上生长着茂密的柘树。山中有一种禽鸟，长得像一般的乌鸦，却长着花脑袋、白嘴巴、红爪，叫作精卫，它发出的叫声就是自身名称的读音。精卫鸟原是炎帝的小女儿，名叫女娃。女娃到东海游玩，淹死在东海里没有返回，就变成了精卫鸟，常常衔着西山的树枝和石子，用来填塞东海。漳水从这座山发源，向东流入黄河。

【注释】

①白蛇：见图。

②飞虫：指蠛（miè）蠓、蚊子之类的小飞虫，成群成堆地乱飞，满天蔽日。

③柘木：柘树，是桑树的一种，叶子可以喂养蚕，果实可以吃，树根、树皮可作药用。

④精卫：见图。

⑤炎帝：号称神农氏，传说中的上古帝王。

⑥堙：堵塞。

《山海经》地理考

沮洳之山

观点① “东三百里，曰沮洳之山”，“沮洳之山”即今河南北部的大号山。

观点② 淇河发源于山西省陵川县棋子山，“沮洳之山”即棋子山，又名谋棋山，位于距山西省陵川县城10千米的侯庄乡东北。棋子山山势平缓，主峰海拔1488米。

潆水

潆即“淇”，“潆水”即淇水，今名为淇河，位于河南北部。入豫后经辉县市、林州市、浚县，在淇县淇门入卫河。

神囷之山

“又北三百里，曰神囷之山”，根据河流推测，“神囷之山”即位于临渭区大王乡张村的石鼓山。

黄水 洹 滏水

“黄水出焉，而东流注于洹。滏水出焉，而东流注于欧水。”黄水、洹、滏水三条河流都为今河南安阳河的不同区域。安阳河又名洹河，是海河流域漳卫河水系的第二大支流，发源于林州市林滤山东麓，注入卫河。

欧水

“东流注于欧水”，“欧水”即今河北西部的滏阳河。滏阳河发源于邯郸峰矿区滏山南麓，故名滏阳河，在沧州地区的献县与滹沱河汇流后称子牙河。

发鸠之山

“又北二百里，曰发鸠之山”，“发鸠之山”亦名发苞山，在距离长子县城西25千米处，海拔1646.8米。发鸠山东山脚下有清泉，是浊漳河主要源头。

漳水

“漳水出焉，东流注于河。”“漳水”即漳河，在今河北、河南两省交界处，有清漳河与浊漳河两源。

《山海经》动物考

白蛇　清　汪绂图本

精卫　明　蒋应镐绘图本

兽名	性质	形状及声音	产地
精卫	鸣自詨	状如乌，文首，白喙，赤足	发鸠之山

少山、锡山、景山、题首之山、绣山、松山

	矿物	植物	动物
少山	金玉　铜		
锡山	玉　砥		
景山	美玉		
题首山	玉		
绣山	玉　青碧	栒　芍药　芎䓖	鳠　黾

【原文】

又东北百二十里，曰少山，其上有金玉，其下有铜[①]。清漳之水出焉，东流于浊漳之水。

又东北二百里，曰锡山，其上多玉，其下有砥[②]。牛首之水出焉，而东流注于滏水。

又北二百里，曰景山，有美玉。景水出焉，东南流注于海泽。

又北百里，曰题首之山，有玉焉，多石，无水。

又北百里，曰绣山，其上有玉、青碧，其木多栒(xún)[③]，其草多芍药[④]、芎䓖(xiōng qióng)。洧(wěi)水出焉，而东流注于河，其中有鳠(hù)[⑤]、黾(mǐn)[⑥]。

又北百二十里，曰松山。阳水出焉，东北流注于河。

【译文】

再向东北一百二十里，是少山，山上出产金属矿物和玉石，山下出产铜。清漳水从这座山发源，向东流入浊漳水。

再向东北二百里，是锡山，山上有丰富的玉石，山下出产磨刀石。牛首水从这座山发源，然后向东流入滏水。

再向北二百里，是景山，山上出产优良玉石。景水从这座山发源，向东南流入海泽。

再向北一百里，是座题首山，这里出产玉，也有许多石头，但没有水。

再向北一百里，是绣山，山上有玉石、青色碧玉，山中的树木大多是栒树，而草以芍药、芎䓖最多。洧水从这座山发源，然后向东流入黄河，水中有鳠鱼和黾蛙。

再向北一百二十里，是松山。阳水从这座山发源，向东北流入黄河。

【注释】

①铜：指铜矿。

②砥：磨刀石。

③栒：栒树，古人常用树干部分的木材制作拐杖。

④芍药：多年生草本花卉，初夏开花，与牡丹相似，花朵大而美丽，有白、红等颜色。

⑤鳠：见图。

⑥黾：见图。

《山海经》地理考

少山："又东北百二十里，曰少山"，根据山川道里计算，"少山"在今山西昔阳县境内。

清漳水 浊漳水：清漳河大部流行于太行山区泥沙较少、水较清的地方；浊漳河流经山西黄土地区，水色混浊。

锡山："又东北二百里，曰锡山"，"锡山"承接发鸠之山，根据里程计算，锡山在今河北邯郸附近。

牛首之水："牛首之水出焉，而东流注于滏水。""牛首之水"源出今河北邯郸县西北，上游名牛照河，流经西北称西河，注入滏阳河。

绣山：

观点1 "又北百里，曰绣山"，根据里程计算，"绣山"在今河北境内。

观点2 "绣山"地处房山区与门头沟区的接壤地带，应是太行山分支大安山。

《山海经》动物考

鳠 清 汪绂图本

黾 清 汪绂图本

敦与之山、柘山、维龙之山、白马之山

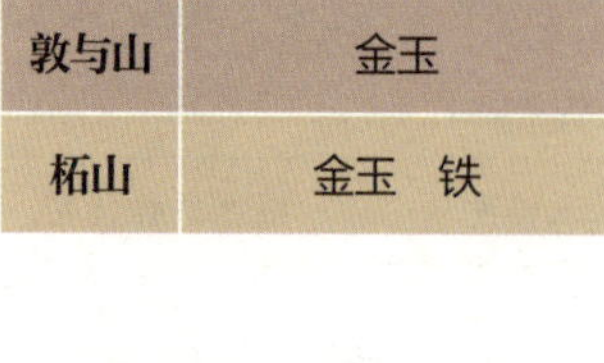

	矿物
敦与山	金玉
柘山	金玉　铁

【原文】

又北百二十里，曰敦与之山，其上无草木，有金玉。溹(suǒ)水出于其阳，而东流注于泰陆之水；泜(dǐ)水出于其阴，而东流注于彭水；槐水出焉，而东流注泜泽。

又北百七十里，曰柘山，其阳有金玉，其阴有铁。历聚之水出焉，而北流注于洧水。

又北三百里，曰维龙之山，其上有碧玉，其阳有金，其阴有铁。肥水出焉，而东流注于皋泽，其中多礨(lěi)石[①]。敞铁之水出焉，而北流注于大泽。

又北百八十里，曰白马之山，其阳多石玉，其阴多铁，多赤铜。木马之水出焉，而东北流注于虖(hū)沱(tuó)。

【译文】

再向北一百二十里，是敦与山，山上不生长花草树木，蕴藏有金属矿物和玉石。溹水从敦与山的南面流出，然后向东流入泰陆水；泜水从敦与山的北面流出，然后向东流入彭水；槐水也从这座山发源，然后向东流入泜泽。

再向北一百七十里，是柘山，山南面出产金属矿物和玉石，山北面出产铁。历聚水从这座山发源，然后向北流入洧水。

再往北三百里，是维龙山，山上出产碧玉，山南阳面有金，山北阴面有铁。肥水从这座山发源，然后向东流入皋泽，水中有很多高耸的大石头。敞铁水也从这座山发源，然后向北流入大泽。

再往北一百八十里，是白马山，山南阳面有很多石头和玉石，山北阴面有丰富的铁，还多出产黄铜。木马水从这座山发源，然后向东北流入滹沱水。

【注释】

①礨石：礨的本义是地势突然高出的样子。礨石在这里指河道中的大石头高出水面许多，显得突兀。

《山海经》地理考

敦与之山：“又北百二十里，曰敦与之山”，根据里程计算，“敦与之山”在今河北西部。

溹水：“溹水出于其阳”，“溹水”可能是今河北内丘县的柳林河。

泰陆之水：“而东流注于泰陆之水”，泰陆之水，今称大陆泽，在今河北任县与巨鹿县之间，是河北平原西部太行山河流冲积扇与黄河故道的交接洼地，为漳北、泜南诸水所汇。

泜水：“泜水出于其阴”，“泜水”即今河北泜河，发源于太行山东麓，流经邢台临城县、隆尧县，经宁晋泊注入釜阳河。

彭水：“而东流注于彭水”，“彭水”可能是今河北西南部的沙沟河。

槐水：“槐水出焉，而东流注泜泽”，“槐水”即今河北赞皇县西北的槐沙河。

柘山：“又北百七十里，曰柘山”，根据里程计算，“柘山”是齐堂西长城外的高山。

历聚之水：“历聚之水出焉，而北流注于洧水”，“历聚之水”即今拒马河，此河为大清河支流，发源于河北省涞源县西北太行山麓，注入大清河。

维龙之山：“又北三百里，曰维龙之山”，“维龙之山”可能在今河北井陉县，或巨鹿县一带的五峰山。

肥水：“维龙之山”为五峰山，则“肥水”即今河北藁城市洨河。洨河源出五峰山，与沙河会合后入滏阳河。

皋泽：“肥水出焉，而东流注于皋泽”，“皋泽”可能是明清时宁晋泊的西北部。

白马之山：“又北百八十里，曰白马之山”，白马山是盂县境内最高的一座山，在滹沱河以南。

木马之水：“木马之水出焉，而东北流注于虖沱。”“木马之水”是今山西盂县的牧马河。牧马河是滹沱河的一个分支，发源于著名的佛教圣地——五台山脚下。

空桑之山、泰戏之山、石山、童戎之山

	矿物	动物
泰戏山	金玉	㖤㖤
石山	金玉	

【原文】

又北二百里，曰空桑之山，无草木，冬夏有雪。空桑之水出焉，东流注于虖沱。

又北三百里，曰泰戏之山，无草木，多金玉。有兽焉，其状如羊，一角一目，目在耳后，其名曰㖤㖤(dōng)[①]，其鸣自訆。虖沱之水出焉，而东流注于溇(lóu)水。液女之水出于其阳，南流注于沁水。

又北三百里，曰石山，多藏金玉。濩濩(huò)之水出焉，而东流注于虖沱；鲜于之水出焉，而南流注于虖沱。

又北二百里，曰童戎之山。皋涂之水出焉，而东流注于溇(lóu)液水。

【译文】

再往北二百里，是空桑山，没有花草树木，冬天夏天都有雪。空桑水从这座山发源，向东流入虖沱水。

再往北三百里，是泰戏山，不生长花草树木，到处有金属矿物和玉石。山中有一种野兽，形状像普通的羊，却长着一只角、一只眼睛，眼睛在耳朵的背后，名称是㖤㖤，它发出的叫声便是自身名称的读音。虖沱水从这座山发源，然后向东流入溇水。液女水发源于这座山的南面，向南流入沁水。

再往北三百里，是座石山，山中有丰富的金属矿物和玉石。濩濩水从这座山发源，然后向东流入虖沱水；鲜于水也从这座山发源，然后向南流入虖沱水。

再往北二百里，是童戎山。皋涂水从这座山发源，然后向东流入溇液水。

【注释】

①㖤㖤：见图。

《山海经》地理考

空桑之山：“又北二百里，曰空桑之山”，“空桑之山”，即今山西静乐县和忻州市之间的云中山。云中山是吕梁山脉北段分支，呈东北—西南走向，长达百余里。因山中云雾缭绕，山峰隐现于云雾之中而得名。

空桑之水：“空桑之水出焉，东流注于虖沱。”空桑之山为云中山，则“空桑之水”即今云中河。

泰戏之山：“又北三百里，曰泰戏之山”，根据里程推测，“泰戏之山”在今山西繁峙县。

溇水：“虖沱之水出焉，而东流注于溇水。”“溇水”可能是今河北北部的鹿泉河。

石山：“又北三百里，曰石山”，“石山”位于山西省忻州市五台县境内的五台山，属太行山系的北端。

濩濩之水：“濩濩之水出焉，而东流注于虖沱”，“濩濩之水”可能是今河北西部的大沙河。

鲜于之水：“鲜于之水出焉，而南流注于虖沱。”“鲜于之水”可能指今源出于五台山西南的清水河。

《山海经》动物考

辣辣　明　蒋应镐绘图本

兽名	性质	形状及声音	产地
辣辣	鸣自訆	状如羊，一角一目，目在耳后	泰戏之山

高是之山、陆山、沂山、燕山、饶山

	矿物	植物	动物
高是山		棕 条	
陆山	美玉		
燕山	婴石		
饶山	瑶 碧		橐駞 鹠 师鱼

【原文】

又北三百里，曰高是之山。滋水出焉，而南流注于虖沱。其木多棕，其草多条。滱(kòu)水出焉，东流注于河。又北三百里，曰陆山，多美玉。鄴（jiāng）水出焉，而东流注于河。又北二百里，曰沂(qí)山。般(pán)水出焉，而东流注于河。北百二十里，曰燕山，多婴石[1]。燕水出焉，东流注于河。又北山行五百里，水行五百里，至于饶山。是无草木，多瑶、碧，其兽多橐(tuó)駞[2]，其鸟多鹠(liú)[3]。历虢(guó)之水出焉，而东流注于河，其中有师鱼[4]，食之杀人。又北四百里，曰乾(gān)山，无草木，其阳有金玉，其阴有铁，而无水。有兽焉，其状如牛而三足，其名曰獂(huán)[5]，其鸣自詨。

【译文】

再往北三百里，是座高是山。滋水从这座山发源，然后向南流入虖沱水。山中的树木大多是棕树，草大多是条草。滱水也从这座山发源，然后向东流入黄河。再往北三百里，是陆山，有很多优良玉石。鄴水从这座山发源，然后向东流入黄河。再往北二百里，是沂山。般水从这座山发源，然后向东流入黄河。往北一百二十里，是燕山，出产很多的婴石。燕水从这座山发源，向东流入黄河。再往北走五百里山路，又走五百里水路，便到了饶山。这座山不生长花草树木，到处是瑶、碧一类的美玉，山中的野兽大多是骆驼，而禽鸟大多是鸺鹠鸟。历虢水从这座山发源，然后向东流入黄河，水中有师鱼，人吃了它的肉就会中毒而死。再往北四百里，是乾山，没有花草树木，山南阳面蕴藏着金属矿物和玉石，山北阴面蕴藏着铁，但没有水流。山中有一种野兽，形状像普通的牛，却长着三只脚，名称是獂，它发出的叫声便是自身名称的读音。

【注释】

①婴石：一种像玉一样的带有彩色条纹的漂亮石头。

②橐駞：就是骆驼。

③鹠：即鸺鹠，也叫作横纹小鸮，头和颈侧及翼上覆羽暗褐色，密布棕白色狭横斑。

④师鱼：即鲵鱼，就是前面所说的人鱼。

⑤獂：不详。

《山海经》地理考

高是之山

“又北三百里，曰高是之山。”北三百里承接白马之山，因此“高是之山”可能在今山西灵丘县西北。

滋水

“滋水出焉，而南流注于虖沱。”“滋水”即今源出河北阜平县的滋河。

滱水

“滱水出焉，东流注于河。”滱水上游即今河北定州市以上的唐河，向下注入白洋淀。

陆山

“又北三百里，曰陆山”，北三百里是承接题首之山而言，“陆山”即河北怀安县西南的虎窝山，此山为阴山支脉。

鄞水

“鄞水出焉，而东流注于河。”“鄞水”为南洋河，向下注于永定河，再向下注入黄河下游。

沂山

观点1 “又北二百里，曰沂山。”根据里程计算，“沂山”可能在今河北唐县东北。

观点2 陆山是河北的虎窝山，则“沂山”是张北的马尾图山。

般水

“般水出焉，而东流注于河。”“般水”可能是位于河北唐县东北的望都河。

燕山

观点1 根据名称跟地理位置推测，燕山即燕然山，今称杭爱山，此山位于蒙古高原的西北，是北冰洋流域与内流区域的主要分水岭。

观点2 “北百二十里，曰燕山”，根据山川道里计算，“燕山”位于今河北平原县北部。

燕水

观点1 “燕水出焉，东流注于河。”“燕水”即位于北京市和河北省东部的潮白河，此河海河水系五大河之一。

观点2 燕山位于今河北平原县北部，则“燕水”指易水，即今源出河北易县的雹河，大清河支流。因源短坡 陡流急，洪水暴涨暴落而得名。

饶山

“又北山行五百里，水行五百里，至于饶山。”据此推测，“饶山”在今河北唐县。

历虢之水

“历虢之水出焉，而东流注于河”，“历虢之水”为濡水，即今源出河北唐县的祁水。

伦山、碣石之山、雁门之山、泰泽

	动物	矿物
伦山	罴	
碣石山	蒲夷鱼	玉　青碧
泰泽		金玉

【原文】

又北五百里，曰伦山。伦水出焉，而东流注于河。有兽焉，其状如麋，其川[1]在尾上，其名曰罴[2]。

又北五百里，曰碣石之山。绳水出焉，而东流注于河，其中多蒲夷之鱼[3]。其上有玉，其下多青碧。

又北水行五百里，至于雁门之山，无草木。

又北水行四百里，至于泰泽。其中有山焉，曰帝都之山，广员百里，无草木，有金玉。

【译文】

再往北五百里，是伦山。伦水从这座山发源，然后向东流入黄河。山中有一种野兽，形状像麋鹿，肛门却长在尾巴上面，名称是罴九。

再往北五百里，是碣石山。绳水从这座山发源，然后向东流入黄河，水中有很多蒲夷鱼。这座山上出产玉石，山下还有很多青石碧玉。

再往北行五百里水路，便到了雁门山，这里没有花草树木。

再往北行四百里水路，便到了泰泽。在泰泽中屹立着一座山，叫作帝都山，方圆一百里，不生长花草树木，有金属矿物和玉石。

【注释】

①川：古人注“川”为“窍”。上窍谓耳、目、鼻、口，下窍谓前阴、后阴。这里的窍是指后阴而言，就是肛门的意思。

②罴：既罴九，见图。

③蒲夷之鱼：古人认为就是冉遗鱼，它的形体似蛇，有六只脚，眼睛像马的眼睛，人吃了它的肉就不会做噩梦。

《山海经》地理考

伦山：“又北五百里，曰伦山。”“伦山”可能是今河北涞源县西部的涞山。

伦水：

观点1 根据以上山川位置推断，此水位于中国河北省东北部，即发源于河北省丰宁满族自治县西北的巴彦古尔图山北麓的滦河。

观点2 “伦水出焉，而东流注于河。”由此推断，“伦水”可能是今河北涞源县的拒马河。

碣石之山：“又北五百里，曰碣石之山。”“碣石之山”古今同名，此山即今河北昌黎县北的碣石山。此山跨越昌黎、卢龙、抚宁三县境内，主峰为仙台顶，海拔695米。

绳水：“绳水出焉，而东流注于河”，根据碣石山推断，“绳水”可能是今河北昌黎县蒲河。

雁门之山：“又北水行五百里，至于雁门之山”，北京自永定河向北五百里，即到达雁门关山。

泰泽：“又北水行四百里，至于泰泽。”“泰”为“岱”的谐音，“泰泽”即为内蒙古高原的支脉蛮汉山与马头山之间的岱海。

《山海经》动物考

罴 清《禽虫典》

兽名	性质	形状及声音	产地
罴		状如麋，川在尾上	伦山

錞于毋逢之山

	动物
錞于毋逢山	大蛇

【原文】

又北五百里，曰錞于毋（wú）逢之山，北望鸡号之山，其风如飚（lì）[①]。西望幽都之山，浴水出焉。是有大蛇[②]，赤首白身，其音如牛，见则其邑大旱。

凡北次三经之首，自太行之山以至于无逢之山[③]，凡四十六山，万二千三百五十里。其神状皆马身而人面者廿（niàn）神[④]。其祠之：皆用一藻茝（zhǐ）[⑤]瘗之。其十四神[⑥]状皆彘身而载[⑦]玉。其祠之：皆玉，不瘗。其十神[⑧]状皆彘身而八足蛇尾。其祠之：皆用一璧，瘗之。大凡四十四神，皆用稌（tú）糈米祠之。此皆不火食。

右北经之山志，凡八十七山，二万三千二百三十里。

【译文】

再往北五百里，是錞于毋逢山，向北可以望见鸡号山，那里吹出的风如强劲的飚风。向西可以望见幽都山，浴水从那里流出。山中有一种大蛇，红色的脑袋，白色的身子，叫声像牛，它出现的地方会发生大旱灾。

总计北方第三列山系之首尾，自太行山起到无逢山止，共四十六座山，途经一万二千三百五十里。其中有二十座山山神的形状都是马身人面。祭祀这些山神，都是把用作祭品的藻和茝之类的香草埋入地下。另外十四座山山神的形状是猪一样的身子，却佩戴着玉制饰品。祭祀这些山神用玉器，不埋入地下。还有十座山山神的形状都是猪一样的身子，长着八只脚，蛇一样的尾巴，祭祀这些山神用一块玉璧埋入地下。总共四十四个山神，都要用精米来祭祀。参加这项祭祀活动的人都生吃未经火烤的食物。

以上是北方经历之山的记录，总共八十七座山，二万三千二百三十里。

【注释】

①飚：急风的样子。

②大蛇：见图。

③无逢之山：即上文所说的錞于毋逢山。

④廿神：即马身人面廿神，见图。廿：二十。

⑤藻：聚藻，一种香草。茝：香草，属于兰草之类。

⑥十四神：见图。

⑦载：通“戴”。

⑧十神：即彘身八足神，见图。

《山海经》地理考

錞于毋逢之山

观点1 “錞于”指临海，或临大湖的山，或半岛，则“錞于毋逢之山”为内蒙古四王子旗的银矿山。

观点2 “又北五百里，曰錞于毋逢之山”，根据山川道里计算，此山在今山西境内。

鸡号之山

“北望鸡号之山”，“鸡号之山”为银矿山百里内的波斯山。

幽都之山

“西望幽都之山”，可能是今内蒙古的阴山。阴山山脉横亘于内蒙古自治区中部，东段进入河北省西北部。

浴水

“浴水出焉”，錞于毋逢之山为内蒙古四王子旗的银矿山，则“浴水”可能是今内蒙古四王子旗的塔布河。此河是内蒙古中部的内流河，发源于包头市固阳县东北部南沟村，然后向北流入乌兰察布盟四子王旗境内，最终汇入呼和淖尔。

《山海经》动物考

大蛇 明 蒋应镐绘图本

廿神 明 蒋应镐绘图本

十四神 明 蒋应镐绘图本

十神 明 蒋应镐绘图本

兽名	性质	形状及声音	产地
大蛇	见则其邑大旱	赤首白身，音如牛錞	錞于毋逢之山

北
西
东
南

【第四卷】

东山经

《东山经》共有四篇，包括《东山首经》《东次二经》《东次三经》和《东次四经》。这四篇经文主要叙述了位于中国东部的一系列山系。这些山川河流大致位于今天的山东、安徽、江苏、河北境内及东部海域中。

此外，《东山经》中还介绍了各个山上出产的植物、动物、矿物，尤其详细介绍了山中动物、植物的形状特点。《东山经》共叙述了四十六座山，在古人的自然崇拜观念中每座山都是由山神掌管的，这些山神形态各异，有的是人身龙首，有的是兽身人面，还有的是人身羊角。不同的山神有不同的祭祀方式，或用一只狗，或用一只鸡，或用一只羊。

西
东
南

东山首经

《东山首经》中共记载十二座山，共计四千一百里。一般认为，《东山首经》是对山东半岛的描述。学者研究表明《东山首经》之山为长江流域南北走向的山系。还有学者认为这个山系就是伏牛山与桐柏山之间的过渡山脉以及桐柏山北端以南的大洪山脉。

《东山首经》中对奇禽怪兽的描述较少，有非鱼非牛的鳙鳙鱼、六足吉兽从从、非鱼非蛇的偹鳙。

樕𧑒之山、蕌山、栒状之山、勃亝之山

	矿物	动物
樕𧑒山		鳙鳙之鱼
蕌山	玉　金	活师
栒状山	金玉　青碧石	从从　蚩鼠　箴鱼

【原文】

东山经之首，曰樕𧑒（sǔ zhǔ）之山，北临乾（gān）昧。食水出焉，而东北流注于海。其中多鳙鳙（yòng）之鱼[1]，其状如犁牛[2]，其音如彘鸣。

又南三百里，曰蕌（lěi）山，其上有玉，其下有金。湖水出焉，东流注于食水，其中多活师[3]。

又南三百里，曰栒（xún）状之山，其上多金玉，其下多青碧石。有兽焉，其状如犬，六足，其名曰从从[4]，其鸣自詨（jiào）。有鸟焉，其状如鸡而鼠毛，其名曰蚩（zī）鼠[5]，见则其邑大旱。沢（zhǐ）水出焉，而北流注于湖水。其中多箴（zhēn）鱼[6]，其状如儵（chóu）[7]，其喙如箴[8]，食之无疫疾。

又南三百里，曰勃亝（qì）之山，无草木，无水。

【译文】

东方第一列山系的首座山，叫作樕𧑒山，北面与乾昧山相邻。食水从这座山发源，然后向东北流入大海。水中有很多鳙鳙鱼，长得像犁牛，发出的声音如同猪叫。

再向南三百里，是蕌山，山上有玉，山下有金。湖水从这座山发源，向东流入食水，水中有很多蝌蚪。

再向南三百里，是栒状山，山上有丰富的金属矿物和玉石，山下有丰富的青石碧玉。山中有一种野兽，长得像一般的狗，却长着六只脚，叫作从从，它发出的叫声便是自身名称的读音。山中有一种禽鸟，长得像普通的鸡，却长着老鼠一样的尾巴，叫作蚩鼠，在哪个地方出现哪里就会有大旱灾。沢水从这座山发源，然后向北流入湖水。水中有很多箴鱼，长得像儵鱼，嘴巴像长针，人吃了它的肉就不会染上瘟疫。

再向南三百里，是勃亝山，没有花草树木，也没有水。

【注释】

①鳙鳙之鱼：即鳙鳙鱼，见图。

②犁牛：毛色黄黑相杂的牛，像虎纹似的。

③活师：又叫活东，蝌蚪的别名，是青蛙、蛤蟆、娃娃鱼等两栖动物的幼体，头又圆又大，而尾巴细小。

④从从：见图。

⑤蚩鼠：见图。

⑥箴鱼：见图。

⑦儵：即“鯈”字。鯈鱼，也叫白鲦（tiáo），一种小白鱼。体长只有数寸，侧扁，银白色，腹面有肉棱，背鳍有硬刺。生活在江湖中。

⑧箴：同“针”。

《山海经》地理考

樕螽	“东山经之首，曰樕螽之山”，樕螽之山即今山东淄博市的石门山，因两山对峙如石门得名。
乾昧	观点1 “北临乾昧”，石门山北临小清河，小清河支流旱则干涸，故称“乾昧”。 观点2 樕螽之山即今山东淄博市的石门山，则乾昧在今山东桓台县、博兴县境内。
食水	“食水出焉，而东北流注于海”，“食水”指今淄博市附近的淄河。淄河发源于泰沂山脉及东南部的鲁山山脉。
藟山	“又南三百里，曰藟山”，樕螽之山为石门山，向南三百里的“藟山”是石门山的南山。
湖水	“湖水出焉，东流注于食水”，“湖水”可能是今山东青州市、寿光市已经湮没的清水泊。
栒状之山	“又南三百里，曰栒状之山”，由此推断，“栒状之山”为淄博市博山区池上镇的鲁山。此山位于山东的中心，是博山与沂源的界山。
勃垒之山	“又南三百里，曰勃垒之山”，“垒”是“齐”的古字。“勃垒之山”为莱芜西北的新甫山，又名莲花山，兼跨新泰、莱芜两市。

《山海经》动物考

箴鱼 清《禽虫典》

鳙鳙之鱼 清《禽虫典》

从从 明 蒋应镐绘图本

鴜鼠 明 蒋应镐绘图本

兽名	性质	形状及声音	产地
鳙鳙之鱼		音如彘鸣，状如犁牛	樕螽之山
从从	鸣自詨	状如犬，六足	栒状之山
鴜鼠	见则其邑大旱	状如鸡而鼠毛	栒状之山
箴鱼	食之无疫疾	状如儵，喙如箴	栒状之山

番条之山、姑儿之山、高氏之山、岳山、犲山

	矿物	植物	动物
番条山			鳡鱼
姑儿山		漆 桑 柘	鳡鱼
高氏山	玉 箴石 金玉		
岳山	金玉	桑 樗	
犲山			堪孖之鱼

【原文】

又南三百里，曰番条之山，无草木，多沙。减(jiǎn)水出焉，北流注于海，其中多鳡(gǎn)鱼[①]。又南四百里，曰姑儿之山，其上多漆，其下多桑、柘(zhé)。姑儿之水出焉，北流注于海，其中多鳡鱼。又南四百里，曰高氏之山，其上多玉，其下多箴(zhēn)石[②]。诸绳之水出焉，东流注于泽，其中多金玉。

又南三百里，曰岳山，其上多桑，其下多樗(chū)[③]。泺(luò)水出焉，东流注于泽，其中多金玉。又南三百里，曰犲(chái)山，其上无草木，其下多水，其中多堪孖(xǔ)之鱼[④]。有兽焉，其状如夸父而彘毛，其音如呼，见则天下大水。

【译文】

再向南三百里，是番条山，没有花草树木，到处是沙子。減水从这座山发源，向北流入大海，水中有很多鳡鱼。再向南四百里，是姑儿山，山上有茂密的漆树，山下有茂密的桑树、柘树。姑儿水从这座山发源，向北流入大海，水中有很多鳡鱼。再向南四百里，是高氏山，山上盛产玉石，山下盛产箴石。诸渑水从这座山发源，向东流入湖泽，水中有许多金属矿物和玉石。

再向南三百里，是岳山，山上有茂密的桑树，山下有茂密的臭椿树。泺水从这座山发源，向东流入湖泽，水中有许多金属矿物和玉石。再向南三百里，是犲山，山上不生长花草树木，山下到处流水，水中有很多堪孖鱼。山中有一种野兽，长得像猕猴，却长着一身猪毛，发出的声音如同人呼叫，它一出现天下就会发生水灾。

【注释】

①鳡鱼：见图。

②箴石：石针是古代的一种医疗器具，用石头磨制而成，可以治疗痈肿疽疱，排除脓血。箴石就是一种专门制作石针的石头。

③樗：指椿树。

④堪孖之鱼：鱼名，具体所指待考。

《山海经》地理考

番条之山

观点1 “又南三百里，曰番条之山”，“番条之山”是位于河南省西部的嵩山，地处河南省登封市西北面，是五岳的中岳。

观点1 根据地理位置推测，“番条之山”是今山东淄博市博山区西南的凤凰山，古称玉泉山，海拔近700米。

减水

减

观点1 根据山川位置推测，“减水”即弥河，此河发源于沂山天齐湾，至央子港口流入渤海湾。

观点1 “减水出焉，北流注于海”，“减水”可能是今博山的孝妇河。

姑儿之山

观点1 “又南四百里，曰姑儿之山”，“姑儿之山”即位于山东省潍坊市临朐县城南的沂山，古称“海岳”。

观点1 根据以上山川位置推测，此山应在今山东章丘市、邹平县界上，即邹平南部的长白山。

姑儿之水

观点1 “姑儿之水出焉，北流注于海”，水流向北注入海洋的，即今丹河与白狼河，这两条河当为白狼河。

观点1 “姑儿之水出焉，北流注于海”，据此推测，“姑儿之水”可能是今獭河。

高氏之山

“又南四百里，曰高氏之山”，姑儿之山为沂山，其向南四百里的箕屋山为高氏之山。

诸绳之水

“诸绳之水出焉，东流注于泽”，“诸绳之水”为发源于箕屋山的潍河，此河古称潍水，注入渤海莱州湾。

岳山

“又南三百里，曰岳山”，“岳山”是今山东泰山南面的文峰山。

泺水

“泺水出焉，东流注于泽”，“泺水”古今同名，位于山东省济南市境内，源出今山东济南市西南部，向北流入黄河。

犲山

“又南三百里，曰犲山”，鲁豫一带方言称“犲”为“猫”，称“狼”为“大嘴狗”，因此，犲山可能是猫山或猫寨。

《山海经》动物考

鳡鱼 清 汪绂图本

独山、泰山、竹山

	矿物	动物
独山	金玉　美石	蜪
泰山	玉　金	狪狪
竹山	瑶　碧	茈蠃

【原文】

又南三百里，曰独山，其上多金玉，其下多美石。末涂之水出焉，而东南流注于沔(miǎn)，其中多偹蜪(tiáo róng)①，其状如黄蛇，鱼翼，出入有光，见则其邑大旱。

又南三百里，曰泰山，其上多玉，其下多金。有兽焉，其状如豚而有珠，名曰狪狪(tōng)②，其鸣自詨。环水出焉，东流注于江，其中多水玉。

又南三百里，曰竹山，錞(chún)③于江，无草木，多瑶、碧。激水出焉，而东南流注于娶檀之水，其中多茈蠃(luó)④。

凡东山经之首，自樕(sǔ)螽(zhǔ)之山以至于竹山，凡十二山，三千六百里。其神状皆人身龙首。祠：毛用一犬祈，衈(ér)⑤用鱼。

【译文】

再向南三百里，是独山，山上有丰富的金属矿物和玉石，山下多是美观漂亮的石头。末涂水从这座山发源，然后向东南流入沔水，水中有很多偹蜪，形状与黄蛇相似，长着鱼一样的鳍，出入水中时闪闪发光，它在哪个地方出现哪里就会有大旱灾。

再向南三百里，是泰山，山上盛产玉，山下盛产金。山中有一种野兽，形状与一般的猪相似，体内却有珠子，叫作狪狪，它发出的叫声便是自身名称的读音。环水从这座山发源，向东流入江水，水中有很多水晶石。

再向南三百里，是竹山，坐落于汶水边上，这座山没有花草树木，到处是瑶、碧一类的玉石。激水从竹山发源，然后向东南流入娶檀水，水中有很多紫色螺。

总计东方第一列山系的首尾，自樕螽山起到竹山止，一共十二座山，途经三千六百里。诸山山神的形貌都是人的身子、龙的头。祭祀山神：在毛物中用一只狗作为祭品来祭祀，祷告时要用鱼。

【注释】

①蜪：见图。

②狪狪：见图。

③錞：这里相当于“蹲”，指蹲踞。

④茈蠃：即紫螺。

⑤衈：用牲畜作为祭品来向神祷告，想要使神听见。

《山海经》地理考

独山

观点① “又南三百里，曰独山”，根据里程计算，“独山”可能在今山东济南市长清区境内。

观点② “独山”当为泰山东南的山岭，即莱芜县邢家峪南的大山。

末涂之水

观点① “末涂之水出焉，而东南流注于沔”，“末涂之水”可能是源于今山东济南市长清区的长清河。

观点② 由沔为大汶河推知，“末涂之水”应是发源于沂源县西南部牛栏峪一带，东至大汶口入主流牟汶河的柴汶河。

沔

发源于泰山的河流都注入大汶河，因此“沔”应为“汶”的误写，“沔”即为黄河在山东的唯一支流大汶河。

泰山

“又南三百里，曰泰山”，此处“泰山”古今同名，即今山东泰安市北的泰山。

环水

“环水出焉，东流注于江”，“环水”发源于泰山，注入大汶河。因此环水为流经泰城的泮河。

江

应作“汶”，水名，可能是源出今山东莱芜市的大汶河。

竹山

“又南三百里，曰竹山”，“竹山”可能在今山东大汶河南岸，即凤凰山一带山岭。

激

“激水出焉，而东南流注于娶檀之水”，据此推测，“激”即为借接水，今称大青河。

娶檀之水

“娶檀之水”是水泊梁山的遗存水域，位于山东省泰安市东平县境内，即山东省第二大淡水湖泊东平湖。

《山海经》动物考

蝙 明 蒋应镐绘图本

人身龙首神 明 蒋应镐绘图本

狪狪 明 蒋应镐绘图本

兽名	性质	形状及声音	产地
蝙	出入有光，见则其邑大旱	状如黄蛇，鱼翼	独山
狪狪		状如豚，有珠，鸣自詨	泰山

西
东
南

东次二经

《东次二经》记述了中国东部的十七座山，共计五千六百七十里。这里发源的河流都是向东或东南流向，这些山脉的位置大约在今天的山东、江苏、安徽境内。

《东次二经》中记载了如牛虎文的軨軨，肉味酸中带甜的珠蟞鱼，长得像兔子却是鸟的嘴，鸱眼蛇尾的犰狳，长得像狐狸却长着鱼鳍的朱獳等。

空桑之山、曹夕之山、峄皋之山、葛山之尾、葛山之首

	植物	矿物	动物
空桑山			軨軨
曹夕山	穀		鰄鱼
峄皋山		金玉　白垩	蜃珧
葛山尾		砥砺	
葛山首			珠蟞鱼

【原文】

东次二经之首，曰空桑之山，北临食水，东望沮吴，南望沙陵[①]，西望湣(mín)泽。有兽焉，其状如牛而虎文，其音如钦[②]，其名曰軨軨(línɡ)[③]，其鸣自叫，见则天下大水。

又南六百里，曰曹夕之山，其下多穀，而无水，多鸟兽。又西南四百里，曰峄(yì)皋(ɡāo)之山，其上多金玉，其下多白垩。峄皋之水出焉，东流注于激女(rǔ)之水，其中多蜃[④]珧(yáo)[⑤]。又南水行五百里，流沙三百里，至于葛山之尾，无草木，多砥砺。

又南三百八十里，曰葛山之首，无草木。澧(lǐ)水出焉，东流注于余泽，其中多珠蟞(biē)鱼[⑥]，其状如肺而有四目六足，有珠，其味酸甘，食之无疠(lí)。

【译文】

东方第二列山系的首座山，是空桑山，北面临近食水，向东可以望见沮吴，向南可以望见沙陵，向西可以望见湣泽。山中有一种野兽，长得像牛，却有老虎一样的斑纹，叫声如同人在呻吟，叫作軨軨，它发出的叫声便是自身名称的读音，它一出现就会发生水灾。

再向南六百里，是曹夕山，山下到处是构树，没有水流，还有许多禽鸟野兽。再向西南四百里，是峄皋山，山上遍布金属矿物和玉石，山下有丰富的白垩土。峄皋水发源于此，向东流入激女水，水中有很多大蛤和小蚌。再向南行五百里水路，经过三百里流沙，便到了葛山的尾端，这里没有花草树木，到处是磨刀石。

再向南三百八十里，就是葛山的首端，这里没有花草树木。沣水从此发源，向东流入余泽，水中有很多珠蟞鱼，长得像肺，有四只眼睛、六只脚，能吐珠子，肉味酸中带甜，吃了它就不会染上瘟疫病。

【注释】

①沙陵：沙丘。

②钦：同“吟”。指叹息、呻吟。

③軨軨：见图。

④蜃：大蛤。蛤是一种软体动物，贝壳卵圆形或略带三角形，颜色和斑纹美丽。

⑤珧：小蚌。蚌是一种软体动物，贝壳长卵形，表面黑褐色或黄褐色，有环形。

⑥珠蟞鱼：见图。

《山海经》地理考

空桑之山

观点1 "东次二经之首，曰空桑之山"，根据里程计算，"空桑之山"可能在今山东曲阜市北。

观点2 福山县有空同岛，黄县有桑岛；"空桑之山"当是莱州、登州附近的群山。

沮吴

蓬莱附近有大竹、小竹、长山、蛆岛、虎岛等岛，"沮吴"为"蛆虎"的谐音，因此"沮吴"当为蛆岛、虎岛。

湣泽

"西望湣泽"，据推测，"湣泽"可能是大小汶河汇合处的水泽。

曹夕之山

"又南六百里，曰曹夕之山"，自桑岛沿海岸线向东南为崂山，此山即为"曹夕之山"。

峄皋之山

"又西南四百里，曰峄皋之山"，"峄皋之山"可能是今山东邹城市东南的峄山。

葛山之尾

观点1 "又南水行五百里，流沙三百里，至于葛山之尾"，"葛山"可能是今江苏邳州市西南的葛峄山。

观点2 "水行五百里"指自蓬莱向东南的距离；"流沙三百里"指鸭绿江口外的流沙三百里。

葛山之首

"又南三百八十里，曰葛山之首"，"葛山之首"应是狼林山的东白山。

《山海经》动物考

軨軨　明　蒋应镐绘图本

珠蟞鱼　明　蒋应镐绘图本

兽名	性质	形状及声音	产地	今名
軨軨	鸣自叫，见则天下大水	状如牛，虎文，音如钦	空桑之山	鬣羚
珠蟞鱼	味酸甘，食之无疠	状如肺，四目六足	葛山之首	中华鳖

余峨之山、杜父之山、耿山、卢其之山

	矿物	动物
余峨山	梓 柟 荆 芑	犰狳
耿山	水晶石	大蛇 朱獳
卢其山		鵹鹕

【原文】

又南三百八十里，曰余峨之山，其上多梓柟，其下多荆芑（qǐ）[①]。杂余之水出焉，东流注于黄水。有兽焉，其状如菟（tù）而鸟喙，鸱（chī）目蛇尾，见人则眠[②]，名曰犰（qiú）狳（yú）[③]，其鸣自訆（jiào），见则螽（zhōng）[④]蝗为败[⑤]。又南三百里，曰杜父之山，无草木，多水。又南三百里，曰耿山，无草木，多水碧[⑥]，多大蛇。有兽焉，其状如狐而鱼翼，其名曰朱獳（rǔ）[⑦]，其鸣自訆，见则其国有恐。

又南三百里，曰卢其之山，无草木，多沙石。沙水出焉，南流注于涔（cén）水，其中多鵹（lì）鹕（hú），其状如鸳鸯而人足，其鸣自訆，见则其国多土功。

【译文】

再向南三百八十里，是余峨山，山上遍布梓树和楠木树，山下有许多牡荆树和枸杞树。杂余水发源于此，向东流入黄水。山中有种野兽，长得像兔子，有鸟的嘴，鹞鹰的眼睛和蛇的尾巴，一看见人就躺下装死，叫作犰狳，它的叫声便是它自身名称的读音，它一出现就会有螽斯蝗虫出现而为害庄稼。再向南三百里，是杜父山，没有花草树木，到处流水。再向南三百里，是耿山，没有花草树木，到处是水晶石，还有很多大蛇。山中有一种野兽，像狐狸却长着鱼鳍，叫作朱獳，发出的叫声便是它自身名称的读音，它出现的地方会有恐怖的事发生。

再向南三百里，是卢其山，不生长花草树木，到处是沙子石头。沙水发源于此，向南流入涔水，水中有很多鹈鹕，像鸳鸯却长着人一样的脚，发出的叫声便是它自身名称的读音，它出现的地方会有水土工程的劳役。

【注释】

①芑：通“杞”。即枸杞树。

②眠：装死。

③犰狳：见图。

④螽：即螽斯，蝗虫之类的昆虫，身体绿色或褐色，样子像蚱蜢，以翅摩擦发音。但对农作物的损害不如蝗虫厉害。

⑤为败：为害。

⑥水碧：就是前文所说的水玉之类，即水晶石。

⑦朱獳：见图。

《山海经》地理考

余峨之山

观点1 “又南三百八十里，曰余峨之山”，“余峨之山”可能在江苏徐州附近。

观点2 葛山之首是狼林山的东白山。

杂余之水

“杂余之水出焉，东流注于黄水。”源出与白山的“杂余之水”即龙兴江，此河也叫泥河。

黄水

龙兴江注入松田湾以及其外的永兴湾，因此“黄水”即为松田湾。

杜父之山

“又南三百里，曰杜父之山”，吴越方言“杜”与“雾”同音，则“杜父之山”即杜雾山。

卢其之山

观点1 “又南三百里，曰卢其之山”，杜雾山向南三百里为秀龙山，此山即为卢其之山。

观点2 余峨之山可能在江苏徐州附近，则卢其之山可能在今江苏境内。

沙水

观点1 “沙水出焉，南流注于涔水”，“沙水”发源于秀龙山，则沙水为龙津江。

观点2 根据名称推测，“沙水”可能是今江苏灌云县大沙河。发源于江苏丰县陈庄，全长50余千米。西南连接安徽砀山境内的黄河故道，东北流入微山湖。

《山海经》动物考

犰狳 明 蒋应镐绘图本

朱獳 明 蒋应镐绘图本

兽名	性质	形状及声音	产地	今名
犰狳	见人则眠，见则螽蝗为败	状如菟，鸟喙，鸱目蛇尾，鸣自訆	余峨之山	
朱獳	见则其国有恐	状如狐，鱼翼，鸣自訆	耿山	赤狐
鵹鹕	见则其国多土功	状如鸳鸯，人足，鸣自訆	卢其之山	鹈鹕

姑射之山、北姑射之山、南姑射之山、碧山、缑氏之山、姑逢之山

	矿物	动物
碧山	碧　水玉	大蛇
缑氏山	金玉	
姑逢山	金玉	獙獙

【原文】

又南三百八十里，曰姑射（yè）之山，无草木，多水。

又南水行三百里，流沙百里，曰北姑射（yè）之山，无草木，多石。

又南三百里，曰南姑射（yè）之山，无草木，多水。

又南三百里，曰碧山，无草木，多大蛇，多碧、水玉。

又南五百里，曰缑（hóu）氏之山，无草木，多金玉。原水出焉，东流注于沙泽。

又南三百里，曰姑逢之山，无草木，多金玉。有兽焉，其状如狐而有翼，其音如鸿雁，其名曰獙獙（bì）①，见则天下大旱。

【译文】

再向南三百八十里，是姑射山，没有花草树木，到处流水。

再向南行三百里水路，经过一百里流沙，是北姑射山，没有花草树木，到处是石头。

再向南三百里，是南姑射山，没有花草树木，到处是河流。

再向南五百里，是碧山，没有花草树木，有很多大蛇，还盛产碧玉、水晶。

再向南三百里，是缑氏山，没有花草树木，盛产金银美玉。河流多源于此，向东注入沙泽。

再向南三百里，是姑逢山，没有花草树木，有丰富的金属矿物和玉石。山中有一种野兽，长得像一般的狐狸，却有翅膀，发出的声音如同大雁鸣叫，叫作獙獙，它一出现天下就会发生大旱灾。

【注释】

①獙獙：见图。

《山海经》地理考

姑射之山

"姑射之山"古今同名，今山西临汾西的姑射山也叫石孔山，属于吕梁山脉。

北姑射之山

"又南水行三百里，流沙百里，曰北姑射之山"，"北姑射之山"当即礼成江口与汉江口以南群岛的总称。

缑氏之山

"又南五百里，曰缑氏之山"，"缑氏之山"为跨全罗北道、庆尚南道两个道四个郡的德裕山。

原水沙泽

"原水出焉，东流注于沙泽。"符合南江东流注入东江三角洲；南江即为原水，东江三角洲即为沙泽。

姑逢之山

"又南三百里，曰姑逢之山"，"姑逢之山"即智异山，此山也叫"头流山"。

《山海经》动物考

獙獙　明　蒋应镐绘图本

兽名	性质	形状及声音	产地
獙獙	见则天下大旱	状如狐，有翼，音如鸿雁	姑逢之山

凫丽之山、䃌山

	矿物	动物
凫丽山	金玉　箴石	蠪侄
䃌山		峳峳　絜鉤

【原文】

又南五百里，曰凫(fú)丽之山，其上多金玉，其下多箴石。有兽焉，其状如狐而九尾、九首、虎爪，名曰蠪(lóng)侄[1]，其音如婴儿，是食人。

又南五百里，曰䃌(zhēn)山，南临䃌水，东望湖泽。有兽焉，其状如马，而羊目、四角、牛尾，其音如嗥狗，其名曰峳峳(yōu)[2]，见则其国多狡客[3]。有鸟焉，其状如凫而鼠尾，善登木，其名曰絜(xié)鉤(gōu)[4]，见则其国多疫。

凡东次二经之首，自空桑之山至于䃌(zhēn)山，凡十七山，六千六百四十里。其神状皆兽身人面载[5]觡(gé)[6]。其祠：毛用一鸡祈，婴[7]用一璧瘞(yì)。

【译文】

再向南五百里，是凫丽山，山上遍布金属矿物和玉石，山下盛产箴石。山中有种野兽，长得像狐狸，有九条尾巴、九个脑袋、虎一样的爪子，叫作蠪侄，叫声如同婴儿啼哭，能吃人。

再向南五百里，是䃌山，南面临近䃌水，从山上向东可以望见湖泽。山中有一种野兽，长得像马，有羊一样的眼睛、四只角、牛一样的尾巴，叫声像狗，叫作峳峳，出现的地方会有很多奸猾的政客。山中还有一种禽鸟，长得像野鸭子，却有老鼠一样的尾巴，擅长攀登树木，叫作絜鉤，它出现的地方多次发生瘟疫病。

总计东方第二列山系的首尾，自空桑山起到䃌山止，共十七座山，途经六千六百四十里。诸山山神的形貌都是兽身人面，而且头上戴着觡角。祭祀山神时在毛物中用一只鸡献祭，在玉器中用一块玉璧埋入地下。

【注释】

①蠪侄：见图。

②峳峳：见图。

③狡客：狡猾的人。

④絜鉤：见图。

⑤载：戴。一般指将东西戴在头上。

⑥觡：骨角。专指麋、鹿等动物头上的角，这种角的骨质与角质合而为一，没有差异，所以叫骨角。

⑦婴：据学者研究，婴是古代人用玉器祭祀神的专称。

《山海经》地理考

凫丽之山

观点① “又南五百里，曰凫丽之山”，据此推测，“凫丽之山”可能在今安徽境内。

观点② 姑逢之山即智异山，向南五百里为斗峰山，此山即为凫丽之山。

䃌山

观点① “又南五百里，曰䃌山”，“䃌山”可能是今安徽宿州市西北的睢阳山。

观点② 斗峰山向南五百里，与尸胡之山相接，则䃌山为济州岛山的高山，古称“耽罗”。

䃌水

观点① 䃌山是今安徽的睢阳山，“䃌水”可能是睢阳山南面的濉河。濉河古称睢水，故道久已湮废。濉河源出砀山县东卞楼，于临淮头注入洪泽湖。

观点② “南临䃌水，东望湖泽”，“䃌水”为耽津江，湖泽为宝成湾。

《山海经》动物考

蠪侄 明 蒋应镐绘图本

峳峳 明 蒋应镐绘图本

絜鉤 明 蒋应镐绘图本

人面兽身神 明 蒋应镐绘图本

兽名	性质	形状及声音	产地	今名
蠪侄	食人	状如狐，九尾，九首，虎爪，音如婴儿	凫丽之山	
峳峳	见则其国多狡客	状如马，羊目，四角，牛尾，音如嗥狗	䃌山	鹅喉羚
絜鉤	善登木，见则其国多疫	状如凫，鼠尾	䃌山	啄木鸟

西
东
南

东次三经

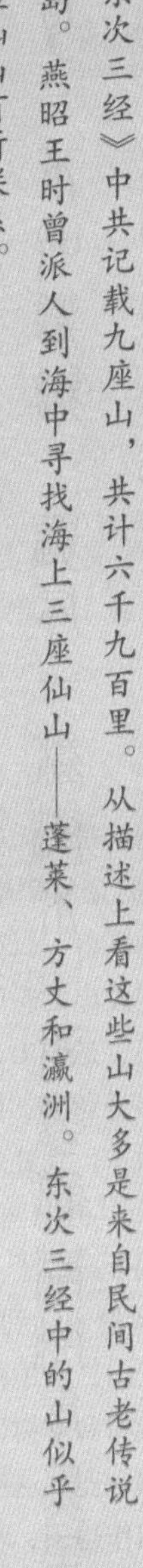

《东次三经》中共记载九座山，共计六千九百里。从描述上看这些山大多是来自民间古老传说中的海岛。燕昭王时曾派人到海中寻找海上三座仙山——蓬莱、方丈和瀛洲。东次三经中的山似乎与这三座仙山有所联系。

《东次三经》中记载有一种动物长得像麋鹿却长着鱼一样的眼睛，叫作妴胡；还有一种鱼，长得像鲤鱼，有六只脚和鸟一样的尾巴，叫作鮯鮯鱼。

尸胡之山、岐山、诸鉤之山、中父之山、胡射之山、孟子之山

	矿物	植物	动物
尸胡山	金玉	棘	妴胡
岐山		桃 李	虎
诸鉤山			寐鱼
孟子山		梓桐 桃李 菌蒲	麋 鹿 鱣 鮪

【原文】

又东次三经之首，曰尸胡之山，北望殚（xiāng）山，其上多金玉，其下多棘。有兽焉，其状如麋而鱼目，名曰妴（wān）胡[①]，其鸣自訆。又南水行八百里，曰岐山，其木多桃李，其兽多虎。又南水行五百里，曰诸鉤（gōu）之山，无草木，多沙石。是山也，广员百里，多寐鱼[②]。又南水行七百里，曰中父之山，无草木，多沙。又东水行千里，曰胡射之山，无草木，多沙石。又南水行七百里，曰孟子之山，其木多梓桐，多桃李，其草多菌蒲[③]，其兽多麋、鹿。是山也，广员百里。其上有水出焉，名曰碧阳，其中多鱣（zhān）[④]鮪（wěi）[⑤]。

【译文】

东方第三列山系的首座山，是尸胡山，从山上向北可以望见殚山，山上有丰富的金属矿物和玉石，山下有茂密的酸枣树。山中有一种野兽，长得像麋鹿却长着鱼一样的眼睛，叫作妴胡，它发出的叫声便是自身名称的读音。再向南行八百里水路，是岐山，山中的树木大多是桃树和李树，而野兽大多是老虎。再向南行五百里水路，是诸鉤山，没有花草树木，到处是沙子石头。这座山方圆一百里，有很多寐鱼。再向南行七百里水路，是中父山，没有花草树木，到处是沙子。再向东行一千里水路，是胡射山，没有花草树木，到处是沙子石头。再向南行七百里水路，是孟子山，山中的树木大多是梓树和桐树，还生长着茂密的桃树和李树，山中的草大多是菌蒲，山中的野兽大多是麋、鹿。这座山，方圆一百里。有条河水从山上流出，叫作碧阳，水中生长着很多鱣和鮪。

【注释】

①妴胡：见图。

②寐鱼：又叫嘉鱼、卷口鱼，古人称为鮇鱼。这种鱼体延长，前部亚圆筒形，后部侧扁。体暗褐色。须二对，粗长。吻褶发达，裂如缨状。

③菌蒲：即紫菜、石花菜、海带、海苔之类。

④鱣：见图。

⑤鮪：见图。

《山海经》地理考

尸胡之山

“又东次三经之首，曰尸胡之山”，“尸胡之山”是今山东烟台市西北的芝罘山。

岐山

观点1 芝罘山南水行八百里，是今山东蓬莱市北面的长岛，因此长岛即“岐山”。

观点2 “又南水行八百里，曰岐山”，“岐山”为进入日本的第一站渡海岛，岛上居民喜爱养虎。

诸鉤之山

“又南水行五百里，曰诸鉤之山”，“诸鉤之山”当值日本九州岛西北部港湾附近的高山的总称。

中父之山

“又南水行七百里，曰中父之山。”从天草滩或八代海向南绕鹿儿岛向东北到达雾岛，雾岛山的山岭即为“中父之山”。

胡射之山

“又东水行千里，曰胡射之山”，“胡射之山”为横跨静冈县和山梨县的富士山。

孟子之山

“又南水行七百里，曰孟子之山”，富士山向南七百里为木会山，此山即为“孟子之山”。

《山海经》动物考

𩣡胡 明 蒋应镐绘图本

鮪 清 汪绂图本

鱣 清 汪绂图本

兽名	性质	形状及声音	产地	今名
𩣡胡	鸣自訆	状如麋，鱼目	尸胡之山	白唇鹿

跂踵之山、踇隅之山、无皋之山

	矿物	动物
跂踵山	玉	大蛇　蠵龟　鮯鮯鱼
踇隅山	金玉　赭	精精

【原文】

又南水行五百里曰流沙，行五百里，有山焉，曰跂（qí）踵之山，广员二百里，无草木，有大蛇，其上多玉。有水焉，广员四十里皆涌，其名曰深泽，其中多蠵（xié）龟①。有鱼焉，其状如鲤，而六足鸟尾，名曰鮯鮯（há）之鱼②，其鸣自叫。又南水行九百里，曰踇（mǔ）隅（yú）之山，其上多草木，多金玉，多赭。有兽焉，其状如牛而马尾，名曰精精③，其鸣自叫。又南水行五百里，流沙三百里，至于无皋之山，南望幼海，东望榑（fǔ）木④，无草木，多风。是山也，广员百里。凡东次三经之首，自尸胡之山至于无皋之山，凡九山，六千九百里。其神状皆人身而羊角。其祠：用一牡⑤羊，（米）用黍⑥。是神也，见则风雨水为败。

【译文】

再向南行五百里水路，经过流沙五百里，就是跂踵山，方圆二百里，没有花草树木，有大蛇，山上有丰富的玉石。这里有一水潭，方圆四十里都在喷涌泉水，叫作深泽，水中有很多蠵龟。还有一种鱼，像鲤鱼，有六只脚和鸟的尾巴，叫作鮯鮯鱼，叫声便是它自身名称的读音。再向南行九百里水路，是踇隅山，山上遍布花草树木，有丰富的金属矿物和玉石，还有许多赭石。山中有种野兽，长得像牛，有马一样的尾巴，叫作精精，叫声便是自身名称的读音。再向南行五百里水路，经过三百里流沙，便到了无皋山，从山上向南可以望见幼海，向东可以望见榑木，这里不长花草树木，到处刮大风。这座山方圆一百里。总计东方第三列山系的首尾，自尸胡山起到无皋山止，共九座山，途经六千九百里。诸山山神的形貌都是人的身子却长着羊角。祭祀山神时在毛物中用一只公羊做祭品，米用黄米。这些山神，一出现就会起大风、下大雨、发大水，损坏庄稼。

【注释】

①蠵龟：见图。
②鮯鮯之鱼：即鮯鮯鱼，见图。
③精精：见图。
④榑木：即扶桑，神话传说中的神木，叶似桑树叶，长数千丈，大二十围，两两同根生，更相依倚，而太阳就是从这里升起的。
⑤牡：鸟兽的雄性。
⑥黍：一种谷物，性黏，子粒供食用或酿酒。在脱皮以后，北方人称之为黄米子。

《山海经》地理考

跂踵之山：“又南水行五百里曰流沙，行五百里，有山焉，曰跂踵之山”，“跂踵之山”为日本纪伊半岛上的山脉。

深泽：“有水焉，广员四十里皆涌，其名曰深泽”，纪伊半岛上琵琶湖面积与水深都与“深泽”相近，因此“深泽”即琵琶湖。

踇隅之山：“又南水行九百里，曰踇隅之山”，九州岛东北山岭与岬崎组成脚趾形状，当为“踇隅之山”。

无皋之山：

观点① 按照文中路线自鹤见崎至屋久岛，再到淹美大岛，最后到达大琉球岛。大琉球岛即为“无皋之山”。

观点② “又南水行五百里，流沙三百里，至于无皋之山”，“无皋之山”是今山东青岛的崂山。

幼海：“南望幼海”，根据“无皋之山”是青岛的崂山推测，“幼海”可能是崂山西南的胶州湾。

《山海经》动物考

蠵龟　清　《禽虫典》

鲐鲐鱼　清　《禽虫典》

人身羊角神
明　蒋应镐绘图本

精精　明　蒋应镐绘图本

兽名	性质	形状及声音	产地	今名
鲐鲐鱼	鸣自訆	状如鲤，六足鸟尾	跂踵之山	白唇鹿
精精	鸣自訆	状如牛，马尾	踇隅之山	黄羊

西
东
南

东次四经

《东次四经》共记载了中国东部的八座山，共计一千七百二十里。这些山大致在今山东、河北、江苏境内。

《东次四经》中的山岭上生长着具有药用价值的植物，如北号山中有一种长得像杨树的树木，开红色花朵，果实与枣子相似但没有核，味道是酸中带甜，吃了它就能使人不得疟疾；东始山还有一种芑长，把树干中的汁液涂在马身上就可使马驯服。另外，本经中还提到猲狙、鬿雀、鱃鱼等动物。

北号之山、旄山、东始之山

	矿物	植物	动物
北号山			猲狙　鬿雀
旄山			鱃鱼
东始山	苍玉	芑	美贝　茈鱼

【原文】

又东次四经之首，曰北号之山，临于北海。有木焉，其状如杨，赤华，其实如枣而无核，其味酸甘，食之不疟[①]。食水出焉，而东北流注于海。有兽焉，其状如狼，赤首鼠目，其音如豚，名曰猲狙[②]，是食人。有鸟焉，其状如鸡而白首，鼠足而虎爪，其名曰鬿(qí)雀[③]，亦食人。又南三百里，曰旄山，无草木。苍体之水出焉，而西流注于展水，其中多鱃(qiū)鱼[④]，其状如鲤而大首，食者不疣(yóu)[⑤]。又南三百二十里，曰东始之山，上多苍玉。有木焉，其状如杨而赤理，其汁如血，不实，其名曰芑(qǐ)[⑥]，可以服马。泚(cǐ)水出焉，而东北流注于海，其中多美贝，多茈(zǐ)鱼[⑦]，其状如鲋[⑧]，一首而十身，其臭(xiù)[⑨]如麋(mí)芜[⑩]，食之不糒(pí)[⑪]。

【译文】

东方第四列山系的首座山，叫北号山，屹立在北海边。山中有种树木，像杨树，开红色花朵，果实像枣，但没有核，味道酸中带甜，人吃了它不得疟疾。食水发源于此，向东北流入大海。山中有种野兽，像狼，长着红脑袋和老鼠般的眼睛，叫声像小猪，名叫猲狙，能吃人。还有一种鸟，像鸡，却长着白脑袋，老鼠一样的前爪和老虎一样的后爪，叫作鬿雀，也能吃人。再向南三百里，是旄山，没有花草树木。苍体水发源于此，向西流入展水，水中有很多鱃鱼，像鲤鱼，头很大，人吃了它能使皮肤上不生瘊子。再向南三百二十里，是东始山，山上多产苍玉。山中有一种树木，长得像杨树，却有红色纹理，树干中的汁液与血相似，不结果实，叫作芑，把汁液涂在马身上就可使马驯服。泚水发源于此，向东北流入大海，水中有许多美丽的贝，还有很多茈鱼，像鲫鱼，却有一个脑袋、十个身子，气味与蘼芜草相似，人吃了它就不放屁。

【注释】

①疟：疟疾。

②猲狙：见图。

③鬿雀：见图。

④鱃鱼：见图。

⑤疣：同“肬”。一种小肉瘤，即长在人体皮肤上的小疙瘩，俗称瘊子。

⑥芑：“杞”的假借字。

⑦茈鱼：见图。

⑧鲋：即鲫鱼，体侧扁，稍高，背面青褐色，腹面银灰色，肉味鲜美。

⑨臭：气味。

⑩麋芜：就是蘼芜，一种香草，叶子像当归草的叶子，气味像白芷草的香气。

⑪糒：同“屁”。

《山海经》地理考

北号之山：“又东次四经之首，曰北号之山”，“北号之山”可能是今山东北面莱州湾小清河畔的一丘阜。

北海：根据“北号之山”位置推断，“北海”应是位于渤海南部山东半岛北部的莱州湾。

食水：观点1 “食水”源出济南市西部睦里庄，在寿光县境内注入莱州湾，与今小清河相符。

观点2 “食水出焉，而东北流注于海。”“食水”为注入鄂霍次克海的乌得河，

旄山：“又南三百里，曰旄山”，“旄山”为外兴安岭南三百里的土闻那山。

苍体之水、展水：“苍体之水出焉，而西流注于展水”，据此推测，“苍体之水”为色林扎河；“展水”为注入黑龙江的结雅河。

东始之山：“又南三百二十里，曰东始之山”，根据里程推测，“东始之山”为巴扎尔山。

《山海经》动物考

茈鱼 清 汪绂图本

猲狙 明 蒋应镐绘图本

鬿雀 明 蒋应镐绘图本

鱃鱼 明 蒋应镐绘图本

兽名	性质	形状及声音	产地	今名
猲狙	食人	状如狼，赤首鼠目，音如豚	北号之山	豺狗
鬿雀	食人	状如鸡，白首，鼠足，虎爪	北号之山	胡兀鹫
鱃鱼	食者不疣	状如鲤，大首	旄山	泥鳅
茈鱼	其臭如蘼芜，食之不糟	状如鲋，一首，十身	东始之山	黄羊

女烝之山、钦山、子桐之山

	动物
女烝山	薄鱼
钦山	鱃鱼　文贝　当康
子桐山	鲭鱼

【原文】

又东南三百里，曰女烝（zhēng）之山，其上无草木。石膏水出焉，而西注于鬲（gé）水，其中多薄鱼①，其状如鳣（shàn）鱼②而一目，其音如欧③，见则天下大旱。

又东南二百里，曰钦山，多金玉而无石。师水出焉，而北流注于皋泽，其中多鱃（qiū）鱼，多文贝。有兽焉，其状如豚而有牙④，其名曰当康⑤，其鸣自訆，见则天下大穰（ráng）。

又东南二百里，曰子桐之山。子桐之水出焉，而西流注于余如之泽。其中多鲭（huá）鱼⑥，其状如鱼而鸟翼，出入有光，其音如鸳鸯，见则天下大旱。

【译文】

再向东南三百里，是女烝山，山上没有花草树木。石膏水从这座山发源，然后向西流入鬲水，水中有很多薄鱼，长得像一般的鳝鱼，却长着一只眼睛，发出的声音如同人在呕吐，它一出现天下就会发生大旱灾。

再向东南二百里，是钦山，山中有丰富的金属矿物和玉石却没有石头。师水从这座山发源，然后向北流入皋泽，水中有很多鱃鱼，还有很多色彩斑斓的贝。山中有一种野兽，长得像小猪，却长着大獠牙，叫作当康，它发出的叫声就是自身名称的读音，它一出现天下就要大丰收。

再向东南二百里，是子桐山。子桐水从这座山发源，然后向西流入余如泽。水中生长着很多鲭鱼，形状与一般的鱼相似，却长着禽鸟翅膀，出入水中时闪闪发光，发出的声音如同鸳鸯鸣叫，它一出现天下就会发生大旱灾。

【注释】

①薄鱼：见图。
②鳣：通“鳝”。即鳝鱼，俗称黄鳝。
③欧：呕吐。
④牙：这里指尖锐锋利而令人可怕的露出嘴唇之外的大牙齿。
⑤当康：见图。
⑥鲭鱼：见图。

《山海经》地理考

女烝之山

观点1 "又东南三百里，曰女烝之山"，"女烝之山"可能是今山东临朐县的石膏山。

观点2 旄山为土闻那山，东南三百里的山脉为布列因山脉，此山即为"女烝之山"。

石膏水

"石膏水"由源自埃佐普山和杜谢阿林山的左、右布列亚河汇流而成，俄罗斯远东区南部黑龙江左岸第二大支流。因此石膏水为布列亚河。

鬲水

"石膏水出焉，而西注于鬲水"，布列亚河诸如黑龙江，则"鬲水"即为黑龙江。

钦山

"又东南二百里，曰钦山"，"钦山"是位于黑龙江省东部，长白山脉最北端的完达山山脉。

师水

饶河北经沼泽区向东注入乌苏里江与混同江汇合入海，饶河即为文中"师水"。

皋泽

"师水出焉，而北流注于皋泽"，"皋泽"为黑龙江抚远至佳木斯之间的大片沼泽。

子桐之山

"又东南二百里，曰子桐之山。""子桐之山"与司马相如《梓桐山赋》相同，子桐之山即为波顶嵯山。

子桐之水

"子桐之水出焉，而西流注于余如之泽。""子桐之水"为中俄边界上的兴凯湖。

《山海经》动物考

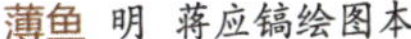

薄鱼 明 蒋应镐绘图本

当康 明 蒋应镐绘图本

鲭鱼 明 蒋应镐绘图本

兽名	性质	形状及声音	产地
薄鱼	见则天下大旱	状如鳣鱼，一目，音如欧	女烝之山
当康	见则天下大穰	状如豚，有牙，鸣自叫	钦山
鲭鱼	出入有光，见则天下大旱	状如鱼，鸟翼，音如鸳鸯	子桐之山

剡山、太山

	矿物	植物	动物
剡山	金玉		合窳
太山	金玉	桢木	蜚 鱃鱼

【原文】

又东北二百里，曰剡 (yǎn) 山，多金玉。有兽焉，其状如彘而人面，黄身而赤尾，其名曰合窳 (yú)[①]，其音如婴儿，是兽也，食人，亦食虫蛇，见则天下大水。

又东二百里，曰太山，上多金玉、桢木[②]。有兽焉，其状如牛而白首，一目而蛇尾，其名曰蜚[③]，行水则竭，行草则死，见则天下大疫。鉤水出焉，而北流注于涝水，其中多鱃鱼。

凡东次四经之首，自北号之山至于太山，凡八山，一千七百二十里。

右东经之山志，凡四十六山，一万八千八百六十里。

【译文】

再向东北二百里，是剡山，有丰富的金属矿物和玉石。山中有一种野兽，长得像猪，却是人的面孔，黄色的身子上长着红色尾巴，叫作合窳，发出的声音如同婴儿啼哭，这种合窳兽，是吃人的，也吃虫和蛇，它一出现天下就会发生水灾。

再向东北二百里，是太山，山上有丰富的金属矿物和玉石、茂密的女桢树。山中有一种野兽，长得像一般的牛，却是白脑袋，长着一只眼睛和蛇一样的尾巴，叫作蜚，它行经有水的地方，水就干涸，行经有草的地方，草就枯死，它一出现而天下就会发生大瘟疫。钩水从这座山发源，然后向北流入涝水，水中有很多鱃鱼。

总计东方第四列山系的首尾，自北号山起到太山止，一共八座山，途经一千七百二十里。

以上是东方山系的记录，总共四十六座山，一万八千八百六十里。

【注释】

①合窳：见图。

②桢木：即女桢，一种灌木，叶子对生，革质，卵状披针形，在冬季不凋落，四季常青。初夏开花，是白色，果实椭圆形。

③蜚：见图。

《山海经》地理考

- **剡山**
  - 观点1 根据以下太山为山东临朐县东南的东泰山推断，“剡山”可能在今山东境内。
  - 观点2 “又东北二百里，曰剡山”，“剡山”即巴士古山脉。
- **太山**
  - 观点1 根据名称推测，“太山”位于沂蒙山区北部的东泰山。此山连接临朐、沂水、沂源三县，为汶、弥、沂、沭四水发源地。
  - 观点2 “又东二百里，曰太山”，“太山”是悉合太另满语的旧称，此山南起符拉迪沃斯托克沿海北行到达混同江近海处。
- **钩水**
  - “钩水出焉，而北流注于涝水”，“钩水”为伊曼河，向东注入乌苏里江。
- **涝水**
  - “钩水注于涝水”，则“涝水”为乌苏里江，乌苏里江发源于锡霍特山脉，注入黑龙江。

《山海经》动物考

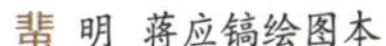

蜚 明 蒋应镐绘图本

合窳 明 蒋应镐绘图本

兽名	性质	形状及声音	产地
合窳	食人，亦食虫蛇，见则天下大水	状如彘，人面，黄身，赤尾，音如婴儿	剡山
蜚	行水则竭，行草则死，见则天下大疫	如牛，白首，一目，蛇尾	太山

北
西
东
南

【第五卷】

中山经

《中山经》是《山海经》中篇幅最长的，从《中山首经》到《中次十二经》，共计十二篇，其中有一百九十七座山。由于篇幅较长，记载山川较多，因此，《中山经》覆盖了我国河南、山西、四川、重庆、安徽、湖北、湖南、江西等省份。

此外，《中山经》中还介绍了各个山上出产的植物、动物、矿物，尤其详细介绍了山中动物、植物的形状特点。在古人的自然崇拜观念中每座山都是由山神掌管的，这些山神形态各异，有的是人面马身、有的是人身虎尾、有的是马身龙首，不同的山神有不同的祭祀方式，或用太牢，或用少牢，或用雄鸡，或用玉璧，或穿戴礼服并手持美玉舞蹈。

北
西
东
南

中山首经

《中山首经》中记载了十五座山，九百三十七里。从这里发源的河流，有的西流注于『河』，也有的南流注于『河』，因此，《中山首经》中的山大都位于山西省黄河流域。

《中山首经》中记述很多具有药用功效的动物、植物。如甘枣山有一种叫箨的草，人吃了它可以治愈眼睛昏花；还有一种難，长得像鼣鼠而额上有花纹，吃了它的肉就能治好脖子上的赘瘤；历儿山上有杤木，人服食它的果实可以不忘事。

甘枣之山、历儿之山、渠猪之山

	植物	动物
甘枣山	杻木 箨	䖂
历儿山	橿 枥木	
渠猪山		豪鱼

【原文】

中山经薄山之首，曰甘枣之山。共水出焉，而西流注于河。其上多杻木。其下有草焉，葵本[1]而杏叶，黄华而荚(jiá)[2]实，名曰箨(tuō)，可以已瞢(máng)[3]。有兽焉，其状如䳋(huì)鼠[4]而文题，其名曰䖂(nài)[5]，食之已瘿。

又东二十里，曰历儿之山，其上多橿，多枥(lǐ)木，是木也，方茎而员叶，黄华而毛，其实如楝(liàn)[6]，服之不忘。

又东十五里，曰渠猪之山，其上多竹。渠猪之水出焉，而南流注于河。其中是多豪鱼[7]，状如鲔(wěi)，赤喙尾赤羽，可以已白癣(xuǎn)[8]。

【译文】

中央第一列山系薄山山系的首座山，叫作甘枣山。共水从这座山发源，然后向西流入黄河。山上有茂密的杻树。山下有一种草，葵菜一样的茎、杏树一样的叶子，开黄色的花朵而结带荚的果实，叫作箨，人吃了它可以治愈眼睛昏花。山中还有一种野兽，长得像䳋鼠而额上有花纹，叫作䖂，吃了它的肉就能治好人脖子上的赘瘤。

再向东二十里，是历儿山，山上有茂密的橿树，还有茂密的枥树，这种树木，树干是方形的而叶子是圆形的，开黄色花而花瓣上有茸毛，果实像楝树结的果实，人服食它可以不忘事。

再向东十五里，是渠猪山，山上有茂盛的竹子。渠猪水从这座山发源，然后向南流入黄河。水中有很多豪鱼，长得像一般的鲔鱼，但长着红嘴巴和带羽毛的红尾巴，人吃了它的肉就能治愈白癣病。

【注释】

①本：草木的根或茎干。这里指茎干。

②荚：凡草木果实狭长而没有隔膜的，都叫作荚。

③瞢：眼目不明。

④䳋鼠：不详何兽。

⑤䖂：见图。

⑥楝：楝树，也叫苦楝，落叶乔木，春夏之交开花，淡紫色，核果球形或长圆形，熟时黄色。木材坚实，易加工，供家具、乐器、建筑、农具等用。又据古人说捣碎楝树的子实可以洗衣，而服食它可以益肾。

⑦豪鱼：见图。

⑧癣：皮肤感染真菌后引起的一种疾病，有许多种。

《山海经》地理考

薄山："中山经薄山之首"，可能是山西南部的中条山山脉中的蒲山。

甘枣之山：
观点1 薄山是蒲山，则"甘枣之山"是今山西芮城县东北的甘桑山。
观点2 根据历儿之山是山西永济市的历山，"甘枣之山"与历儿之山相连，因此甘枣之山在今山西永济市南。

共水："共水出焉，而西流注于河。"据此推测，"共水"可能是今山西芮城县东北的朱石河。

历儿之山："又东二十里，曰历儿之山"，"历儿之山"可能是今山西永济市境内中条山脉中的历山。

渠猪之山："又东十五里，曰渠猪之山"，根据"历儿之山"的位置推测，"渠猪之山"在今山西芮城县北。

渠猪之水："渠猪之水出焉，而南流注于河。""渠猪之水"可能是今山西芮城县的永乐河。

《山海经》动物考

豪彘 清 《禽虫典》

豪鱼 明 蒋应镐绘图本

兽名	性质	形状及声音	产地	今名
豪彘	食之已瘿	状如鼣鼠，文题	甘枣之山	马来熊
豪鱼	可以已白癣	状如鲔，赤喙尾赤羽	渠猪之山	鲟鱼

葱聋之山、涹山、脱扈之山、金星之山、泰威之山

	矿物	植物
葱聋山	白垩 黑 青 黄垩	
涹山	赤铜 铁	
脱扈山		植楮
金星山		天婴
泰威山	铁	

【原文】

又东三十五里，曰葱聋之山，其中多大谷，是多白垩(è)，黑、青、黄垩。

又东十五里，曰涹(wō)山，其上多赤铜，其阴多铁。

又东七十里，曰脱扈之山。有草焉，其状如葵叶而赤华，荚实，实如棕荚，名曰植楮(chú)，可以已癙(shǔ)①，食之不眯(mì)②。

又东二十里，曰金星之山，多天婴③，其状如龙骨④，可以已痤(cuó)⑤。

又东七十里，曰泰威之山。其中有谷曰枭谷，其中多铁。

【译文】

再向东三十五里，是葱聋山，山中有许多又深又长的峡谷，到处是白垩土，还有黑垩土、青垩土、黄垩土。

再向东十五里，是涹山，山上有丰富的赤铜，山北面盛产铁。

又向东七十里，是脱扈山。山中有一种草，长得像葵菜的叶子而开红花，结的是带荚的果实，果实的荚像棕树的果荚，叫作植楮，可以用它治愈精神抑郁症，而服食它就能使人不做噩梦。

再向东二十里，是金星山，山中有很多天婴，形状与龙骨相似，可以用来医治痤疮。

再向东七十里，是泰威山。山中有一道峡谷叫作枭谷，那里盛产铁。

【注释】

①癙：忧病。

②眯：梦魇(yǎn)。梦魇就是人在睡梦中遇见可怕的事而呻吟、惊叫。

③天婴：不详何种植物。

④龙骨：据古人讲，在山岩河岸的土穴中常有死龙的脱骨，而生长在这种地方的植物就叫龙骨。

⑤痤：即痤疮，一种皮肤病。

《山海经》地理考

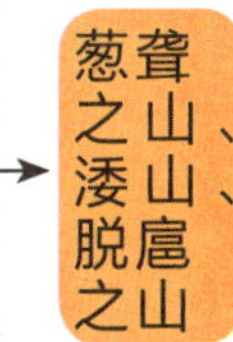

葱聋之山、涹山、脱扈之山

“又东三十五里，曰葱聋之山”，“又东十五里，曰涹山”，“又东七十里，曰脱扈之山”。

这三座山皆为中条山山脉中山岭，山西芮城县北的山岭。

金星之山

“又东二十里，曰金星之山”，“金星之山”与以上三山相接，因此可能在今山西芮城县西。

泰威之山

“又东七十里，曰泰威之山”，“泰威之山”与金星之山相接，因此，泰威之山在今山西平陆县西。

《山海经》图典

龙葵

橿谷之山、吴林之山、牛首之山、霍山、合谷之山

	矿物	植物	动物
橿谷山	赤铜		
吴林山		葌草	
牛首山		鬼草	飞鱼
霍山		榖	朏朏
合谷山		薝棘	

【原文】

又东十五里，曰橿谷之山，其中多赤铜。

又东百二十里，曰吴林之山，其中多葌(jiān)草[①]。

又北三十里，曰牛首之山。有草焉，名曰鬼草，其叶如葵而赤茎，其秀[②]如禾，服之不忧。劳水出焉，而西流注于潏(jué)水，是多飞鱼[③]，其状如鲋(fǔ)鱼，食之已痔衕(dòng)。

又北四十里，曰霍山，其木多榖。有兽焉，其状如貍[④]，而白尾，有鬣，名曰朏朏(péi)[⑤]，养之可以已忧。

又北五十二里，曰合谷之山，是多薝(zhān)棘[⑥]。

【译文】

再向东十五里，是橿谷山，山中有丰富的铜。

再向东一百二十里，是吴林山，山中生长着茂盛的兰草。

再向北三十里，是牛首山。山中生长着一种草，叫作鬼草，叶子像葵菜叶，却是红色茎干，开的花像禾苗吐穗时的花，服食它就能使人无忧无虑。劳水从这座山发源，然后向西流入潏水，水中有很多飞鱼，长得像一般的鲫鱼，人吃了它的肉就能治愈痔疮和痢疾。

再向北四十里，是霍山，这里到处是茂密的构树。山中有一种野兽，长得像一般的野猫，却长着白尾巴，脖子上有鬃毛，叫作朏朏，人饲养它就可以消除忧愁。

再向北五十二里，是合谷山，这里到处是薝棘。

【注释】

①葌草：葌，同“蕑”，而“蕑”即“兰”，则葌草就是兰草。

②秀：指禾类植物开花。又引申而泛指草木开花。

③飞鱼：见图。

④貍：俗称野猫，似狐狸而小一些，身肥胖而短一点。

⑤朏朏：见图。

⑥薝棘：不详何种植物。

《山海经》地理考

橿谷之山：“又东十五里，曰橿谷之山”，“橿谷之山”、吴林之山与泰威之山相连，都在今山西平陆县境内。

牛首之山：“又北三十里，曰牛首之山”，《太平寰宇记》云：“黑山在县东四十四里，一名牛首。”“牛首之山”在今山西临汾市境内，今名乌岭山。

劳水：“劳水出焉，而西流注于潏水”，“劳水”为今山西浮山县北的长寿河。

潏水：劳水为今山西浮山县北的长寿河，则“潏水”即今陕西襄汾县境内的响水河。

霍山：“又北四十里，曰霍山”，“霍山”古今同名，此山位于山西省霍州市及洪洞、古县、沁源、灵石等县，北接恒岳，南达中条。

合谷之山：“又北五十二里，曰合谷之山”，据推测，“合谷之山”可能在今山西中南部。

《山海经》动物考

飞鱼　明　蒋应镐绘图本

朏朏　明　蒋应镐绘图本

兽名	性质	形状及声音	产地	今名
飞鱼	食之已痔衕	状如鲋鱼	牛首之山	
朏朏	养之可以已忧	状如貍，白尾，有鬣	霍山	白鼬

阴山、鼓镫之山

	矿物	植物
阴山	砺石　文石	雕棠
鼓镫山	赤铜	荣草

【原文】

又北三十五里，曰阴山，多砺石、文石。少水出焉。其中多雕棠，其叶如榆叶而方，其实如赤菽(shū)①，食之已聋。

又东四百里，曰鼓镫(dēng)之山，多赤铜。有草焉，名曰荣草②，其叶如柳，其本如鸡卵，食之已风。

凡薄山之首，自甘枣之山至于鼓镫(dēng)之山，凡十五山，六千六百七十里。历儿，冢也，其祠礼：毛，太牢之具，县(xuán)③以吉玉④。其余十三山者，毛用一羊，县(xuán)婴用桑封⑤，瘗而不糈。桑封者，桑主也，方其下而锐其上，而中穿之加金。⑥

【译文】

再向北三十五里，是阴山，多的是粗磨刀石、色彩斑斓的石头。少水从这座山发源。山中有茂密的彫棠树，叶子像榆树叶却呈四方形，结的果实像红豆，服食它就能治愈人的耳聋病。

再向东四百里，是鼓镫山，有丰富的铜。山中有一种草，叫作荣草，叶子与柳树叶相似，根茎与鸡蛋相似，人吃了它就能治愈风痹病。

总计薄山山系的首尾，自甘枣山起到鼓镫山止，一共十五座山，途经六千六百七十里。历儿山，是诸山的宗主，祭祀宗主山山神，毛物须用猪、牛、羊齐全的三牲做祭品，再悬挂上吉玉献祭。祭祀其余十三座山的山神，毛物用一只羊做祭品，再悬挂上祀神玉器中的藻珪献祭，祭礼完毕把它埋入地下而不用米祀神。所谓藻珪，就是藻玉，下端呈长方形而上端有尖角，中间有穿孔并加上金饰物。

【注释】

①菽：本义是指大豆，引申为豆类的总称。

②荣草：草名，可能是玉竹。

③县：同“悬”。

④吉玉：古人往往在人、事、物等有关词语前贯以“吉”字，用来表示对其美称。这里的吉玉就是一种美称，意思是美好的玉。

⑤桑封：即藻珪，用带有色彩斑纹的玉石制成的玉器。

⑥据学者研究，“桑封者”以下的几句话，原本是古人的解释性语句，不知何时窜入正文。因底本如此，今姑仍其旧。锐：上小下大。这里指三角形尖角。

《山海经》地理考

阴山

“又北三十五里，曰阴山”，“阴山”是霍山向北延伸的一条支脉，即今山西灵石县、沁源县交界处的绵山。

少水

“少水出焉。”《水经注》云：“经沁水县故城北，春秋之少水也。”因此“少水”即发源于山西沁源县霍山的沁河。

鼓镫之山

“又东四百里，曰鼓镫之山”，绵山向东四百里的山岭大约为平遥东百里的马陵关、黄花岭，此地即为经中“鼓镫之山”。

《山海经》图典

大豆

绿豆

扁豆

豌豆

北
西
东
南

中次二经

《中次二经》中记述了自煇诸山起到蔓渠山止位于中国中部的九座山，共计一千七百七十里。这些山大都位于河南省境内。

《中次二经》中记载的动物有：人面虎身的马腹，状如彘而有角的蠪蚳，人面而豺身的化蛇，状如蛇而四翼的鸣蛇。这些动物有的可以治疗疾病，有的可以预示灾祥。如吃了蠪蚳的肉就会使人不做噩梦，如鸣蛇预兆旱灾，化蛇预兆水灾。

煇诸之山、发视之山、豪山、鲜山

	矿物	植物	动物
煇诸山		桑	闾麋　鹖
发视山	金玉　砥砺		
豪山	金玉		
鲜山	金玉		鸣蛇

【原文】

中次二经济山之首，曰煇诸之山，其上多桑，其兽多闾（lǘ）[①]麋，其鸟多鹖（hé）[②]。

又西南二百里，曰发视之山，其上多金玉，其下多砥砺。即鱼之水出焉，而西流注于伊水。

又西三百里，曰豪山，其上多金玉而无草木。

又西三百里，曰鲜山，多金玉，无草木。鲜水出焉，而北流注于伊水。其中多鸣蛇[③]，其状如蛇而四翼，其音如磬，见则其邑大旱。

【译文】

中央第二列山系济山山系的首座山，叫作煇诸山，山上有茂密的桑树，山中的野兽大多是山驴和麋鹿，而禽鸟大多是鹖鸟。

再向西南二百里，是发视山，山上有丰富的金属矿物和玉石，山下多出产磨刀石。即鱼水从这座山发源，然后向西流入伊水。

再向西三百里，是豪山，山上有丰富的金属矿物和玉石，而没有花草树木。

再向西三百里，是鲜山，有丰富的金属矿物和玉石，但不生长花草树木。鲜水从这座山发源，然后向北流入伊水。水中有很多鸣蛇，长得像一般的蛇，却长着四只翅膀，叫声如同敲磬的声音，它在哪个地方出现，哪里就会发生大旱灾。

【注释】

①闾：就是前文所说的形状像驴而长着羚羊角的山驴。

②鹖：见图。

③鸣蛇：见图。

《山海经》地理考

煇诸之山

观点1 “中次二经济山之首，曰煇诸之山”，“煇诸之山”可能是今河南登封的五寨山。

观点2 “煇诸之山”可能是指济水所出的山，济水发源于河南省济源市王屋山上的太乙池。因此，王屋山即为煇诸之山。

发视之山

“又西南二百里，曰发视之山”，据此推测，“发视之山”为嵩山的八风山。

即鱼之水

“即鱼之水出焉，而西流注于伊水。”“即鱼之水”即源出八风山的江左河，古称“大狂水”。

伊水

“伊水”古今同名，即是今河南西部的伊河。伊水发源于熊耳山南麓的栾川县，流经嵩县、伊川，穿伊阙而入洛阳，东北至偃师注入洛水。

豪山

“又西三百里，曰豪山”，根据名称推测，“豪山”可能是今河南登封市西的狼嗥山。

鲜山

“又西三百里，曰鲜山”，根据里程推测，“鲜山”在今河南嵩县境内。

鲜水

“鲜水出焉，而北流注于伊水。”根据鲜山位置推测，“鲜水”也在今河南嵩县境内。

《山海经》动物考

鹖 清 《禽虫典》

鸣蛇 清 《禽虫典》

兽名	性质	形状及声音	产地
鸣蛇	见则其邑大旱	状如蛇，四翼，音如磬	鲜山

阳山、昆吾之山、蓌山

	矿物	植物	动物
阳山			化蛇
昆吾山	赤铜		蠪蚳
蓌山	金玉　青　雄黄	芒草	

【原文】

又西三百里，曰阳山，多石，无草木。阳水出焉，而北流注于伊水。其中多化蛇①，其状如人面而豺②身，鸟翼而蛇行③，其音如叱呼，见则其邑大水。

又西二百里，曰昆吾之山，其上多赤铜④。有兽焉，其状如彘而有角，其音如号，名曰蠪蚳(lònɡ chí)⑤，食之不眯。

又西百二十里，曰蓌(jiān)山。蓌水出焉，而北流注于伊水。其上多金玉，其下多青、雄黄。有木焉，其状如棠而赤叶，名曰芒(wànɡ)草⑥，可以毒鱼。

【译文】

再向西三百里，是阳山，到处是石头，没有花草树木。阳水从这座山发源，然后向北流入伊水。水中有很多化蛇，形貌是人的面孔、豺一样的身子，有禽鸟的翅膀，却像蛇一样爬行，发出的声音如同人在呵斥，它在哪个地方出现，哪里就会发生水灾。

再向西二百里，是昆吾山，山上有丰富的赤铜。山中有一种野兽，长得像一般的猪，却长着角，发出的声音如同人号啕大哭，叫作蠪蚳，吃了它的肉就会使人不做噩梦。

再向西一百二十里，是蓌山。蓌水从这座山发源，然后向北流入伊水。山上盛产金属矿物和玉石，山下盛产石青、雄黄。山中有一种树木，长得像棠梨树而叶子是红色的，叫作芒草，能够毒死鱼。

【注释】

①化蛇：见图。

②豺：一种凶猛的动物，比狼小一些，体色一般是棕红，尾巴的末端是黑色，腹部和喉部是白色。

③蛇行：蜿蜒曲折地伏地爬行。

④赤铜：指传说中的昆吾山所特有的一种铜，色彩鲜红，如同赤火一般。用这里生产的赤铜所制作的刀剑，是非常锋利的，切割玉石如同削泥一样。所谓神奇的昆吾之剑，就是由这种铜打造的。

⑤蠪蚳：见图。

⑥芒草：又作莽草，也可单称为芒，一种有毒性的草，与另一种类似于茅草而大一些的芒草是同名异物。可能芒草长得高大如树，所以这里称它为树木，其实是草。

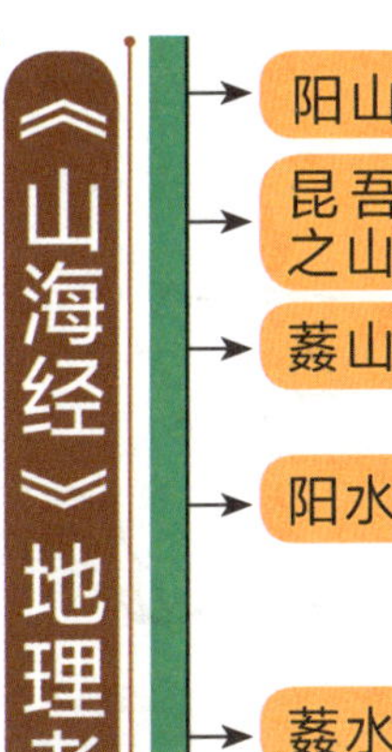

阳山

昆吾之山

蒍山

"又西三百里，曰阳山"，"又西二百里，曰昆吾之山"，"又西百二十里，曰蒍山。""阳山""昆吾之山""蒍山"都属于嵩山山脉。嵩山古称外方山，包括太室山、少室山、八风山、安坡山、大苦山等13座山，地跨新密、登封、巩义、偃师、伊川等市。这三座山就在这个范围内。

阳水

"阳水出焉，而北流注于伊水。"根据阳山的位置推测，"阳水"在今河南嵩县境内，注入伊河。

蒍水

"蒍水出焉，而北流注于伊水。"根据蒍山的位置推测，"蒍水"可能是今栾川县的栾川河。

《山海经》动物考

化蛇　清　《禽虫典》

蠪蚳　明　蒋应镐绘图本

兽名	性质	形状及声音	产地
化蛇	见则其邑大水	如人面，豺身，鸟翼，蛇行，音如叱呼	阳山
蠪蚳	食之不眯	状如彘，有角，音如号	昆吾之山

独苏之山、蔓渠之山

	矿物	植物	动物
蔓渠之山	金玉	竹箭	马腹

【原文】

又西一百五十里，曰独苏之山，无草木而多水。

又西二百里，曰蔓渠之山，其上多金玉，其下多竹箭。伊水出焉，而东流注于洛。有兽焉，其名曰马腹[①]，其状如人面虎身，其音如婴儿，是食人。

凡济山之首，自煇诸之山至于蔓渠之山，凡九山，一千六百七十里。其神皆人面而鸟身。祠用毛，用一吉玉[②]，投而不糈。

【译文】

再向西一百五十里，是独苏山，这里没有花草树木而到处是水。

再向西二百里，是蔓渠山，山上有丰富的金属矿物和玉石，山下到处是小竹丛。伊水从这座山发源，然后向东流入洛水。山中有一种野兽，叫作马腹，形貌是人一样的面孔、虎一样的身子，发出的声音如同婴儿啼哭，是能吃人的。

总计济山山系的首尾，自煇诸山起到蔓渠山止，一共九座山，途经一千六百七十里。诸山山神的形貌都是人的面孔、鸟的身子。祭祀山神要用毛物做祭品，再用一块吉玉，把这些投向山谷，而不用米祀神。

【注释】

①马腹：见图。

②吉玉：彩色的玉。

独苏之山

“又西一百五十里，曰独苏之山”，“独苏之山”与蔿山相连，为嵩山的一部分，此山在今河南栾川县西北。

蔓渠之山

“又西二百里，曰蔓渠之山”，“伊水出焉，而东流注于洛。”由此可见，“蔓渠之山”为伊河的源头，因此蔓渠之山是今河南栾川县的闷顿岭。

《山海经》动物考

人面鸟身神 清 汪绂图本

马腹 明 蒋应镐绘图本

兽名	性质	形状及声音	产地	今名
马腹	食人	状如人面虎身，音如婴儿	蔓渠之山	虎鼬

北
西
东
南

中次三经

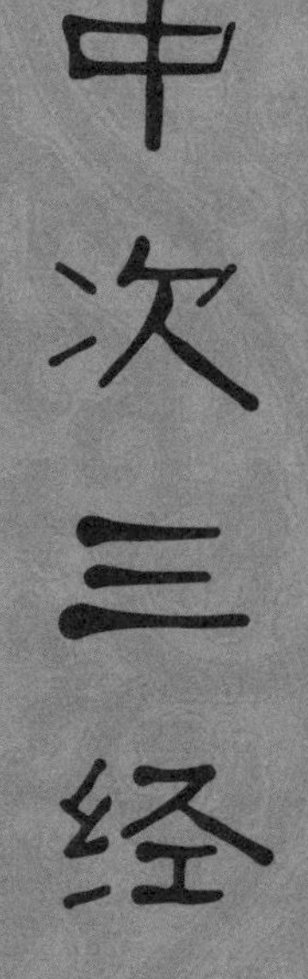

《中次三经》中有五座山，从几座山发源的河流都『北流注于河』，则可知《中次三经》里的山肯定是在黄河南岸。古黄河故道在郑州附近即又折为东北流向，且郑州以东都是平原地带，所以，这些山在潼关至郑州之间。

《中次三经》的记载中涉及很多山神，如青要山的山神䰠武罗，和山的山神泰逢等。此外，《中次三经》还有一些动植物的介绍，其中动物有鴢、飞鱼、夫诸等；植物有荀草、美枣、蔓居之木等。

敖岸之山、青要之山

	矿物	植物	动物
敖岸山	瑀琈之玉　赭石　黄金		夫诸
青要山		蒲卢 荀草	仆累 鴢

【原文】

中次三经萯山之首，曰敖岸之山，其阳多瑀(yǔ)琈之玉，其阴多赭、黄金。神熏池①居之。是常出美玉。北望河林②，其状如茜(qiàn)③如举④。有兽焉，其状如白鹿而四角，名曰夫诸⑤，见则其邑大水。

又东十里，曰青要之山，实惟帝之密都⑥。北望河曲⑦，是多驾鸟⑧。南望墠(tián)渚，禹父⑨之所化，是多仆累⑩、蒲卢⑪。魋武罗⑫司之，其状人面而豹文，小要而白齿，而穿耳以鐻(qú)，其鸣如鸣玉。是山也，宜女子。畛(zhěn)水出焉，而北流注于河。其中有鸟焉，名曰鴢(yǎo)，其状如凫，青身而朱目赤尾，食之宜子。有草焉，其状如葌(jiān)，而方茎黄华赤实，其本如藁(gǎo)本，名曰荀草，服之美人色。

【译文】

中央第三列山系萯山山系的首座山，是敖岸山，山南多产瑀琈玉，北面多产赭石、黄金。天神熏池住在这里。这里经常出产美玉。向北可以望见黄河和丛林，形状好像茜草和榉柳。山中有种野兽，像白鹿，有四只角，叫作夫诸，它出现的地方会发生水灾。

再向东十里，是青要山，实际上是天帝的密都。向北可以望见黄河的弯曲处，这里有许多野鹅。向南可以望见墠渚，是大禹的父亲鲧变化成为黄熊的地方，这里有很多蜗牛、蒲卢。山神魋武罗掌管这里，它长着人的面孔，浑身有豹子一样的斑纹，腰身细小，牙齿洁白，耳朵上穿挂着金银环，发出的声音像玉石碰击作响。青要山适宜女子居住。畛水发源于此，向北流入黄河。山中有种鸟，叫作鴢，长得像凫鸟，身子是青色，眼睛浅红，尾巴深红，人吃了能多生孩子。山里有一种草，像兰草，四方形的茎、开黄花、结红果，根像藁本，叫作荀草，人服用它能使肌肤光洁。

【注释】

①熏池：见图。

②河林：黄河岸边的树林。

③茜：茜草，一种多年生攀缘草本植物，根是黄红色，可作染料。

④举：即榉柳，落叶乔木，生长得又快又高大，木材坚实，用途很广。

⑤夫诸：见图。

⑥密都：隐密深邃的都邑。

⑦河曲：黄河拐弯的地方。

⑧驾鸟：即駕鹅，俗称野鹅。

⑨禹父：指大禹的父亲鲧(gǔn)。相传禹是夏朝的开国国王。

⑩仆累：即蜗牛，一种软体动物，栖息于潮湿的地方。

⑪蒲卢：一种具有圆形贝壳的软体动物，属蛤、蚌之类。

⑫魋武罗：见图。魋：一说是神鬼，即鬼中的神灵；一说是山神。

《山海经》地理考

敖岸之山

“中次三经萯山之首，曰敖岸之山”，“敖岸之山”可能在今河北新安县西北的东首阳山。

青要之山

“又东十里，曰青要之山”，根据敖岸之山的位置推测，“青要之山”在今河南新安县境内。

畛水

“畛水出焉，而北流注于河。”“畛水”为今河南新安县境内，向北注入黄河的一条河流。

《山海经》动物考

熏池 清 汪绂图本

夫诸 清《禽虫典》

魃武罗 明 蒋应镐绘图本

鴢 明 蒋应镐绘图本

兽名	性质	形状及声音	产地	今名
夫诸	见则其邑大水	状如白鹿，四角	敖岸之山	
鴢	食之宜子	状如凫，青身，朱目赤尾	青要之山	鱼鹰

騩山、宜苏之山、和山

	矿物	植物	动物
騩山	瑨琈之玉	美枣	飞鱼
宜苏山	金玉	蔓居之木	
和山	瑶 碧		

【原文】

又东十里，曰騩(guī)山，其上有美枣，其阴有瑨琈之玉。正回之水出焉，而北流注于河。其中多飞鱼[1]，其状如豚而赤文，服之不畏雷，可以御兵[2]。又东四十里，曰宜苏之山，其上多金玉，其下多蔓居[3]之木。滽滽(róng)之水出焉，而北流注于河，是多黄贝。

又东二十里，曰和山，其上无草木而多瑶、碧，实惟河之九都[4]。是山也五曲，九水出焉，合而北流注于河，其中多苍玉。吉神[5]泰逢[6]司之，其状如人而虎尾，是好居于萯山之阳，出入有光。泰逢神动天地气也。凡萯山之首，自敖岸之山至于和山，凡五山，四百四十里。其祠：泰逢、熏池、武罗皆一牡羊副(pì)[7]，婴用吉玉。其二神用一雄鸡瘗之。糈用稌。

【译文】

再向东十里，是騩山，山上盛产味道甜美的枣子，北面还盛产瑨琈玉。正回水发源于此，向北流入黄河。水中有许多飞鱼，像小猪，浑身是红色斑纹，人吃了不怕打雷，还可以防御战争。再向东四十里，是宜苏山，山上遍布金属矿物和玉石，山下有繁茂的蔓居。滽滽水从山中流出，向北流入黄河，水中有很多黄色的贝类。

再向东二十里，是和山，山上不生长花草树木，但遍布瑶、碧一类的美玉，是黄河的九条水源所会聚的地方。这座山盘旋回转了五层，有九条水从此发源，汇合起来向北流入黄河，水中多产苍玉。吉神泰逢主管这座山，它长得像人，有老虎一样的尾巴，喜欢住在萯山南面，出入时都有闪光。泰逢这位吉神能兴起风云。总计萯山山系的首尾，自敖岸山起到和山止，一共五座山，途经四百四十里。祭祀泰逢、熏池、魌武罗三位山神都是把一只公羊劈开来祭祀，玉器要用吉玉。其余两位山神是用一只公鸡献祭后埋入地下。祀神的米用稻米。

【注释】

①飞鱼：见图。

②兵：指兵器的锋刃。

③蔓居：一种灌木，长在水边，苗茎蔓延，高一丈多。六月开红白色花，九月结成的果实上有黑斑，冬天则叶子凋落。

④河之九都：黄河的九条支流的发源地。都：会聚。

⑤吉神:对神的美称，即善神的意思。

⑥泰逢：见图。

⑦副：裂开、剖开。

《山海经》地理考

魑山

“又东十里，曰魑山”，“魑山”与青要之山相接，因此在今河南新安县北。

正回之水

“正回之水出焉，而北流注于河。”据此推测，“正回之水”是河南孟津县西北的强川水。

宜苏之山

“又东四十里，曰宜苏之山”，河南新安向东四十里到达河南孟津县附近，此地即为“宜苏之山”所在地。

滽滽之水

观点1 “滽滽之水出焉，而北流注于河。”根据宜苏之山位置推测，“滽滽之水”在今河南孟津县境内。

观点2 根据《中次三经》的山川河流方位推测，“滽滽之水”即为河南新安县北的横河。

和山

“又东二十里，曰和山”，“和山”在今河南西北部与宜苏之山相连；《水经注》认为“和山”为东首阳山。

《山海经》动物考

飞鱼 明 蒋应镐绘图本

泰逢 明 蒋应镐绘图本

兽名	性质	形状及声音	产地	今名
飞鱼	服之不畏雷，可以御兵	状如豚，赤文	魑山	黄河鲤鱼

北
西
东
南

中次四经

《中次四经》中共有九座山，共计一千五百七十里。《中次四经》中大部分河水都北流注入『洛』，因此，确定《中次四经》中的这九座山都在河南和陕西境内。

《中次四经》中一共记载了三种怪兽。一是扶猪山上的麐，它长得像貉，却长着人的眼睛；一是釐山中的犀渠，它长得像一般的牛，全身青黑色，发出的声音如同婴儿啼哭，能吃人；还有一种是獅。

鹿蹄之山、扶猪之山、釐山

	矿物	植物	动物
鹿蹄山	玉 金 汵石		
扶猪山	礝石		麐
釐山	玉	蒐	犀渠 獭

【原文】

中次四经厘山之首，曰鹿蹄之山，其上多玉，其下多金。甘水出焉，而北流注于洛，其中多汵(jīn)石①。

西五十里，曰扶猪之山，其上多礝(ruǎn)石②。有兽焉，其状如貉(hé)③而人目，其名曰麐(yín)④。虢水出焉，而北流注于洛，其中多瓀石⑤。

又西一百二十里，曰釐山，其阳多玉，其阴多蒐(sōu)⑥。有兽焉，其状如牛，苍身，其音如婴儿，是食人，其名曰犀渠。滽滽之水出焉，而南流注于伊水。有兽焉，名曰獭(jié)⑦，其状如獳(nòu)犬⑧而有鳞，其毛如彘鬣。

【译文】

中央第四列山系厘山山系的首座山，是鹿蹄山，山上盛产玉，山下盛产金属矿物。甘水从这座山发源，然后向北流入洛水，水中有很多汵石。

向西五十里，是扶猪山，山上到处是礝石。山中有一种野兽，长得像貉，却长着人的眼睛，叫作麐。虢水从这座山发源，然后向北流入洛水，水中有很多礝石。

再向西一百二十里，是釐山，山南面有很多玉石，山北面有茂密的茜草。山中有一种野兽，长得像一般的牛，全身青黑色，发出的声音如同婴儿啼哭，是能吃人的，叫作犀渠。滽滽水从这座山发源，然后向南流入伊水。这里还有一种野兽，叫作獭，长得像獳犬却全身有鳞甲，长在鳞甲间的毛像猪鬃一样。

【注释】

①汵石：一种柔软如泥的石头。

②礝石：也写成"碝""瓀"。礝石是次于玉一等的美石。白色的礝石如冰一样透明，而水中的礝石是红色的。

③貉：也叫狗獾，是一种野兽。外形像狐狸而体态较肥胖，尾巴较短，尾毛蓬松，耳朵短而圆，两颊有长毛，体色棕灰。

④麐：见图。

⑤瓀石：就是礝石。

⑥蒐：即茅蒐，现在称作茜(qiàn)草。它的根是紫红色，可作染料，并能入药。

⑦獭：见图。

⑧獳犬：发怒样子的狗。

《山海经》地理考

鹿蹄之山

“中次四经厘山之首，曰鹿蹄之山”，根据甘水的位置推测，“鹿蹄之山”在今河南宜阳县。

甘水

“甘水出焉，而北流注于洛”，“甘水”古今同名，即发源于河南宜阳县的甘河，注入洛河。

扶猪之山

“西五十里，曰扶猪之山”，鹿蹄之山向西五十里的“扶猪之山”位于今河南宜阳县半坡山。

虢水

“虢水出焉，而北流注于洛”，《河南府志》云：“虢水，又东北出散关南，又东，枝渎左出焉，惠水注之，入洛阳。”可知“虢水”在宜阳县城附近。

釐山

“又西一百二十里，曰釐山”，“釐山”在今河南西北部的熊耳山中。熊耳山是秦岭余脉崤山山头之一，地处河南省渑池和陕县的交界处，北依黄河，南接伏牛山，东临洛阳，西连西安。

《山海经》动物考

麐 清 《禽虫典》

獭 清《禽虫典》

兽名	性质	形状及声音	产地	今名
麐		状如貉，人目	扶猪之山	鼷鹿
犀渠	食人	状如牛，苍身，音如婴儿	釐山	犀牛
獭		状如獳犬，有鳞，毛如彘鬣	釐山	獭

箕尾之山、柄山、白边之山、熊耳之山

	矿物	植物	动物
箕尾山	涂石 瑀琈之玉	榖	
柄山	玉 铜	茇	羬羊
白边山	金玉 青 雄黄		
熊耳山	水玉	葶苧 漆 棕	人鱼

【原文】

又西二百里，曰箕尾之山，多榖，多涂石[1]，其上多瑀琈之玉。

又西二百五十里，曰柄山，其上多玉，其下多铜。滔雕之水出焉，而北流注于洛。其中多羬羊。有木焉，其状如樗，其叶如桐而荚实，其名曰茇（bá）[2]，可以毒鱼。

又西二百里，曰白边之山，其上多金玉，其下多青、雄黄。

又西二百里，曰熊耳之山，其上多漆，其下多棕。浮濠之水出焉，而西流注于洛，其中多水玉，多人鱼。有草焉，其状如苏[3]而赤华，名曰葶苧（tíng nìng）[4]，可以毒鱼。

【译文】

再向西二百里，是箕尾山，有茂密的构树，盛产涂石，山上还有许多瑀琈玉。

再向西二百五十里，是柄山，山上盛产玉，山下盛产铜。滔雕水从这座山发源，然后向北流入洛水。山中有许多羬羊。山中还有一种树木，长得像臭椿树，叶子像梧桐叶而结出带荚的果实，叫作茇，是能毒死鱼的。

再向西二百里，是白边山，山上有丰富的金属矿物和玉石，山下盛产石青、雄黄。

再向西二百里，是熊耳山，山上是茂密的漆树，山下是茂密的棕树。浮濠水从这座山发源，然后向西流入洛水，水中有很多水晶石，还有很多人鱼。山中有一种草，长得像苏草而开红花，叫作葶苧，是能毒死鱼的。

【注释】

①涂石：就是上文所说的汵石，石质如泥一样柔软。

②茇：学者认为“茇”可能是“芫”的误写。芫即芫华，也叫芫花，是一种落叶灌木，春季先开花，后生叶，花蕾可入药，根茎有毒性。

③苏：即紫苏，又叫山苏，一年生草本植物，茎干呈方形，叶子紫红色。枝、叶、茎、果都可作药用。

④葶苧：一种毒草，有可能是醉鱼草。

《山海经》地理考

箕尾之山

“又西二百里，曰箕尾之山”，据此可知，“箕尾之山”即今河南嵩县的神灵寨山。

柄山

“又西二百五十里，曰柄山”，“箕尾之山”向西二百五十里即今河南西北部的巧女寨山，此山即为“柄山”。

滔雕之水

“滔雕之水出焉，而北流注于洛。”巧女寨山北有五条河流，“滔雕之水”即为这五条河流的总称。“滔雕之水”流经今河南宜阳县、洛宁县、卢氏县。

白边之山

“又西二百里，曰白边之山”。根据巧女寨山的位置计算，向西二百里的“白边之山”在今河南卢氏县境内。

熊耳之山

“又西二百里，曰熊耳之山”。“熊耳之山”即为秦岭东段的支脉熊耳山中的葡萄山，大致位置在今河南西北部。

浮濠之水

“浮濠之水出焉，而西流注于洛”。葡萄山山南有干娘河、大石河、通河等河流，“浮濠之水”应该是这些河流的总称。

《山海经》图典 

漆

桐

牡山、讙举之山

	矿物	植物	动物
牡山	文石	竹箭 竹䉋	㸲牛 羬羊 赤鷩
讙举山			马肠

【原文】

又西三百里，曰牡山，其上多文石，其下多竹箭、竹䉋(méi)。其兽多㸲(zuó)牛、羬(xián)羊，鸟多赤鷩(biē)[①]。

又西三百五十里，曰讙(huān)举之山。雒(luò)水出焉，而东北流注于玄扈之水。其中[②]多马肠[③]之物。此二山者，洛间也。

凡厘山之首，自鹿蹄之山至于玄扈之山，凡九山，一千六百七十里。其神状皆人面兽身。其祠之：毛用一白鸡，祈而不糈，以采衣(yì)[④]之。

【译文】

再向西三百里，是牡山，山上到处是色彩斑斓的石头，山下到处是竹箭、竹䉋之类的竹丛。山中的野兽以㸲牛、羬羊最多，而禽鸟以赤鷩最多。

再向西三百五十里，是讙举山。雒水从这座山发源，然后向东北流入玄扈水。玄扈山中生有很多马肠这样的怪物。在讙举山与玄扈山之间，夹着一条洛水。

总计厘山山系的首尾，自鹿蹄山起到玄扈山止，一共九座山，途经一千六百七十里。诸山山神的形貌都是人的面孔、兽的身子。祭祀山神：在毛物中用一只白色鸡献祭，祀神不用米，用彩色帛把鸡包裹起来。

【注释】

①赤鷩：即鷩雉，也叫锦鸡，像野鸡而小一些，冠子、羽毛都很美，五色艳丽。和上文所说的赤鷩同属野鸡的种类，形状大同小异，故名称上也往往混同。

②其中：指玄扈山中。据《水经注·洛水》，知玄扈水发源于玄扈山。

③马肠：即上文所说的怪兽马腹，人面虎身，叫声如婴儿哭，吃人。

④衣：用作动词，穿的意思。这里是包裹的意思。

《山海经》地理考

牡山

“又西三百里，曰牡山”。“牡山”与熊耳之山相连，因此牡山是熊耳山中的山岭，其位置在今河南卢氏县西。

讙举之山

“又西三百五十里，曰讙举之山”。洛河最西端出今陕西洛南县西北的老牛山，到河南后东流入卢氏县。雒水即洛水，则“讙举之山”为老牛山。

玄扈之水

“雒水出焉，而东北流注于玄扈之水。”根据“雒水”位置推断，“玄扈之水”为洛河进入河南的部分。

《山海经》图典

人面兽身神 明 蒋应镐绘图本

北
西
东
南

中次五经

《中次五经》中记载了十六座山，共计二千五百里。《中次五经》中的河流，既有『南流注于洛』，又有『北流注于河』，分水岭则必须大致呈东西走向。因此，可以判断，《中次五经》之山指的是华山山脉余脉。

《中次五经》中只详细介绍了首山的䲦鸟，这种鸟长得像猫头鹰却长着三只眼睛，还有耳朵，发出的声音如同鹿鸣叫，人吃了它的肉就会治好湿气病。

苟床之山、首山、县劚之山、葱聋之山、条谷之山

	矿物	植物	动物
苟床山	怪石		
首山	㻬琈之玉	穀 柞 茱 芫 槐	䳢鸟
县劚山	文石		
葱聋山	庢石		
条谷山		槐桐 芍药 亹冬	

【原文】

中次五经薄山之首，曰苟床之山，无草木，多怪石。

东三百里，曰首山，其阴多穀、柞(zuò)[①]，其草多茱[②](zhú)、芫[③]。其阳多㻬琈之玉，木多槐。其阴有谷，曰机谷，多䳢(dì)鸟[④]，其状如枭而三目，有耳，其音如录，食之已垫[⑤]。

又东三百里，曰县劚(zhū)之山，无草木，多文石。

又东三百里，曰葱聋之山，无草木，多庢(bàng)石。

又东北五百里，曰条谷之山，其木多槐桐，其草多芍药[⑥]、亹(mén)冬。

【译文】

中央第五列山系薄山山系的首座山，叫作苟床山，不生长花草树木，到处是奇形怪状的石头。

向东三百里，是首山，山北面有茂密的构树、柞树，这里的草以茱草、芫华居多。山南面盛产㻬琈玉，这里的树木以槐树居多。这座山的北面有一峡谷，叫作机谷，峡谷里有许多䳢鸟，长得像猫头鹰，却长着三只眼睛，还有耳朵，发出的声音如同鹿鸣叫，人吃了它的肉就会治好湿气病。

再向东三百里，是县劚山，没有花草树木，到处是色彩斑斓的石头。

再向东三百里，是葱聋山，没有花草树木，到处是庢石。

再向东北行五百里，是条谷山，山上多槐树、梧桐之类的树木，另外还有芍药、门冬这些草药。

【注释】

①柞：柞树，也叫蒙子树、凿刺树、冬青，常绿灌木，初秋开花，雌雄异株，花小，黄白色，浆果小球形，黑色。

②茱：即山蓟，是一种可作药用的草，又分为苍茱、白茱二种。苍术是多年生直立草本植物，可以入药。白术是多年生草本植物，根状茎可以入药。

③芫：即芫华，其实是落叶灌木，因树形矮小，被看作草。花可以药用，根可以毒死鱼。

④䳢鸟：见图。

⑤垫：一种因低下潮湿而引发的疾病。

⑥芍药：多年生草本植物，初夏开花，与牡丹花相似，可供观赏，而根茎可以入药。

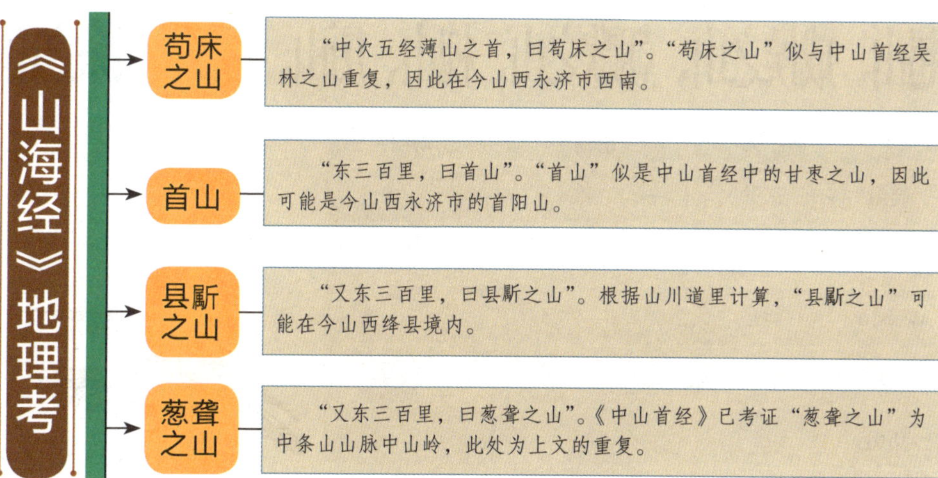

《山海经》动物考

䲃鸟　明　蒋应镐绘图本

兽名	性质	形状及声音	产地
䲃鸟	食之已垫	状如枭，三目，有耳，音如录	首山

超山、成侯之山、朝歌之山、槐山、历山、尸山、良余之山

	矿物	植物	动物
超山	苍玉		
成侯山		櫄木　芃	
朝歌山	美垩		
槐山	金锡		
历山	玉	槐	
尸山	苍玉　美玉		麖
良余山		穀柞	

【原文】

又北十里，曰超山，其阴多苍玉，其阳有井[①]，冬有水而夏竭。又东五百里，曰成侯之山，其上多櫄(chūn)木[②]，其草多芃(jiāo)[③]。又东五百里，曰朝歌之山，谷多美垩(è)。又东五百里，曰槐山，谷多金锡[④]。又东十里，曰历山，其木多槐，其阳多玉。

又东十里，曰尸山，多苍玉，其兽多麖(jīng)[⑤]。尸水出焉，南流注于洛水，其中多美玉。又东十里，曰良余之山，其上多穀柞，无石。余水出于其阴，而北流注于河；乳水出于其阳，而东南流注于洛。

【译文】

再向北十里，是超山，山北面到处是青玉，山南面有一眼水泉，冬天有水而到夏天就干枯了。再向东五百里，是成侯山，山上是茂密的櫄树，这里的草以秦芃居多。再向东五百里，是朝歌山，山谷里多出产优良垩土。再向东五百里，是槐山，山谷里有丰富的铜和锡。再向东十里，是历山，这里的树大多是槐树，山南面多出产玉石。

再向东十里，是尸山，到处是苍玉，这里的野兽以麖居多。尸水从这座山发源，向南流入洛水，水中有很多优良玉石。再向东十里，是良余山，山上有茂密的构树和柞树，没有石头。余水从良余山北麓流出，然后向北流入黄河；乳水从良余山南麓流出，然后向东南流入洛水。

【注释】

①井：井是人工开挖的，泉是自然形成的，而本书记述的山之所有皆为自然事物，所以，这里的井当是指泉眼下陷而低于地面的水泉，形似水井，故称。

②櫄木：据古人说，这种树与高大的臭椿树相似，树干可以作车辕。

③芃：就是秦芃，一种可作药用的草。

④锡：这里指天然锡矿石，而非提炼的纯锡。以下同此。

⑤麖：鹿的一种，体型较大。

《山海经》地理考

超山、成侯之山

“又北十里，曰超山”。“又东五百里，曰成侯之山”。“超山”“成侯之山”皆为太行山山脉与中条山之间的山川，大体在今山西境内。

朝歌之山

“又东五百里，曰朝歌之山”。朝歌为古地名，位于河南省北部朝歌遗址的淇县。殷商末期，纣王在此建行都，改称朝歌。因此“朝歌之山”在今河南淇县。

槐山

“又东五百里，曰槐山”。根据山川道里计算，“槐山”在今山西稷山县南。

历山

“又东十里，曰历山”。此处“历山”即为《中山首经》中的历儿之山，在今山西阳城县和垣曲县交界处。“舜耕历山”即是此山。

尸山

“又东十里，曰尸山”。“尸山”与《中次六经》中的杨华之山相连，因此可能在今山西洛南县北。

良余之山

观点1 符合山北的河流注入黄河、山南的河流注入洛河的山岭有河南省三门峡市灵宝市牛王岔、黑山浸、催家岭、钱岭、塔石山一带山岗，“良余之山”应为这些山岗的总称。

观点2 “又东十里，曰良余之山”。根据尸山位置推测，“良余之山”在今山西华阴市西南。

余水

“余水出于其阴，而北流注于河”。良余山北有十一条溪流会聚成两条河流，经灵宝市注入黄河，这两条河即为“余水”。

乳水

“乳水出于其阳，而东南流注于洛”。良余山东南有二十六条水源，最后汇聚成九条河流，“乳水”即为这九条河流的总称。

蛊尾之山、升山、阳虚之山

	矿物	植物
蛊尾山	砺石　赤铜	
升山	璇玉	榖　柞　棘　藷藇　蕙　寇脱
阳虚山	金	

【原文】

又东南十里，曰蛊尾之山，多砺石、赤铜。龙余之水出焉，而东南流注于洛。

又东北二十里，曰升山，其木多榖、柞、棘，其草多藷藇(yǔ)①、蕙，多寇脱②。黄酸之水出焉，而北流注于河，其中多璇(xuán)玉③。

又东二十里，曰阳虚之山，多金，临于玄扈之水。

凡薄山之首，自苟林之山至于阳虚之山，凡十六山，二千九百八十二里。升山，冢也，其祠礼：太牢，婴用吉玉。首山魋④也，其祠用稌、黑牺太牢之具、蘖(niè)酿⑤；干儛⑥，置鼓；婴用一璧。尸水，合天也，肥牲祠之；用一黑犬于上，用一雌鸡于下，刉(jī)⑦一牝羊，献血。婴用吉玉，采之，飨之。

【译文】

再向东南十里，是蛊尾山，盛产粗磨刀石、黄铜。龙余水发源于此，向东南流入洛水。

再向东北二十里，是升山，这里的树以构树、柞树、酸枣树居多，草以山药、惠草居多，还有茂密的寇脱草。黄酸水发源于此，向北流入黄河，水中有很多璇玉。

再向东十二里，是阳虚山，盛产金属矿物，阳虚山临近玄扈水。

总计薄山山系的首尾，自苟林山起到阳虚山止，共十六座山，途经二千九百八十二里。升山，是诸山的宗主，祭祀山神的典礼时，在毛物中用猪、牛、羊齐全的三牲做祭品，玉器用吉玉。首山，是神灵显应的大山，祭祀山神用稻米、整只黑色皮毛的猪、牛、羊、美酒，手持盾牌起舞，摆上鼓并敲击应和，玉器用一块玉璧。尸水，是上通到天的，要用肥壮的牲畜做祭品献祭；用一只黑狗供在上面，一只母鸡供在下面，杀一只母羊，献上血，玉器要用吉玉，并用彩色帛包装祭品，请神享用。

【注释】

①藷藇：也叫山药。它的块茎不仅可以食用，并且可作药用。

②寇脱：古人说是一种生长在南方的草，有一丈多高，叶子与荷叶相似，茎中有瓤，纯白色。

③璇玉：古人说是质料成色比玉差一点的玉石。

④魋：神灵。

⑤蘖酿：蘖，酒曲，酿酒用的发酵剂。蘖酿就是用酒曲酿造的醴(lǐ)酒。这里泛指美酒。

⑥干儛：古代在举行祭祀活动时跳的一种舞蹈。干，即盾牌，是古代一种防御性兵器。儛，同“舞”。干儛就是手拿盾牌起舞，表示庄严隆重。

⑦刉：亦作“刏”。划破、割。

《山海经》地理考

蛊尾之山

观点① “蛊尾之山”继续良余之山向东南。河南省三门峡市卢氏县的高崖、石大山、将军山即为“蛊尾之山”。

观点② “又东南十里,曰蛊尾之山”。良余之山向东南十里的“蛊尾之山”应该在今山西洛南县南。

龙余之水

“龙余之水出焉,而东南流注于洛。”源出高崖、石大山、将军山一带的水流向东南注入洛河,“龙余之水”应为这些河流的总称。

升山

“又东北二十里,曰升山”。蛊尾之山向东北推进则为河南省三门峡市陕县三角山,此山即为“升山”。

黄酸之水

“黄酸之水出焉,而北流注于河”。根据蛊尾之山为三角山推断,“黄酸之水”为源出三角山、向北注入黄河的河流。

阳虚之山

“又东二十里,曰阳虚之山”。升山向东到达今河南洛宁县,此地有郭魁山、尖山、鞍桥山。“阳虚之山”为这些山岭的总称。

玄扈之水

“临于玄扈之水”。根据阳虚之山的推测,“玄扈之水”在今河南洛宁县,即石门川。

《山海经》图典 

魅武罗 明 蒋应镐绘图本

北
西
东
南

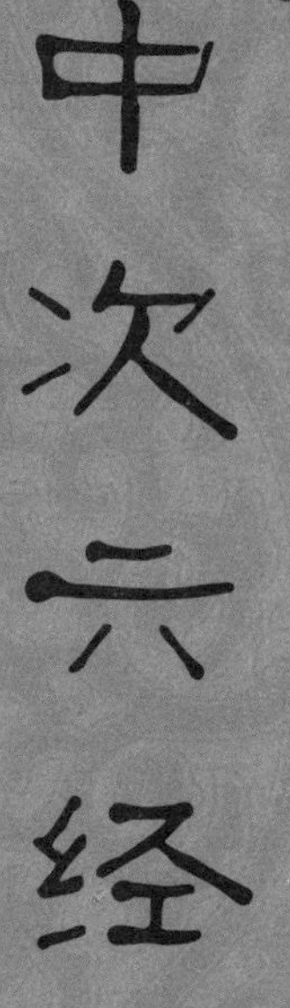

中次六经

《中次六经》中记载了中国中部的十四座山，共计一千九百零四里。这些山大都在今河南境内，只有阳华山在陕西境内。

《中次六经》中记载的动物有：如山鸡而长尾、赤如丹火而青喙的鸰鷅，有鸟首而鳖尾、音如判木的旋龟，还有状如黾而白喙的脩辟之鱼。此外，山上还有一些植物，如栌丹、榖、桑等。经中记载平逢山神叫骄虫，他的样子像人，却长着两个脑袋。

平逢之山、缟羝之山、廆山

	矿物	植物	动物
缟羝山	金玉		
廆山	瑻琈之玉	柳　楮	鸰鹦

【原文】

中次六经缟(gǎo)羝(dí)山之首，曰平逢之山，南望伊洛，东望谷城之山，无草木，无水，多沙石。有神焉，其状如人而二首，名曰骄虫[①]，是为螫(shì)虫[②]，实惟蜂、蜜[③]之庐。其祠之：用一雄鸡，禳[④]而勿杀。

西十里，曰缟羝之山，无草木，多金玉。

又西十里，曰廆(guī)山，多瑻琈之玉。其阴有谷焉，名曰雚(guàn)谷，其木多柳、楮。其中有鸟焉，状如山鸡而长尾，赤如丹火而青喙，名曰鸰(líng)鹦(yào)[⑤]，其鸣自呼，服之不眯。交觞(shāng)之水出于其阳，而南流注于洛；俞随之水出于其阴，而北流注于谷水。

【译文】

中央第六列山系缟羝山山系的首座山，叫作平逢山，从平逢山上向南可以望见伊水和洛水，向东可以望见谷城山，这座山不生长花草树木，没有水，到处是沙子石头。山中有一山神，形貌像人，却长着两个脑袋，叫作骄虫，是所有螫虫的首领，也确实是各种蜜蜂聚集做巢的地方。祭祀这位山神：用一只公鸡做祭品，在祈祷后放掉而不杀。

向西十里，是缟羝山，没有花草树木，有丰富的金属矿物和玉石。

再向西十里，是廆山，山的北面盛产瑻琈玉。在这座山的西面有一道峡谷，叫作雚谷，这里的树木大多是柳树、构树。山中有一种禽鸟，长得像野鸡而拖着一条长长的尾巴，身上通红如火却是青色嘴巴，叫作鸰鹦，它发出的叫声便是自身名称的读音，吃了它的肉就能使人不做噩梦。交觞水从这座山的南麓流出，然后向南流入洛水；俞随水从这座山的北麓流出，然后向北流入谷水。

【注释】

①骄虫：见图。

②螫虫：指一切身上长有毒刺，能伤人的昆虫。

③蜜：是一种蜂。

④禳：祭祀祈祷神灵以求消除灾害。

⑤鸰鹦：见图。

《山海经》地理考

缟羝山系："中次六经缟羝山之首"。"缟羝山"是指今河南西北部的一系列山脉。

平逢之山："平逢之山"应在黄河南岸，是秦岭山脉的余脉，崤山支脉。因此"平逢之山"是今河南洛阳市北的北邙山。

谷城之山："东望谷城之山"。根据平逢之山位置推断，"谷城之山"为河南洛阳市西北郭山。

缟羝之山："西十里，曰缟羝之山"。"缟羝之山"在今河南洛阳西，平逢山西北的小山。

廆山："又西十里，曰廆山"。"廆山"是河南省洛阳市西谷口山的古称，则"廆山"即谷口山。

交觞之水："交觞之水出于其阳，而南流注于洛"。"交觞之水"可能是今河南洛阳市西的七里河。

俞随之水、谷水："俞随之水出于其阴，而北流注于谷水"。交觞之水是七里河，则"俞随之水"在今河南洛阳市西；"谷水"即今河南渑池南渑水及其下游涧水。

《山海经》动物考

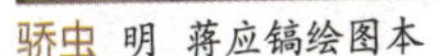

骄虫　明　蒋应镐绘图本

鸰䴕　清　《禽虫典》

兽名	性质	形状及声音	产地
鸰䴕	服之不眯	状如山鸡，长尾，赤如丹火，青喙，鸣自呼	廆山

瞻诸之山、娄涿之山、白石之山、谷山

	矿物	植物
瞻诸山	金　文石	
娄涿山	金玉　茈石　文石	
白石山	水玉　麋石　栌丹	
谷山	碧绿	榖　桑

【原文】

又西三十里，曰瞻诸之山，其阳多金，其阴多文石。谢(xié)水出焉，而东南流注于洛；少水出其阴，而东流注于谷水。

又西三十里，曰娄涿(zhuō)之山，无草木，多金玉。瞻水出于其阳，而东流注于洛；陂(bēi)水出于其阴，而北流注于谷水，其中多茈石、文石。

又西四十里，曰白石之山。惠水出于其阳，而南流注于洛，其中多水玉。涧水出于其阴，西北流注于谷水，其中多麋(méi)石[①]、栌丹[②]。

又西五十里，曰谷山，其上多榖，其下多桑。爽水出焉，而西北流注于谷水，其中多碧绿[③]。

【译文】

再向西三十里，是瞻诸山，山南面盛产金属矿物，山北面盛产带有花纹的石头。谢水从这座山发源，然后向东南流入洛水；少水从这座山的北麓流出，然后向东流入谷水。

再向西三十里，是娄涿山，没有花草树木，有丰富的金属矿物和玉石。瞻水从这座山的南麓流出，然后向东流入洛水；陂水从这座山的北麓流出，然后向北流入谷水，水中有很多紫颜色的石头、带有花纹的石头。

再向西四十里，是白石山。惠水从白石山的南麓流出，然后向南流入洛水，水中有很多水晶石。涧水从白石山的北麓流出，向西北流入谷水，水中有很多画眉石、黑丹砂。

再向西五十里，是谷山，山上是茂密的构树，山下是茂密的桑树。爽水从这座山发源，然后向西北流入谷水，水中有很多孔雀石。

【注释】

①麋石：麋，通“眉”，眉毛。麋石即画眉石，一种可以描饰眉毛的矿石。

②栌丹：栌，通“卢”。卢是黑色的意思。卢丹即黑丹沙，一种黑色矿物。

③碧绿：据学者研究，可能指现在所说的孔雀石，色彩艳丽，可以制作装饰品和绿色涂料。

《山海经》地理考

瞻诸之山：“又西三十里，曰瞻诸之山”。根据廆山位置推测，“瞻诸之山”在今河南新安县境内。

谢水：“谢水出焉，而东南流注于洛”。根据瞻诸之山的位置推断，“谢水”源出今河南新安县。

少水：“少水出其阴，而东流注于谷水。”“少水”即今磁涧河。

娄涿之山：“又西三十里，曰娄涿之山”。今河南洛宁县和新安县之间小石坡南的高山为“娄涿之山”。

陂水：“陂水出于其阴，而北流注于谷水。”“陂水”也作“波水”，即今百答河。

白石之山：“又西四十里，曰白石之山”。“白石之山”古今同名，在今河南新安县，也叫广阳山、渑池山。

惠水：“惠水出于其阳，而南流注于洛”。在今河南新安县东北曹家坡南山，有李沟向南注入洛河，李沟即为“惠水”。

涧水：“涧水出于其阴，西北流注于谷水”。源出河南新安县东北的刘拜沟向北流入谷水，则刘拜沟即为“涧水”。

谷山：“又西五十里，曰谷山”。根据里程计算，“谷山”在今河南渑池县境内。

爽水：“爽水出焉，而西北流注于谷水”。在今河南渑池县境内有上略河西北流入谷水，上略河即为“爽水”。

密山、长石之山、傅山、橐山

	矿物	植物	动物
密山	玉 铁		旋龟
长石山	金玉 鸣石	竹	
傅山	瑶 碧 珚玉		人鱼
橐山	金玉 铁	樗 櫧木 萧	脩辟鱼

【】

又西七十二里，曰密山，其阳多玉，其阴多铁。豪水出焉，而南流注于洛，其中多旋龟[①]，其状鸟首而鳖尾，其音如判木。无草木。又西百里，曰长石之山，无草木，多金玉。其西有谷焉，名曰共谷，多竹。共水出焉，西南流注于洛，其中多鸣石[②]。又西一百四十里，曰傅山，无草木，多瑶、碧。厌染之水出于其阳，而南流注于洛，其中多人鱼。其西有林焉，名曰墦(fān)冢。谷水出焉，而东流注于洛，其中多珚(yān)玉[③]。又西五十里，曰橐(tuō)山，其木多樗，多櫧(béi)木[④]，其阳多金玉，其阴多铁，多萧[⑤]。橐水出焉，而北流注于河。其中多脩辟之鱼[⑥]，状如黾(měng)[⑦]而白喙，其音如鸱(chī)，食之已白癣。

【译文】

再向西七十二里，是密山，山南面盛产玉，北面盛产铁。豪水发源于此，向南流入洛水，水中有很多旋龟，有鸟一样的头、鳖一样的尾巴，叫声好像劈木头。这座山不生长花草树木。再向西一百里，是长石山，没有花草树木，遍布金属矿物和玉石。西面有一道峡谷，叫作共谷，生长许多竹子。共水发源于此，向西南流入洛水，水中多产鸣石。再向西一百四十里，是傅山，没有花草树木，到处是瑶、碧之类的美玉。厌染水从山南麓流出，向南流入洛水，水中有很多人鱼。西面有一片树林，叫作墦冢。谷水从这里流出，向东流入洛水，水中有很多珚玉。再向西五十里，是橐山，山中遍布臭椿树，还有很多櫧树，山南面有丰富的金属矿物和玉石，北面有丰富的铁，还有茂密的萧草。橐水发源于此，向北流入黄河。水中有很多脩辟鱼，长得像蛙，有白色的嘴巴，叫声像鹞鹰，人吃了它能治愈白癣病。

【注释】

①旋龟：见图。

②鸣石：古人说是一种青色玉石，撞击后发出巨大鸣响，七八里以外都能听到，属于能制作乐器的磬石之类。

③珚玉：玉的一种。

④櫧木：古人说这种树在七八月吐穗，穗成熟后，像似有盐粉沾在上面。

⑤萧：蒿草的一种。

⑥脩辟之鱼：即脩辟鱼，见图。

⑦黾：青蛙的一种。

《山海经》地理考

密山："又西七十二里，曰密山"。谷山向西七十二里的"密山"在今河南新安县监坡头。

豪水："豪水出焉，而南流注于洛"。监坡头有河流向南注入洛河，这条河即为"豪水"。

长石之山：

观点❶ "又西百里，曰长石之山"。"长石之山"即今河南渑池县天池山。

观点❷ "长石之山"与密山相连，向西百里则在今河南新安县。

共水："共水出焉，西南流注于洛"。有多条溪流源出于天池山向南注入洛河，"共水"应是这些溪流的总称。

傅山："又西一百四十里，曰傅山"。根据长石之山为渑池县天池山推断，"傅山"应在今河南渑池县西。

厌染之水："厌染之水出于其阳，而南流注于洛"。根据名称和位置推断，"厌染之水"即今河南宜阳县北的厌梁河。

播冢："其西有林焉，名曰播冢。""播冢"为谷水源头，因此"播冢"为马头山。

橐山："又西五十里，曰橐山"。"橐山"为今河南陕县东的积草山，此山距离陕县九十里。

《山海经》动物考

旋龟　明　蒋应镐绘图本

脩辟鱼　清　汪绂图本

兽名	性质	形状及声音	产地
旋龟		鸟首，鳖尾，音如判木	密山
脩辟鱼	食之已白癣	状如黾，白喙，音如鸱	橐山

常烝之山、夸父之山、阳华之山

	矿物	植物	动物
常烝山	垩 苍玉		
夸父山	玉 铁 珚玉	棕枏 竹箭	㸲牛 羬羊 鷩 马
阳华山	金玉 青 雄黄	藷 萸 苦辛	人鱼

【原文】

又西九十里，曰常烝(zhēng)之山，无草木，多垩。潐(qiáo)水出焉，而东北流注于河，其中多苍玉。菑(zī)水出焉，而北流注于河。又西九十里，曰夸父之山，其木多棕枏，多竹箭，其兽多㸲牛、羬羊，其鸟多鷩(biē)，其阳多玉，其阴多铁。其北有林焉，名曰桃林，是广员三百里，其中多马。湖水出焉，而北流注于河，其中多珚玉。又西九十里，曰阳华之山，其阳多金玉，其阴多青、雄黄，其草多藷萸，多苦辛[①]，其状如櫹(xiāo)[②]，其实如瓜，其味酸甘，食之已疟。杨水出焉，而西南流注于洛。其中多人鱼。门水出焉，而东北流注于河，其中多玄䃌(sǔ)[③]。缙(jí)姑之水出于其阴，而东流注于门水，其上多铜。门水出(至)于河，七百九十里入雒(luò)水。凡缟羝山之首，自平逢之山至于阳华之山，凡十四山，七百九十里。岳[④]在其中，以六月祭之，如诸岳之祠法，则天下安宁。

【译文】

再向西九十里，是常烝山，没有花草树木，有多种颜色的垩土。潐水发源于此，向东北流入黄河，水中有很多苍玉。菑水也发源于此，向北流入黄河。再向西九十里，是夸父山，山里遍布棕树和楠木，还有小竹丛，野兽，以㸲牛、羬羊最多，而禽鸟以赤鷩最多，山南面盛产玉，北面盛产铁。山北有一片树林，叫作桃林，方圆三百里，林子里有很多马。湖水从这座山发源，向北流入黄河，水中多出产珚玉。再向西九十里，是阳华山，南面有丰富的金属矿物和玉石，北面盛产石青、雄黄，草以山药居多，还有茂密的苦辛草，长得像楸木，果实像瓜，味道酸中带甜，人吃了它能治愈疟疾。杨水发源于此，向西南流入洛水，水中有很多人鱼。门水也从这里发源，向东北流入黄河，水中有很多黑色磨刀石。缙姑水从阳华山北麓流出，向东流入门水，缙姑水两岸山间有丰富的铜。从门水到黄河，流经七百九十里后注入雒水。总计缟羝山山系的首尾，自平逢山起到阳华山止，共十四座山，途经七百九十里。这一山系中有岳，每年六月以诸岳之礼祭祀，天下就会安宁。

【注释】

①苦辛：草名，指细辛，多年生草本植物。

②櫹：同“楸”。楸树是落叶乔木，树形高大，树干端直。夏季开花，子实可作药用，主治热毒及各种疮疥。

③玄䃌：黑色的磨刀石。

④岳：指西岳华山。

#《山海经》地理考

常烝之山："又西九十里，曰常烝之山"。据此推断，"常烝之山"即今河南陕县的干山。

潐水："潐水出焉，而东北流注于河"。常烝之山为干山，源出常烝之山的"潐水"即今干头河。

菑水：潐水为干头河，干头河注入好阳涧，因此，好阳涧即为"菑水"。

夸父之山："又西九十里，曰夸父之山"。"夸父之山"在今河南西北部，今名秦山。

桃林："其北有林焉，名曰桃林"。据夸父之山的位置推断，"桃林"在今河南灵宝市西。

湖水："湖水出焉，而北流注于河"。"湖水"是今河南灵宝市境内的虢略河。

阳华之山："又西九十里，曰阳华之山"。"阳华之山"与尸山相连，在其西北，因此"阳华之山"在今山西洛南县至华山之间。

杨水："杨水出焉，而西南流注于洛"。"杨水"可能是绪姑之水的支流，因此"杨水"为宏农涧的右涧的支流。

门水："门水出焉，而东北流注于河"。"门水"即今河南灵宝市西南的宏农涧。

绪姑之水："绪姑之水出于其阴，而东流注于门。"宏农涧分为左右两涧，"绪姑之水"是宏农涧的右涧。

《山海经》图典

香瓜

北
西
东
南

中次七经

《中次七经》共记述了十九座山，共计一千零八十六里。这里发源的河水，既有南或西流往伊水河的，也有北流入洛河的，还有一条比较大的河流注于黄河。因此，《中次七经》记载的是河南省伊川市到郑州市的嵩山山脉。

《中次七经》中记载了很多奇花异草，如休与山一种草，长得像一般的蓍草，红色的叶子而根茎联结丛生在一起，叫作夙条，可以用来做箭杆；鼓钟山有一种草，方形的茎干上开着黄色花朵，圆形的叶子重叠为三层，叫作焉酸，可以用来解毒。此外，还有一些动物，如山膏、文文、三足龟、鯩鱼等。

休与之山、鼓钟之山、姑媱之山

	矿物	植物
休与山		夙条
鼓钟山	砺　砥	焉酸
姑媱山		䔄草

【原文】

中次七经苦山之首，曰休与之山。其上有石焉，名曰帝台①之棋②，五色而文，其状如鹑卵。帝台之石，所以祷百神者也，服之不蛊③。有草焉，其状如蓍（shī）④，赤叶而本丛生，名曰夙条，可以为簳（gǎn）⑤。

东三百里，曰鼓钟之山，帝台之所以觞（shāng）⑥百神也。有草焉，方茎而黄华，员叶而三成⑦，其名曰焉酸，可以为毒⑧。其上多砺，其下多砥。

又东二百里，曰姑媱（yáo）之山。帝女死焉，其名曰女尸，化为䔄（yáo）草，其叶胥（xū）⑨成，其华黄，其实如菟丘⑩，服之媚于人⑪。

【译文】

中央第七列山系苦山山系的首座山，是休与山。山上有一种石子，是神仙帝台的棋，它们有五种颜色并带着斑纹，形状与鹌鹑蛋相似。神仙帝台的石子，是用来祷祀百神的，人佩戴上它就不会受邪毒之气侵染。休与山上还有一种草，长得像一般的蓍草，红色的叶子而根茎联结丛生在一起，叫作夙条，可以用来做箭杆。

向东三百里，是鼓钟山，神仙帝台正是在此演奏钟鼓之乐而宴会诸位天神的。山中有一种草，方形的茎干上开着黄色花朵，圆形的叶子重叠为三层，叫作焉酸，可以用来解毒。山上多出产粗磨刀石，山下多出产细磨刀石。

再向东二百里，是姑媱山。天帝的女儿就死在这座山，她的名字叫女尸，死后化成了䔄草，叶子都是一层一层的，花儿是黄色的，果实与菟丝子的果实相似，女子服用了就能使她漂亮而讨人喜爱。

【注释】

①帝台：神人之名。

②棋：指博棋，古时一种游戏用具。

③蛊：毒热恶气。

④蓍：蓍草，又叫锯齿草，蚰蜒草，多年生直立草本植物，叶互生，长线状披针形。古人取蓍草的茎作占筮之用。

⑤簳：小竹子，可以做箭杆。

⑥觞：向人敬酒或自饮。这里指设酒席招待。

⑦成：重，层。

⑧为毒：除去毒性物质。

⑨胥：相与，皆。

⑩菟丘：即菟丝子，一年生缠绕寄生草本植物，茎细柔，呈丝状，橙黄色，夏秋开花，花细小，白色，果实扁球形。

⑪媚于人：这里指女子以美色讨人欢心。媚是喜爱的意思。

苦山、堵山、放皋之山

	矿物	植物	动物
苦山		黄棘　无条	山膏
堵山		天楄	
放皋山	苍玉	蒙木	文文

【原文】

又东二十里，曰苦山。有兽焉，名曰山膏，其状如逐，赤若丹火，善詈(lì)[1]。其上有木焉，名曰黄棘，黄华而员叶，其实如兰，服之不字[2]。有草焉，员叶而无茎，赤华而不实，名曰无条[3]，服之不瘿。

又东二十七里，曰堵山，神天愚居之，是多怪风雨。其上有木焉，名曰天楄(biān)，方茎而葵状，服者不㖡(yē)[4]。

又东五十二里，曰放皋之山。明水出焉，南流注于伊水，其中多苍玉。有木焉，其叶如槐，黄华而不实，其名曰蒙木[5]，服之不惑。有兽焉，其状如蜂，枝尾[6]而反舌，善呼，其名曰文文。

【译文】

再向东二十里，是苦山。山中有一种野兽，叫作山膏，长得像普通的小猪，身上红得如同丹火，喜欢骂人。山上有一种树木，叫作黄棘，黄色花、圆叶子，果实与兰草的果实相似，女人服用了它就不生育孩子。山中又有一种草，圆圆的叶子而没有茎，开红色的花，却不结果实，叫作无条，服用了它就能使人的脖子不生长肉瘤。

再向东二十七里，是堵山，神人天愚住在这里，所以这座山上时常刮起怪风、下起怪雨。山上生长着一种树木，叫作天楄，方方的茎而像葵菜形状，服用了它就能使人吃饭不噎住。

再向东五十二里，是放皋山。明水从这座山发源，向南流入伊水，水中有很多苍玉。山中有一种树木，叶子与槐树叶相似，开黄色的花，却不结果实，叫作蒙木，服用了它就能使人不糊涂。山中有一种野兽，长得像蜜蜂，长着分叉的尾巴和倒转的舌头，喜欢呼叫，叫作文文。

【注释】

①詈：骂，责骂。
②字：怀孕，生育。
③无条：与上文所述无条草的形状不一样，属同名异物。
④㖡：食物塞住咽喉。
⑤蒙木：草名，可能是檬花树。
⑥枝尾：尾巴有分叉。

大蓍之山、半石之山

	矿物	植物	动物
大蓍山	瑨琈之玉　麋玉	牛伤	三足龟
半石山		嘉荣	鯩鱼　䲢鱼

【原文】

又东五十七里，曰大蓍（kǔ）之山，多瑨琈之玉，多麋玉①。有草焉，其状叶如榆，方茎而苍伤②，其名曰牛伤③，其根苍文，服者不厥④，可以御兵。其阳狂水出焉，西南流注于伊水，其中多三足龟，食者无大疾，可以已肿。

又东七十里，曰半石之山。其上有草焉，生而秀⑤，其高丈余，赤叶赤华，华而不实，其名曰嘉荣，服之者不畏霆⑥。来需之水出于其阳，而西流注于伊水，其中多鯩（lún）鱼，黑文，其状如鲋，食者不睡。合水出于其阴，而北流注于洛，多䲢（téng）鱼，状如鳜（guì）⑦，居逵（kuí）⑧，苍文赤尾，食者不痈，可以为瘘（lòu）。

【译文】

再向东五十里，是大蓍山，盛产瑨琈玉，还有许多麋玉。山中有一种草，叶子与榆树叶相似，方方的茎上长满刺，叫作牛伤，根茎上有青色斑纹，服用了它就能使人不容易昏厥，还能防御兵器之伤。狂水从这座山的南麓流出，向西南流入伊水，水中有很多长着三只脚的龟，吃了它的肉就能使人不生大病，还能消肿。

再向东七十里，是半石山。山上长着一种草，一出土就结子实，高一丈多，红色叶子红色花，开花后不结子实，叫作嘉荣，服用它就能使人不畏惧霹雳雷响。来需水从半石山南麓流出，然后向西流入伊水，水中生长着很多鯩鱼，浑身长满黑色斑纹，长得像普通的鲫鱼，人吃了它的肉不感觉瞌睡。合水从半石山北麓流出，然后向北流入洛水，水中生长着很多䲢鱼，长得像一般的鳜鱼，隐居水底洞穴，浑身有青色斑纹，却拖着一条红尾巴，人吃了它的肉就不患痈病，还可以治好瘘疮。

【注释】

①麋玉：据古人说，可能就是瑂玉，一种像玉的石头。

②苍伤：就是苍刺，即青色的棘刺。

③牛伤：如同说牛棘。

④厥：古代中医学上指昏厥或手脚逆冷的病症，即突然昏倒，不省人事，手脚僵硬冰冷。

⑤秀：草类植物结实。这里指不开花就先结出果实。

⑥霆：响声又震耳、又迅疾的雷。

⑦鳜：鳜鱼，也叫鯚花鱼、桂鱼，体侧扁，背部隆起，青黄色，有不规则黑色斑纹，口大，下颌突出，鳞小，圆形。

⑧逵：四通八达的大路。这里指水底相互贯通的洞穴。

少室之山、泰室之山、讲山

	矿物	植物	动物
少室山	玉 铁	帝休	鯑鱼
泰室山		栯木 䔄草	
讲山		柘 柏 帝屋	

【原文】

又东五十里，曰少室之山，百草木成囷(qūn)[①]。其上有木焉，其名曰帝休[②]，叶状如杨，其枝五衢(qú)[③]，黄华黑实，服者不怒。其上多玉，其下多铁。休水出焉，而北流注于洛，其中多鯑(tì)鱼，状如盩蜼(zhòu wěi)[④]而长距，足白而对，食者无蛊疾，可以御兵。

又东三十里，曰泰室之山。其上有木焉，叶状如梨而赤理，其名曰栯(yū)木[⑤]，服者不妒。有草焉，其状如茱(zhú)，白华黑实，泽如蘡薁(yīng yǔ)[⑥]，其名曰䔄草，服之不眯[⑦]。上多美石。

又北三十里，曰讲山，其上多玉，多柘(zhé)、多柏。有木焉，名曰帝屋，叶状如椒[⑧]，反伤[⑨]赤实，可以御凶。

【译文】

再向东五十里，是少室山，各种花草树木丛集像圆的谷仓。山上有一种树木，叫作帝休，叶子与杨树相似，树枝相互交叉着伸向四方，开黄花，结黑果，吃了它就能使人心平气、和不恼怒。少室山上有丰富的玉石，山下有丰富的铁。休水发源于此，向北流入洛水，水中有很多鯑鱼，像猕猴，却有长长的、像公鸡一样的爪子，白白的足趾相对，人吃了就不犯疑心病，还能防御兵器之伤。

再向东三十里，是泰室山。山上有一种树木，叶子像梨树，却有红色纹理，叫作栯木，人吃了它就没了嫉妒心。还有一种草，长得像苍术或白术，开白花，结黑果，果实的光泽像野葡萄，叫作䔄草，吃了它能明目。山上还有很多漂亮的石头。

再向北三十里，是讲山，盛产玉石，有很多的柘树、许多的柏树。山中有一种树木，叫作帝屋，叶子与花椒树叶相似，长着倒刺，结红果，可以辟凶邪之气。

【注释】

①囷：圆形谷仓。
②帝休：木名，可能是梓树。
③衢：交错歧出的样子。
④盩蜼：据古人说是一种与猕猴相似的野兽。
⑤栯木：木名，可能是郁李。
⑥蘡薁：一种藤本植物，俗称野葡萄。夏季开花，果实黑色，可以酿酒，也可入药。
⑦眯：昏暗。引申为眼目不明。
⑧椒：有三种，一种是木本植物，即花椒；一种是藤本植物，即胡椒；一种是蔬类植物。这里指花椒，枝干有针刺，叶子坚而滑泽，果实红色，种子黑色，可以入药，也可调味。
⑨反伤：指倒生的刺。

婴梁之山、浮戏之山、少陉之山、太山、末山

	矿物	植物
婴梁山	苍玉	
浮戏山		亢木　少辛

【原文】

又北三十里，曰婴梁之山，上多苍玉，錞[①]于玄石。

又东三十里，曰浮戏之山。有木焉，叶状如樗而赤实，名曰亢木[②]，食之不蛊。汜水出焉，而北流注于河。其东有谷，因名曰蛇谷，上多少辛[③]。

又东四十里，曰少陉(xīng)之山。有草焉，名曰岗(gāng)草，叶状如葵，而赤茎白华，实如蘡(yīng)薁(yǔ)，食之不愚。器难之水出焉，而北流注于役水。

又东南十里，曰太山。有草焉，名曰梨，其叶状如荻(dí)[④]而赤华，可以已疽。太水出于其阳，而东南流注于役水；承水出于其阴，而东北流注于役。又东二十里，曰末山，上多赤金。末水出焉，北流注于役。

【译文】

再向北三十里，是婴梁山，山上盛产苍玉，附着在黑色石头上面。

再向东三十里，是浮戏山。山中生长着一种树木，叶子像臭椿树叶，结红色果实，叫作亢木，人吃了可以驱虫辟邪。汜水从这座山发源，然后向北流入黄河。在浮戏山的东面有一道峡谷，因峡谷里有很多蛇而取名叫蛇谷，峡谷上面还多产细辛。

再向东四十里，是少陉山。山中有一种草，叫作岗草，叶子与葵菜叶相似，红色的茎，白色的花，果实很像野葡萄，吃了它就能使人增长智慧而不笨拙。器难水从这座山发源，然后向北流入役水。

再向东南十里，是太山。山里有一种草，叫作梨，叶子像蒿草叶，开红色花，可以用来治疗痈疽。太水从这座山的南麓流出，然后向东南流入役水；承水从这座山的北麓流出，然后向东北流入役水。再向东二十里，是末山，山上到处是黄金。末水从这座山发源，向北流入役水。

【注释】

①錞：依附。

②亢木：可能是指卫矛。

③少辛：即细辛，一种药草。

④荻：一种蒿类植物，叶子是白色，像艾蒿却分杈多，茎干尤其高大，有一丈余。

役山、敏山、大騩之山

	矿物	植物
役山	白金　铁	
敏山	瑨琈之玉	葪柏
大騩山	铁　美玉　青垩	𦼮

【原文】

又东二十五里，曰役山，上多白金，多铁。役水出焉，北注于河。

又东三十五里，曰敏山。上有木焉，其状如荆，白华而赤实，名曰葪（jì）柏[①]，服者不寒。其阳多瑨琈之玉。

又东三十里，曰大騩（guī）之山，其阴多铁、美玉、青垩。有草焉，其状如蓍（shī）而毛，青华而白实，其名曰𦼮，服之不夭，可以为腹病。凡苦山之首，自休与之山至于大騩之山，凡十有九山，千一百八十四里。其十六神者，皆豕（shǐ）[②]身而人面。其祠：毛牷[③]（quán）用一羊羞，婴用一藻玉[④]瘗（yì）。苦山、少室、太室皆冢也。其祠之：太牢之具，婴以吉玉。其神状皆人面而三首。其余属皆豕身人面也。

【译文】

再向东二十五里，是役山，山上有丰富的白银和铁。役水发源于此，向北流入黄河。

再向东三十五里，是敏山。山上有一种树木，与牡荆相似，开白花，结红果，叫作葪柏，人吃了它的果实就能防寒。敏山南面还盛产瑨琈玉。

再向东三十里，是大騩山，山北面有丰富的铁、优质玉石、青色垩土。山中有一种草，像蓍草，长着茸毛，开青色花，结白色果实，叫作𦼮，人吃了它就能不夭折而延年益寿，还可以医治各种肠胃疾病。总计苦山山系的首尾，自休与山起到大騩山止，共十九座山，途经一千一百八十四里。其中有十六座山的山神，都是猪身人面。祭祀这些山神时，毛物中用一只纯色的羊献祭，玉器用一块藻玉埋入地下。苦山、少室山、太室山都是诸山的宗主。祭祀这三座山的山神：在毛物中用猪、牛、羊齐全的三牲做祭品，玉器中用吉玉。这三个山神都是人的面孔，有三个脑袋。另外十六座山的山神都是猪身人面。

【注释】

①葪柏：也叫翠柏，丛生灌木。生鳞叶的小枝直展、扁平，排成一平面。果实球形，红褐色。

②豕：猪。

③牷：毛色纯一的全牲。全牲指整只的牛羊猪。羞：进献食品。这里指贡献祭祀品。

④藻玉：带有彩色纹理的玉。

北
西
东
南

中次八经

《中次八经》中共记述了中国中部的二十三座山，共计二千二百八十里。这些山大都位于今天的湖北、安徽境内。

《中次八经》主要记录了很多山神：其中有骄山山神蟲围，他像人，却长着羊一样的角、虎一样的爪子，常常在睢水和漳水里畅游，出入时伴有闪光；光山山神计蒙，他长着人的身子、龙的头，常常在漳水里畅游，出入时伴随着旋风急雨；岐山山神涉，他长着人的身子、方形面孔和三只脚。

景山、荆山、骄山

	矿物	植物	动物
景山	金玉　丹粟	杼檀	文鱼
荆山	铁　赤金　黄金	松柏　竹　橘櫾	犛牛　豹虎　鲛鱼　闾麋
骄山	玉　青雘	松柏　桃枝　鉤端	

【原文】

中次八经荆山之首，曰景山，其上多金玉，其木多杼（shǔ）①檀。雎（jū）水出焉，东南流注于江，其中多丹粟，多文鱼②。

东北百里，曰荆山，其阴多铁，其阳多赤金，其中多犛（lǐ）牛③，多豹④虎，其木多松柏，其草多竹，多橘櫾（yòu）⑤。漳水出焉，而东南流注于雎，其中多黄金，多鲛（jiāo）鱼⑥。其兽多闾麋。

又东北百五十里，曰骄山，其上多玉，其下多青雘，其木多松柏，多桃枝鉤端。神蟲（tuó）围⑦处之，其状如人面，羊角虎爪，恒游于雎漳之渊，出入有光。

【译文】

中央第八列山系荆山山系的首座山，叫作景山，山上有丰富的金属矿物和玉石，这里的树木以柞树和檀树为多。雎水从这座山发源，向东南流入江水，水中有很多粟粒大小的丹砂，还生长着许多石斑鱼。

向东北一百里，是荆山，山北面有丰富的铁，山南面有丰富的黄金，山中生长着许多犛牛，还有众多的豹子和老虎，这里的树木以松树和柏树最多，这里的花草以丛生的小竹子最多，还有许多的橘子树和柚子树。漳水从这座山发源，然后向东南流入雎水，水中盛产黄金，并生长着很多鲨鱼。山中的野兽以山驴和麋鹿最多。

再向东北一百五十里，是骄山，山上有丰富的玉石，山下有丰富的青雘，这里的树木以松树和柏树居多，到处是桃枝和钩端一类的丛生小竹子。神仙蟲围居住在这座山中，形貌像人而长着羊一样的角、虎一样的爪子，常常在雎水和漳水的深渊里畅游，出入时都有闪光。

【注释】

①杼：杼树，就是柞树。

②文鱼：即今石斑鱼，体长，椭圆形，稍侧扁。口大，牙细尖。背鳍和臀鳍棘发达。尾鳍圆形或凹形。体色变异甚多，常呈褐色或红色，并具条纹和斑点。

③犛牛：见图。

④豹：见图。

⑤櫾：同“柚”。柚子与橘子相似而大一些，皮厚而且味道酸。

⑥鲛鱼：见图。

⑦蟲围：见图。

《山海经》地理考

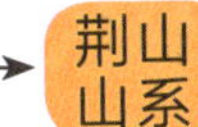

荆山山系

《水经注》云：“《禹贡》：‘荆及衡阳惟荆州 。’盖即荆山之称，而制州名矣。故楚也。”“荆山”在今湖北房县马寨山。

景山

观点1 “中次八经荆山之首，曰景山”。“景山”是今湖北房县的聚龙山。

观点2 “景山”是今湖北保康县的望佛山，又称“望夫山”或“万佛山”。

雎水

“雎水出焉，东南流注于江”。“雎水”发源于景山，因此“雎水”即发源于湖北保康县的沮水。

荆山

“东北百里，曰荆山”。《禹贡》云：“导嶓冢，至于荆山。”“荆山”在今湖北南漳县西部。

漳水

“漳水出焉，而东南流注于雎”。“漳水发源于此。山有抱玉岩，传为楚人卞和得璞处。”“漳水”发源于荆山，向东注入沮水。

骄山

“又东北百五十里，曰骄山”。“骄山”在今湖北境内，今名“紫山”。

《山海经》动物考

犛牛 清 汪绂图本

豹 清 汪绂图本

鲛鱼 明 蒋应镐绘图本

蟲围 明 蒋应镐绘图本

女几之山、宜诸之山、陆隗之山、光山

	矿物	动物
女几山	玉 黄金	豹虎 闾麋 麖 麂 白鷮 翟 鸩
宜诸山	金玉 青雘 白玉	

【原文】

又东北百二十里，曰女几之山，其上多玉，其下多黄金，其兽多豹虎，多闾麋、麖(jīng)、麂(jī)，其鸟多白鷮(jiāo)[①]，多翟，多鸩(zhèn)。

又东北二百里，曰宜诸之山，其上多金玉，其下多青雘。洈(guǐ)水出焉，而南流注于漳，其中多白玉。

又东北二百里，曰纶山，其木多梓、枏，多桃枝，多柤(zhā)[②]、栗、橘、櫾，其兽多闾(zhǔ)麈、麢[③]、㚟(zhuò)[④]。又东二百里，曰陆隗(guì)之山，其上多琈之玉，其下多垩，其木多杻橿。又东百三十里，曰光山，其上多碧，其下多水。神计蒙处之，其状人身而龙首，恒游于漳渊，出入必有飘风[⑤]暴雨。

【译文】

再向东北一百二十里，是女几山，山上盛产玉石，山下盛产黄金，野兽以豹子和老虎最多，还有许多山驴、麋鹿、麖、麂，禽鸟以白鷮最多，还有很多的长尾巴野鸡，很多鸩鸟。

再向东北二百里，是宜诸山，山上多出产金属矿物和玉石，山下多出产青雘。洈水从这座山发源，然后向南流入漳水，水中有很多白色玉石。

再向东北二百里，是纶山，在山中茂密的丛林中多的是梓树、楠木树，又有很多丛生的桃枝竹，还有许多柤树、栗子树、橘子树、柚子树，这里的野兽以山驴、麈、羚羊、㚟最多。再向东二百里，是陆隗山，山上盛产琈玉，山下盛产各种颜色的垩土，这里的树木以杻树和橿树居多。再向东一百三十里，是光山，山上到处有碧玉，山下到处流水。山神计蒙居住在这座山里，形貌是人身龙头，常常在漳水的深渊里畅游，出入时一定有旋风急雨相伴随。

【注释】

①白鷮：也叫“鷮雉”，一种像野鸡而尾巴较长的鸟，常常是一边飞行一边鸣叫。

②柤：柤树的形状像梨树，而树干、树枝都是红色的，开黄色花朵，结黑色果子。

③麢：一种大鹿。

④㚟：外貌与兔子相似，却长着鹿的脚，皮毛是青色。

⑤飘风：旋风、暴风。

岐山、铜山、美山、大尧之山、灵山

	矿物	植物	动物
岐山	赤金 白珉 金玉 青雘	樗	
铜山	金 银 铁	榖 柞 柤 栗 橘 櫾	犳
美山	金 青雘		兕 牛 多闾 麈 豕 鹿

【原文】

又东百五十里，曰岐山，其阳多赤金，其阴多白珉（mín）[1]，其上多金玉，其下多青雘，其木多樗。神涉蟲（tuó）处之，其状人身而方面三足。

又东百三十里，曰铜山，其上多金、银、铁，其木多榖、柞、柤（zhā）、栗、橘、櫾（yǒu），其兽多犳（zhuó）。

又东北一百里，曰美山，其兽多兕、牛，多闾、麈（zhǔ），多豕（shǐ）、鹿，其上多金，其下多青雘。又东北百里，曰大尧之山，其木多松柏，多梓桑，多机[2]，其草多竹，其兽多豹、虎、麢、㚟（zhuò）。又东北三百里，曰灵山，其上多金玉，其下多青雘，其木多桃、李、梅、杏。

【译文】

再向东一百五十里，是岐山，山南面多出产黄金，北面多出产白色珉石，山上有丰富的金属矿物和玉石，山下有丰富的青雘，树木以臭椿树居多。神仙涉蟲就住在这座山里，长着人的身子，方形面孔和三只脚。

再向东一百三十里，是铜山，山上有丰富的金、银、铁，这里的树木以构树、柞树、柤树、栗子树、橘子树、柚子树最多，而野兽多是长着豹子斑纹的犳。

再向东北一百里，是美山，山中的野兽以兕、野牛最多，又有很多山驴、麈，还有许多野猪、鹿，山上多出产金，山下多出产青雘。再向东北一百里，是大尧山，在山里的树木中以松树和柏树居多，又有众多的梓树和桑树，还有许多机木树，这里的草大多是丛生的小竹子，而野兽以豹子、老虎、羚羊、㚟最多。再向东北三百里，是灵山，山上有丰富的金属矿物和玉石，山下盛产青雘，这里的树木大多是桃树、李树、梅树、杏树。

【注释】

①珉：一种似玉的美石。

②机：机木树，就是桤（qī）木树。是一种落叶乔木，木材坚韧，生长很快，容易成林。

龙山、衡山、石山、若山、彘山、玉山

	矿物	植物
龙山	碧　赤锡	寓木　桃枝　鉤端
衡山	黄垩　白垩	寓木　穀　柞
石山	金　青雘	寓木
若山	㻬琈之玉　赭　封石	寓木　柘

【原文】

又东北七十里，曰龙山，上多寓木①，其上多碧，其下多赤锡②，其草多桃枝、鉤端。

又东南五十里，曰衡山，上多寓木、穀、柞，多黄垩、白垩。

又东南七十里，曰石山，其上多金，其下多青雘，多寓木。

又南百二十里，曰若山，其上多㻬琈之玉，多赭，多封石③，多寓木，多柘（zhé）。

又东南一百二十里，曰彘山，多美石，多柘。

又东南一百五十里，曰玉山，其上多金玉，其下多碧、铁，其木多柏。

【译文】

再向东北七十里，是龙山，山上到处是寄生树，还盛产碧玉，山下有丰富的红色锡，而草大多是桃枝、钩端之类的小竹丛。

再向东南五十里，是衡山，山上有许多寄生树、构树、柞树，还盛产黄色垩土、白色垩土。

再向东南七十里，是石山，山上多出产金，山下有丰富的青雘，还有许多寄生树。

再向南一百二十里，是若山，山上多出产㻬琈玉，又多出产赭石，也有很多封石，到处长着寄生树，还生长着许多柘树。

再向东南一百二十里，是彘山，有很多漂亮的石头，到处生长着柘树。

再向东南一百五十里，是玉山，山上有丰富的金属矿物和玉石，山下有丰富的碧玉、铁，这里的树木以柏树居多。

【注释】

①寓木：又叫宛童，即寄生树。又分两种，叶子是圆的叫作茑木，叶子像麻黄叶的叫作女萝。因这种植物是寄寓在其他树木上生长的，像鸟站立树上，所以称作寄生、寓木、茑木。俗称“寄生草”。

②锡：和本书中所记载的金、银、铜、铁等都是指未经提炼的矿石或矿沙一样，这里的锡也是指未经提炼的锡土矿。

③封石：据古人说是一种可作药用的矿物，味道是甜的，没有毒性。

讙山、仁举之山、师每之山、琴鼓之山

	矿物	植物	动物
讙山	封石　白锡　砥砺	檀	
仁举山	赤金　赭	穀柞	
师每山	砥砺　青雘	柏　檀　柘　竹	
琴鼓山	白珉　洗石		豕　鹿　白犀　鸩

【原文】

又东南七十里，曰讙山，其木多檀，多封石，多白锡。郁水出于其上，潜于其下，其中多砥砺。又东北百五十里，曰仁举之山，其木多穀柞，其阳多赤金，其阴多赭。

又东五十里，曰师每之山，其阳多砥砺，其阴多青雘，其木多柏，多檀，多柘，其草多竹。

又东南二百里，曰琴鼓之山，其木多穀、柞、椒[1]、柘，其上多白珉，其下多洗石，其兽多豕、鹿，多白犀，其鸟多鸩。

凡荆山之首，自景山至琴鼓之山，凡二十三山，二千八百九十里。其神状皆鸟身而人面。其祠：用一雄鸡祈瘗，用一藻圭[2]，糈用稌。骄山，冢也。其祠：用羞酒少牢祈瘗，婴[3]毛一璧。

【译文】

再向东南七十里，是讙山，树木大多是檀树，还盛产封石，又多出产白锡。郁水从山顶上发源，潜流到山下，水中有很多磨石。再向东北一百五十里，是仁举山，树木以构树和柞树居多，山南多产金，山北多产赭石。

再向东五十里，是师每山，山南多产磨石，山北多产青雘，树木以柏树居多，又有很多檀树，还生长着大量柘树，而草大多是丛生的小竹子。

再向东南二百里，是琴鼓山，树木大多是构树、柞树、椒树、柘树，山上多出产白色珉石，山下多出产洗石，野兽，以野猪、鹿最多，还有许多白色犀牛，禽鸟大多是鸩鸟。

总计荆山山系的首尾，自景山起到琴鼓山止，共二十三座山，途经二千八百九十里。诸山山神的形貌都是鸟身人面。祭祀山神：在毛物中用一只公鸡祭祀后埋入地下，并用一块藻圭献祭，米用稻米。骄山是诸山之宗主，祭祀山神时用进献的美酒和猪、羊埋入地下，玉器中用一块玉璧。

【注释】

①椒：据古人说，这种椒树矮小而丛生，如果在它下面有草木生长就会被刺死。与上文所记“椒树指花椒树者”似略有不同。

②藻圭：有彩纹的圭。

③婴：颈上的饰物。

北
西
东
南

中次九经

《中次九经》中共有十六座山，这些山脉，跨度比较大，从四川省阿坝州的大雪山经过邛崃山、岷山到龙门山一线。这一线发源的河流几乎都东南流向注入长江。《中次九经》中记述动物的文字极少，但是《中次九经》中的山岭植被茂密，植物种类丰富。如梓桑、苉、梅梓、栎柘、芍药等，都是《中次九经》中的常见植物。

女几之山、岷山、崃山

	矿物	植物	动物
女几山	石涅 雄黄	杻橿 菊 荥	虎 豹
岷山	白珉 金玉	梅棠	良龟 鼍 犀 象 夔牛 翰 鷩
崃山	黄金	檀柘 薤 韭 药 空夺	麋麈

中次九经岷山之首，曰女几之山，其上多石涅[1]，其木多杻橿，其草多菊[2]、荥(zhú)。洛水出焉，东注于江[3]。其中多雄黄，其兽多虎、豹。

又东北三百里，曰岷山。江水出焉，东北流注于海，其中多良龟，多鼍(tuó)[4]。其上多金玉，其下多白珉(mín)。其木多梅棠，其兽多犀、象，多夔(kuí)牛[5]，其鸟多翰、鷩(biē)。

又东北一百四十里，曰崃山。江水出焉，东流注于大江。其阳多黄金，其阴多麋麈(zhǔ)，其木多檀柘，其草多薤(xiè)、韭，多药、空夺。

【译文】

中央第九列山系岷山山系的首座山，是女几山，山上多出产石涅，这里的树木以杻树、橿树居多，而花草以野菊、苍术或白术居多。洛水从这座山发源，向东流入长江。山里到处有雄黄，而野兽以老虎、豹子最多。

再向东北三百里，是岷山。长江从岷山发源，向东北流入大海，水中生长着许多优良的龟，还有许多鼍。山上有丰富的金属矿物和玉石，山下盛产白色珉石。山中的树木以梅树和海棠树最多，而野兽以犀牛和大象最多，还有大量夔牛，这里的禽鸟大多是白翰鸟和赤鷩鸟。

再向东北一百四十里，是崃山。江水从这座山发源，向东流入长江。山南面盛产黄金，山北面到处有麋鹿和麈，这里的树木大多是檀树和柘树，而花草大多是野薤菜和野韭菜，还有许多白芷和寇脱。

【注释】

①石涅：当即涅石，一种矿物，可做黑色染料。

②菊：通称菊花，品种繁多，有九百种。于是古人将其概括为两大类：一类是栽种在庭院中供观赏的，叫真菊；一类是在山野生长的，叫野菊，别名叫苦薏。这里就是指野菊。

③江：古人单称“江”或“江水”而不贯以名者，则大多是专指长江，这里即指长江。但本书记述山丘河流的方位走向都不甚确实，所述长江也不例外，与今天用科学方法测量出的长江不甚相符。现在译“江”或“江水”为“长江”，只是为了使译文醒目而有别于其他江水。

④鼍：见图。

⑤夔牛：见图。

《山海经》地理考

岷山山系

岷山古今同名，位于四川北部，绵延四川、甘肃两省，西北—东南走向的山脉，此山西北接西倾山，南与邛崃山相连。包括甘肃南部的迭山，甘肃、四川边境的摩天岭。

女几之山

此山位于岷山山系龙门山脉中部，即今四川什邡市的九顶山。此山最高海拔高达4989米，属龙门山脉群峰中最高点。

洛水

“洛水出焉，东注于江”。“洛水”即四川沱江的支流石亭江，发源于四川省什邡市红白镇。

岷山

“又东北三百里，曰岷山。”“江有三源，岷居中央。”此处的“岷山”在今四川松潘县北。

江水

“江水出焉”。“江水”指长江的支流青衣江，发源于邛崃山脉巴朗山与夹金山之间的蜀西营，汇入大渡河。“东北流注于海”指长江经崇明岛入海。

崃山

“又东北一百四十里，曰崃山。”根据名称推测“崃山”即今四川阿坝的邛崃山，是岷江和大渡河的分水岭。

《山海经》动物考

鼍 清 《禽虫典》

夔牛 清 汪绂图本

崌山、高梁之山、蛇山

	矿物	植物	动物
崌山		櫾 杻 梅 梓	怪蛇 鷙鱼 夔牛 麢 犀 兕 窃脂
高梁山	垩 砥砺	桃枝 鉤端	
蛇山	黄金 垩	栒 豫章 嘉荣 少辛	狍狼

【原文】

又东一百五十里，曰崌(jú)山。江水出焉，东流注于大江，其中多怪蛇，多鷙(zhì)鱼[1]。其木多櫾(qiū)[2]杻，多梅、梓，其兽多夔牛、麢、犀、兕。有鸟焉，状如鸮(xiāo)而赤身白首，其名曰窃脂，可以御火。

又东三百里，曰高梁之山，其上多垩，其下多砥砺，其木多桃枝、鉤端。有草焉，状如葵而赤华、荚实、白柎，可以走马。

又东四百里，曰蛇山，其上多黄金，其下多垩，其木多栒(xún)，多豫章，其草多嘉荣、少辛。有兽焉，其状如狐，而白尾长耳，名狍(shì)狼，见则国内有兵。

【译文】

再向东一百五十里，是崌山。江水从这座山发源，向东流入长江，水中生长着许多怪蛇，还有很多鷙鱼。这里的树木以櫾树和杻树居多，还有很多梅树与梓树，而野兽以夔牛、羚羊、犀牛、兕最多。山中有一种禽鸟，长得像一般的猫头鹰，却是红色的身子、白色的脑袋，叫作窃脂，人饲养它可以辟火。

再向东三百里，是高梁山，山上盛产垩土，山下盛产磨刀石，这里的草木大多是桃枝竹和钩端竹。山中生长着一种草，长得像葵菜，却有红色的花朵、带荚的果实、白色的花萼，给马吃了就能使马跑得快。

再向东四百里，是蛇山，山上多出产黄金，山下多出产垩土，这里的树木以栒树最多，还有许多豫章树，而花草以嘉荣、细辛最多。山中有一种野兽，长得像一般的狐狸，却长着白尾巴和长耳朵，叫作狍狼，它在哪个国家出现，哪个国家就会有战争。

【注释】

①鷙鱼：不详何种鱼。

②櫾：一种木材刚硬的树木，可以用作制造车子。

鬲山、隅阳之山、岐山、勾檷山、风雨之山

	矿物	植物	动物
鬲山	金　白珉　白玉		犀　象　熊　罴　猿　蜼
隅阳山	金玉　青雘　丹粟	梓桑　茈	
风雨山	白金　石涅	棷　椫　杨	蛇　闾　麋　麈　豹　虎　白鷮

【原文】

又东五百里，曰鬲山，其阳多金，其阴多白珉。蒲鸛(hōng)之水出焉，而东流注于江，其中多白玉。其兽多犀、象、熊、罴，多猿、蜼(wěi)。又东北三百里，曰隅阳之山，其上多金玉，其下多青雘，其木多梓桑，其草多茈。徐之水出焉，东流注于江，其中多丹粟。又东二百五十里，曰岐山，其上多白金，其下多铁，其木多梅梓，多杻楢。减水出焉，东南流注于江。又东三百里，曰勾檷(nǐ)之山，其上多玉，其下多黄金，其木多栎柘，其草多芍药。又东一百五十里，曰风雨之山，其上多白金，其下多石涅，其木多棷(zōu)①椫(shàn)②，多杨。宣余之水出焉，东流注于江，其中多蛇。其兽多闾、麋，多麈(zhǔ)、豹、虎，其鸟多白鷮(jiāo)。

【译文】

再向东五百里，是鬲山，山南盛产金，山北盛产白色珉石。蒲鸛水发源于此，向东流入长江，水中有很多白色玉石。山中野兽以犀牛、大象、熊、罴最多，还有许多猿猴、长尾猿。再向东北三百里，是隅阳山，山上遍布金属矿物和玉石，山下有丰富的青雘，树木大多是梓树和桑树，草大多是紫草。徐水发源于此，向东流入长江，水中有许多粟粒大小的丹砂。再向东二百五十里，是岐山，山上富含白银，山下有丰富的铁，树木以梅树和梓树居多，还有许多杻树和楢树。减水发源于此，向东南流入长江。再向东三百里，是勾檷山，山上盛产玉石，山下盛产黄金，树木大多是栎树和柘树，而花草大多是芍药。再向东一百五十里，是风雨山，山上多产白银，山下多出产石涅，树木以棷树和椫树居多，杨树也不少。宣余水发源于此，向东流入长江，水中有很多水蛇。山里的野兽以山驴和麋鹿最多，还有许多麈、豹子、老虎，禽鸟大多是白鷮。

【注释】

①棷：不详何种树木。

②椫：椫树，也叫白理木。木质坚硬，木纹洁白，可以制做梳子、勺子等器物。

玉山、熊山、騩山、葛山

	矿物	植物	动物
玉山	铜　赤金	豫章　楢　杻	豕　鹿　麢　臭　鸩
熊山	白玉　白金	樗柳　寇脱	
騩山	美玉　赤金　铁	桃枝　荆　芑	

【原文】

又东二百里，曰玉山，其阳多铜，其阴多赤金，其木多豫章、楢、杻，其兽多豕、鹿、麢、臭(zhuò)，其鸟多鸩。

又东一百五十里，曰熊山。有穴焉，熊之穴，恒出入神人。夏启而冬闭；是穴也，冬启乃必有兵。其上多白玉，其下多白金。其木多樗柳，其草多寇脱。

又东一百四十里，曰騩山，其阳多美玉、赤金，其阴多铁，其木多桃枝、荆、芑[①]。

又东二百里，曰葛山，其上多赤金，其下多瑊(jiān)石[②]，其木多柤(zhā)、栗、橘、櫾(yòu)、楢、杻，其兽多麢、臭(zhuò)，其草多嘉荣。

【译文】

再向东北二百里，是玉山，山南面多出产铜，山北面多出产黄金，这里的树木以豫章树、楢树、杻树最多，而野兽以野猪、鹿、羚羊、臭最多，禽鸟大多是鸩鸟。

再向东一百五十里，是熊山。山中有一洞穴，是熊的巢穴，常有神人出入。洞穴一般是夏季开启而冬季关闭；就是这个洞穴，如果冬季开启就一定发生战争。山上多出产白色玉石，山下多出产白银。山里的树木以臭椿树和柳树居多，而花草以寇脱草最多见。

再向东一百四十里，是騩山，山南面盛产美玉黄金，山北面盛产铁，这里的草木以桃枝竹、牡荆树、芭蕉树最多。

再向东二百里，是葛山，山上多出产黄金，山下多出产瑊石，这里的树木以柤树、栗子树、橘子树、柚子树、楢树、杻树居多，而野兽以羚羊和臭居多，花草大多是嘉荣。

【注释】

①芑：即芭蕉。

②瑊石：是一种比玉差一等的美石。

贾超之山

	矿物	植物
贾超山	黄垩 美赭	柤 栗 橘 櫾 龙脩

【原文】

又东一百七十里，曰贾超之山，其阳多黄垩，其阴多美赭，其木多柤、栗、橘、櫾，其中多龙脩[①]。

凡岷山之首，自女几山至于贾超之山，凡十六山，三千五百里。其神状皆马身而龙首。其祠：毛用一雄鸡瘗，糈用稌。文山[②]、勾檷(mí)、风雨、騩之山，是皆冢也。其祠之：羞酒，少牢具，婴毛一吉玉。熊山，帝[③]也。其祠：羞酒，太牢具，婴毛一璧。干[④]儛(wǔ)[⑤]，用兵以禳(ráng)[⑥]；祈，璆(qiú)[⑦]冕[⑧]舞。

【译文】

再向东一百七十里，是贾超山，山南面多出产黄色垩土，山北面多出产精美赭石，这里的树木大多是柤树、栗子树、橘子树、柚子树、楢树、杻树，山中的草以龙须草最多。

总计岷山山系的首尾，自女几山起到贾超山止，一共十六座山，途经三千五百里，诸山山神的形貌都是马的身子和龙的脑袋。祭祀山神：在毛物中用一只公鸡做祭品埋入地下，祀神的米用稻米。文山、勾檷山、风雨山、騩山，是诸山的宗主。祭祀这几座山的山神：进献美酒，用猪、羊做祭品，在祀神的玉器中用一块吉玉。熊山，是诸山的首领。祭祀这个山神：进献美酒，用猪、牛、羊齐全的三牲做祭品，在祀神的玉器中用一块玉璧。手拿盾牌舞蹈，为了禳除战争灾祸；祈求福祥，就穿戴礼服并手持美玉而舞蹈。

【注释】

①龙脩：就是龙须草，与莞草相似而细一些，生长在山石缝隙中，草茎倒垂，可以用来编织席子。

②文山：指岷山。

③帝：主体。这里是首领的意思。

④干：盾牌。

⑤儛：跳舞。

⑥禳：祭祷消灾。

⑦璆：同“球”。美玉。

⑧冕：即冕服，是古代帝王、诸侯及卿大夫的礼服。这里泛指礼服。

北
西
东
南

中次十经

《中次十经》中仅记述了九座山，共计三百一十里。这些山大致位于今河南、湖北境内大巴山与秦岭和龙门山交接的过渡山脉。

《中次十经》中记述的植物资源和矿物资源都很丰富，另外，经中还有一些对怪兽的描写。如有一种禽鸟，长得像一般的猫头鹰，却长着一只爪子和一条猪一样的尾巴，叫作跂踵，这种鸟是大瘟疫的预兆。

首阳之山、虎尾之山、繁缋之山、勇石之山、复州之山、楮山

	矿物	植物	动物
首阳山	金玉		
虎尾山	封石　赤金　铁	椒　椐	
繁缋山		楢杻　枝勾	
勇石山	白金		
复州山	黄金	檀	跂踵
楮山	垩	寓木　椒　椐　柘	

【原文】

中次十经之首，曰首阳之山，其上多金玉，无草木。

又西五十里，曰虎尾之山，其木多椒、椐(jū)[①]，多封石，其阳多赤金，其阴多铁。

又西南五十里，曰繁缋(kuì)之山，其木多楢杻，其草多枝勾[②]。

又西南二十里，曰勇石之山，无草木，多白金，多水。

又西二十里，曰复州之山，其木多檀，其阳多黄金。有鸟焉，其状如鸮，而一足彘尾，其名曰跂踵，见则其国大疫。

又西三十里，曰楮山，多寓木，多椒、椐，多柘，多垩。

【译文】

中央第十列山系的首座山，是首阳山，山上有丰富的金属矿物和玉石，没有花草树木。

再向西五十里，是虎尾山，这里树木以花椒树、椐树为多，到处有封石，山南面有丰富的黄金，山北面有丰富的铁。

再向西南五十里，是繁缋山，这里的树木大多是楢树和杻树，而草大多是桃枝、钩端之类的小竹丛。

再向西南二十里，是勇石山，不生长花草树木，有丰富的白银，到处流水。

再向西二十里，是复州山，这里的树木以檀树居多，山南面有丰富的黄金。山中有一种禽鸟，长得像一般的猫头鹰，却长着一只爪子和一条猪一样的尾巴，叫作跂踵，它在哪个国家出现，哪个国家就会发生大瘟疫。

再向西三十里，是楮山，生长着茂密的寄生树，到处是花椒树、椐树，柘树也不少，还有大量垩土。

【注释】

①椐：椐树，也叫灵寿木。树干上多肿节，古人用作手杖。

②枝勾：就是上文所说的桃枝竹、鉤端竹，矮小而丛生。

又原之山、涿山、丙山

	矿物	植物	动物
又原山	青雘 铁		鸜鹆
涿山	瑀琈之玉	穀 柞 杻	
丙山		梓 檀 弞杻	

【原文】

又西二十里，曰又原之山，其阳多青雘，其阴多铁，其鸟多鸜鹆(qú yǔ)。

又西五十里，曰涿(zhuó)山，其木多穀、柞、杻，其阳多瑀琈之玉。

又西七十里，曰丙山，其木多梓、檀，多弞(shěn)杻①。

凡首阳山之首，自首山至于丙山，凡九山，二百六十七里。其神状皆龙身而人面。其祠之：毛用一雄鸡瘗，糈用五种之糈②。堵山③，冢也，其祠之：少牢具，羞酒祠，婴毛一璧瘗。騩山，帝也，其祠羞酒，太牢具；合巫祝④二人儛，婴一璧。

【译文】

再向西二十里，是又原山，山的南面有很多青雘，山的北面有很多铁，山中的鸟多鸜鹆。

再向西五十里，是涿山，这里的树木大多是构树、柞树、杻树，山南面多出产瑀琈玉。

再向西七十里，是丙山，这里的树木大多是梓树、檀树，还有很多弞杻树。

总计首阳山山系的首尾，自首阳山起到丙山止，一共九座山，途经二百六十七里。诸山山神的形貌都是龙的身子人的面孔。祭祀山神：在毛物中用一只公鸡献祭后埋入地下，祀神的米用五种粮米。堵山，是诸山的宗主，祭祀这个山神：用猪、羊二牲做祭品，进献美酒来祭祀，在玉器中用一块玉璧。騩山，是诸山的首领，祭祀騩山山神要进献美酒，用猪、牛、羊齐全的三牲做祭品；让女巫师和男祝师二人一起跳舞，在玉器中用一块玉璧来祭祀。

【注释】

①弞杻：杻树的树干都是弯曲的，而弞杻的树干长得比较直，不同于一般的杻树。

②五种之糈：指黍、稷、稻、粱和麦五种粮米。

③堵山：指楮山。

④巫：古代称能以舞降神的人，即女巫。祝：古代在祠庙中主管祭礼的人，即男巫。

北
西
东
南

中次十一经

《中次十一经》记述了位于中国中部的四十八座山，共计四千三百七十里。从山中发源的河流流向都为东流或东南流向可以判断，又依据有不少注入汉水的河流来看，则不难推出这山脉就是秦岭。

《中次十一经》篇幅长，记载山岭数量多。但本经中记述的动物、植物、矿物种类并不丰富，只是常规出现的几种。《中次十一经》中的怪兽，有一种名叫雍和的，它状如猿，赤目、赤喙、黄身；还有一种名叫鸩的鸟，它状如雉，以蜚为食；还有一种鸟名叫婴勺，它状如鹊，赤目、赤喙、白身，尾若勺。

翼望之山、朝歌之山、帝囷之山、视山

	矿物	植物	动物
翼望山	赤金 珉	松柏 漆梓	蛟
朝歌山		梓 楠 莽草	人鱼 麢 麋
视山	美垩 金 玉	桑 韭	

【原文】

中次一十一山经荆山之首，曰翼望之山。湍(zhuān)水出焉，东流注于济；贶(kuàng)水出焉，东南流注于汉[①]，其中多蛟[②]。其上多松柏，其下多漆梓，其阳多赤金，其阴多珉(mín)。

又东北一百五十里，曰朝歌之山。潕(wǔ)水出焉，东南流注于荥(xíng)，其中多人鱼。其上多梓、枏，其兽多麢、麋。有草焉，名曰莽(wàng)草[③]，可以毒鱼。

又东南二百里，曰帝囷(qūn)之山，其阳多㻬琈之玉，其阴多铁。帝囷之水出于其上，潜于其下，多鸣蛇。

又东南五十里，曰视山，其上多韭。有井焉，名曰天井[④]，夏有水，冬竭。其上多桑，多美垩、金、玉。

【译文】

中央第十一列山系荆山山系的首座山，是翼望山。湍水从这座山发源，向东流入济水；贶水也从这座山发源，向东南流入汉水，水中有很多蛟。山上到处是松树和柏树，山下有茂密的漆树和梓树，山南面多出产黄金，山北面多出产珉石。

再向东北一百五十里，是朝歌山。潕水从这座山发源，向东南流入荥水，水中生长着很多人鱼。山上有茂密的梓树、楠木树，这里的野兽以羚羊、麋鹿最多。山中有一种草，叫作莽草，能够毒死鱼。

再向东南二百里，是帝囷山，山南面有丰富的㻬琈玉，山北面有丰富的铁。帝囷水从这座山顶上发源，潜流到山下，水中有很多长着四只翅膀的鸣蛇。

再向东南五十里，是视山，山上到处是野韭菜。山中有一低洼处，叫作天井，夏天有水，冬天枯竭。山上有茂密的桑树，还有丰富的优良垩土、金属矿物、玉石。

【注释】

①汉：即汉江。

②蛟：据古人说是像蛇的样子，却有四只脚、小小的头、细细的脖子，脖颈上有白色肉瘤，大的有十几围粗，卵有瓮大小，能吞食人。

③莽草：就是上文所说的芒草，又叫鼠莽。

④天井：古人把四周高峻中间低洼的地形，或四面房屋和围墙中间的空地称作天井，因其形如井而露天。所以，这里也把处在低洼地的水泉叫作天井。

前山、丰山、兔床之山、皮山、瑶碧之山

	矿物	植物	动物
前山	金 赭	槠 柏	
丰山	金	穀 柞 杻 橿	雍和
瑶碧山	青雘 白金	梓枏	鸩

【原文】

又东南二百里，曰前山，其木多槠(zhū)[①]，多柏，其阳多金，其阴多赭。

又东南三百里，曰丰山。有兽焉，其状如猿，赤目、赤喙、黄身，名曰雍和，见则国有大恐。神耕父处之，常游清泠(líng)之渊，出入有光，见则其国为败。有九钟焉，是知霜鸣。其上多金，其下多穀、柞、杻、橿。

又东北八百里，曰兔床之山，其阳多铁，其木多藷(zhū)萸(xǔ)[②]，其草多鸡谷，其本如鸡卵，其味酸甘，食者利于人。

又东六十里，曰皮山，多垩，多赭，其木多松柏。

又东六十里，曰瑶碧之山，其木多梓枏，其阴多青雘，其阳多白金。有鸟焉，其状如雉，恒食蜚[③]，名曰鸩。

【译文】

再向东南二百里，是前山，树木以槠树居多，还有不少柏树，山南盛产金属矿物，山北盛产赭石。

再向东南三百里，是丰山。山中有种野兽，长得像猿猴，红眼睛、红嘴巴、黄色的身子，叫作雍和，它出现的地方会发生大恐慌。神仙耕父住在这座山里，常常在清泠渊畅游，出入时都有闪光，它出现的地方就会衰败。这座山还有九口钟，应和霜的降落而鸣响。山上遍布金属矿物，山下有茂密的构树、柞树、杻树、橿树。

再向东北八百里，是兔床山，山南有丰富的铁，树木以槠树和萸树最多，花草以鸡谷草最多，它的根茎像鸡蛋，味道酸中带甜，人吃了对身体有益。

再向东六十里，是皮山，有大量垩土，还有大量的赭石，树木大多是松树和柏树。

再向东六十里，是瑶碧山，树木以梓树和楠木树最多，山北盛产青雘，山面盛产白金。山中有一种鸟，长得像野鸡，常吃蜚虫，叫作鸩。

【注释】

①槠：槠树，结的果实如同橡树的果实，可以吃，木质耐腐蚀，常用来作房屋的柱子。

②萸：芧树，即栎树。果实叫橡子、橡斗。树皮可以饲养蚕，树叶可以做染料。

③蜚：一种有害的小飞虫，形状椭圆，散发恶臭。

支离之山、祑篙之山、堇理之山、依轱之山

	矿物	植物	动物
祑篙山		松 柏 机 桓	
堇理山	丹雘 金	松柏 美梓	豹虎 青耕
依轱山		杻橿 苴	獜

【原文】

又东四十里，曰支离之山。济水出焉，南流注于汉。有鸟焉，其名曰婴勺，其状如鹊，赤目、赤喙、白身，其尾若勺，其鸣自呼。多㸲牛、多羬羊。

又东北五十里，曰祑篙(zhì diāo)之山，其上多松、柏、机①、桓(huán)②。

又西北一百里，曰堇(qín)理之山，其上多松柏，多美梓，其阴多丹雘，多金，其兽多豹虎。有鸟焉，其状如鹊，青身白喙，白目白尾，名曰青耕，可以御疫，其鸣自叫。

又东南三十里，曰依轱(kū)之山，其上多杻橿，多苴(zhā)③。有兽焉，其状如犬，虎爪有甲，其名曰獜(lìn)，善駚坌(yāng fén)，食者不风。

【译文】

再向东四十里，是攻离山。济水发源于此，向南流入汉水。山中有一种鸟，叫作婴勺，像喜鹊，长着红眼睛、红嘴巴、白色的身子，尾巴像汤勺，它的叫声便是自身名称的读音。这座山中还有很多㸲牛、羬羊。

再向东北五十里，是祑篙山，山上有茂密的松树、柏树、桤树、桓树。

再向西北一百里，是堇理山，山上遍布松树、柏树，还有很多优良梓树，山北多产丹雘，还有丰富的金属矿物，野兽以豹子和老虎最多。山中有一种鸟，长得像喜鹊，身子是青色的，嘴巴、眼睛和尾巴都是白色的，叫作青耕，人饲养它可以辟瘟疫，它的叫声便是自身名称的读音。

再向东南三十里，是依轱山，山上有茂密的杻树和橿树，柤树也不少。山中有一种野兽，长得像狗，有老虎一样的爪子，身上有鳞甲，叫作獜，擅长跳跃扑腾，人吃了它就不患风痹病。

【注释】

①机：即桤(qī)树。

②桓：桓树，树叶像柳叶，树皮是黄白色。古人说它又叫无患子，可以洗涤衣服，除去污垢。

③苴：通“柤”。即柤树。

即谷之山、鸡山、高前之山、游戏之山、从山

	矿物	植物	动物
即谷山	美玉	珉　青艧	玄豹　闾麈　麢臭
鸡山		美梓　桑　韭	
高前山	金　赭		
游戏山	玉　封石	杻　橿　穀	
从山		松柏　竹	三足鳖

【原文】

又东南三十五里，曰即谷之山，多美玉，多玄豹，多闾麈，多麢臭。其阳多珉，其阴多青艧。

又东南四十里，曰鸡山，其上多美梓，多桑，其草多韭。

又东南五十里，曰高前之山。其上有水焉，甚寒而清，帝台之浆[①]也，饮之者不心痛。其上有金，其下有赭。

又东南三十里，曰游戏之山，多杻、橿、穀，多玉，多封石。

又东南三十五里，曰从山，其上多松柏，其下多竹。从水出于其上，潜于其下，其中多三足鳖，枝[②]尾，食之无蛊疫。

【译文】

再向东南行三十五里，是即谷山，盛产美玉，有很多的玄豹、闾麈和麢臭，山的阳面有很多珉，阴面有很多青艧。

再向东南四十里，是鸡山，山上到处是优良梓树，还有茂密的桑树，而花草以野韭菜最多。

再向东南五十里，是高前山。这座山上有一条溪水，非常凉而又特别清澈，是神仙帝台所用过的浆水，饮用了它就能使人不患心痛病。山上有丰富的金属矿物，山下有丰富的赭石。

再向东南三十里，是游戏山，这里有茂密的杻树、橿树、构树，还有丰富的玉石，封石也很多。

再向东南三十五里，是从山，山上到处是松树和柏树，山下有茂密的竹丛。从水由这座山顶上发源，潜流到山下，水中有很多三足鳖，长着叉开的尾巴，吃了它的肉就能使人不患疑心病。

【注释】

①浆：即水。

②枝：分支的、分叉的。

婴硜之山、毕山、乐马之山、葴山、婴山、虎首之山

	矿物	植物	动物
婴硜山		松柏 梓 櫄	
葴山			人鱼 蛟 颉
虎首山		苴 椆 椐	
婴山	金玉 青雘		

又东南三十里，曰婴硜(zhēn)之山，其上多松柏，其下多梓、櫄(chūn)[①]。

又东南三十里，曰毕山。帝苑之水出焉，东北流注于瀙(qìn)，其中多水玉，多蛟。其上多㻬琈之玉。

又东南二十里，曰乐马之山。有兽焉，其状如彙(wéi)，赤如丹火，其名曰狭(lì)，见则其国大疫。

又东南二十五里，曰葴(jiān)山，瀙水出焉，东南流注于汝水，其中多人鱼，多蛟，多颉(jiá)。

又东四十里，曰婴山，其下多青雘，其上多金玉。

又东三十里，曰虎首之山，多苴(zhā)、椆(diāo)[②]、椐。

【译文】

再向东南三十里，是婴硜山，山上到处是松树柏树，山下有茂密的梓树、櫄树。

再向东南三十里，是毕山。帝苑水从这座山发源，向东北流入瀙水，水中多出产水晶石，还有很多蛟。山上有丰富的㻬琈玉。

再向东南二十里，是乐马山。山中有一种野兽，长得像一般的刺猬，全身赤红如丹火，叫作狭，它在哪个国家出现，哪个国家里就会发生大瘟疫。

再向东南二十五里，是葴山，瀙水从这座山发源，向东南流入汝水，水中有很多人鱼，又有很多蛟，还有很多颉。

再向东四十里，是婴山，山下有丰富的青雘，山上有丰富的金属矿物和玉石。

再向东三十里，是虎首山，有茂密的柤树、椆树、椐树。

【注释】

①櫄：又叫杶树，形状像臭椿树，树干可制作车辕。

②椆：据古人说是一种耐寒冷而不凋落的树木。

婴侯之山、大孰之山、卑山、倚帝之山、鲵山

	矿物	植物	动物
婴侯山	封石　锡		
大孰山	白垩		
卑山		桃　李　苴　梓　虆	
倚帝山	玉　金		狙如
鲵山	美垩　金　青雘	椐	

【原文】

又东二十里，曰婴侯（hóu）之山，其上多封石，其下多赤锡。

又东五十里，曰大孰之山。杀水出焉，东北流注于瀷水，其中多白垩。

又东四十里，曰卑山，其上多桃、李、苴、梓，多虆（lěi）[①]。

又东三十里，曰倚帝之山，其上多玉，其下多金。有兽焉，状如鼣（fèi）鼠[②]，白耳白喙，名曰狙（qū）如，见则其国有大兵。

又东三十里，曰鲵（ní）山。鲵水出于其上，潜于其下，其中多美垩。其上多金，其下多青雘。

【译文】

再向东二十里，是婴侯山，山上多出产封石，山下多出产红色锡。

再向东五十里，是大孰山。杀水从这座山发源，向东北流入瀷水，沿岸到处是白色垩土。

再向东四十里，是卑山，山上有茂密的桃树、李树、苴树、梓树，还有很多紫藤树。

再向东三十里，是倚帝山，山上有丰富的玉石，山下有丰富的金属矿物。山中有一种野兽，长得像鼣鼠，长着白耳朵白嘴巴，叫作狙如，它在哪个国家出现，哪个国家就会发生大战争。

再向东三十里，是鲵山。鲵水从这座山顶上发源，潜流到山下，这里有很多优良垩土。山上有丰富的金属矿物，山下有丰富的青雘。

【注释】

①虆：又叫作滕，古人说是一种与虎豆同类的植物。虎豆是缠蔓于树枝而生长的，所结豆荚，成熟后是黑色，有毛刺外露，像老虎指爪，而荚中豆子有斑点，像老虎身上的斑纹，所以又叫虎櫐，即今所说的紫藤。櫐，同"藟"，蔓生植物。

②鼣鼠：不详何种动物。

雅山、宣山、衡山、丰山、𡚁山

	矿物	植物	动物
雅山	赤金	苴　美桑	大鱼
宣山		帝女之桑	蛟
衡山	青雘	桑	鸜鹆
丰山	封石	桑　羊桃	

【原文】

又东三十里，曰雅山。澧水出焉，东流注于溉水，其中多大鱼。其上多美桑，其下多苴，多赤金。

又东五十五里，曰宣山。沦水出焉，东南流注于溉水，其中多蛟。其上有桑焉，大五十尺，其枝四衢（qú），其叶大尺余，赤理、黄华、青柎，名曰帝女①之桑。

又东四十五里，曰衡山，其上多青雘，多桑，其鸟多鸜鹆（qú yù）。

又东四十里，曰丰山，其上多封石，其木多桑，多羊桃，状如桃而方茎，可以为②皮张（zhàng）③。

又东七十里，曰𡚁山，其上多美玉，其下多金，其草多鸡谷。

【译文】

再向东三十里，是雅山。澧水从这座山发源，向东流入视水，水中有很多大鱼。山上有茂密的优良桑树，山下有茂密的苴树，这里还出产黄金。

再向东五十五里，是宣山。沦水从这座山发源，向东南流入视水，水中有很多蛟。山上有一种桑树，树干合抱有五十尺粗细，树枝交叉伸向四方，树叶大有一尺多，红色的纹理、黄色的花朵、青色的花萼，叫作帝女桑。

再向东四十五里，是衡山，山上盛产青雘，还有茂密的桑树，这里的禽鸟以八哥最多。

再向东四十里，是丰山，山上多出产封石，这里的树木大多是桑树，还有大量羊桃，长得像一般的桃树，却是方方的茎干，可以用它医治人的皮肤肿胀病。

再向东七十里，是𡚁山，山上多盛产优良玉石，山下多盛产金，这里的花草以鸡谷草最为繁盛。

【注释】

①帝女：传说中的赤帝之女。

②为：治理。这里是治疗的意思。

③张：通“胀”，浮肿。

鲜山、章山、大支之山、区吴之山、声匈之山、大騩之山

	矿物	植物	动物
鲜山	金　铁	楢　杻　苴　亹冬	狢即
章山	金　美石　脃石		
大支山	金	穀柞	

【原文】

又东三十里，曰鲜山，其木多楢、杻、苴，其草多亹(mén)冬[①]，其阳多金，其阴多铁。有兽焉，其状如膜犬[②]，赤喙、赤目、白尾，见则其邑有火，名曰狢(yì)即。

又东三十里，曰章山，其阳多金，其阴多美石。皋水出焉，东流注于澧水，其中多脃(cuì)石[③]。

又东二十五里，曰大支之山，其阳多金，其木多穀柞，无草木。

又东五十里，曰区吴之山，其木多苴。

又东五十里，曰声匈之山，其木多穀，多玉，上多封石。

又东五十里，曰大騩之山，其阳多赤金，其阴多砥石。

【译文】

再向东三十里，是鲜山，这里的树木以楢树、杻树、苴树最多，花草以蔷薇最多，山南面有丰富的金属矿物，山北面有丰富的铁。山中有一种野兽，长得像膜犬，长着红嘴巴、红眼睛、白尾巴，它在哪个地方出现，哪里就会有火灾，叫作狢即。

再向东三十里，是章山，山南面多出产金属矿物，山北面多出产漂亮的石头。皋水从这座山发源，向东流入澧水，水中有许多脃石。

再向东二十五里，是大支山，山南面有丰富的金属矿物，这里的树木大多是构树和柞树，但不生长草。

再向东五十里，是区吴山，此处以苴树最为繁盛。

再向东五十里，是声匈山，这里有茂密的构树，到处是玉石，山上还盛产封石。

再向东五十里，是大騩山，山南面多出产黄金，山北面多出产细磨刀石。

【注释】

①亹冬：就是现在称作蔷薇的蔓生植物，花、果、根都可入药或制作香料。

②膜犬：据古人说是西膜之犬，这种狗的体形高大，长着浓密的毛，性情猛悍，力量很大。

③脃石：一种轻软而易断易碎的石头。脃，即“脆”的本字。

踵臼之山、历石之山、求山、丑阳之山、奥山

	矿物	植物	动物
历石山	黄金　砥石	荆　芑	梁渠
求山	美赭　金　铁	苴　篃	
丑阳山		椆　椐	駅駼
奥山	㻬琈之玉	柏　杻　橿	

【原文】

又东十里，曰踵臼之山，无草木。

又东北七十里，曰历石之山，其木多荆、芑(qǐ)，其阳多黄金，其阴多砥石。有兽焉，其状如狸，而白首虎爪，名曰梁渠①，见则其国有大兵。

又东南一百里，曰求山。求水出于其上，潜于其下，中有美赭。其木多苴，多篃(méi)。其阳多金，其阴多铁。

又东二百里，曰丑阳之山，其上多椆椐。有鸟焉，其状如乌而赤足，名曰駅駼(zhǐ tú)，可以御火。

又东三百里，曰奥山，其上多柏、杻、橿，其阳多㻬琈之玉。奥水出焉，东流注于瀙水。

【译文】

再向东十里，是踵臼山，不生长花草树木。

再向东北七十里，是历石山，这里的树木以牡荆和枸杞最多，山南面盛产黄金，山北面盛产细磨刀石。山中有一种野兽，长得像野猫，却长着白色的脑袋、老虎一样的爪子，叫作梁渠，它在哪个国家出现，哪个国家就会发生大战争。

再向东南一百里，是求山，求水从这座山顶上发源，潜流到山下，这里有很多优良赭石。山中到处是苴树，还有矮小丛生的篃竹。山南面有丰富的金属矿物，山北面有丰富的铁。

再向东二百里，是丑阳山，山上有茂密的椆树和椐树。山中有一种禽鸟，长得像一般的乌鸦，却长着红色爪子，叫作駅駼，人饲养它可以防御火灾。

再向东三百里，是奥山，山上有茂密的柏树、杻树、橿树，山南面盛产㻬琈玉。奥水从这座山发源，向东流入视水。

【注释】

①梁渠：见图。

《山海经》动物考

梁渠

服山、杳山、凡山

	矿物	植物	动物
服山	赤锡　封石	苴	
杳山	金　玉	嘉荣草	
凡山		楢　檀　杻　香草	闻𦍒

【原文】

又东三十五里，曰服山，其木多苴，其上多封石，其下多赤锡。

又东三百里，曰杳山，其上多嘉荣草，多金玉。

又东三百五十里，曰凡山，其木多楢、檀、杻，其草多香。有兽焉，其状如彘，黄身、白头、白尾，名曰闻𦍒(lìn)，见则天下大风。

凡荆山之首，自翼望之山至于凡山，凡四十八山，三千七百三十二里。其神状皆彘身人首。其祠：毛用一雄鸡祈瘗，瘗用一珪，糈用五种之糈（精）。禾山[1]，帝也。其祠：太牢之具，羞瘗，倒毛[2]；用一璧，牛无常[3]。堵山、玉山，冢也，皆倒祠[4]，羞用（毛）少牢，婴用（毛）吉玉。

【译文】

再向东三十五里，是服山，树木以苴树最多，山上有丰富的封石，山下多出产红色锡。

再向东三百多里，是杳山，山上到处是嘉荣草，还遍布金属矿物和玉石。

再向东三百五十里，是凡山，树木以楢树、檀树、杻树最多，草类主要是各种香草。山中有一种野兽，像猪，身子是黄色的、脑袋和尾巴是白色的，叫作闻𦍒，它一出现就会刮起大风。

总计荆山山系的首尾，自翼望山起到凡山止，共四十八座山，途经三千七百三十二里。诸山山神的形貌都是猪身人头。祭祀山神：毛物用一只公鸡，祭祀后埋入地下，玉器用玉珪，米用黍、稷、稻、粱、麦五种粮米。禾山是诸山的首领。祭祀禾山山神：在毛物中用猪、牛、羊齐全的三牲做祭品，进献后埋入地下，而且将牲畜倒着埋；玉器用玉璧，但也不必三牲全备。堵山、玉山，是诸山的宗主，祭祀后都要将牲畜倒着埋掉，祭祀品是猪、羊，玉器要用吉玉。

【注释】

①禾山：这一山系并未涉及禾山，不知是哪一山的误写。

②倒毛：毛指毛物，即作为祭品的牲畜。倒毛就是在祭礼举行完后，把猪、牛、羊三牲反倒着身子埋掉。

③牛无常：祭祀时不一定用牛。

④倒祠：倒毛的意思。

北
西
东
南

中次十二经

《中次十二经》是《中山经》的最后一经，本经中记述十五座山，共计一千八百四十九里。《中次十二经》的山脉呈西北——东南走向，他们大致在今湖北、湖南、江西境内。《中次十二经》中除记述了常规的动物、植物、矿物等，在末尾还用上古帝王大禹的口吻对《五藏山经》进行了全面总结。大禹说：天下的名山，共有五千三百七十座，六万四千零五十六里，这些山分布在大地东西南北中各方。广阔的天地从东方到西方共二万八千里，从南方到北方共二万六千里，江河源头所在之山是八千里，江河流经之地是八千里。《五臧山经》五篇，一共有一万五千五百零三个字。

篇遇之山、云山、龟山、丙山、风伯之山

	矿物	植物
云山	黄金　瑻琈玉	桂竹
龟山	黄金　石青　雄黄	穀　柞　椆　椐　扶竹
丙山	黄金　铜　铁	筀竹
风伯山	金玉　痠石　文石　铁	柳　杻　檀　楮

【原文】

中次十二经洞庭山首，曰篇遇之山，无草木，多黄金。

又东南五十里，曰云山，无草木。有桂竹[①]，甚毒，伤[②]人必死。其上多黄金，其下多瑻琈之玉。

又东南一百三十里，曰龟山，其木多穀、柞、椆、椐，其上多黄金，其下多青、雄黄，多扶竹[③]。

又东七十里，曰丙山，多筀竹[④]，多黄金、铜、铁，无木。

又东南五十里，曰风伯之山，其上多金玉，其下多痠(suān)石[⑤]、文石，多铁，其木多柳、杻、檀、楮。其东有林焉，曰莽浮之林，多美木鸟兽。

【译文】

中央第十二列山系洞庭山山系的首座山，是篇遇山，这里不生花草树木，蕴藏着丰富的黄金。

再向东南五十里，是云山，不生长花草树木。但有一种桂竹，毒性特别大，枝叶刺到人，人必死。山上盛产黄金，山下盛产瑻琈玉。

再向东南一百三十里，是龟山，这里的树木以构树、柞树、椆树、椐树最为繁盛，山上多出产黄金，山下多出产石青、雄黄，还有很多扶竹。

再向东七十里，是丙山，有茂密的桂竹，还有丰富的黄金、铜、铁，但没有树木。

再向东南五十里，是风伯山，山上有丰富的金属矿物和玉石，山下盛产痠石、色彩斑斓的石头，还盛产铁，此处以柳树、杻树、檀树、构树最多。在风伯山东面有一片莽浮林，其中有许多优良的树木和禽鸟野兽。

【注释】

①桂竹：竹子的一种。古人说它有四五丈高，茎干合围有二尺粗，叶大节长，形状像甘竹，而皮是红色的。

②伤：刺的意思，作动词用。

③扶竹：即邛(qióng)竹。节杆较长，中间实心，可以制作手杖，所以又叫扶老竹。

④筀竹：就是桂竹。据古人讲，因它是生长在桂阳地方的竹子，所以叫作桂竹。

⑤痠石：不详何种石头。

《山海经》地理考

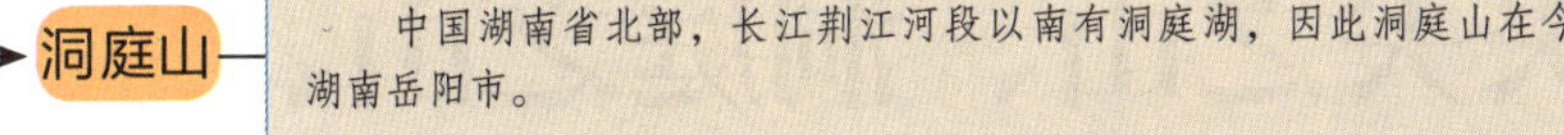

洞庭山

中国湖南省北部，长江荆江河段以南有洞庭湖，因此洞庭山在今湖南岳阳市。

篇遇之山

“中次十二经洞庭山首，曰篇遇之山”。“篇遇之山”即位于湖南西北部，是湘鄂两省分界山的壶瓶山。

云山

“又东南五十里，曰云山”。壶瓶山东南五十里为湖南省石门县的大同山，“云山”即为大同山。

龟山

“又东南一百三十里，曰龟山”。“龟山”是湖南慈利县城东五雷山，原名雷岳，海拔一千米，主峰金顶分出数脉，呈辐射状伸延。

丙山

“又东七十里，曰丙山”。五雷山向东七十里的“丙山”是湖南澧县大基山。

风伯之山

“又东南五十里，曰风伯之山”。此山相当于湖北石首县与湖南安乡县之间的长右岭。

《山海经》图典

竹

柳

夫夫之山、洞庭之山、暴山

	矿物	植物
夫夫山	黄金 石青 雄黄	桑 楮 竹 鸡鼓
洞庭山	黄金 银铁	苴 梨 橘 櫾 葌 蘪芜 芍药 芎䓖

【原文】

又东一百五十里，曰夫夫之山，其上多黄金，其下多青、雄黄，其木多桑、楮，其草多竹、鸡鼓[①]。神于儿居之，其状人身而手（身）操两蛇，常游于江渊，出入有光。

又东南一百二十里，曰洞庭之山，其上多黄金，其下多银铁，其木多苴、梨、橘、櫾，其草多葌、蘪芜[②]、芍药、芎䓖。帝之二女居之，是常游于江渊。澧沅之风，交潇湘之渊，是在九江之间[③]，出入必以飘风暴雨。是多怪神，状如人而载[④]蛇，左右手操蛇。多怪鸟。

又东南一百八十里，曰暴山，其木多棕、枏、荆、芑、竹、箭、䉋、箘（jǔn）[⑤]，其上多黄金、玉，其下多文石、铁，其兽多麋、鹿、麐（jǐ）[⑥]，就[⑦]。

【译文】

再向东一百五十里，是夫夫山，山上多产黄金，山下多产石青、雄黄，树木以桑树、构树居多，花草以竹子、鸡谷草居多。神仙于儿就住在这座山里，它长着人的身子，手握两条蛇，常常游玩于长江水的深渊中，出没时都有闪光。

再向东南一百二十里，是洞庭山，山上多产黄金，山下多产银和铁，树木以苴树、梨树、橘子树、柚子树居多，花草以兰草、蘪芜、芍药、芎䓖等香草居多。天帝的两个女儿住在这座山里，常在长江水的深渊中游玩。从澧水和沅水吹来的清风，交会在幽清的湘水渊潭上，这里正是九条江水汇合的中间，她俩出入时都伴有狂风急雨。洞庭山中还住着很多怪神，长得像人，身上绕着蛇，左右两只手也握着蛇。这里还有许多怪鸟。

再向东南一百八十里，是暴山，遍布棕树、楠木树、牡荆树、枸杞树和竹子、箭竹、䉋竹、箘竹，山上多产黄金、玉石，山下多产彩色花纹的石头和铁，野兽以麋鹿、鹿、麂居多，禽鸟大多是鹫鹰。

【注释】

①鸡鼓：即上文所说的鸡谷草。鼓、谷二字音同而假借。

②蘪芜：一种香草，可以入药。

③九江之间：九条江河，具体所指待考。

④载：戴。这里是缠绕的意思。

⑤箘：一种小竹子，可以制作箭杆。

⑥麐：同“麂”，一种小型鹿，仅雄性有角。

⑦就：即鹫，一种大型猛禽，属于雕鹰之类。就、鹫二字同音而假借。

即公之山、尧山、江浮之山、真陵之山、阳帝之山

	矿物	植物	动物
江浮山	银 砥砺		豕 鹿
真陵山	黄金 玉	榖 柞 柳 杻 荣草	
阳帝山	铜	橿 杻 檿 楮	麢麝

【原文】

又东南二百里，曰即公之山，其上多黄金，其下多㻬琈之玉，其木多柳、杻、檀、桑。有兽焉，其状如龟，而白身赤首，名曰蛫(guǐ)，是可以御火。

又东南一百五十九里，曰尧山，其阴多黄垩，其阳多黄金，其木多荆、芑、柳、檀，其草多藷藇、苿(zhú)。

又东南一百里，曰江浮之山，其上多银、砥砺，无草木，其兽多豕，鹿。

又东二百里，曰真陵之山，其上多黄金，其下多玉，其木多榖、柞、柳、杻，其草多荣草。

又东南一百二十里，曰阳帝之山，多美铜，其木多橿、杻、檿(yǎn)[①]、楮，其兽多麢麝。

【译文】

再向东南二百里，是即公山，山上多出产黄金，山下多出产㻬琈玉，这里的树木以柳树、杻树、檀树、桑树最多。山中生长着一种野兽，长得像一般的乌龟，却是白身子、红脑袋，叫作蛫，人饲养它可以防御火灾。

再向东南一百五十九里，是尧山，山北面多出产黄色垩土，山南面多出产黄金，这里的树木以牡荆树、枸杞树、柳树、檀树最多，而草以山药、白术最为繁盛。

再向东南一百里，是江浮山，山上盛产银、磨刀石，这里没有花草树木，而野兽以野猪、鹿居多。

再向东二百里，是真陵山，山上多出产黄金，山下多出产玉石，这里的树木以构树、柞树、柳树、杻树最多，而草大多是可以医治风痹病的荣草。

再向东南一百二十里，是阳帝山，到处是优质铜，这里的树木大多是橿树、杻树、山桑树、楮树，而野兽以羚羊和麝香鹿最多。

【注释】

①檿：即山桑，是一种野生桑树，木质坚硬，可以制作弓和车辕。

柴桑之山、荣余之山

	矿物	植物	动物
柴桑山	银 碧 泠石 赭	柳 芑 楮 桑	麋 鹿 白蛇 飞蛇
荣余山	铜 银	柳 芑	怪蛇 怪虫

【原文】

又南九十里，曰柴桑之山，其上多银，其下多碧，多泠（jīn）石、赭，其木多柳、芑、楮、桑，其兽多麋、鹿，多白蛇、飞蛇。

又东二百三十里，曰荣余之山，其上多铜，其下多银，其木多柳、芑，其虫多怪蛇、怪虫[①]。

凡洞庭山之首，自篇遇之山至于荣余之山，凡十五山，二千八百里。其神状皆鸟身而龙首。其祠：毛用一雄鸡、一牝豚[②]刏（jī），糈用稌。凡夫夫之山、即公之山、尧山、阳帝之山，皆冢也，其祠：皆肆[③]瘗，祈用酒，毛用少牢，婴用一吉玉。洞庭、荣余山，神也，其祠：皆肆瘗，祈酒太牢祠，婴用圭璧十五，五采惠[④]之。

右中经之山志，大凡一百九十七山，二万一千三百七十一里。

【译文】

再向南九十里，是柴桑山，山上盛产银，山下盛产碧玉，到处是柔软如泥的泠石、赭石，树木以柳树、枸杞树、楮树、桑树居多，野兽以麋鹿、鹿居多，还有许多白色蛇、飞蛇。

再向东二百三十里，是荣余山，山上多产铜，山下多产银，树木大多是柳树、枸杞树，还有很多怪蛇、怪虫。

总计洞庭山山系的首尾，自篇遇山起到荣余山止，共十五座山，途经二千八百里。诸山山神的形貌都是鸟身龙首。祭祀山神：在毛物中用一只公鸡、一头母猪，米用稻米。凡夫夫山、即公山、尧山、阳帝山，都是诸山的宗主，祭祀这几位山神：要陈列牲畜、玉器而后埋入地下，祈神用美酒，毛物用猪、羊二牲，玉器用吉玉。洞庭山、荣余山，是神灵显应之山，祭祀这二位山神：要陈列牲畜、玉器而后埋入地下，用美酒及猪、牛、羊齐全的三牲献祭，玉器用十五块玉圭十五块玉璧，用青、黄、赤、白、黑五样色彩绘饰它们。

以上是中央山系的记录，总共一百九十七座山，二万一千三百七十一里。

【注释】

①虫：古时南方人也称蛇为虫。

②牝豚：母猪。

③肆：陈设。

④惠：这里是绘的意思。惠、绘二字同音而假借。

五臧山经

【原文】

大凡天下名山五千三百七十，居地[①]，大凡六万四千五十六里。

禹[②]曰：天下名山，经五千三百七十山，六万四千五十六里，居地也。言其《五臧(zàng)》[③]，盖其余小山甚众，不足记云。天地之东西二万八千里，南北二万六千里，出水之山者八千里，受水者八千里，出铜之山四百六十七，出铁之山三千六百九十。此天地之所分壤[④]树[⑤]谷也，戈矛之所发也，刀铩(shā)[⑥]之所起也，能者有余，拙者不足。封[⑦]于太山[⑧]，禅(shàn)于梁父[⑨]，七十二家，得失之数[⑩]，皆在此内，是谓国用。

右《五臧山经》五篇，大凡一万五千五百三字。

【译文】

总计天下名山共有五千三百七十座，分布在大地之各方，一共六万四千零五十六里。

大禹说：天下的名山，共有五千三百七十座，六万四千零五十六里，这些山分布在大地各方。把以上山记录在《五臧山经》中，原因是除此以外的小山太多，不值得一一记述。广阔的天地从东方到西方共二万八千里，从南方到北方共二万六千里，江河源头所在之山是八千里，江河流经之地是八千里，出产铜的山有四百六十七座，出产铁的山有三千六百九十座。这些是地上划分疆土、种植庄稼的凭借，也是戈和矛产生的缘故，刀和铩兴起的根源，因而能干的人富裕有余，笨拙的人贫穷不足。国君在泰山上行祭天礼，在梁父山上行祭地礼，一共有七十二家，或得或失的运数，都在这个范围内，国家财用也可以说是从这块大地取得的。

以上是《五臧山经》五篇，共有一万五千五百零三个字。

【注释】

①居地：经过的地方或分布的地方。

②禹：传说是夏后氏部落的首领，是子承父位、中国奴隶制的创始人。著名事迹是大禹治水。

③五臧：即五脏。臧，通“脏”。五脏，指人的脾、肺、肾、肝和心五种主要器官。这里用来比喻《五臧山经》中所记的重要大山，如同人的五脏六腑似的，也是天地山海之间的五脏。

④分壤：划分疆域。

⑤树：种植，栽培。谷：这里泛指农作物。

⑥铩：古代一种兵器，即铍(pī)。大矛。

⑦封：古时把帝王在泰山上筑坛祭天的活动称为“封”。

⑧太山：即泰山。

⑨禅于梁父：古时把帝王在泰山南面的小山梁父山上辟基祭地的活动称为“禅”。

⑩数：命运。

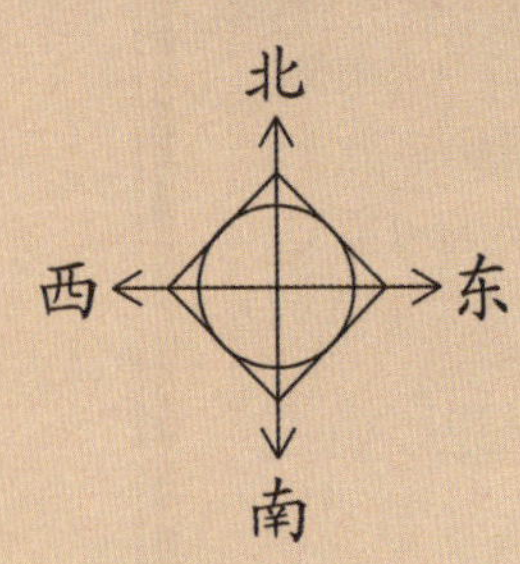
北
西
东
南

【第六卷】

海外南经

《海外南经》中的“海”就是国土。海外经是记载四海之外更为辽阔的地方。《海外南经》中共有12国：结匈国、羽民国、讙头国(讙朱国)、厌火国、三苗国(三毛国)、戴国、贯匈国、交胫国、岐舌国、三首国、周饶国(焦侥国)和长臂国。这些国家的人都长得很不寻常，有的胸前有洞，有的全身长满羽毛，有的长着三个头，有的口中能喷火，有的是人面鸟喙。

除了对一些国家的介绍外，《海外南经》中还有一些对历史人物和神话传说的记载，如帝尧、帝喾、周文王、羿、凿齿、火神祝融等。

《海外南经》中国家的位置很难确定，一些学者根据甲骨文、金文资料和一些考古发现推断出一些国家的位置。如戴国，今山东即墨市西庄武故城；交胫国为商代方国，位于山东省定陶县西南。

结匈国、南山、比翼鸟

【原文】

地之所载，六合[①]之间，四海之内，照之以日月，经[②]之以星辰，纪之以四时[③]，要[④]之以太岁[⑤]。神灵所生，其物异形，或夭或寿，唯圣人能通其道。

海外自西南陬(zōu)至东南陬[⑥]者。

结匈国在其[⑦]西南，其为人结匈[⑧]。

南山在其东南。自此山来，虫为蛇，蛇号为鱼。一曰南山在结匈东南。

比翼鸟在其东，其为鸟青、赤，两鸟比翼。一曰在南山东。

【译文】

大地所负载的，包括上下四方之间的万物，在四海以内，以太阳和月亮照明，以大小星辰划界，以春、夏、秋、冬记录四时，以太岁正天时。大地上的一切都是神灵造化所生成，故万物各有不同的形状，有的短寿，有的长寿，只有圣明的人才能懂得其中的道理。

海外南经所记载的从西南角到东南角的国家地区、山丘河川分别如下。

结匈国在灭蒙鸟的西南面，那里的人都长着鸡一样的胸脯。

南山在灭蒙鸟的东南面。从这座山来的人，把虫叫作蛇，把蛇叫作鱼。也有一种说法认为南山在结匈国的东南面。

比翼鸟的栖息地在南山的东面，它作为一种鸟有青色、红色间杂的羽毛，两只鸟的翅膀配合起来才能飞翔。也有一种说法认为比翼鸟在南山的东面。

【注释】

①六合：古人以东、西、南、北、上、下六方为六合。

②经：经过；经历。

③四时：古人以春、夏、秋、冬四季为四时。

④要：矫正；更正。

⑤太岁：又叫岁星，即木星。木星在黄道带里每年经过一宫，约十二年运行一周天，所以古人用以纪年。

⑥陬：角。又本书自《海外南经》以下各篇，大概最早成书时先有图画，后有文字，而文字只是说明图画的。所以，每篇一开始都有表示方位的一句话，像本篇的“海外自西南陬至东南陬者”一句就是。

⑦其：代指邻近结匈国的灭蒙鸟。而灭蒙鸟在结匈国的北边，参看本书“海外西经”。

⑧结匈：可能指现在所说的鸡胸。匈，同“胸”。

《山海经》地理考

结匈国

观点1 结匈国在今山东境内。按古文字学和古史学考察：在上古时的曹南山西，正与夏商古国“葛”与“结匈国”相吻合。

观点2 根据南山的位置推断，结匈国在今云南或云南以南地区。

南山

观点1 《读史方舆纪要》记此山“在县（曹县）南八十里”“俗渭之土山”。于是，上古时的南山是从周初起便见于史载的“曹南山”。

观点2 南山可能在今横断山脉的南端或中南半岛上。

《山海经》图典

结匈国　清　《边裔典》

羽民国、神人二八、毕方鸟、讙头国、厌火国

【原文】

羽民国在其[①]东南，其为人长头，身生羽。一曰在比翼鸟东南，其为人长颊（jiá）[②]。

有神人二八，连臂，为帝司[③]夜于此野。在羽民东，其为人小颊赤肩，尽[④]十六人。

毕方鸟在其东，青水西，其[⑤]为鸟人面一脚。一曰在二八神东。

讙（huān）头国在其南，其[⑥]为人人面有翼，鸟喙，方[⑦]捕鱼。一曰在毕方东。或曰讙朱国。

厌火国在其国[⑧]南，其为人兽身黑色，生火出其口中。一曰在讙朱东。

【译文】

羽民国在比翼鸟的东南面，那里的人都长着长长的脑袋，全身生满羽毛。有人认为羽民国在比翼鸟的东南面，那里的人都长着一副长长的脸颊。

有十六个神人，手臂连在一起，在这旷野中为天帝守夜。这十六位神人在羽民国的东面，那里的人都是狭小的脸颊和赤红的肩膀，总共有十六个人。

毕方鸟的栖息地在它的东面，在青水的西面，这种鸟长着一副人的面孔，却是一只脚。有人认为毕方鸟在二八神人的东面。

讙头国在毕方鸟栖息地的南面，那里的人都是人的面孔却有两只翅膀，还长着鸟嘴，正在捕鱼。有人认为讙头国在毕方鸟的东面。还有人认为讙头国就是讙朱国。

厌火国在讙头国的南面，那里的人都长着野兽一样的身子而且是黑色的，火从他们的口中吐出。有人认为厌火国在讙朱国的东面。

【注释】

①其：指比翼鸟。

②颊：面颊，脸的两侧。

③司：视察。这里是守候的意思。

④尽：所有的。

⑤其：指十六位神人居住的地方。

⑥其：指毕方鸟。

⑦方：正在，正当。因为是配合图画的说明文字，所以出现了这种记述具体的一举一动的词语。以下此类词语尚多。

⑧其国：指讙头国。

三珠树、三苗国、𢧐国、贯匈国、交胫国

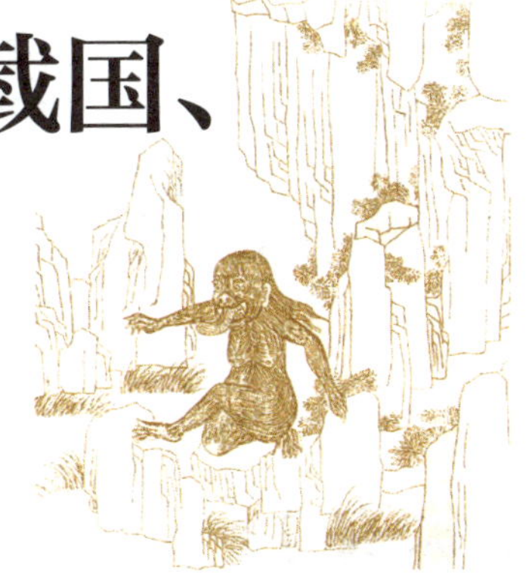

【原文】

三珠树在厌火北，生赤水上，其为树如柏，叶皆为珠。一曰其为树若彗[①]。

三苗国在赤水东，其为人相随[②]。一曰三毛国。

𢧐(zhì)国在其[③]东，其为人黄，能操弓射蛇。一曰𢧐国在三毛东。

贯匈国在其[④]东，其为人匈有窍[⑤]。一曰在𢧐国东。

交胫(jìng)国在其东，其为人交胫[⑥]。一曰在穿匈[⑦]东。

【译文】

三珠树在厌火国的北面，生长在赤水岸边，那里的树与普通的柏树相似，叶子都是珍珠。有人认为那里的树像彗星的样子。

三苗国在赤水的东面，那里的人是一个跟着一个地行走。有人认为它就是三毛国。

𢧐国在三苗国的东面，那里的人都是黄色皮肤，能操持弓箭射死蛇。有人认为𢧐国在三毛国的东面。

贯匈国在𢧐国的东边，那里的人都是胸膛上穿个洞。有人认为贯匈国在𢧐国的东面。

交胫国在它的东面，那里的人总是互相交叉着双腿双脚。有人认为交胫国在贯匈国的东面。

【注释】

①彗：即彗星。因为它拖着一条又长又散的尾巴，就像扫帚，所以通常也称为扫帚星。这里实际是指树的形状像一把扫帚。

②相随：指互相跟随。

③其：指三苗国。

④其：指𢧐国。

⑤匈有窍：胸部有一个洞。

⑥胫：人的小腿。这里指整个腿脚。

⑦穿匈：即贯匈国。穿、贯二字的音义相同。

不死民、岐舌国、昆仑虚、寿华之野、三首国

【原文】

不死民在其东，其①为人黑色，寿②，不死。一曰在穿匈国东。

岐舌国在其东。一曰在不死民东。

昆仑虚（qū）在其东，虚（qū）③四方。一曰在岐舌东，为虚④四方。

羿（yì）⑤与凿齿⑥战于寿华之野，羿射杀之。在昆仑虚（qū）东。羿持弓矢，凿齿持盾。一曰持戈。

三首国在其⑦东，其为人一身三首。

【译文】

不死民在交胫国的东面，那里人的都是黑色的，个个长寿，人人不死。有人认为不死民在贯匈国的东面。

岐舌国在它的东面。有人认为岐舌国在不死民的东面。

昆仑山在它的东面，山基是四方形。有人认为昆仑山在岐舌国的东面，山基向四方延伸。

羿与凿齿在寿华的荒野交战厮杀，羿射死了凿齿。地点就在昆仑山的东面。在那次交战中羿手拿弓箭，凿齿手拿盾牌。有人认为凿齿拿着戈。

三首国在寿华泽的东面，那里的人都是一个身子、三个头。

【注释】

①其：指交胫国。

②寿：老。指长寿。

③虚：大丘。这里是山的意思。

④虚：所在地。这里指山下底部地基。

⑤羿：神话传说中的天神。

⑥凿齿：传说是亦人亦兽的神人，有一颗牙齿露在嘴外，有五六尺长，形状像一把凿子。

⑦其：指寿华泽。

周饶国、长臂国、狄山、南方祝融

【原文】

周饶国在其东，其为人短小，冠带①。一曰焦侥国在三首东。

长臂国在其东，捕鱼水中，两手各操一鱼。一曰在焦侥东，捕鱼海中。

狄山，帝尧葬于阳，帝喾（kù）②葬于阴。爰③有熊、罴、文虎、蜼（wěi）、豹、离朱④、视肉⑤。吁咽⑥、文王⑦皆葬其所。一曰汤山⑧。一曰爰有熊、罴、文虎、蜼、豹、离朱、鸱（chī）久、视肉、虖交⑨。

南方祝融，兽身人面，乘两龙。

【译文】

周饶国在它的东面，那里的人都是身材矮小，戴帽子系腰带。有人认为焦侥国在三首国的东面。

长臂国在它的东面，那里的人正在水中捕鱼，左右两只手各抓着一条鱼。有人认为长臂国在焦侥国的东面，那里的人是在大海中捕鱼的。

狄山，唐尧死后葬在这座山的南面，帝喾死后葬在这座山的北面。这里有熊、罴、花斑虎、长尾猿、豹子、三足乌、视肉。吁咽和文王也埋葬在这里。有人认为是在汤山。还有一种说法认为这里有熊、罴、花斑虎、长尾猿、豹子、离朱鸟、鹞鹰、视肉、虖交。

南方的祝融神，长着野兽的身子、人的面孔，乘着两条龙。

【注释】

①冠带：这里都作动词用，即戴上冠帽、系上衣带。

②帝喾：传说中的上古帝王唐尧的父亲。

③爰：这里、那里。

④离朱：可能是神话传说中的三足鸟。这种鸟在太阳里，与乌鸦相似，但长着三只足。

⑤视肉：传说中的一种怪兽，形状像牛肝，有两只眼睛，割去它的肉吃了后，不久就又重新生长出来，完好如故。

⑥吁咽：可能指传说中的上古帝王虞舜。

⑦文王：即周文王姬昌，是周朝开国君主。

⑧汤山：山名，指狄山。

⑨虖交：不详何物。

北
西
东
南

【第七卷】

海外西经

《海外西经》中共有10国：三身国、一臂国、奇肱国、丈夫国、巫咸国、女子国、轩辕国、白民国、肃慎国和长股国。这些国家的人都长相怪异。如：一臂国的人都是一条胳膊、一只眼睛、一个鼻孔；奇肱国的人都是一条胳膊和三只眼睛；轩辕国的人都很长寿，一般都能活八百岁；白民国的人都是白皮肤，披散着头发。

除了对一些国家的介绍外，《海外西经》中还有一些对历史人物和神话传说的记载。如以乳为目，以脐为口的刑天；生而十日炙杀之的女丑之尸；左耳有蛇，乘两龙的西方蓐收。

《海外西经》中国家的位置很难确定，一些学者根据甲骨文、金文资料和一些考古发现推断出一些国家的位置。如大乐之野是河东永济到霍山一带的大平原；奇肱国为商代黎国，在今山西长治市西南，春秋时迁于今山西黎城县东北。

灭蒙鸟、大运山、大乐之野、三身国、一臂国

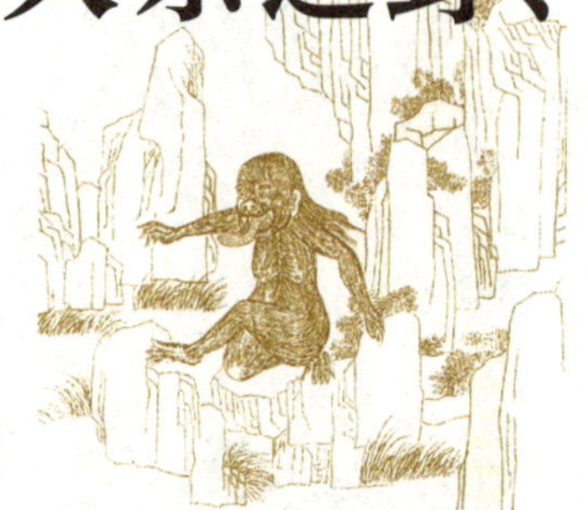

【原文】

海外[1]自西南陬至西北陬者。

灭蒙鸟在结匈国北，为鸟青，赤尾。

大运山高三百仞[2]，在灭蒙鸟北。

大乐(yé)之野，夏后启[3]于此儛(wǔ)[4]《九代》，乘两龙，云盖三层。左手操翳(yì)[5]，右手操环，佩玉璜(huáng)[6]。在大运山北。一曰大遗之野。

三身国在夏后启北，一首而三身。

一臂国在其[7]北，一臂、一目、一鼻孔。有黄马，虎文，一目而一手[8]。

【译文】

海外从西南角到西北角的国家地区、山丘河川分别如下。

灭蒙鸟在结匈国的北面，那里的鸟是青色羽毛，拖着红色尾巴。

大运山有三百仞高，屹立在灭蒙鸟栖息地的北面。

大乐野，夏后启在这地方观看《九代》乐舞，乘驾着两条龙，飞腾在三重云雾之上。他左手握着一把华盖，右手拿着一只玉环，腰间佩挂着一块玉璜。大乐野就在大运山的北面。有人认为夏后启观看乐舞《九代》是在大遗野。

三身国在夏后启所在之地的北面，那里的人都长着一个脑袋、三个身子。

一臂国在三身国的北面，那里的人都是一条胳膊、一只眼睛、一个鼻孔。那里还有黄色的马，身上有老虎斑纹，长着一只眼睛和一条腿。

【注释】

①海外：海外西经所记载的地方。

②仞：古代的八尺合一仞。

③夏后启：传说是夏朝开国君主大禹的儿子，夏朝第一代国君。夏后，即夏王。

④儛：同“舞”。跳舞。

⑤翳：用羽毛做的像伞形状的华盖。

⑥璜：一种半圆形玉器。

⑦其：指三身国。

⑧手：这里指马的腿蹄。

奇肱之国、常羊之山、女祭、女戚、𪄀鸟、鴍鸟、丈夫国、女丑之尸

【原文】

奇(jī)肱(gōng)之国在其①北。其人一臂三目，有阴有阳，乘文马②。有鸟焉，两头，赤黄色，在其旁。

形天③与帝至此争神，帝断其首，葬之常羊之山。乃以乳为目，以脐为口，操干④戚⑤以舞。女祭、女戚在其⑥北，居两水间，戚操鱼䱇⑦，祭操俎⑧。

𪄀(cì)鸟、鴍(zhān)鸟，其色青黄，所经国亡。在女祭北。𪄀鸟人面，居山上。一曰维鸟，青鸟、黄鸟所集。丈夫国在维鸟北，其为人衣冠带剑。

女丑之尸，生而十日⑨炙⑩杀之。在丈夫北。以右手鄣⑪其面。十日居上，女丑居山之上。

【译文】

奇肱国在一臂国的北面。那里的人都是一条胳膊、三只眼睛，雌雄同体，骑着吉良马。那里还有一种鸟，长着两个脑袋，橘红色的身子，与他们相伴。

刑天与天帝在此争夺神位，天帝将刑天的头砍断，埋在常羊山上。没头的刑天便以乳头做眼睛，以肚脐做嘴巴，一手持盾牌一手操大斧而舞动。女祭、女戚住在此处的北面，正好处于两河之间，女戚手里拿着小觯，女祭手里捧着俎器。

𪄀鸟、鴍鸟，都是青中带黄，它们经过的地方国家就会败亡。它们住在女祭的北面。𪄀鸟长着人的面孔，住在山上。也有说法认为两种鸟统称维鸟，是青鸟、黄鸟聚集在一起的混称。丈夫国在维鸟的北面，那里的人都是穿衣戴帽、佩带宝剑的模样。

女丑的尸体，她生前是被十个太阳的热气烤死的。她横卧在丈夫国的北面，用右手遮住她的脸。十个太阳高高挂在天上，女丑的尸体横卧在山顶上。

【注释】

①其：指一臂国。
②文马：即吉良马，白身子红鬃毛，眼睛像黄金，骑上它，寿命可达一千年。
③形天：即刑天，是神话传说中一个没有头的神。争神：争权。
④干：盾牌。
⑤戚：古代兵器名，即大斧。
⑥其：指黄帝砍掉刑天脑袋的地方。
⑦䱇：就是小觯。䱇是古代的一种酒器。
⑧俎：古代祭祀时盛供品的礼器。
⑨十日：十个太阳。
⑩炙：烧烤。
⑪鄣：同“障”。挡住、遮掩。

巫咸国、并封、女子国、轩辕之国、穷山、诸沃之野

【原文】

巫咸国在女丑北，右手操青蛇，左手操赤蛇。在登葆山[①]，群巫所从上下也。

并封在巫咸东，其状如彘，前后皆有首，黑。

女子国在巫咸北，两女子居，水周之。一曰居一门中。

轩辕之国在穷山[②]之际，其不寿者八百岁。在女子国北，人面蛇身，尾交首上。

穷山在其[③]北，不敢西射，畏轩辕之丘[④]。在轩辕国北，其丘方，四蛇相绕。

诸沃之野，鸾鸟自歌，凤鸟自舞；凤皇卵，民食之；甘露[⑤]，民饮之；所欲自从也。百兽相与群居。在四蛇北，其人两手操卵食之，两鸟居前导之。

【译文】

巫咸国在女丑之北，那里的人右手握着一条青蛇，左手握着一条红蛇。有座登葆山，是一群巫师来往于天上与人间的地方。

称作并封的怪兽在巫咸国的东面，它长得像猪，前后都有头，是黑色的。

女子国在巫咸国的北面，两个女子住在这里，四周有水环绕。有人认为她们住在一道门的中间。

轩辕国在穷山的旁边，那里的人就是不长寿，也能活八百岁。轩辕国在女子国的北面，他们长着人面蛇身，尾巴盘绕在头顶上。

穷山在轩辕国的北面，那里的人拉弓射箭不敢向着西射，是因为敬畏黄帝威灵所在的轩辕丘。轩辕丘位于轩辕国北部，呈方形，被四条大蛇相互围绕着。

有个叫作沃野的地方，鸾鸟自在地歌唱，凤鸟自在地舞蹈；那里的居民吃凤凰蛋；喝苍天降下的甘露。凡事随心所欲。那里的各种野兽与人一起居住。沃野在四条蛇的北面，那里的人用双手捧着蛋吃，有两只鸟在前面引导。

【注释】

①登葆山：山名，具体所指待考。传说从此山可到达天庭。

②穷山：山名，可能是今四川境内的邛崃山。

③其：指轩辕国。

④轩辕之丘：丘名，具体所指待考。可能在今四川境内。

⑤甘露：古人所谓甜美的露水，以为天下太平，则天降甘露。

龙鱼、白民之国、肃慎之国、长股之国、西方蓐收

【原文】

龙鱼陵居[①]在其北，状如貍狸。一曰鰕（xiā）[②]。即有神圣乘此以行九[③]野。一曰鳖鱼在沃野北，其为鱼也如鲤。

白民之国在龙鱼北，白身被[④]发。有乘黄，其状如狐，其背上有角，乘之寿二千岁。

肃慎之国在白民北。有树名曰雄常[⑤]，圣人代立，于此取衣[⑥]。

长股之国在雄常北，被发。一曰长脚。

西方蓐（rǔ）收[⑦]，左耳有蛇，乘两龙。

【译文】

既可在水中居住，又可在山陵居住的龙鱼，在沃野的北面，龙鱼长得像一般的鲤鱼。有人认为像鰕鱼。就有神圣的人骑着它遨游在广大的原野上。还有一种说法认为鳖鱼在沃野的北面，这种鱼的形状也与鲤鱼相似。

白民国在龙鱼所在地的北面，那里的人都是白皮肤而披散着头发。有一种叫作乘黄的野兽，长得像一般的狐狸，脊背上有角，人要是骑上它就能活两千岁。

肃慎国在白民国的北面。有一种树木叫作雄常树，每当中原地区有圣明的天子继位，那里的人就取雄常树的树皮来做衣服。

长股国在雄常树的北面，那里的人都披散着头发。有人认为长股国叫长脚国。

西方的蓐收神，左耳上有一条蛇，乘驾两条龙飞行。

【注释】

①陵居：居住在山岭中。

②鰕：体型大的鲵（ní）鱼叫作鰕鱼。鲵鱼是一种水陆两栖类动物，有四只脚，长尾巴，眼小口大，生活在山谷溪水中。因叫声如同小孩啼哭，所以俗称娃娃鱼。

③九：表示多数。这里是广大的意思。

④被：通“披”。

⑤雄常：指棠梨。

⑥圣人代立，于此取衣：据古人解说，肃慎国的习俗是人们平时有没衣服穿，一旦中原地区有英明的帝王继立，那么，常雄树就生长出一种树皮，那里的人取它可以制成衣服穿。

⑦蓐收：神话传说中的金神。

北
西
东
南

【第八卷】

海外北经

《海外北经》中的国家紧挨《海外西经》，向东逐次展开记述。经中记述的国家共有9个，其中包括无启之国、一目国、柔利国、深目国、无肠国、聂耳国、夸父国、拘瘿国和跂踵国。这些国家的人都长相怪异。如：无启之国的人不生育子孙后代；一目国的人是在脸的中间长着一只眼睛；深目国的人眼眶很深，总是举起一只手。

除了对一些国家的介绍外，《海外北经》中还有一些对历史人物和神话传说的记载。如天神共工的臣子相柳氏、夸父追日、钟山的山神烛阴。其中烛阴是个很特别的神，他长着人的面孔，蛇的身子，全身赤红色，住在钟山脚下。身子有一千里长。他睁开眼睛便是白天，闭上眼睛便是黑夜，一吹气便是寒冬，一呼气便是炎夏，不喝水，不吃食物，不呼吸，一呼吸就生成风。

《海外北经》中国家的位置很难确定，一些学者根据甲骨文、金文资料和一些考古发现推断出一些国家的位置。无启之国在陕西白水县东北的彭衙堡；柔利国当即商末的钺方，在雁门马邑附近。

无启之国、钟山、一目国、柔利国

【原文】

海外自东北陬至西北陬者。

无启（qǐ）之国在长股东，为人无脊[1]。

钟山之神，名曰烛阴[2]，视为昼，瞑[3]为夜，吹为冬，呼为夏，不饮，不食，不息[4]，息为风，身长千里。在无启之东。其为物人面蛇身，赤色，居钟山下。

一目国在其东，一目中其[5]面而居。一曰有手足。

柔利国在一目东，为人一手一足，反膝，曲足居上[6]。一云留利之国，人足反折[7]。

【译文】

海外从东北角到西北角的国家地区、山丘河川分别如下。

无启国在长股国的东面，那里的人不生育子孙后代。

钟山的山神，名叫烛阴，他睁开眼睛便是白天，闭上眼睛便是黑夜，一吹气便是寒冬，一呼气便是炎夏，不喝水，不吃食物，不呼吸，一呼吸就生成风，身子有一千里长。这位烛阴神在无启国的东面。他的形貌是人一样的面孔，蛇一样的身子，全身赤红色，住在钟山脚下。

一目国在钟山的东面，那里的人，是在脸的中间长着一只眼睛。有人认为像普通的人，有手有脚。

柔利国在一目国的东面，那里的人是一只手一只脚，膝盖反长着，脚弯曲朝上。有人认为柔利国叫作留利国，人的脚是反折着的。

【注释】

①无脊：无嗣。
②烛阴：见图。
③瞑：闭眼。
④息：呼吸。
⑤其：指钟山。
⑥曲足居上：脚弯曲，脚心朝上。
⑦反折：向相反方向弯曲。

《山海经》地理考

无启之国：其国名着重表达的是长生不死之意，根据金文推断，无启国为沃沮国，在陕西白水县东北的彭衙堡。

钟山：“烛龙”是内蒙古阴山山脉，钟山之“身长千里”只能是南北走向。因此钟山在今吕梁山脉东侧、霍山东南。

一目国：“一目国”当即商末鬼方，考古学界在与山西毗邻的陕西北部边界地带，发现了大片被称之为“鬼方文化”的“李家崖”考古学文化。此地即为一目国所在地。

柔利国：“柔利国”从文字上来看当即商末的钺方，在雁门马邑附近，辽代称“柔服”，与“柔利国在一目（即鬼方）东”吻合。

《山海经》图典

无启国 清 汪绂图本

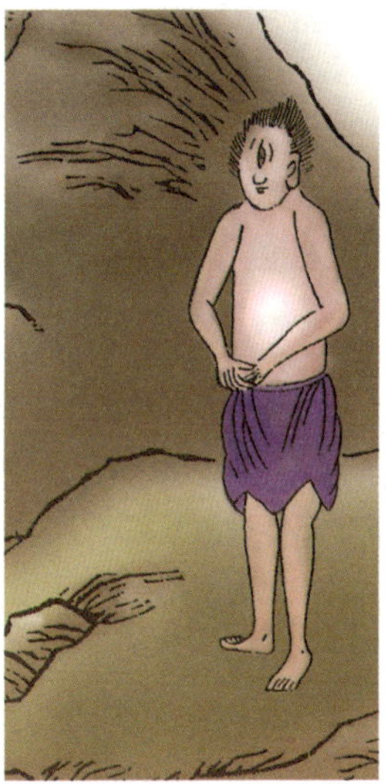

一目国 明 蒋应镐绘图本

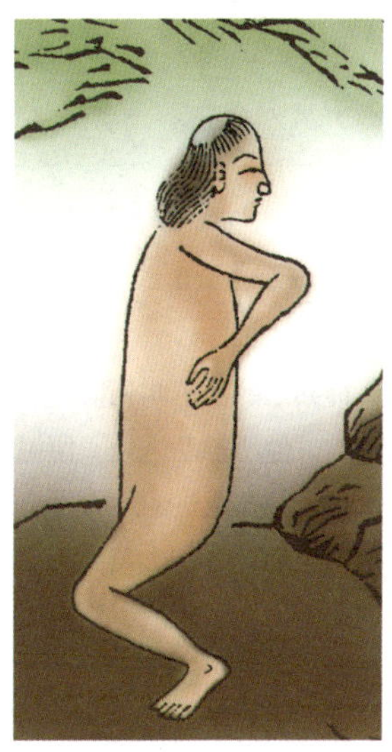

柔利国 明 蒋应镐绘图本

烛阴 明 胡文焕绘图本

相柳氏、深目国、无肠之国、聂耳之国

【原文】

共工[①]之臣曰相柳氏，九首，以食于九山。相柳之所抵，厥（jué）[②]为泽溪。禹杀相柳，其血腥，不可以树五谷[③]种。禹厥之，三[④]仞三沮，乃以为众帝[⑤]之台。在昆仑[⑥]之北，柔利之东。相柳者，九首人面，蛇身而青。不敢北射，畏共工之台。台在其东，台四方，隅[⑦]有一蛇，虎色[⑧]，首冲南方。

深目国在其[⑨]东，为人举一手一目，在共工台东。

无肠之国在深目东，其为人长而无肠。

聂（shè）耳之国在无肠国东，使两文虎，为人两手聂其耳。县（xuán）居海水中，及水所出入奇物。两虎在其东。

【译文】

天神共工的臣子叫相柳氏，有九个头，分别在九座山上吃食物。他所触动之处，便掘成沼泽和溪谷。大禹杀死相柳氏，他的血流过的地方发出腥臭味，不能种植五谷。大禹挖填这地方，多次填满多次塌陷下去，大禹便把挖掘出来的泥土为众帝修造了帝台。帝台在昆仑山北，柔利国东。相柳氏有九个脑袋，人面蛇身，浑身青色。人不敢向北方射箭，因为敬畏共工威灵所在的共工台。共工台在相柳的东面，四方形，每个角上有一条蛇，身上的斑纹与老虎相似，头向着南方。

深目国在相柳氏所在地的东面，那里的人眼眶很深，总是举起一只手。有人认为深目国在共工台的东面。

无肠国在深目国的东面，那里的人身材高大，没有肠子。

聂耳国在无肠国的东面，那里的人使唤着两只花斑大虎，并且在行走时用手托着自己的大耳朵。聂耳国在海水环绕的孤岛上，能看到出入海水的各种怪物。有两只老虎在它的东面。

【注释】

①共工：神话中的人物，洪水之神。传说中共工形象凶恶，人面蛇身而红发，性情愚蠢而凶暴，野心勃勃，是黄帝系部族长期的对手。

②厥：通“撅”。掘。

③五谷：五种谷物。泛指庄稼。

④三：表示多数。仞：充满。沮：败坏。这里是陷落的意思。

⑤众帝：指帝尧、帝喾、帝丹朱、帝舜等传说中的上古帝王。

⑥昆仑：山名，可能是今内蒙古境内的阴山。

⑦隅：角落。

⑧虎色：虎纹，即老虎皮毛的颜色纹理。

⑨其：指相柳氏所在地。

夸父与日逐走、夸父国、禹所积石之山、拘瘿之国、寻木

【原文】

夸父与日逐走[1]，入日。渴，欲得饮，饮于河渭，河渭不足，北饮大泽，未至，道渴而死。弃其杖，化为邓林[2]。

夸父国在聂(shè)耳东，其为人大，右手操青蛇，左手操黄蛇。邓林在其东，二树木[3]。一曰博父。

禹所积石之山在其东，河水所入。

拘瘿(yǐng)之国在其东，一手把瘿[4]。一曰利瘿之国。

寻木长千里，在拘瘿南，生河上西北。

【译文】

夸父要与太阳赛跑，走进太阳的光轮里。这时夸父很渴，想要喝水，于是喝黄河和渭河中的水，喝完了两条河的水还是不解渴，又要向北去喝大泽中的水，还没走到，就渴死在半路上了。他死时所抛掉的拐杖，变成了邓林。

夸父国在聂耳国的东面，那里的人身材高大，右手握着青色蛇，左手握着黄色蛇。邓林在它的东面，其实只有两棵非常大的树木。有人认为夸父国叫博父国。

禹所积石山在夸父国的东面，是黄河流入的地方。

拘瘿国在禹所积石山的东面，那里的人常用一只手托着脖颈上的大肉瘤。有人认为拘瘿国叫作利缨国。

有种叫作寻木的树，有一千里长，在拘瘿国的南面，生长在黄河岸上的西北方。

【注释】

①夸父与日逐走：即夸父逐日。

②邓林：树林名。

③二树木：指由两棵树组成的树林。

④瘿：因脖颈细胞增生而形成的囊状性赘生物，多肉质，比较大。

跂踵国、欧丝之野、三桑、范林、务隅之山

	动物
务隅山	熊　罴　文虎　离朱　鸱久　视肉

【原文】

跂踵国在拘瘿东，其为人大，两足亦大。一曰反踵[1]。

欧丝之野在反踵东，一女子跪据树欧丝[2]。

三桑无枝，在欧丝东，其木长百仞，无枝。

范林方三百里，在三桑东，洲[3]环其下。

务隅之山，帝颛顼(zhuān xū)[4]葬于阳。九嫔[5]葬于阴。一曰爰有熊、罴、文虎、离朱、鸱(chī)久、视肉。

【译文】

跂踵国在拘瘿国的东面，那里的人都身材高大，两只脚也非常大。有人认为跂踵国叫反踵国。

欧丝野在反踵国的东面，有一女子跪倚着桑树在吐丝。

三棵没有树枝的桑树，在欧丝野的东面，这种树虽高达八十丈，却不生长树枝。

范林方圆三百里，在三棵桑树的东面，它的下面被沙洲环绕着。

务隅山，帝颛顼埋葬在它的南面，九嫔埋葬在它的北面。有人认为这里有狗熊、人熊、花斑虎、离朱鸟、鹞鹰、视肉怪兽。

【注释】

①反踵：脚是反转长的，走路时行进的方向和脚印的方向是相反的。

②跪据树欧丝：据古人解说，是凭依桑树一边吃桑叶一边吐出丝，像蚕似的。这大概是图画上的形状。

③洲：水中可居人或物的小块陆地。

④颛顼：传说中的上古帝王。

⑤九嫔：指颛顼的九个妃嫔。

平丘、北海内、禺彊

	植物	动物
平丘	杨柳　甘柤　甘华	青马　视肉
北海内		騊駼　駮　蛩蛩　罗罗

【原文】

平丘在三桑东。爰有遗玉①、青马、视肉、杨柳、甘柤（zhā）②、甘华③，百④果所生。有(在)两山夹上谷，二大丘居中，名曰平丘。

北海⑤内有兽，其状如马，名曰騊駼（táo tú）。有兽焉，其名曰駮(bó)，状如白马，锯牙，食虎豹。有素兽焉，状如马，名曰蛩（qióng）蛩。有青兽焉，状如虎，名曰罗罗。

北方禺彊，人面鸟身，珥（ěr）⑥两青蛇，践⑦两青蛇。

【译文】

平丘在三棵桑树的东面。这里有遗玉、青马、视肉怪兽、杨柳树、甘柤树、甘华树，是各种果树生长的地方。在两座山相夹的一道山谷上，有两个大丘处于其间，叫作平丘。

北海内有一种野兽，长得像一般的马，叫作騊駼。又有一种野兽，叫作駮，长得像白色的马，长着锯齿般的牙，能吃老虎和豹子。又有一种白色的野兽，长得像马，叫作蛩蛩。还有一种青色的野兽，长得像老虎，叫作罗罗。

北方的禺彊神，长着人的面孔、鸟的身子，耳朵上悬挂着两条青蛇，脚底下踏着两条青蛇。

【注释】

①遗玉：据古人说是一种玉石，先由松枝在千年之后化为茯苓，再过千年之后化为琥珀，又过千年之后化为遗玉。

②甘柤：传说中的一种树木，枝干都是红色的，花是黄色的，叶子是白色的，果实是黑色的。

③甘华：传说中的一种树木，枝干都是红色的，花是黄色的。

④百：这里表示很多的意思，并非实指。

⑤北海：古代泛指北方偏远之地。

⑥珥：插。这里指穿挂着。

⑦践：踩；踏。

北
西
东
南

【第九卷】

海外东经

《海外东经》中的国家紧挨《海外北经》，向北逐次展开记述。经中记述的国家共有8个，其中包括大人国、君子国、青丘国、黑齿国、玄股国和毛民国等。这些国家的人都长相怪异。如：大人国的人身材高大；君子国的人衣冠整齐，而腰间佩带着剑，吃野兽，使唤着两只花斑老虎；黑齿国的人牙齿漆黑。

除了对一些国家的介绍外，《海外东经》中还有一些对历史人物和神话传说的记载。如，经中记载，天帝命令竖亥用脚步测量大地，从最东端走到最西端，是五亿十万九千八百步。

《海外东经》中国家的位置很难确定，一些学者根据甲骨文、金文资料和一些考古发现推断出一些国家的位置。如虹虹为氏族或方国名，在今安徽五河县北；黑齿为姜姓之东夷诸方国之一西屠或屠，即今辽宁锦西县北池塘乡乌金塘村李虎氏屯山谷中。

肆丘、大人国、奢比之尸、君子国

【原文】

海外自东南陬至东北陬者。

肆(jiē)丘，爰有遗玉、青马、视肉、杨柳、甘柤、甘华。甘果所生，在东海。两山夹丘，上有树木。一曰嗟丘。一曰百果所在，在尧葬[①]东。

大人国在其北，为人大，坐而削(shào)船[②]。一曰在肆(jiē)丘北。

奢比之尸在其北，兽身、人面、大耳，珥(ěr)[③]两青蛇。一曰肝榆之尸在大人北。

君子国在其北，衣冠[④]带剑，食兽，使二文虎在旁，其人好(hào)让不争。有薰华草[⑤]，朝生夕死。一曰在肝榆之尸北。

【译文】

海外从东南角到东北角的国家地区、山丘河川分别如下。

肆丘，这里有遗玉、青马、视肉怪兽、杨柳树、甘柤树、甘华树。结出甜美果子的树所生长的地方，就在东海边。两座山夹着肆丘，上面有树木。有人认为肆丘就是嗟丘。还有一种说法认为各种果树所在的地方，在葬埋帝尧之地的东面。

大人国在它的北面，那里的人身材高大，正坐在船上撑船。一种说法认为大人国在肆丘的北面。

奢比尸神在大人国的北面，长着野兽的身子、人的面孔、大大的耳朵，耳朵上悬挂着两条青蛇。也有人称之为肝榆尸神的，在大人国的北面。

君子国在奢比尸神的北面，那里的人衣冠整齐，而腰间佩带着剑，吃野兽，使唤的两只花斑老虎就在身旁，为人喜欢谦让而不争斗。那里有一种薰华草，早晨开花傍晚凋谢。有人认为君子国在肝榆尸神的北面。

【注释】

①尧葬：帝尧所葬的地方。

②削船：削、艄二字同音假借。艄是长竿子，这里作动词用。艄船就是用长竿子撑船。

③珥：耳饰，这里作动词。

④衣冠：这里都作动词用，即穿上衣服、戴上帽子。

⑤薰华草：草名，具体所指待考。

《山海经》地理考

肆丘

“在东海”和大人国“在肆丘北”位于大陆东极，实际上即在渤海南端，是越海连接辽东半岛的起点，在古蓬莱城东南三十余里处，即今山东烟台。

大人国

“大人国”是商末名“服”，大人国亦应在渤海。大人国已知位于老铁海峡（即今庙岛列岛）和辽东半岛上。

奢比之尸

“奢比”和“肝榆”分别是周代和商代“兔”字的异体，其字义指一种似狸非狸似兔非兔的神兽。因此，奢比是方国名称“兔方”在山东德州至临淄之间。

君子国

“君子国”又位于奢比尸北亦即商代上虞北，与历史上的吴国相吻合。即君子国在今安徽五河县。

《山海经》图典

奢比尸　明　蒋应镐绘图本

大人国　清　汪绂图本

君子国　清《边裔典》

虹虹、朝阳之谷、青丘国、竖亥、黑齿国

【原文】

虹虹（hóng）在其北，各有两首。一曰在君子国北。

朝阳之谷，神曰天吴，是为水伯[①]。在虹虹北两水间。其为兽也，八首人面，八足八尾，背青黄。

青丘国在其北。其狐四足九尾。一曰在朝阳北。

帝命竖亥[②]步[③]，自东极至于西极，五亿十选[④]九千八百步。竖亥右手把算[⑤]，左手指青丘北。一曰禹令竖亥。一曰五亿十万九千八百步。

黑齿国在其北，为人黑齿，食稻啖[⑥]蛇，一赤一青，在其旁。一曰在竖亥北，为人黑首，食稻使蛇，其一蛇赤。[⑦]

下有[⑧]汤（yáng）谷。汤谷上有扶桑[⑨]，十日所浴，在黑齿北。居水中，有大木，九日居下枝，一日居上枝。

【译文】

虹虹在它的北面，各端都有两个脑袋。一说在君子国的北面。

朝阳谷有神叫天吴，即水伯。他住在虹虹北面两条河中间。他是野兽形状，有八个脑袋、人脸、八只爪子、八条尾巴，后背青中带黄。

青丘国在它的北面。狐狸有四只爪子、九条尾巴。有人认为青丘国在朝阳谷的北面。

天帝命令竖亥用脚测量大地，从最东端走到最西端，有五亿十万九千八百步。竖亥右手拿着算，左手指着青丘的北面。一说是大禹命令竖亥测量大地。还有说法认为测出的长度为五亿十万九千八百步。

黑齿国在它的北面，那里的人黑牙齿，吃稻米饭和蛇，一条红蛇和一条青蛇围在他身旁。有人认为黑齿国在竖亥的北面，那里的人黑脑袋，吃稻米饭，驱使着蛇，其中一条是红色的。

下面有座汤谷。汤谷边上有一棵扶桑树，是十个太阳洗澡的地方，在黑齿国的北面。大水中间，有一棵高大的树木，九个太阳住在树的下枝，一个太阳住在树的上枝。

【注释】

①水伯：水神。

②竖亥：传说中一个走得很快的神人。

③步：以脚步测量距离。

④选：万。

⑤算：通“筭”。古代人计数用的筹码。

⑥啖：吃。

⑦这段文字所述都是原画面上的图像。

⑧下有：“下有”是针对“上有”而言，原图上自然画着上面有什么，但图画已不存，而说明文字未记述，故今不知何所指。

⑨扶桑：神话传说中的一种树。

雨师妾、玄股之国、毛民之国、东方句芒

【原文】

雨师妾在其北。其为人黑，两手各操一蛇，左耳有青蛇，右耳有赤蛇。一曰在十日北，为人黑身人面，各操一龟。

玄股之国在其北。其为人衣鱼①食驱（ōu）②，使两鸟夹之。一曰在雨师妾北。

毛民之国在其北。为人身生毛。一曰在玄股北。

劳民国在其北，其为人黑。或曰教民。一曰在毛民北，为人面目手足尽黑。

东方句（gōu）芒，鸟身人面，乘两龙。

建平元年③四月丙戌，待诏太常属臣望④校治⑤，侍中光禄勋臣龚、侍中奉车都尉光禄大夫臣秀⑥领主省。⑦

【译文】

雨师妾在汤谷的北面。那里的人全身黑色，两只手各握着一条蛇，左边耳朵上挂有青色蛇，右边耳朵上挂有红色蛇。有人认为雨师妾在十个太阳所在地的北面，那里的人是黑色身子、人的面孔，两只手各握着一只龟。

玄股国在它的北面。那里的人穿着用鱼皮做的衣服，吃着驱鸟产下的蛋，使唤的两只鸟在身边。有人认为玄股国在雨师妾国的北面。

毛民国在它的北面。那里的人全身长满了毛。有人认为毛民国在玄股国的北面。

劳民国在它的北面，那里的人全身黑色。有的人称劳民国为教民国。有人认为劳民国在毛民国的北面，那里的人脸面、眼睛、手、脚全是黑的。

东方的句芒神，是鸟的身子、人的面孔，驾着两条龙。

建平元年四月丙戌日，待诏太常属臣丁望校对整理，侍中光禄勋臣王龚、侍中奉车都尉光禄大夫臣刘秀领衔主持。

【注释】

①衣鱼：穿着用鱼皮做的衣服。

②食驱：即食鸥，就是吃鸥鸟产下的蛋。驱：也作"鸥"，即鸥鸟，在海边活动的叫海鸥，在江边活动的叫江鸥。

③建平元年：建平元年相当于公元前6年，建平是西汉哀帝的年号。

④望：人名，可能是丁望。

⑤校治：考订整理。

⑥秀：即刘秀，原来叫刘歆，后来改名为秀，西汉末年人，是著名的经学家、目录学家。他曾继承其父刘向的事业，领导主持整理古籍、编撰目录的工作，成就很大。

⑦这段文字不是《山海经》原文，而是整理者对本卷文字作完校勘工作后的署名。

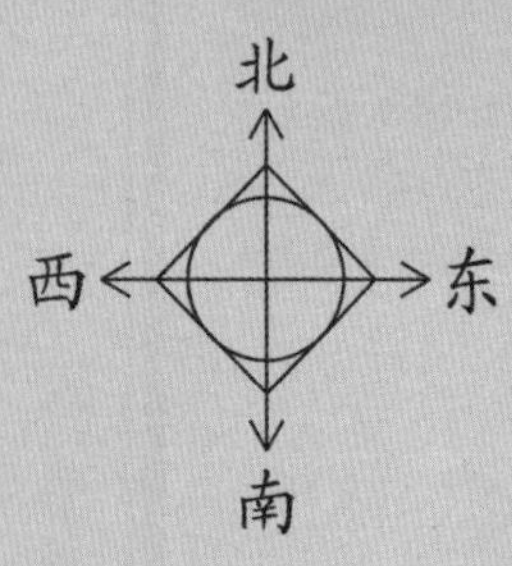
北
西
东
南

【第十卷】

海内南经

《山海经》中海内冠名的有《海内南经》《海内西经》《海内北经》《海内东经》，以及最后的《海内经》。《海内经》记述杂乱，没有明确的方向和顺序。

《海内南经》所记述的内容较为杂乱，既有国家又有动物。其中国家有伯虑国、离耳国、雕题国、北朐国、枭阳国等。这些国家的人都长相怪异。如：枭阳国的人都是人的面孔，长长的嘴唇，黑黑的身子，浑身长毛，脚跟在前而脚尖在后，一看见人就张口大笑，左手握着一根竹筒。动物有兕、犀牛、猩猩、巴蛇等。兕长得像牛，通身是青黑色，长着一只角；巴蛇体形巨大，可以吞象。

海内南经所记述的地域大致在今浙江、福建、湖北、湖南、四川、广东、广西、海南一带。

瓯闽、三天子鄣山、桂林八树、郁水四国、枭阳国

【原文】

海内东南陬以西者。

瓯（ōu）居海中。闽在海中，其西北有山。一曰闽中山[①]在海中。

三天子鄣（zhāng）山在闽西海北。一曰在海中。

桂林[②]八树，在番(pān)隅[③]东。

伯虑国、离耳国、雕题国[④]、北朐(qú)国[⑤]皆在郁水南。郁水出湘陵[⑥]南海。一曰柏虑。

枭阳国在北朐之西。其为人人面长唇，黑身有毛，反踵，见人则笑；左手操管。

【译文】

海内由东南角向西的国家地区、山丘河川依次如下。

瓯处在海中。闽处在海中，它的西北方有座山。有人认为闽地的山在海中。

三天子鄣山在闽的西方，海的北方。有人认为三天子鄣山在海中。

桂林的八棵树很大而形成树林，处在番隅的东面。

伯虑国、离耳国、雕题国、北朐国都在郁水的南岸。郁水发源于湘陵南海。有人认为伯虑国叫柏虑国。

枭阳国在北朐国的西面。那里的人都是人的面孔，长长的嘴唇，黑黑的身子，浑身长毛，脚跟在前而脚尖在后，一看见人就张口大笑，左手握着一根竹筒。

【注释】

①闽中山：闽一带的山。

②桂林：树林名。

③番隅：古县名，即今广东省番禺区。

④雕题国：国名，可能在今广东广西一带。

⑤北朐国：国名，具体所指待考。

⑥湘陵：地名，具体所指待考。

《山海经》地理考

瓯

《史记》中的记载，“淮海惟扬州，……岛夷卉服”，则是将这些在水中陆地生活的“瓯人”意译为“岛夷”，瓯人在今浙江省温州一带，后为温州的别称，此即东瓯。

闽

福建土著居民称为“闽人”。闽人生活在今浙江南部和福建一带。

三天子鄣山

晋郭璞注：“今在新安歙县东，今谓之三天山，浙江出其边也。”三天子鄣山可能在今安徽歙县。

伯虑国

观点① “伯虑国”在爪哇岛东部，即今巴厘岛。

观点② “伯虑国”位于东南亚马来群岛中部，即今加里曼丹岛。西为苏门答腊岛，东为苏拉威西岛，南为爪哇海、爪哇岛，北为南中国海。

离耳国

“离耳国”位于海南岛西北部，北门江流域，可能在今海南儋县。

郁水

“郁水出湘陵南海。”由此推断，“郁水”指今广西的右江、郁江、浔江及广东的西江。

枭阳国

观点① “枭阳国在北朐之西。”因此，“枭阳国”在今广西境内。

观点② 根据伯虑国、离耳国位置推断，“枭阳国”在今中南半岛中部。

《山海经》图典

枭阳国 清《边裔典》

兕、苍梧之山、氾林、狌狌、犀牛、孟涂

【原文】

兕在舜[1]葬东，湘水南。其状如牛，苍黑，一角。

苍梧之山，帝舜葬于阳，帝丹朱[2]葬于阴。

氾林[3]方三百里，在狌狌东。

狌狌知人名，其为兽如豕而人面，在舜葬西。

狌狌西北有犀牛，其状如牛而黑。

夏后启之臣曰孟涂[4]，是司神[5]于巴。巴人请讼(sòng)于孟涂之所，其衣有血者乃执之。是请生[6]。居山上，在丹山西。丹山在丹阳南，丹阳巴属也。

【译文】

兕在帝舜葬地的东面，在湘水的南岸。兕长得像一般的牛，通身是青黑色，长着一只角。

苍梧山，帝舜葬在这座山的南面，帝丹朱葬在这座山的北面。

氾林方圆三百里，在狌狌生活之地的东面。

狌狌能知道人的姓名，这种野兽长得像一般的猪，却长着人的面孔，生活在帝舜葬地的西面。

狌狌的西北面有犀牛，它长得像一般的牛，但全身是黑色的。

夏朝国王启的臣子有个叫孟涂的，是主管巴地诉讼的神。巴地的人到孟涂那里去告状，而告状人中有谁的衣服沾上血迹就被孟涂拘捕起来。这样就不会冤枉一个好人，算是有好生之德。孟涂住在一座山上，这座山在丹山的西面。丹山在丹阳的南面，而丹阳是巴的属地。

【注释】

①舜：中国传说中的上古帝王，以孝闻名，晚年把帝位禅让给禹。

②丹朱：传说尧的儿子，据说他傲慢荒淫，所以尧不把帝位传给他。

③氾林：就是前文所说的范林。

④孟涂：人名，传说启命他去巴地负责诉讼之事。

⑤司神：主管之神。

⑥请生：请求活命。一说指好生，即爱护生命。

窫窳、建木、氐人国、巴蛇、旄马、西北三国

【原文】

窫窳(zhá yǔ)龙首，居弱水[①]中，在狌狌知人名之西，其状如貙(chū)[②]，龙首，食人。

有木，其状如牛，引[③]之有皮，若缨[④]、黄蛇。其叶如罗[⑤]，其实如栾[⑥]，其木若蓲(ōu)[⑦]，其名曰建木。在窫窳西弱水上。

氐(dǐ)人国在建木西，其为人人面而鱼身，无足。

巴蛇食象，三岁而出其骨，君子服之[⑧]，无心腹之疾。其为蛇青、黄、赤、黑，一曰黑蛇青首，在犀牛西。

旄(máo)马，其状如马，四节[⑨]有毛。在巴蛇西北，高山南。

匈奴、开题之国、列人之国[⑩]并在西北。

【译文】

窫窳长着龙一样的头，住在弱水中，处在能知道人姓名的狌狌的西面，它长得像貙，长着龙头，能吃人。

有一种树木，长得像牛，一拉就剥落下树皮，样子像帽子上的缨带，又像黄色蛇皮。它的叶子像罗网，果实像栾树结的果实，树干像刺榆，名字叫建木。这种建木生长在窫窳所在地之西的弱水边上。

氐人国在建木所在地的西面，那里的人都长着人的面孔、鱼的身子，没有脚。

巴蛇能吞下大象，吞吃后三年才吐出大象的骨头，有才能品德的人吃了象骨，就不患心痛或肚子痛之类的病。这种巴蛇的颜色是青色、黄色、红色、黑色。有人认为巴蛇是黑色身子、青色脑袋，在犀牛所在地的西面。

旄马，长得像普通的马，但四条腿的关节上都长有毛。旄马在巴蛇所在地的西北面，一座高山的南面。

匈奴国、开题国、列人国都在西北方。

【注释】

①弱水：古人把浅而不能载舟的水称为弱水。

②貙：一种像野猫而体形略大的野兽。

③引：牵引、牵拉。

④缨：一种带子，用来系冠或装饰物。

⑤罗：捕鸟的网。

⑥栾：传说中的一种树木，树根是黄色的，树枝是红色的，树叶是青色的。

⑦蓲：即刺榆树。

⑧服之：指吃巴蛇吐出的象骨。

⑨四节：四肢的关节。

⑩列人之国：国名，具体所指待考。

北
西
东
南

【第十一卷】

海内西经

《海内西经》记述了流黄酆氏之国、东胡、貊国等国家，还有雁门山、钟山等山名。记述的重点主要在昆仑山地区，包括发源于昆仑山上的河流赤水、黄河、洋水、黑水等。另外文中还记述了凤皇、窫窳、树鸟和六首蛟等神兽。

除此之外，《海内西经》中还有一些对历史人物和神话传说的记载。如贰负神的臣子危的故事。危与贰负合伙杀死了窫窳神。天帝便把危拘禁在疏属山中，并给他的右脚戴上刑具，还用他自己的头发反绑上他的双手，拴在山上的大树下。这个地方在开题国的西北面。

《海内西经》记述的地域较广，大致为自今昆仑山地区到今陕西、山西、河北、内蒙古、辽宁一带。

危、大泽、雁门山、高柳、后稷之葬

【原文】

海内西南陬以北者。

贰负[①]之臣曰危，危与贰负杀窫窳（zhá yú）[②]。帝乃梏[③]之疏属之山，桎[④]其右足，反缚两手与发，系之山上木。在开题西北。

大泽方百里，群鸟所生及所解[⑤]。在雁门[⑥]北。

雁门山，雁出其间。在高柳北。

高柳在代北。

后稷之葬，山水环之。在氐国[⑦]西。

【译文】

海内由西南角向北的国家地区、山丘河川依次如下。

贰负神的臣子叫危，危与贰负合伙杀死了窫窳神。天帝便把危拘禁在疏属山中，并给他的右脚戴上刑具，还用他自己的头发反绑上他的双手，拴在山上的大树下。这个地方在开题国的西北面。

大泽方圆一百里，是各种禽鸟生卵孵化幼鸟和脱换羽毛的地方。大泽在雁门的北面。

雁门山，是大雁冬去春来出入的地方。雁门山在高柳山的北面。

高柳山在代地的北面。

后稷的葬地，有青山绿水环绕着它。后稷葬地在氐人国的西面。

【注释】

①贰负：神话传说中的天神，样子是人的脸面、蛇的身子。

②窫窳：也是传说中的天神，原来的样子是人的脸面、蛇的身子，后被贰负及其臣子杀死而化成上文所说的样子——龙头，野猫身，并且吃人。

③梏：古代木制的手铐。这里是械系、拘禁的意思。

④桎：古代拘系罪人两脚的刑具。

⑤解：指鸟换羽毛。

⑥雁门：山名，在今山西代县西北。

⑦氐国：就是上文所说的氐人国。

流黄酆氏之国、流沙、东胡、夷人、貊国、孟鸟

【原文】

流黄酆(fēng)氏之国，中[①]方三百里，有涂[②]四方，中有山。在后稷葬西。
流沙[③]出钟山，西行又南行昆仑之虚(qū)[④]，西南入海[⑤]，黑水之山[⑥]。
东胡在大泽[⑦]东。
夷人[⑧]在东胡东。
貊(mò)国在汉水东北。地近于燕，灭之。
孟鸟在貊国东北。其鸟文赤、黄、青，东乡(xiàng)[⑨]。

【译文】

流黄酆氏国，疆域有方圆三百里大小。有道路通向四方，中间有一座大山。流黄酆氏国在后稷葬地的西面。

流沙的发源地在钟山，向西流动再朝南流过昆仑山，继续向西南流入大海，直到黑水山。

东胡国在大泽的东面。

夷人国在东胡国的东面。

貊国在汉水的东北面。它靠近燕国的边界，后来被燕国灭掉了。

孟鸟在貊国的东北面。这种鸟的羽毛花纹有红、黄、青三种颜色，向着东方。

【注释】

①中：域中，即国内土地的意思。
②涂：通“途”。道路。
③流沙：沙子和水一起流行移动的一种自然现象。
④虚：大丘。即指山。
⑤海：这里指西北地区的水泽。
⑥黑水之山：山名，具体所指待考。
⑦大泽：大的水泽，具体所指待考。
⑧夷人：指古代中国东部地区各部族之人。引申为对中国境内华夏族之外的各族人的通称。
⑨乡：通“向”。

昆仑之虚、赤水、河水、洋水、黑水、弱水、青水

【原文】

海内昆仑之虚（qū），在西北，帝之下都①。昆仑之虚，方八百里，高万仞。上有木禾，长五寻②，大五围③。面有九井，以玉为槛（jiàn）④。面有九门，门有开明兽守之，百⑤神之所在。在八隅之岩⑥，赤水⑦之际，非夷羿⑧莫能上冈之岩。

赤水出东南隅，以行其⑨东北，西南流注南海厌火东。

河水出东北隅，以行其北，西南又入渤海，又出海外，即西而北，入禹所导积石山。

洋（xiáng）水、黑水出西北隅，以东，东行，又东北，南入海⑩，羽民南。

弱水、青水出西南隅，以东，又北，又西南，过毕方鸟东。

【译文】

海内的昆仑山，在西北方，是天帝在下方的都城。昆仑山方圆八百里，高一万仞。山顶有一棵木本的稻谷，高五寻，需五人合抱。昆仑山的每一面有九眼井，每眼井都有用玉石制成的围栏；每一面有九道门，每道门都由称作开明的神兽守卫着，是天神聚集的地方。众多天神聚集的地方是在八方山岩之间，赤水岸边，只有后羿那样的人才能攀上那些山冈岩石，向西南流入南海厌火国东面。

赤水从昆仑山的东南角发源，流到昆仑山的东北方。

黄河水从昆仑山的东北角发源，流到昆仑山的北面，再折向西南流入渤海，又流出海外，就此向西而后向北流，一直流入大禹所疏导过的积石山。

洋水、黑水从昆仑山的西北角发源，折向东方，朝东流去，再折向东北方，又朝南流入大海，直到羽民国的南面。

弱水、青水从昆仑山的西南角发源，折向东方，朝北流去，再折向西南方，又流经毕方鸟所在地的东面。

【注释】

①下都：在下界的都城。

②寻：古代的八尺为一寻。

③围：两臂合抱或两手拇指、食指相合为一围。

④槛：窗户下或长廊旁的栏杆。这里指井栏。

⑤百：并非实数，而是言其多。

⑥八隅之岩：八个方位的岩石洞穴。

⑦赤水：水名，具体所指待考。

⑧夷羿：即后羿，神话传说中的英雄人物，善于射箭，曾经射掉九个太阳，射死毒蛇猛兽，为民除害。

⑨其：指昆仑山。

⑩海：水名，可能是罗布泊。

昆仑南渊、开明西、开明北、开明东、服常树、开明南

【原文】

昆仑南渊深三百仞。开明兽身大类虎而九首，皆人面，东向立昆仑上。

开明西有凤皇、鸾(luán)鸟，皆戴蛇践蛇，膺①有赤蛇。

开明北有视肉、珠树②、文玉树③、玕(gān)琪(qí)树④、不死树⑤，凤皇、鸾鸟皆戴瞂(fá)⑥，又有离朱⑦、木禾、柏树、甘水⑧、圣木曼兑⑨。一曰挺木牙交。

开明东有巫彭、巫抵、巫阳、巫履、巫凡、巫相⑩，夹窫窳(zhá yú)之尸，皆操不死之药以距之。窫窳者，蛇身人面，贰负臣所杀也。

服常树，其上有三头人，伺琅玕(láng gān)树。

开明南有树鸟、六首蛟、蝮、蛇、蜼(wěi)、豹、鸟秩树，于表池树木；诵鸟、鶽(sǔn)、视肉。

【译文】

昆仑山的南面有一个深三百仞的渊潭。开明神兽的身子像老虎，有九个脑袋，都是人一样的面孔，朝东立在昆仑山顶。

开明神兽西面有凤凰、鸾鸟栖息，都缠绕着蛇踩踏着蛇，胸前还有红色的蛇。

开明神兽的北面有视肉怪兽、珠树、文玉树、玗琪树、不死树，那里的凤凰、鸾鸟都戴着盾牌，还有三足鸟、木禾、柏树、甘水、圣木曼兑。有人认为圣木曼兑叫做挺木牙交。

开明神兽的东面有巫彭、巫抵、巫阳、巫履、巫凡、巫相，他们围在窫窳的尸体周围，都手捧不死药来抵抗死气而要使他复活。这位窫窳，蛇身人面，被贰负和他的臣子危合伙杀死。

有一种服常树，它上面有个长着三颗头的人，静静伺察着在附近的琅玕树。

开明神兽的南面有树鸟、六茴蛟、蝮、蛇、长尾猴、豹、鸟秩树，都环绕在一个池子的周围——可能是西王母的瑶池，旁边还有诵鸟、雕、视肉。

【注释】

①膺：胸。

②珠树：神话传说中的生长珍珠的树。

③文玉树：神话传说中的生长五彩美玉的树。

④玗琪树：神话传说中的生长红色玉石的树。

⑤不死树：神话传说中的一种长生不死的树，人服食了它可长寿不老。

⑥瞂：盾。

⑦离朱：即太阳里的踆乌，也叫三足乌。

⑧甘水：即古人所谓的醴泉，甜美的泉水。

⑨圣木曼兑：一种叫做曼兑的圣树，服食了它可使人圣明智慧。

⑩巫彭、巫抵、巫阳、巫履、巫凡、巫相：这六人都是古代的巫师。

北
西
东
南

【第十二卷】

海内北经

《海内北经》的内容较为杂乱，归纳起来大致有三个方面：一是国家，如状如犬的犬戎国，人面一目的鬼国。二是动物，如长得像狗，全身是青色的蜪犬；长得像老虎，生有翅膀的穷奇；长得像螽斯的大蜂；长得像蚍蜉的朱蛾。三是人文景观，如帝尧台、帝喾台、帝丹朱台、帝舜台等。

除此之外，《海内北经》中还有一些对历史人物和神话传说的记载，如西王母、贰负神、舜妻登比氏、冰夷神等。

《海内北经》记述的地域较广，大致为自今昆仑山地区向东至今陕西、河北、朝鲜一带。

蛇巫之山、西王母、大行伯、犬戎国

【原文】

海内西北陬以东者。

蛇巫之山，上有人操杯(bàng)①而东向立。一曰龟山。

西王母②梯③几④而戴胜⑤杖。其南有三青鸟，为西王母取食。在昆仑虚(qū)北。

有人曰大行伯⑥，把戈。其东有犬封国。贰负之尸在大行伯东。

犬封国曰犬戎国，状如犬。有一女子，方⑦跪进杯食。有文马⑧，缟⑨身朱鬣(liè)，目若黄金，名曰吉量⑩，乘之寿千岁。

【译文】

海内由西北角向东的国家地区、山丘河川依次如下。

蛇巫山，上面有人拿着一根棍棒向东站着。有人认为蛇巫山叫做龟山。

西王母靠倚着小桌案而头戴玉胜。在西王母的南面有三青鸟，为西王母觅取食物。西王母和三青鸟的所在地是昆仑山的北面。

有个神人叫大行伯，手握一把长戈。在他的东面有犬封国。贰负之尸在大行伯的东面。

犬封国也叫犬戎国，那里的人都是狗的模样。犬封国有一女子，正跪在地上捧着一杯酒食向人进献。那里还有文马，是白色身子、红色鬃毛，眼睛像黄金一样闪闪发光，名称是吉量，骑上它就能使人长寿千岁。

【注释】

①杯：即“棓”，音义同而字形异。棓，同“棒”。棍子，大棒。

②西王母：见图。

③梯：凭倚，凭靠。

④几：矮或小的桌子。

⑤胜：古时妇女的首饰。

⑥大行伯：共工的儿子，喜欢到处游玩。

⑦方：正在。原图上就是这样画的，所以用这类词语加以说明。以下此类情况尚多。

⑧文马：皮毛带有色彩花纹的马。

⑨缟：白色。

《山海经》地理考

蛇巫之山

观点1 根据"操杯而东向立"伺机杀死羿的逢蒙，推断"蛇巫之山"在今昆仑山附近。

观点2 "蛇巫之山"在今四川、湖北边境。

犬戎国

大行伯"盖上世沙漠之君，曾雄长一方者"，《史记·匈奴列传》记载："戎狄攻大王亶父，亶父亡走岐下"，则"犬戎国"应在其东南，约今陕西榆林、横山、靖边、定边以及甘肃环县一线。

《山海经》图典

三青鸟 明 蒋应镐绘图本

犬戎国 清 《边裔典》

西王母 清 四川成或因绘图本

吉量 明 蒋应镐绘图本

鬼国、蜪犬、穷奇、帝之四台、大蜂、蟜

【原文】

鬼国在贰负之尸北，为物人面而一目。一曰贰负神在其东，为物人面蛇身。

蜪(táo)犬如犬，青，食人从首始。

穷奇状如虎，有翼，食人从首始。所食被发①。在蜪犬北。一曰从足。

帝尧台、帝喾台、帝丹朱台、帝舜台，各二台，台四方，在昆仑东北。

大蜂，其状如螽(zhōng)②；朱蛾，其状如蛾③。

蟜(qiáo)④，其为人虎文，胫⑤有䏿(qǐ)⑥。在穷奇东。一曰状如人，昆仑虚北所有。

【译文】

鬼国在贰负之尸的北面，那里的人物是人的面孔却长着一只眼睛。有人认为贰负神在鬼国的东面，他是人的面孔而蛇的身子。

蜪犬长得像一般的狗，全身是青色，它吃人是从人的头开始吃起。

穷奇长得像一般的老虎，却生有翅膀，穷奇吃人是从人的头开始吃。正被吃的人是披散着头发的。穷奇在蜪犬的北面。有人认为穷奇吃人是从人的脚开始吃起。

帝尧台、帝喾台、帝丹朱台、帝舜台，各自有两座台，每座台都是四方形，在昆仑山的东北面。

有一种大蜂，长得像螽斯；有一种朱蛾，长得像蚍蜉。

蟜，长着人的身子，却有着老虎一样的斑纹，腿上有强健的小腿肚子。蟜在穷奇的东面。有人认为蟜长得像人，是昆仑山北面所独有的。

【注释】

①被发：即披发。被，通“披”。这是原图画上的样子。

②螽：螽斯，一种昆虫，体呈绿色或褐色，样子像蚂蚱。

③蛾：古人说是蚍蜉，就是现在所说的蚂蚁。

④蟜：虫名，这里应指国名或地名。

⑤胫：小腿。

⑥䏿：小腿肚子。

阘非、据比之尸、环狗、袜、戎、林氏国、氾林

【原文】

阘(tà)非，人面而兽身，青色。

据比之尸，其为人折颈披发，无一手。

环狗，其为人兽首人身。一曰猬状如狗，黄色。

袜(mèi)，其为物人身、黑首、从(zòng)[①]目。

戎，其为人人首三角。

林氏国有珍兽，大若虎，五采毕具，尾长于身，名曰驺(chú)吾，乘之日行千里。

昆仑虚南所，有氾林[②]方三百里。

【译文】

阘非，长着人的面孔，却是兽的身子，全身是青色。

天神据比的尸首，长的是折断了脖子而披散着头发，没了一只手。

环狗，这种人是野兽的脑袋人的身子。有人认为是刺猬的样子而又像狗，全身是黄色。

袜，这种怪物长着人的身子、黑色脑袋、竖立的眼睛。

戎，这种人长着人的头而头上，却有三只角。

林氏国有一种珍奇的野兽，大小与老虎差不多，身上有五种颜色的斑纹，尾巴比身子长，名称是驺吾，骑上它可以日行千里。

昆仑山南面的地方，有一片方圆三百里的氾林。

【注释】

①从：通“纵”。

②氾林：即上文所说的范林、泛林，意为树木茂密丛生的树林。

从极之渊、阳汙之山、王子夜之尸、舜妻登比氏、盖国、朝鲜

【原文】

从(zhōng)极之渊[1]，深三百仞[2]，维[3]冰夷恒都[4]焉。冰夷人面，乘两龙。一曰忠极之渊。

阳汙(yū)之山，河出其中；凌门之山，河出其中。

王子夜[5]之尸，两手、两股、胸、首、齿，皆断异处。

舜妻登比[6]氏生宵明、烛光[7]，处河大泽，二女之灵能照此所方百里。一曰登北氏。

盖国在鉅燕南，倭(wō)[8]北。倭属燕。

朝鲜在列阳东，海[9]北山[10]南。列阳属燕。

【译文】

从极渊有三百仞深，只有冰夷神常常住在这里。冰夷神长着人的面孔，乘着两条龙。有人认为从极渊叫做忠极渊。

阳汙山，黄河的一条支流从这座山发源；凌门山，黄河的另一条支流从这座山发源。

王子夜的尸体，两只手、两条腿、胸脯、脑袋、牙齿，都被斩断而分散在不同地方。

帝舜的妻子登比氏生了宵明、烛光两个女儿，她们住在黄河边上的大泽中，两位神女的灵光能照亮这里方圆百里的地方。有人认为帝舜的妻子叫登北氏。

盖国在大燕国的南面，倭国的北面。倭国隶属于燕国。

朝鲜在列阳的东面，北面有大海，南面有高山。列阳隶属于燕国。

【注释】

①从极之渊：传说中的深渊名。

②仞：古代的八尺为一仞。

③维：通“惟”“唯”。独、只有。

④都：居住。

⑤王子夜：可能是王亥。

⑥登比：除娥皇、女英外，舜的第三位妻子。

⑦宵明、烛光：舜的两个女儿，传说她们能给人带来光明。

⑧倭：指古代日本。

⑨海：指黄海。

⑩山：可能是今长白山。

列姑射、射姑国、大蟹、陵鱼、大鯾、明组邑、蓬莱山、大人之市

【原文】

列姑射在海河州[1]中。

射（yè）姑国在海中，属列姑射。西南，山环之。

大蟹在海中。

陵鱼人面，手足，鱼身，在海中。

大鯾（biān）[2]居海中。

明组邑[3]居海中。

蓬莱山在海中。

大人之市在海中。

【译文】

列姑射在黄河入海口的一块小州上。

射姑国在海中，隶属于列姑射。射姑国的西南部，高山环绕着它。

大蟹生活在海里。

陵鱼长着人的面孔，有手有脚，鱼的身子，生活在海里。

大鯾鱼生活在海里。

明组邑是个原始的部落，也在海中。

蓬莱山屹立在海中。

大人贸易的集市也在海中。

【注释】

①河州：据古人说是黄河流入海中形成的小块陆地。州是水中高出水面的土地。

②鯾：同“鳊”。即鲂鱼，体形侧扁，背部特别隆起，略呈菱形，像现在所说的武昌鱼，肉味鲜美。

③明组邑：可能是生活在海岛上的一个部落。邑，即邑落，指人所聚居的部落、村落。

北

西　东

南

【第十三卷】

海内东经

《海内东经》的记述方式与之前的文字略有不同。其前半部分主要介绍了中国东部从河北到浙江一带的国家、山名、地名、神名，如燕国、会稽山、都州、雷神，也涉及位于西北地区的一些国名和山名，如西胡白玉天山、昆仑山、大夏国、月氏国等。

有学者认为《海内东经》后半部分的文字为晋代学者郭璞所撰《水经》的文字，这一部分着重介绍了岷江、浙江、淮河、渭河等著名河流的发源地、流向、流经的地域。所记述的水名、山名、地名的具体位置都能确定。如汉阳属犍为郡，在今贵州省；期思，战国楚时名思邑，汉为侯国，后为县，南朝梁废，在今河南淮滨县。

鉅燕、流沙中国、流沙外国、西胡白玉山

【原文】

海内①东北陬（zōu）②以南者。

鉅燕在东北陬。

国在流沙中者埻(dūn)端③、玺㬇(huàn)④,在昆仑虚东南。一曰海内⑤之郡,不为郡县,在流沙中。

国在流沙外者，大夏、竖沙、居繇(yáo)、月氏之国。

西胡白玉山⑥在大夏东，苍梧⑦在白玉山西南，皆在流沙西，昆仑虚东南。昆仑山在西胡西。皆在西北。

【译文】

海内由东北角向南的国家地区、山丘河川依次如下。

大燕国在海内的东北角。

在流沙中的国家有埻端国、玺㬇国，都在昆仑山的东南面。有人认为埻端国和玺㬇国是在海内建置的郡，不把它们称为郡县，是因为处在流沙中的缘故。

在流沙以外的国家，有大夏国、竖沙国、居繇国、月氏国。

西方胡人的白玉山国在大夏国的东面，苍梧国在白玉山国的西南面，都在流沙的西面，昆仑山的东南面。昆仑山位于西方胡人所在地的西面。总的位置都在西北方。

【注释】

①海内：海内东经所记载的地方。

②陬：隅；角落。

③埻端：可能指敦煌。

④玺㬇：国名，具体所指待考。

⑤海内：国境之内。

⑥白玉山：山名，具体所指待考。

⑦苍梧：山名，可能是我国西北地区位于昆仑山的群山之一。

《山海经》地理考

大夏

《史记·大宛传》云："大夏在大宛西南二千余里，妫水南。"大夏人是我国羌族的一支，在费尔干纳以西的锡尔河中下游，大致在今阿富汗境内。

竖沙

《说文》云："古者宿沙初作煮海盐。"因此，"竖沙"可能在今新疆莎车县一带。

居繇

《三国志·魏志》记载，"居繇国"在中亚费尔干纳盆地，今乌兹别克斯坦境内。

月氏

公元前7世纪，伊赛多涅斯即伊塞顿人(古乌孙)分布在伊犁河一带，则其东邻希帕波里亚人，亦即此经所说的"月氏之国"，应驻牧于天山北麓的特克斯河流域。

流沙

锡尔河西南有克孜勒库姆沙漠，在中亚锡尔河与阿姆河之间，乌兹别克斯坦、哈萨克斯坦和土库曼斯坦境内。

西胡

我国古代泛称北方边地的少数民族为胡，"西胡"即相对于东胡而言，指位于西边的胡人。

《山海经》动物考

象 清 汪绂图本

犀牛望月 清 《禽虫典》

雷神、都州、琅邪台、韩雁、始鸠、会稽山

雷泽中有雷神，龙身而人头，鼓[①]其腹。在吴西。

都州在海中。一曰郁州。

琅(láng)邪(yá)台在渤海[②]间，琅邪[③]之东。其北有山。一曰在海间。

韩雁[④]在海中，都州南。

始鸠[⑤]在海中，辕厉[⑥]南。

会稽山在大楚[⑦]南。

【译文】

雷泽中有一位雷神，长着龙的身子、人的头，他一敲打自己的肚子就响雷。雷泽在吴地的西面。

都州在海里。一种说法认为都州叫作郁州。

琅邪台位于渤海中间，在琅邪山的东面。琅邪台的北面有座山。有人认为琅邪山在海中间。

韩雁在海中，又在都州的南面。

始鸠在海中，又在辕厉的南面。

会稽山在大楚的南面。

【注释】

①鼓：这里是动词，即鼓动，振作。

②渤海：指黄海。

③琅邪：指春秋时越王勾践修筑的琅邪台，周长七里，用来观望东海。在今胶南市南。

④韩雁：难以断定是国名还是鸟名。如果是国名，则应在海中的岛屿上。

⑤始鸠：难以断定是国名还是鸟名。

⑥辕厉：所指待考，一说作“韩雁”。

⑦楚：周的诸侯国，楚文王时建都于郢（即湖北荆州纪南城）。

岷三江、浙江、庐江、淮水、湘水

【原文】

岷[①]三江：首大江[②]，出汶山[③]，北江[④]出曼山，南江出高山[⑤]。高山在成都西，入海在长州南。

浙江出三天子都[⑥]，在蛮[⑦]东，在闽西北，入海，馀暨[⑧]南。

庐江出三天子都。入江，彭泽西。一曰天子鄣。

淮水出馀山，馀山在朝阳东，义乡西，入海，淮浦北。

湘水出舜葬东南陬，西环之，入洞庭下。一曰东南西泽。

【译文】

从岷山中流出三条江水，首先是长江从汶山流出，再者北江从曼山流出，还有南江从高山流出。高山坐落在成都的西面。三条江水最终注入大海，入海处在长州的南面。

浙江从三天子都山发源，三天子都山在蛮地的东面，闽地的西北面，浙江最终注入大海，入海处在馀暨的南边。

庐江也从三天子都山发源，注入长江，入江处在彭泽的西面。一种说法认为在天子鄣。

淮水从馀山发源，馀山坐落在朝阳的东面，义乡的西面。淮水最终注入大海，入海处在淮浦的北面。

湘水从帝舜葬地的东南角发源，然后向西环绕流去。湘水最终注入洞庭湖下游。一种说法认为注入东南方的西泽。

【注释】

①岷：即岷江，长江上游支流。在四川省中部。发源于岷山南麓，流经松潘、汶川等县到灌县出峡，分内外两江到江口复合，经乐山接纳大渡河，到宜宾汇入长江。

②大江：水名，这里指岷江的主流。

③汶山：山名，即岷山。

④北江：青衣江。

⑤高山：山名，一说是邛崃山，一说是大雪山。

⑥三天子都：山名，可能是黄山山脉、玉山山脉、缙云山等。

⑦蛮：我国古代对长江中游及其以南地区少数民族的泛称。

⑧馀暨：汉时县名，今浙江杭州市萧山区。

汉水、濛水、温水、颍水、汝水

【原文】

汉水出鲋鱼之山。帝颛顼葬于阳，九嫔葬于阴，四蛇卫之。

濛水①出汉阳西，入江，聂阳②西。

温水③出崆峒山④在临汾⑤南，入河，华阳北。

颍水出少室，少室山在雍氏南，入淮西鄢（yān）北。一曰缑（gōu）氏⑥。

汝水出天息山⑦，在梁⑧勉乡⑨西南，入淮极西北⑩，一曰淮在期思北。

【译文】

汉水从鲋鱼山发源，天帝颛顼葬在鲋鱼山的南面，帝颛顼的九个嫔妃葬在鲋鱼山的北面，有四条巨蛇护卫着它。

濛水从汉阳西面发源，最终注入长江，入江处在聂阳的西面。

温水从崆峒山发源。崆峒山坐落在临汾南面，温水最终注入黄河，入河处在华阳的北面。

颍水从少室山发源，少室山坐落在雍氏的南面，颍水最终在西鄢的北边注入淮水。一种说法认为在缑氏注入淮水。

汝水从天息山发源，天息山坐落在梁勉乡的西南，汝水最终在淮极的西北注入淮水。一种说法认为入淮处在期思的北面。

【注释】

①濛水：水名，可能是今乌江；汉时称延江水。

②聂阳：地名，具体所指待考。

③温水：水名，具体所指待考。一说因水常温，故名。

④崆峒山：山名，一说指山西绛县的太阴山；一说是今山西中部汾河东岸的太岳山。

⑤临汾：汉时县名，在今山西江县东北。

⑥缑氏：古县名，秦治，在今河南偃师市东南。

⑦天息山：山名，具体所指待考。可能在今河南鲁山县南。

⑧梁：古县名，在今河南汝州市。

⑨勉乡：乡邑名，属古梁县。

⑩淮极西北：具体所指待考。一说“淮极”是地名；一说“极西”是地名，即期思。

泾水、渭水、白水、沅水、赣水、泗水

【原文】

泾水出长城北山[①]，山在郁郅、长垣[②]北，北入渭，戏[③]北。

渭水出鸟鼠同穴山，东注河，入华阴[④]北。

白水[⑤]出蜀[⑥]，而东南注江，入江洲城下。

沅水出象郡镡（xín）城[⑦]西，又东注江[⑧]，入下隽（juàn）西，合洞庭中。

赣水出聂都东山，东北注江，入彭泽西。

泗水出鲁东北而南，西南过湖陵西，而东南注东海，入淮阴北。

【译文】

泾水从长城的北山发源，北山坐落在郁郅、长垣的北面，泾水最后向北流入渭水，入渭处在戏的北面。

渭水从鸟鼠同穴山发源，向东流入黄河，入河处在华阴的北面。

白水从蜀山流出，然后向东南流入长江，入江处在江州城下。

沅水从象郡镡城的西面发源，向东流而注入长江，入江处在下隽的西面，最后汇入洞庭湖中。

赣水从聂都东面的山中发源，向东北流入长江，入江处在彭泽的西面。

泗水从鲁地的东北方流出，然后向南流，再向西南流经湖陵的西面，然后转向东南而流入东海，入海处在淮阴的北面。

【注释】

①长城北山：长城附近的一座山，具体所指待考。

②长垣：即长城。

③戏：地名，在今陕西西安临潼区东。

④华阴：古县名，在今山西华阴市。

⑤白水：水名，即今白水江，是嘉陵江上游最大的支流。白水江发源于甘川交界岷山山脉南端的弓杆岭。

⑥蜀：今四川西北的蜀山。

⑦镡城：古县名，可能在今湖南靖州西南。

⑧又东注江：这句似乎应移到文末，因沅水系流入洞庭湖后再入长江。

郁水、肄水、潢水、洛水、汾水、沁水

【原文】

郁水出象郡，而西南注南海，入须陵[1]东南。
肄水[2]出临晋西南，而东南注海，入番禺西。
潢水[3]出桂阳西北山，东南注肄水，入敦浦[4]西。
洛水出洛西山[5]，东北注河，入成皋之西。
汾水出上窳[6]北，而西南注河，入皮氏南。
沁水出井陉山[7]东，东南注河，入怀[8]东南。

【译文】

郁水从象郡发源，然后向西南流入南海，入海处在须陵的东南面。

肄水从临晋西南方流出，然后向东南流入大海，入海处在番禺的西面。

潢水发源于桂阳西北的山脉，向东南注入肄水，最后在敦浦以西入海。

洛水从上洛西边的山中发源，向东北流入黄河，入河处在成皋的西边。

汾河发源于上窳北部，向西南注入内河，入河处在皮氏的南边。

沁水从井陉山的东面发源，向东南流入黄河，入河处在怀的东南面。

【注释】

①须陵：具体所指待考。
②肄水：水名，即溱水。源出今湖南临武县东南。
③潢水：古水名，即今广西西北的湟江。
④敦浦：具体所指待考。
⑤洛西山：山名，一说指今陕西的讙举山，一说在今河南洛阳市。
⑥上窳：地名，具体所指待考。可能在今山西静乐县北。
⑦井陉山：山名，具体所指待考。
⑧怀：古县名，在今河南焦作市境内。

济水、潦水、虖沱水、漳水

【原文】

济水出共山[①]南东丘，绝[②]钜（jù）鹿泽[③]，注渤海，入齐琅槐[④]东北。

潦水出卫皋[⑤]东，东南注渤海，入潦阳[⑥]。

虖沱水出晋阳城南，而西至阳曲北，而东注渤海，入越章武北。

漳水出山阳东，东注渤海，入章武南[⑦]。

建平元年四月丙戌，待诏太常属臣望校治，侍中光禄勋臣龚、侍中奉车都尉光禄大夫刘秀领主省。

【译文】

济水从共山南面的东丘发源，流过钜鹿泽，最终注入渤海，入海处在齐地琅槐的东北面。

潦水发源于皋地以东，向东南注入渤海，入海处位于潦阳。

虖沱水从晋阳城南发源，然后向西流到阳曲的北面，再向东流入渤海，入海处在章武的北面。

漳水从山阳的东面流出，向东流入渤海，入海处在章武的南面。

建平元年四月丙戌日，待诏太常属臣丁望校对整理，侍中光禄勋臣王龚、侍中奉车都尉光禄大夫刘秀领衔主持。

【注释】

①共山：山名，具体所指待考。

②绝：通过、穿过。

③钜鹿泽：即大野泽，在今山东巨野县北。

④琅槐：古县名，在今山东利津县东南。

⑤卫皋：山名，具体所指待考。

⑥潦阳：古县名，即辽阳，在今辽宁辽中县。

⑦“入章武南”这一大段文字，据学者的研究，认为不是《山海经》原文，而是《水经》一书中的文字。但因这段文字为底本所原有，故仍保留它并作今译，唯不作注。

北
西
东
南

【第十四卷】

大荒东经

《山海经》冠以“大荒”之名的有《大荒东经》《大荒南经》《大荒西经》和《大荒北经》四篇。大荒经虽然内容丰富但很杂乱。

《大荒东经》内容庞杂，大多与《海外东经》相同，如大人国、君子国、青丘国、黑齿国、汤谷等都在《海外经》中提到过。这些重复内容可能是竹简散落错排所致。

与《海外东经》相比，《大荒东经》内容更加丰富。《大荒东经》中提到大言山、明星山、合虚山等山时特意提到它们是日月所出之山，反映了古人对日月运行规律的重视。

除此之外，《大荒东经》中还有一些对历史人物和神话传说的记载。如有易国君杀王亥，应龙、夸父等。

《大荒东经》所记述的地理位置与海外东经相同，大概在中国东北部。

少昊之国、甘渊、大荒、大言、波谷山、小人国

东海之外有大壑（hè），少昊（shǎo hào）[1]之国。少昊孺（rú）[2]帝颛顼于此，弃其琴瑟[3]。

有甘山者，甘水出焉，生甘渊[4]。

大荒[5]东南隅有山，名皮母地丘[6]。

东海之外，大荒之中，有山名曰大言，日月所出。

有波谷山[7]者，有大人之国，有大人之市，名曰大人之堂[8]。有一大人踆（cūn）[9]其上，张其两耳。

有小人国，名靖人[10]。

【译文】

东海以外有一深得不知底的沟壑，是少昊建国的地方。少昊就在这里抚养帝颛顼，帝颛顼幼年玩耍过的琴瑟还丢在沟壑里。

有一座甘山，甘水从这座山发源，然后流汇成甘渊。

大荒的东南角有座高山，名称是皮母地丘。

东海以外，大荒当中，有座山叫作大言山，是太阳和月亮初出升起的地方。

有座波谷山，有个大人国就在这山里。有个大人做买卖的集市，就在叫作大人堂的山上。有一个大人正蹲在上面，张开着他的两只手臂。

有个小人国，那里的人被称作靖人。

【注释】

①少昊：传说中的上古帝王，名叫挚，以金德王，所以号称金天氏。

②孺：通“乳”。用乳奶喂养。这里是抚育、养育的意思。

③琴瑟：古时两种拨弦乐器。

④渊：水流汇积就成为深渊。

⑤大荒：最荒远的地方。

⑥皮母地丘：山名，具体所指待考。

⑦波谷山：山名，具体所指待考。

⑧大人之堂：一说是一座山，因为山的形状就像是一座堂屋，所以称作大人堂；一说指大人之市中用来交易的堂屋。

⑨踆：通“蹲”。

⑩靖人：传说东北极有一种人，身高只有九寸，这就是靖人。靖的意思是细小的样子。靖人即指小人。

《山海经》地理考

大壑

《列子·汤问》："渤海之东，不知几亿万里，有大壑焉。"据推断，"大壑"位于菲律宾东北、马里亚纳群岛附近的太平洋底的马里亚纳海沟。

《山海经》传说

颛顼

颛顼是中国历史中的一位传说人物，为五帝之一。

传说在黄帝晚年，九黎信奉巫教，一切都靠占卜来决定，百姓家家都有人当巫吏搞占卜，人们不再诚敬地祭祀上天，也不安心于农业生产。颛顼为解决这一问题，决定改革宗教，亲自净心诚敬地祭祀天地祖宗，为万民作出榜样。又任命南正重负责祭天，以和洽神灵。任命北正黎负责民政，以抚慰万民，劝导百姓遵循自然的规律从事农业生产，鼓励人们开垦田地。禁止民间占卜活动，使社会恢复正常秩序。

《山海经》图典

大人国 清 《边裔典》

小人国 清 《边裔典》

犁䰠之尸、㵭山、蔿国、合虚、中容之国、东口之山

【原文】

有神，人面兽身，名曰犁䰠(líng)之尸。

有㵭(jué)山[①]，杨水[②]出焉。

有蔿(wěi)国，黍[③]食，使四鸟[④]：虎、豹、熊、罴。

大荒之中，有山名曰合虚[⑤]，日月所出。

有中容之国[⑥]。帝俊生[⑦]中容[⑧]，中容人食兽、木实，使四鸟：豹、虎、熊、罴。

有东口之山[⑨]。有君子之国，其人衣冠[⑩]带剑。

【译文】

有一个神，长着人的面孔、野兽的身子，叫作犁䰠尸。

有座㵭山，杨水就是从这座山发源的。

有一个蔿国，那里的人以黄米为主食，能驯化驱使四种野兽：老虎、豹子、熊、罴。

在大荒当中，有座山叫作合虚山，是太阳和月亮初出升起的地方。

有一个国家叫中容国。帝俊生了中容，中容国的人吃野兽的肉、树木的果实，能驯化驱使四种野兽：豹子、老虎、熊、罴。

有座东口山。有个君子国就在东口山附近，那里的人穿衣戴帽，而且腰间佩带宝剑。

【注释】

①㵭山：山名，具体所指待考。

②杨水：水名，具体所指待考。

③黍：一种黏性谷米，可供食用和酿酒，古时主要在北方种植，脱去糠皮就称作黄米。

④鸟：古时鸟兽通名，这里即指野兽。以下同此。

⑤合虚：山名，具体所指待考。

⑥中容之国：国名，具体所指待考。

⑦生：生育。一说这里并不指亲生，而表明是其后裔。

⑧中容：传说颛顼生有才子八人，其中就有中容。

⑨东口之山：山名，具体所指待考。

⑩衣冠：指衣帽整齐。

司幽之国、明星、白民之国、青丘之国、柔仆民、黑齿之国

【原文】

有司幽之国[①]。帝俊生晏龙[②]，晏龙生司幽，司幽生思土，不妻；思女，不夫[③]。食黍，食兽，是使四鸟[④]。

有大阿之山[⑤]者。

大荒中有山，名曰明星[⑥]，日月所出。

有白民之国[⑦]。帝俊生帝鸿，帝鸿生[⑧]白民，白民销姓，黍食，使四鸟：虎、豹、熊、罴。

有青丘之国[⑨]。有狐，九尾。

有柔仆民[⑩]，是维[⑪]嬴（yíng）土[⑫]之国。

有黑齿之国[⑬]。帝俊生黑齿，姜姓，黍食，使四鸟。

【译文】

有个国家叫司幽国。帝俊生了晏龙，晏龙生了司幽，司幽生了思土，但思土不娶妻子；司幽还生了思女，但思女不嫁丈夫。司幽国的人以黄米为主食，也吃野兽肉，能驯化驱使四种野兽。

有大阿山这样的山。

大荒当中有一座高山，叫作明星山，是太阳和月亮初出升起的地方。

有个国家叫白民国。帝俊生了帝鸿，帝鸿的后代是白民，白民国的人姓销，以黄米为主食，能驯化驱使四种野兽：豹子、老虎、熊、罴。

有个国家叫青丘国。青丘国有一种狐狸，长着九条尾巴。

有一群人被称作柔仆民，他们的国土很肥沃。

有个国家叫黑齿国。帝俊的后代是黑齿，姓姜，那里的人以黄米为主食，能驯化驱使四种野兽。

【注释】

①司幽之国：国名，具体所指待考。
②晏龙：人名，具体所指待考。
③思土，不妻；思女，不夫：神话传说他们虽然不娶亲、不嫁人，但因精气感应、魂魄相合而生育孩子，延续后代。
④四鸟：指豹、虎、熊、罴四种兽。
⑤大阿之山：山名，具体所指待考。
⑥明星：山名，具体所指待考。
⑦白民之国：国名，具体所指待考。
⑧生：在本书中，“生”字的用法，并不一定都指某人诞生某人，也多指某人所生存、遗存的后代子孙。这里就是指后代而言。以下这种用意尚多。
⑨青丘之国：国名，即《海外东经》中提到的国家。
⑩柔仆民：国名，具体所指待考。
⑪维：句中语助词，无意。
⑫嬴土：肥沃的土地。
⑬黑齿之国：国名，即《海外东经》中提到的国家。

夏州之国、折丹、禺虢、招瑶山

【原文】

有夏州之国[①]。有盖余之国[②]。有神人，八首人面，虎身十尾，名曰天吴。

大荒之中，有山名曰鞠陵于天、东极、离瞀(mào)[③]，日月所出。有神名曰折丹，东方曰折，来风曰俊[④]，处东极以出入风[⑤]。

东海之渚[⑥]中，有神，人面鸟身，珥[⑦]两黄蛇，践[⑧]两黄蛇，名曰禺虢（guó）。黄帝生禺虢，禺虢生禺京。禺京处北海，禺虢处东海，是惟[⑨]海神。

有招瑶山，融水出焉。有国曰玄股[⑩]，黍食，使四鸟[⑪]。

【译文】

有个国家叫夏州国。在夏州国附近又有一个盖余国。有个神，长着八个脑袋，而且都是人的脸面、老虎身子、十条尾巴，名叫天吴。

在大荒当中，有三座高山分别叫作鞠陵于天山、东极山、离瞀山，都是太阳和月亮初出升起的地方。有个神名叫折丹，东方人单称他为折，从东方吹来的风称作俊，他就处在大地的东极主管风的出入。

在东海的岛屿上，有一个神，长着人的面孔、鸟的身子，耳朵上悬挂着两条黄色的蛇，脚底下踩踏着两条黄色的蛇，名叫禺虢。黄帝生了禺虢，禺虢生了禺京。禺京住在北海，禺虢住在东海，都是海神。

有座招瑶山，融水从这座山发源。有一个国家叫玄股国，那里的人以黄米为主食，能驯化驱使四种野兽。

【注释】

①夏州之国：国名，具体所指待考。

②盖余之国：国名，具体所指待考。

③鞠陵于天、东极、离瞀：均为山名，具体所指待考。一说“东极离瞀”不指山，是对“鞠陵于天”的解释。

④俊：俊风，冬季从东方刮来的风。

⑤出入风：掌管风的出入。

⑥渚：水中的小洲。这里指海岛。

⑦珥：耳饰，这里作动词。

⑧践：踩；踏。

⑨惟：句中语助词，无意。

⑩玄股：国名，即《海外东经》中提到的国家。

⑪四鸟：指豹、虎、熊、罴四种兽。

困民国、女丑、孽摇頵羝山

【原文】

有困民[1]国，勾姓，而食。有人曰王亥，两手操鸟，方食其头[2]。王亥托[3]于有易[4]、河伯仆牛[5]。有易杀王亥，取仆牛。河伯念有易，有易潜出，为国于兽，方食之[6]，名曰摇民[7]。帝舜生戏，戏生摇民。

海内有两人[8]，名曰女丑[9]。女丑有大蟹[10]。

大荒之中，有山名曰孽摇頵羝（yūn dī）[11]。上有扶木[12]，柱[13]三百里，其叶如芥（jiè）[14]。有谷曰温源谷[15]。汤（yáng）谷上有扶木，一日方至，一日方出，皆载于乌[16]。

【译文】

有个国家叫困民国，那里的人姓勾，以黄米为主食。有个人叫王亥，两只手各握着一只鸟，正在吃鸟的头。王亥把一群肥牛寄养在有易族人、水神河伯那里。有易族人把王亥杀死，没收了那群肥牛。河伯哀念有易族人，便帮助有易族人偷偷地逃出来，在野兽出没的地方建立国家，他们以野兽肉为食，这个国家叫摇民国。有人认为帝舜生了戏，戏的后代就是摇民。

海内有两个人，其中的一名叫女丑。女丑有一只听使唤的大螃蟹。

在大荒当中，有一座山名叫孽摇頵羝山。山上有棵扶桑树，高耸三百里，叶子长得像芥菜叶。有一道山谷叫作温源谷。汤谷上面也长了棵扶桑树，一个太阳刚刚回到汤谷，另一个太阳刚刚从扶桑树上出去，都负载在三足乌的背上。

【注释】

①困民：国名，即上文所说的嬴民。

②方食其头：这是针对原画面上的图像而说的。

③托：寄托。

④有易：国名，可能在今河北易县附近。

⑤仆牛：一说指大的牛群。仆，通“朴”。一说指驯服牛群。

⑥方食之：这也是针对原画面上的图像而说的。

⑦摇民：即困民国。

⑧两人：下面只说了一个，大概文字上有逸脱。

⑨女丑：就是上文所说的女丑之尸，是一个女巫。

⑩大蟹：就是上文所说的方圆有一千里大小的螃蟹。

⑪孽摇頵羝：山名，具体所指待考。

⑫扶木：就是上文所说的扶桑树，太阳由此升起。

⑬柱：像柱子般直立着。

⑭芥：芥菜，花茎带着叶子，而叶子有叶柄，不包围花茎。

⑮温源谷：就是上文所说的汤谷，谷中水很热，太阳在此洗澡。

⑯乌：就是上文所说的踆乌、鵕鸟、三足乌，异名同物，除过所长三只爪子外，形状像乌鸦，栖息在太阳里。

奢比尸、五采之鸟、猗天苏门山、綦山、壑明俊疾山、东北海外

【原文】

有神，人面、犬耳、兽身，珥两青蛇，名曰奢比尸。

有五采之鸟①，相乡②弃沙③。惟④帝俊下友⑤。帝下两坛，采鸟是司⑥。

大荒之中，有山名曰猗天苏门⑦，日月所生。有埙(xūn)民之国⑧。

有綦(jī)山⑨。又有摇山⑩。有𩆪(zèng)山⑪。又有门户山⑫。又有盛山⑬。又有待山⑭。有五采之鸟。

大荒之中，有山名曰壑明俊疾⑮，日月所出。有中容之国。

东北海外，又有三青马、三骓⑯、甘华。爰有遗玉、三青鸟、三骓、视肉、甘华、甘柤。百谷所在⑰。

【译文】

有一个神，长着人的面孔、狗耳朵、野兽的身子，耳朵上挂着两条青色的蛇，名叫奢比尸。

有一群五彩鸟，相对而舞，天帝帝俊从天上下来和它们交友。帝俊在下界的两座祭坛，由这群五彩鸟掌管着。

在大荒当中，有一座山名叫猗天苏门山，是太阳和月亮初出升起的地方。有个国家叫埙民国。

有座綦山。又有座摇山。又有座𩆪山，又有座门户山，又有座盛山，又有座待山。还有一群五彩鸟。

在东荒当中，有座壑明俊疾山，是太阳和月亮初出升起的地方。这里还有个中容国。

在东北方的海外，还有三青马、三骓马、甘华树。又说这里还有遗玉、三青鸟、三骓马、视肉怪兽、甘华树、甘柤树。是各种庄稼生长的地方。

【注释】

①五采之鸟：采，通“彩”。彩色。
②乡：通“向”。
③弃沙：不详何意。有些学者认为“弃沙”二字是“媻娑”二字的讹误，而媻娑的意思是盘旋而舞的样子。
④惟：句首语助词，无意。
⑤下友：一说指下界的朋友，一说指从天上下来交朋友。
⑥司：管理、掌管。
⑦猗天苏门：具体所指待考。
⑧埙民之国：国名，具体所指待考。
⑨綦山：山名，具体所指待考。
⑩摇山：山名，具体所指待考。
⑪𩆪山：山名，具体所指待考。
⑫门户山：山名，具体所指待考。
⑬盛山：山名，具体所指待考。
⑭待山：山名，具体所指待考。
⑮壑明俊疾：山名，具体所指待考。
⑯骓：马的毛色青白间杂。
⑰百谷：泛指各种农作物。百，表示多的意思，不是实指。

女和月母之国、凶犁土丘、流波山

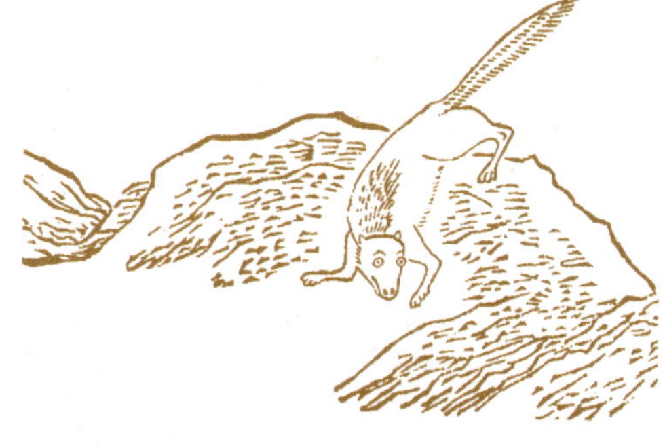

【原文】

有女和月母之国[①]。有人名曰鹓(wǎn)——北方曰鹓，来之风曰狻(yǎn)，是处东极隅以止[②]日月，使无相间[③]出没，司其短长。

大荒东北隅中，有山名曰凶犁土丘[④]。应龙处南极，杀蚩尤与夸父，不得复上[⑤]，故下[⑥]数[⑦]旱。旱而为应龙之状，乃得大雨。

东海中有流波山[⑧]，入海七千里。其上有兽，状如牛，苍身而无角，一足，出入水则必风雨，其光如日月，其声如雷，其名曰夔(kuí)。黄帝得之，以其皮为鼓，橛(jué)[⑨]以雷兽[⑩]之骨，声闻[⑪]五百里，以威天下。

【译文】

有个国家叫女和月母国。有一个神名叫鹓——北方人称作鹓，从那里吹来的风称作狻——他就住在大地的东北角以便控制太阳和月亮，使日月不要交相错乱地出没，掌握它们升起落下时间的长短。

在大荒的东北角上，有一座山名叫凶犁土丘山。应龙就住在这座山的最南端，因杀了神人蚩尤和神人夸父，不能再回到天上，天上因没了兴云布雨的应龙而使下界常常闹旱灾。下界的人们一遇天旱就装扮成应龙的样子求雨，就得到大雨。

东海当中有座流波山，这座山在进入东海七千里的地方。山上有一种野兽，长得像普通的牛，是青苍色的身子却没有犄角，仅有一只蹄子，出入海水时就一定有大风大雨相伴随，它发出的亮光如同太阳和月亮，它吼叫的声音如同雷响，名叫夔。黄帝得到它，便用它的皮蒙鼓，再拿雷兽的骨头敲打这鼓，使五百里以内的人都听见发出的响声，用来威服天下。

【注释】

①女和月母之国：国名，具体所指待考。

②止：这里是控制的意思。

③间：这里是错乱、杂乱的意思。

④凶犁土丘：山名，具体所指待考。可能在今河北北部。

⑤上：指天上。

⑥下：指下界。

⑦数：屡次，频繁。

⑧流波山：山名，一说指散布在渤海中的冀东山岭。

⑨橛：通“撅”。敲、击打。

⑩雷兽：就是上文所说的雷神。

⑪闻：传。

北
西
东
南

【第十五卷】

大荒南经

《大荒南经》内容庞杂，大多与《海外南经》相同，如羽民国、不死国、焦侥国等。总体来看，除了与《海外南经》有内容相同的地方外，还有很多不同之处。如《大荒南经》中有左右有首的怪兽跊踢、三青兽相并的双双等，这些都是《海外南经》中未出现的。

除此之外，《大荒南经》中还有一些对历史人物和神话传说的记载：如羿射死了凿齿；在南海的岛屿上，有一个神，是人的面孔，耳朵上穿挂着两条青色蛇，脚底下踩踏着两条红色蛇，这个神叫不廷胡余……

《大荒南经》所记述的地理位置与《海外东经》相似，大概在中国南方。

跦踢、双双、阿山、荣山、巫山

【原文】

南海之外，赤水之西，流沙之东，有兽，左右有首，名曰跦(chǔ)踢[①]。有三青兽相并[②]，名曰双双[③]。

有阿山[④]者。南海之中，有泛天之山[⑤]，赤水穷焉。赤水之东，有苍梧之野，舜与叔均之所葬也。爰有文贝[⑥]、离俞[⑦]、鸱(chī)久、鹰、贾[⑧]、委维[⑨]、熊、罴、象、虎、豹、狼、视肉。

有荣山[⑩]，荣水[⑪]出焉。黑水[⑫]之南，有玄蛇，食麈(zhǔ)。

有巫山[⑬]者，西有黄鸟[⑭]。帝药[⑮]，八斋[⑯]。黄鸟于巫山，司此玄蛇[⑰]。

【译文】

在南海以外，赤水的西岸，流沙的东面，生长着一种野兽，左边右边都有一个头，名称是跦踢。还有三只青色的野兽交相合并着，名称是双双。

有座山叫阿山。南海当中，有一座泛天山，赤水最终流到这座山。在赤水的东岸，有个地方叫苍梧，帝舜与叔均葬在那里。这里有紫贝、離鸟、鹞鹰、老鹰、乌鸦、两头蛇、熊、罴、大象、老虎、豹子、狼、视肉怪兽。

有一座荣山，荣水就是从这座山发源的。在黑水的南岸，有一条大黑蛇，它能吞食麈鹿。

有一座山叫巫山，在巫山的西面有只黄鸟。天帝的神仙药，就藏在巫山的八个斋舍中。黄鸟在巫山上，监视着那条大黑蛇。

【注释】

①跦踢：见图。
②并：合并。
③双双：见图。
④阿山：山名，具体所指待考。一说这里的“阿”是大的意思。
⑤泛天之山：山名，具体所指待考。
⑥文贝：即上文所说的紫贝，在紫颜色的贝壳上点缀有黑点。
⑦离俞：即上文所说的離鸟。
⑧贾：据古人说是乌鸦之类的禽鸟。
⑨委维：即上文所说的委蛇。
⑩荣山：山名，具体所指待考。一说指招瑶山。
⑪荣水：水名，具体所指待考。
⑫黑水：水名，具体所指待考。一说是越南境内的黑水河。
⑬ 巫山：山名，具体所指待考。不是今重庆湖北边境的巫山。
⑭黄鸟：见图。
⑮药：指神仙药，即长生不死药。
⑯斋：屋舍。
⑰司此玄蛇：伺察这种黑蛇，防止它去偷天帝的不死之药。

《山海经》传说 

叔均——商均

商均，传说是舜帝的儿子。商均和羿、禹是好朋友，他们从小一起玩耍。商均善于下棋，禹善于造船，羿善于射箭。他们长大成人后，舜派羿去射天上的十个太阳，派禹和商均去治水。临行前，舜将其用白的和黑的小贝壳做成的围棋送给禹和商均。两个年轻人一路上历经千辛万苦，困了就停船靠着大树睡觉，饿了就采些山果、射些小动物吃。一日中午，他们的船随洪水漂到一个地方，前面的水面咆哮起来，一条百米大蟒从水底蹿起。两个人正思忖对付大蟒的办法，水势逐渐退去，那挡住洪水出路的山半中央露出了半个老大的洞口，洪水正从那里急骤流走。两个人发现，原来洪水泛滥都是因为大蟒堵住了洪水的大洞。

他们把舜帝给他们的棋篓子作为诱饵，在山林中采了两条其粗无比的藤条做绳子，当大蟒津津有味地吞咽棋篓子的时候，他们一下子缠住了大蟒的七寸。缠住大蟒后，他们把藤绳系在水道两旁的千年古树上，然后找到有人烟的地方，找来一百多人把蟒拖上岸，用箭射，再用石刀砍，足足用了一天的时间，才将那个庞然大物杀死。然后他们和众人享用了一顿精美的晚餐。回到家里，舜帝非常高兴。舜帝对他们进行奖励，给他们做了副贝壳棋子。闲下来的时候，他就和商均、禹下棋，他们又把棋盘改成了十三路，进一步丰富了棋的变化。传说后来大禹治水的时候，有很多办法就是从下棋中琢磨出来的。

《山海经》图典

黄鸟 清 汪绂图本

跊踢 清 汪绂图本

双双 清 《禽虫典》

兽名	性质	形状及声音	产地
跊踢		左右有首	南海之外，赤水之西，流沙之东
双双		三青兽相并	南海之外，赤水之西，流沙之东

不庭之山、成山、不姜之山、盈民之国

【原文】

大荒之中，有不庭之山，荣水穷焉。有人三身。帝俊妻娥皇，生此三身之国。姚姓，黍食，使四鸟。有渊四方，四隅皆达，北属[1](zhǔ)黑水，南属大荒。北旁[2]名曰少和之渊，南旁名曰从(zòng)渊，舜之所浴也。

又有成山，甘水[3]穷焉。有季禺之国[4]，颛顼之子，食黍。有羽民之国，其民皆生毛羽。有卵民之国，其民皆生卵。

大荒之中，有不姜之山[5]，黑水[6]穷焉。又有贾山，汔(qì)水出焉。又有言山。又有登备之山[7]。有恝恝(qì)之山[8]。又有蒲山[9]，澧(lǐ)水[10]出焉。又有隗(wěi)山[11]，其西有丹，其东有玉。又南有山，漂水出焉。有尾山。有翠山。

有盈民之国，於姓，黍食。又有人方食木叶。

【译文】

大荒当中，有座不庭山，荣水最终流到此处。这里的人长着三个身子。帝俊（指帝舜）与娥皇婚配，三身国人就是他们的后代子孙。这些人姓姚，以黄米为主食，能驯化驱使四种野兽。这里有个四方形的渊潭，四个角都能旁通，北与黑水相连，南和大荒相通。北侧的渊称少和渊，南侧的渊称从渊，是舜洗澡的地方。

又有一座成山，甘水最终流到此处。此处有季禺国，国人是帝颛顼的后代，以黄米为主食。又有羽民国，这里的人都长着羽毛。还有卵民国，这里的人是卵生。

大荒之中有不姜山，黑水最终流到这座山。有贾山，汔水发源于此。又有言山、登备山、恝恝山。还有蒲山，澧水发源于此。又有隗山，它的西面蕴藏有丹雘，它的东面蕴藏有玉石。向南有座山，漂水发源于此。又有尾山、翠山。

有个国家叫盈民国，这里的人姓于，以黄米为主食。也有人吃树叶。

【注释】

①属：连接。
②旁：边；侧。
③甘水：水名，具体所指待考。可能是今广东北江。
④季禺之国：国名，传授国中人是颛顼后代。
⑤不姜之山：山名，具体待考。一说可能在今贵州境内，一说可能在今中南半岛北部。
⑥黑水：水名，一说指今喀什喀尔河，一说是越南境内的黑水河。
⑦登备之山：即上文所说的登葆山，巫师们凭借此山来往于天地之间，以反映民情，传达神意。
⑧恝恝之山：山名，可能是今湖南张家界中的山峰。
⑨蒲山：山名，可能是今湖南张家界的山峰。
⑩澧水：水名，具体所指待考。可能是今源出湖南西北部桑植县的澧水，注入洞庭湖。
⑪隗山：山名，具体所指待考。可能在今湖南境内。

不死之国、去痓、不廷胡余、因因乎、襄山

【原文】

有不死之国[①]，阿姓，甘木[②]是食。

大荒之中，有山名曰去痓[③]。南极果，北不成，去痓果[④]。

南海渚[⑤]中，有神，人面，珥两青蛇，践两赤蛇，曰不廷胡余。

有神名曰因因乎，南方曰因乎，来夸风曰乎民，处南极以出入风。

有襄山[⑥]。又有重阴之山[⑦]。有人食兽，曰季厘。帝俊[⑧]生季厘，故曰季厘之国。有缗(mín)渊。少昊生倍伐，倍伐降[⑨]处缗渊。有水四方，名曰俊坛[⑩]。

【译文】

有个国家叫不死国，这里的人姓阿，吃的是不死树。

在大荒当中，有座山叫作去痓山。去痓是一种植物，它在山的南边能结出果实，在山的北面则不能结果。

在南海的岛屿上，有一个神，是人的面孔，耳朵上穿挂着两条青色蛇，脚底下踩踏着两条红色蛇，这个神叫不廷胡余。

有个神人名叫因因乎，南方人单称他为因乎，从南方吹来的风称乎民，他处在大地的南极主管风起风停。

有座襄山。又有座重阴山。有人在吞食野兽肉，名叫季厘。帝俊生了季厘，所以称季厘国。有一个缗渊。少昊生了倍伐，倍伐被贬住在缗渊。有一个水池是四方形的，名叫俊坛。

【注释】

①不死之国：即不死国，传说中的国名，即不死民。

②甘木：即不死树，人食用它就能长生不老。

③去痓：山名，具体所指待考。

④南极果，北不成，去痓果：三句的意义不详，一说是去痓是一种植物，它在山的南边能结出果实，在山的北面则不能结果。可能是巫师留传下来的几句咒语。

⑤渚：水中的小块陆地。

⑥襄山：山名，具体所指待考。

⑦重阴之山：山名，具体所指待考。

⑧帝俊：这里指帝喾，传说是黄帝之子玄嚣的后代，殷商王室以他为高祖，号称高辛氏。

⑨降：流放、放逐。

⑩俊坛：据古人解说，水池的形状像一座土坛，所以叫俊坛。俊坛就是帝俊的水池。

臷民之国、融天、凿齿、蜮、宋山

【原文】

有臷(zhì)民之国[1]。帝舜生无淫，降[2]臷处，是谓巫臷民。巫臷民朌(fén)姓，食谷，不绩[3]不经[4]，服也；不稼[5]不穑(sè)[6]，食也。爰有歌舞之鸟，鸾鸟自歌，凤鸟自舞。爰(yuán)有百兽，相群爰处。百谷所聚。

大荒之中，有山名曰融天，海水南入焉。有人曰凿齿[7]，羿(yì)杀之。

有蜮(yù)山[8]者，有蜮民之国，桑姓，食黍，射蜮[9]是食。有人方扜(yū)[10]弓射黄蛇，名曰蜮人[11]。有宋山者，有赤蛇，名曰育蛇。有木生山上，名曰枫木[12]。枫木，蚩尤所弃其桎梏，是为枫木。

【译文】

有个国家叫臷民国。帝舜生了无淫，无淫被贬在臷这个地方居住，他的子孙后代就是所谓的巫臷民。巫臷民姓朌，吃五谷粮食，不从事纺织，自然有衣服穿；不从事耕种，自然有粮食吃。这里有能歌善舞的鸟，鸾鸟自由自在地歌唱，凤鸟自由自在地舞蹈。这里又有各种各样的野兽，群居相处。这里还是各种农作物汇聚的地方。

在大荒当中，有座山叫作融天山，海水从南面流进这座山。有一个神人叫凿齿，羿射死了他。

有座山叫作蜮山，在这里有个蜮民国，这里的人姓桑，以黄米为主食，也把射死的蜮吃掉。有人能拉弓射黄蛇，称他们为蜮人。有座山叫作宋山，山中有一种红颜色的蛇，名叫育蛇。山上还有一种树，名叫枫木。枫木，原来是蚩尤死后所丢弃的手铐脚镣，这些刑具后来化成了枫木。

【注释】

①臷民之国：又叫臷国，传说中的国名。一说在今广西境内，一说在今老挝北。

②降：流放、放逐。

③绩：捻搓麻线。这里泛指纺线。

④经：经线，即丝、棉、麻、毛等织物的纵线，与纬线即各种织物的横线相交叉，就可织成丝帛、麻布等布匹。这里泛指织布。

⑤稼：播种庄稼。

⑥穑：收获庄稼。

⑦凿齿：古代传说中的野人。

⑧蜮山：山名，因其山中有蜮而得名。

⑨蜮：据古人说是一种叫短狐的动物，像鳖的样子，能含沙射人，被射中的人会病死。

⑩扜：拉、张。

⑪蜮人：就是蜮民。

⑫枫木：古人说是枫香树，叶子像白杨树叶，圆叶而分杈，有油脂而芳香。

祖状之尸、焦侥之国、死涂之山、颛顼国

【原文】

有人方齿①虎尾，名曰祖状之尸。

有小人②，名曰焦侥之国，幾（jī）姓，嘉谷③是食。

大荒之中，有山名死（xiǔ）涂之山，青水④穷焉。有云雨之山⑤，有木名曰栾。禹攻⑥云雨，有赤石焉生栾，黄本⑦，赤枝，青叶，群帝焉取药⑧。

有国曰颛顼，生伯服，食黍。有鼬姓之国⑨。有苕（sháo）山。又有宗山。又有姓山。又有壑山。又有陈州山。又有东州山。又有白水山⑩，白水出焉，而生⑪白渊，昆吾⑫之师⑬所浴也。

【译文】

有个神人正咬着老虎的尾巴，名叫祖状尸。

有一个由身材短小的人组成的国家，名叫焦侥国，那里的人姓幾，吃的是优良谷米。

在大荒当中，有座死涂山，青水最终流到这座山。还有座云雨山，山上有一棵树叫作栾。大禹在云雨山砍伐树木，发现红色岩石上生出这棵栾树，黄色的树干，红色的枝条，青色的叶子，诸帝就到这里来采药。

有个国家叫颛顼国，颛顼的后代组成伯服国，这里的人以黄米为主食。有个鼬姓国。有座苕山，又有座宗山，又有座姓山，又有座壑山，又有座陈州山，又有座东州山，还有座白水山，白水从这座山发源，然后流下来汇聚成为白渊，是昆吾之师洗澡的地方。

【注释】

①齿：咬噬。一说指牙齿。

②小人：这里指由身材特别矮小的人组成的国家。

③嘉谷：优质的谷物。

④青水：水名，一说可能是今贵州的清水江，一说即今中国西南部的澜沧江。

⑤云雨之山：山名，具体所指待考。一说即今重庆、湖南边境的巫山，一说指今贵州的云雾山。

⑥攻：治理。

⑦本：植物的茎或根部。

⑧取药：传说栾树的花与果实都用来可以制作长生不死的仙药。取药就是指采摘可制药的花果。

⑨鼬姓之国：国名，具体所指待考。

⑩苕山、宗山、姓山、壑山、陈州山、东州山、白水山：这七座山名均待考。

⑪生：草木生长。引申为事物的产生、形成。这里是形成的意思。

⑫昆吾：一说人名，传说是上古时的一个诸侯，名叫樊，号昆吾；一说指山名；一说指水名。

⑬师：一说指众人，一说指老师。

张弘、驩头、岳山、天台高山

【原文】

有人曰张弘，在海上捕鱼。海中有张弘之国，食鱼，使四鸟。

有人焉，鸟喙，有翼，方捕鱼于海。大荒之中，有人名曰驩(huān)头①。鲧妻士敬，士敬子曰炎融，生驩头。驩头人面鸟喙，有翼，食海中鱼，杖②翼而行。维③宜④芑(qǐ)⑤苣(jǔ)⑥、穋(qiū)⑦杨是食。有驩头之国⑧。

帝尧、帝喾⑨、帝舜⑩葬于岳山⑪。爰有文贝、离俞、鸱(chī)久、鹰、贾、延维⑫、视肉、熊、罴、虎、豹；朱木，赤枝、青华、玄⑬实。有申山者。

大荒之中，有山名曰天台高山，海水南入焉。

【译文】

有个人叫作张弘，在海上捕鱼。海里的岛上有个张弘国，这里的人以鱼为食物，能驯化驱使四种野兽。

有一种人，长着鸟的嘴，生有翅膀，正在海上捕鱼。在大荒当中，有个人名叫驩头。鲧的妻子是士敬，士敬的儿子叫炎融，炎融生了驩头。驩头长着人的面孔而鸟一样的嘴，生有翅膀，吃海中的鱼，凭借着翅膀行走。也把芑苣、穋作为食物吃。于是有了驩头国。

帝尧、帝喾、帝舜都葬埋在岳山。这里有花斑贝、離鸟、鹞鹰、老鹰、乌鸦、两头蛇、视肉怪兽、熊、罴、老虎、豹子；还有朱木树，是红色的枝干、青色的花朵、黑色的果实。有座申山。

在大荒当中，有座天台山，海水流进这座山中。

【注释】

①驩头：又叫讙头、驩兜、讙朱、丹朱，不仅名称多异，而且事迹也有多种说法，乃属神话或古史传说分歧。这里就是异说之一。

②杖：凭倚。

③维：通“惟”。与、和。

④宜：烹调作为菜肴。

⑤芑：一种谷类植物，又叫白梁粟。

⑥苣：蔬菜名，即莴苣。

⑦穋：一种谷类植物。

⑧驩头之国：传说中的国名。

⑨帝喾：传说中的五帝之一，黄帝之子玄嚣的后裔，居亳，号高辛氏。

⑩帝舜：传说中的上古帝王，有虞氏，姓姚，名重华，简称虞舜。以孝闻名，晚年把帝位禅让给禹。

⑪岳山：即上文所说的狄山。

⑫延维：即上文所说的委蛇、委维。

⑬玄：黑色。

羲和、盖犹之山、南类之山

【原文】

东南海之外，甘水[①]之间，有羲和之国。有女子名曰羲和，方浴日于甘渊。羲和者，帝俊之妻，生十日。

有盖犹之山[②]者，其上有甘柤，枝干皆赤，黄叶，白华，黑实。东又有甘华，枝干皆赤，黄叶。有青马。有赤马，名曰三骓。有视肉。

有小人[③]，名曰菌人。

有南类之山[④]。爰[⑤]有遗玉、青马、三骓、视肉、甘华。百谷所在。

【译文】

在东南海之外，甘水之间，有个羲和国。这里有个叫羲和的女子，正在甘渊中给太阳洗澡。羲和这个女子，是帝俊的妻子，生了十个太阳。

有座山叫盖犹山，山上生长有甘柤树，枝条和树干都是红的，叶子是黄的，花朵是白的，果实是黑的。在这座山的东端还生长有甘华树，枝条和树干都是红色的，叶子是黄的。有青色马，还有红色马，名叫三骓。又有视肉怪兽。

有一种十分矮小的人，名叫菌人。

有座南类山。这里有遗玉、青色马、三骓马、视肉怪兽、甘华树。各种各样的农作物生长在这里。

【注释】

①甘水：水名，具体所指待考。

②盖犹之山：山名，具体所指待考。

③小人：这里指身材特别矮小的人组。

④南类之山：山名具体所指待考。可能在今中南半岛。

⑤爰：这里、那里。

北
西
东
南

【第十六卷】

大荒西经

《大荒西经》内容庞杂，大多与《海外西经》相同。如女丑尸、丈夫国、轩辕国、一臂民等。还有一些内容与《海外西经》类似，但有所改动。如：《大荒西经》中的白氏国在《海外西经》中为白民国，《大荒西经》中的长胫国在《海外西经》中为长股国。名称虽有不同，但从具体描述上来看，它们所指的为同一对象。

《大荒西经》中最值得关注的是对文明起源的记述。如叔均创造了耕田的方法、太子长琴创作乐曲并风行世间等。

《大荒西经》所记述的地理位置与《海外西经》相似，大概在中国西部。

不周负子、淑士、女娲之肠、石夷、五采之鸟、白氏之国

【原文】

西北海之外，大荒[①]之隅，有山而不合，名曰不周负子[②]，有两黄兽守之。有水曰寒暑之水[③]。水西有湿山[④]，水东有幕山[⑤]。有禹攻共工国山[⑥]。

有国名曰淑士[⑦]，颛顼之子。

有神十人，名曰女娲之肠，化为神，处栗广之野；横[⑧]道而处。

有人名曰石夷，来风曰韦，处西北隅以司[⑨]日月之长短。

有五采之鸟，有冠，名曰狂鸟。

有大泽之长山[⑩]。有白氏之国[⑪]。

【译文】

在西北海以外，大荒的一个角落，有座山断裂而合不拢，名叫不周山，有两头黄色的野兽守护着它。有一条水流名叫寒暑水。寒暑水的西面有座湿山，寒暑水的东面有座幕山。还有一座大禹攻打共工时的山。

有个国家名叫淑士国，这里的人是帝颛顼的子孙后代。

有十个神人，名叫女娲肠，就是女娲的肠子变化而成的神，在称作栗广的原野上居住，紧挨着小道上。

有位神人名叫石夷，吹来的风称作韦，它处在大地的西北角掌管着太阳和月亮升起落下时间的长短。

有一种长着五彩羽毛的鸟，头上有冠，名叫狂鸟。

有一座大泽长山。有一个白氏国。

【注释】

①大荒：最荒远的地方。

②不周负子：即不周山，传说共工与颛顼争权，触怒不周山，造成天崩地裂。

③寒暑之水：冷水和热水交替涌出的泉水。

④湿山：山名，具体所指待考。

⑤幕山：山名，具体所指待考。

⑥共工国山：指大禹杀共工之臣相柳的地方。

⑦淑士：国名，具体所指待考。

⑧横：侧、旁边。

⑨司：掌管、管理。

⑩大泽之长山：山名，具体所指待考。一说指沙漠。

⑪白氏之国：即上文说的“白民国”。

长胫之国、西周之国、方山、先民之国、北狄之国

【原文】

西北海之外，赤水[①]之东，有长胫之国[②]。

有西周[③]之国，姬姓，食谷。有人方耕，名曰叔均[④]。帝俊[⑤]生后稷（jì），稷降以百谷[⑥]。稷之弟曰台玺，生叔均。叔均是代其父及稷播百谷，始作耕。有赤国妻氏[⑦]。有双山。

西海[⑧]之外，大荒之中，有方山[⑨]者，上有青树，名曰柜格之松[⑩]，日月所出入也。

西北海之外，赤水[⑪]之西，有先民之国[⑫]，食谷，使四鸟。

有北狄之国。黄帝之孙曰始均，始均生北狄。

【译文】

在西北海以外，赤水的东岸，有个长胫国。

有个西周国，这里的人姓姬，吃谷米。有个人正在耕田，名叫叔均。帝俊生了后稷，后稷把各种谷物的种子从天上带到下界。后稷的弟弟叫台玺，台玺生了叔均。叔均于是代替父亲和后稷播种各种谷物，开始创造耕田的方法。有个赤国妻氏。有座双山。

在西海以外，大荒当中，有座山叫方山，山上有棵青色大树，名叫柜格松，是太阳和月亮出入的地方。

在西北海以外，赤水的西岸，有个先民国，这里的人吃谷米，能驯化驱使四种野兽。

有一个北狄国，黄帝的孙子名叫始均，始均开创了北狄。

【注释】

①赤水：水名，具体所指待考。一说指今金沙江，一说指位于西北的额尔齐斯河或鄂毕河等。

②长胫之国：传说中的国名，因其国中之人小腿特别长而得名。

③西周：古部落名，始祖为后稷。原居邰（今陕西武功县）。

④叔均：上文曾说叔均是后稷的孙子，又说是帝舜的儿子，这里却说是后稷之弟台玺的儿子，诸说不同，乃属神话传说分歧。

⑤帝俊：这里指帝喾，名叫俊。传说他的第二个妃子生了后稷。

⑥稷降以百谷：指把百谷的种子从天上带到人间。

⑦赤国妻氏：一说指人名，一说指地名。

⑧西海：水名，可能指青海湖。

⑨方山：山名，具体所指待考。

⑩柜格之松：树名，具体所指待考。

⑪赤水：水名，具体所指待考。一说这里指黄河，一说指金沙江。

⑫先民之国：国名，具体所指待考。

芒山、五采鸟、虫、丰沮玉门、灵山十巫

【原文】

有芒山①。有桂山②。有榣（yáo）山③，其上有人，号曰太子长琴。颛顼生老童④，老童生祝融，祝融生太子长琴，是处榣山，始作乐风⑤。

有五采鸟三名：一曰皇鸟⑥，一曰鸾鸟⑦，一曰凤鸟。

有虫⑧状如菟⑨，胸以后者裸不见，青如猿状⑩。

大荒之中，有山名曰丰沮玉门，日月所入。

有灵山⑪，巫⑫咸、巫即、巫朌（fén）、巫彭、巫姑、巫真、巫礼、巫抵、巫谢、巫罗十巫，从此升降，百药爰在。

【译文】

有座芒山。有座桂山。有座榣山，山上有一个人，号称太子长琴。颛顼生了老童，老童生了祝融，祝融生了太子长琴，于是太子长琴住在榣山上，开始创作乐曲并风行世间。

有三种长着五彩羽毛的鸟：一种叫凰鸟，一种叫鸾鸟，一种叫凤鸟。

有一种野兽的形状与普通的兔子相似，胸脯以后全都裸露着而又看不出来，这是因为它的皮毛青得像猿猴而把裸露的部分遮住了。

在大荒的当中，有座丰沮玉门山，是太阳和月亮降落的地方。

有座灵山，巫咸、巫即、巫朌、巫彭、巫姑、巫真、巫礼、巫抵、巫谢、巫罗十个巫师，从这座山升到天上和下到世间，各种各样的药物就生长在这里。

【注释】

①芒山：山名，具体所指待考，可能因山上长满了芒而得名。

②桂山：山名，具体所指待考，可能因山上长满了桂而得名。

③榣山：山名，具体所指待考。

④老童：即上文所说的神人耆童。传说帝颛顼娶于滕氏，滕氏奔之子谓之女禄，生下老童。

⑤乐风：一说指乐曲，一说指月风曲。

⑥皇鸟：即凤凰。

⑦鸾鸟：凤凰的一种。

⑧虫：古人把人及鸟兽等动物通称为虫，如鸟类称为羽虫，兽类称为毛虫，龟类称为甲虫，鱼类称鳞虫，人类称为裸虫。这里指野兽。

⑨菟：通“兔”。

⑩状：这里不是指具体形状，而是指颜色的深浅所达到某程度的样子。

⑪灵山：山名，可能是西北地区的巫山。

⑫巫：古代以求神占卜为职业的人。

西王母之山、三青鸟、轩辕之台、龙山

【原文】

西有西王母之山、壑山[1]、海山[2]。有沃民之国，沃民是处。沃之野[3]，凤鸟之卵是食，甘露[4]是饮。凡其所欲，其味尽存。爰有甘华、甘柤（zhā）、白柳、视肉、三骓[5]、璇（xuán）[6]瑰（guī）[7]、瑶碧、白木[8]、琅玕（láng gān）[9]、白丹[10]、青丹[11]，多银、铁。鸾鸟自歌，凤鸟自舞，爰有百兽，相群是处，是谓沃之野。

有三青鸟，赤首黑目，一名曰大鵹（lì）[12]，一名曰少鵹[13]，一名曰青鸟。

有轩辕之台[14]，射者不敢西向射，畏轩辕之台。

大荒之中，有龙山，日月所入。有三泽[15]水，名曰三淖（nào），昆吾[16]之所食也。

【译文】

有西王母山、壑山、海山。有个沃民国，沃民便居住在这里。生活在沃野的人，吃的是凤鸟产的蛋，喝的是天降的甘露。凡是他们心里想要的美味，都能在凤鸟蛋和甘露中尝到。这里还有甘华树、甘柤树、白柳树、视肉怪兽、三骓马、璇玉瑰石、瑶玉碧玉、白木树、琅玕树、白丹、青丹，多出产银、铁。鸾鸟自由自在地歌唱，凤鸟自由自在地舞蹈，还有各种野兽，群居相处，所以称沃野。

有三只青色大鸟，红红的脑袋，黑黑的眼睛，一只叫作大鵹，一只叫作少鵹，一只叫作青鸟。

有座轩辕台，射箭的人都不敢向西射，因为敬畏轩辕台上黄帝的威灵。

大荒当中，有座龙山，是太阳和月亮降落的地方。由三池子会聚成的大水池，名叫三淖，是昆吾族人取得食物的地方。

【注释】

①壑山：山名，具体所指待考，可能是青海的柴达木山。

②海山：山名，具体所指待考，可能在今青海境内。

③沃之野：传说中的一片沃野。

④甘露：甜美的雨露。

⑤三骓：皮毛杂色的马。

⑥璇：美玉。

⑦瑰：似玉的美石。

⑧白木：一种纯白色的树木。

⑨琅玕：传说中的一种结满珠子的树。

⑩白丹：一种可作白色染料的自然矿物。

⑪青丹：一种可作青色染料的自然矿物。

⑫大鵹：鸟名，可能是鹫鹕，即白鹈鹕，一种大型鸟类，体长可达 2 米。

⑬少鵹：鸟名，可能是斑嘴鹈鹕新疆亚种，体形比大鵹小。

⑭轩辕之台：即上文所说的轩辕之丘，为传说中的上古帝王黄帝所居之地，故号轩辕氏。

⑮泽：聚水的洼地。这里作动词用，会聚的意思。

⑯昆吾：相传是上古时的一个部落。

女丑之尸、女子之国、桃山、丈夫之国、弇州之山、轩辕之国、弇兹

【原文】

有人衣青，以袂蔽面①，名曰女丑之尸②。

有女子之国。

有桃山③。有虻山④。有桂山。有于土山⑤。

有丈夫之国。

有弇（yān）州之山⑥，五采之鸟仰天⑦，名曰鸣鸟。爰有百乐歌儛（wǔ）⑧之风。

有轩辕之国。江山⑨之南栖⑩为吉，不寿者乃八百岁。

西海陼⑪中，有神，人面鸟身，珥⑫两青蛇，践⑬两赤蛇，名曰弇兹。

【译文】

有个人穿着青色衣服，用袖子遮住脸面，名叫女丑尸。

有个女子国。

有座桃山。有座虻山。又有座桂山。有座于土山。

有个丈夫国。

有座弇州山，山上有一种长着五彩羽毛的鸟正仰头向天而嘘，名叫鸣鸟。因而这里有各种各样乐曲歌舞的风气。

有个轩辕国。这里的人把居住在江河山岭的南边当作吉利，他们当中就是寿命不长的人也活到了八百岁。

在西海的岛屿上，有一个神，长着人的面孔、鸟的身子，耳朵上挂着两条青色蛇，脚底下踩踏着两条红色蛇，名叫弇兹。

【注释】

①袂：衣服的袖子。

②女丑之尸：上文说女丑尸用右手遮住脸面，这里说是用衣袖遮住脸面，大概因原图上的画像不一样。

③桃山：山名，具体所指待考，可能因山上长满桃树得名。

④虻山：山名，具体所指待考。一说即上文所说的芒山，一说因山上到处是虻得名。

⑤于土山：山名，具体所指待考。

⑥弇州之山：山名，可能在今甘肃天水市西部。

⑦仰天：张口嘘天。

⑧儛：跳舞。

⑨江山：一说是山名，可能是四川境内的邛峡山，一说指江和山。

⑩栖：居住。

⑪陼：同“渚”。水中的小块陆地。

⑫珥：耳饰，这里作动词。

⑬践：踩、踏。

日月山、天虞、常羲、浴月、玄丹之山

【原文】

大荒之中，有山名日月山[1]，天枢[2]也。吴姖（jù）天门[3]，日月所入。有神，人面无臂，两足反属[4]于头上，名曰嘘。颛顼生老童，老童生重[5]及黎[6]，帝令重献[7]上天，令黎印[8]下地。下地是生噎，处于西极，以行日月星辰之行次[9]。

有人反臂[10]，名曰天虞。

有女子方浴月。帝俊妻常羲，生月十有二，此始浴之。

有玄丹之山[11]。有五色之鸟，人面有发。爰有青鳶（wén）[12]、黄鷔（áo）[13]，青鸟、黄鸟，其所集者其国亡。

【译文】

大荒当中，有座日月山，是天的枢纽。这座山的主峰叫吴姖天门山，是太阳和月亮降落的地方。有一个神，长得像人但没有臂膀，两只脚反转着连在头上，名叫嘘。帝颛顼生了老童，老童生了重和黎，帝颛顼命令重托着天用力向上举，又命令黎撑着地使劲朝下按压。于是黎来到地下并生了噎，他就处在大地的最西端，主管着太阳、月亮和星辰运行的先后次序。

有个人反长着臂膀，名叫天虞。

有个女子正在替月亮洗澡。帝俊的妻子常羲，生了十二个月亮，这才开始给月亮洗澡。

有座玄丹山。在玄丹山上有一种长着五彩羽毛的鸟，一副人的面孔而且有头发。这里还有青鳶、黄鷔，也就是青鸟、黄鸟，它们在哪个国家聚集栖息，哪个国家就会灭亡。

【注释】

①日月山：山名，可能是今青海的日月山。

②天枢：天的枢纽。

③天门：一说指今甘肃天水市的天门山，一说指上天之门。

④属：接连。

⑤重：神话传说中掌管天上事物的官员南正。

⑥黎：神话传说中管理地下人类的官员火正。

⑦献：用手捧着东西给人。这里是举起的意思。

⑧印：痕迹着于其他物件上。如在信件上加盖印章就要把印章朝下按压。印可通“抑”，即抑压，按下之意。

⑨行次：运行次序。

⑩反臂：一说指胳膊反着长，肘关节长在前面；一说指胳膊背在身后，是被捆绑的形状。

⑪玄丹之山：山名，具体所指待考，可能因山中出黑丹得名。

⑫鳶：传说中的一种鸟。

⑬鷔：传说中的一种凶鸟。

孟翼之攻颛顼之池、鏖鏊钜山、屏蓬、巫山、昆仑之丘

【原文】

有池，名孟翼[1]之攻颛顼之池。

大荒之中，有山名曰鏖鏊钜（áo ào jù）[2]，日月所入者。

有兽，左右有首，名曰屏蓬。

有巫山者。有壑山者。有金门之山，有人名曰黄姖[3]之尸。有比翼之鸟。有白鸟，青翼，黄尾，玄喙[4]。有赤犬，名曰天犬，其所下者有兵。

西海[5]之南，流沙之滨，赤水[6]之后，黑水[7]之前，有大山，名曰昆仑之丘[8]。有神，人面虎身，有文有尾，皆白[9]，处之。其下有弱水[10]之渊环之，其外有炎火之山[11]，投物辄然[12]。有人戴胜[13]，虎齿，有豹尾，穴处，名曰西王母。此山万物尽有。

【译文】

有个水池，名叫孟翼攻颛顼池。

大荒当中，有座鏖鏊钜山，是太阳和月亮降落的地方。

有一种野兽，左边和右边各长着一个头，名叫屏蓬。

有座叫作巫山的山。有座叫作壑山的山。有座金门山，山上有个人名叫黄姖尸。有比翼鸟。有一种白颜色的鸟，长着青色的翅膀、黄色的尾巴、黑色的嘴。有一种红颜色的狗，名叫天狗，它所降临的地方都会发生战争。

在西海的南面，流沙的边沿，赤水的后面，黑水的前面，屹立着一座大山，就是昆仑山。有一个神——长着人的面孔、老虎的身子，尾巴有花纹，而尾巴上尽是白色斑点——住在这座昆仑山上。昆仑山下有条弱水汇聚的深渊环绕着它，深渊的外边有座炎火山，一投进东西就燃烧起来。有人头上戴着玉制首饰，满口老虎的牙齿，有一条豹子似的尾巴，在洞穴中居住，名叫西王母。这座山拥有世上的各种东西。

【注释】

①孟翼：人名，具体所指待考。

②鏖鏊钜：山名，具体所指待考。

③黄姖：人名，具体所指待考。

④玄喙：黑色的嘴。

⑤西海：水名，一说指青海湖，一说指新疆的罗布泊。

⑥赤水：水名，这里可能指黄河上游。

⑦黑水：水名，具体所指待考。

⑧昆仑之丘：山名，在今甘肃境内。

⑨白：指尾巴上点缀着白色斑点。

⑩弱水：相传这种水轻得不能漂浮起鸿雁的羽毛。

⑪炎火之山：山名，可能是今新疆吐鲁番的火焰山。

⑫然："燃"的本字。燃烧。

⑬胜：古时妇女的首饰。

常阳之山、寒荒之国、寿麻之国、夏耕之尸、吴回

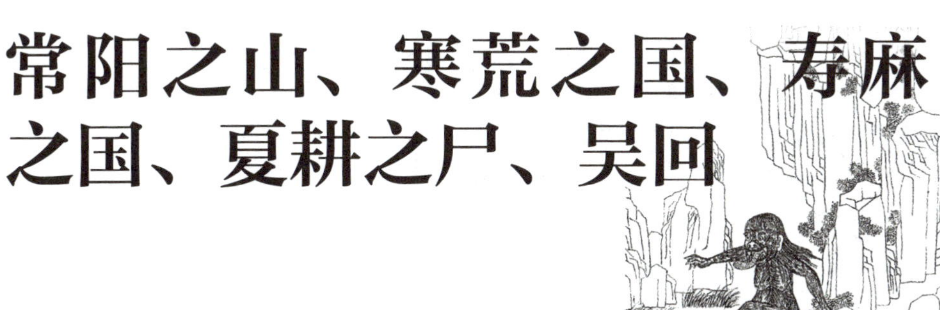

【原文】

大荒之中，有山名曰常阳之山①，日月所入。

有寒荒之国②。有二人女祭、女薎(miè)③。

有寿麻之国④。南岳⑤娶州山⑥女，名曰女虔(qián)。女虔生季格，季格生寿麻。寿麻正立无景(yǐng)⑦，疾呼无响⑧。爰有大暑，不可以往。

有人无首，操戈盾立，名曰夏耕之尸。故成汤伐夏桀于章山⑨，克之，斩耕厥⑩前。耕既立，无首，走厥咎⑪，乃降⑫于巫山⑬。

有人名曰吴回，奇左，是无右臂。

【译文】

大荒当中，有座常阳山，是太阳和月亮降落的地方。

有个寒荒国。这里有两个人分别叫女祭、女薎。

有个国家叫寿麻国。南岳娶了州山的女子为妻，她的名字叫女虔。女虔生了季格，季格生了寿麻。寿麻端端正正地站在太阳下不见任何影子，高声疾呼而四面八方没有一点儿回响。这里异常炎热，人们不可以前往。

有个人没了脑袋，手拿一把戈和一面盾牌站着，名叫夏耕尸。从前成汤在章山讨伐夏桀，打败了夏桀，斩杀夏耕尸于他的面前。夏耕尸站立起来后，发觉没了脑袋，为逃避他的罪过，于是窜到巫山去了。

有个人名叫吴回，只剩下左臂膀，而没了右臂膀。

【注释】

①常阳之山：山名具体所指待考。可能在今陕西之南，四川之北。

②寒荒之国：国名，具体所指待考。

③女祭、女薎：一说是两个女子名，一说是两个以女子为主的氏族名。

④寿麻之国：国名，具体所指待考。

⑤南岳：人名，一说指黄帝，一说指一位与黄帝同属一系的人物。

⑥州山：山名；一说指地名。具体所指待考。

⑦景："影"的本字。

⑧响：声音；一说指回声。

⑨章山：山名，具体所指待考。

⑩厥：代词，这里指代成汤。

⑪走：这里是逃避的意思。厥，这里指代夏耕尸。咎，罪责。

⑫降：这里指逃窜。

⑬巫山：山名，在今重庆、湖北边境。这里可能指今河南禹州市附近的山。

盖山之国、一臂民、大荒之山、三面之人、夏后开

【原文】

有盖山之国[1]。有树，赤皮支干[2]，青叶，名曰朱木。

有一臂民。

大荒之中，有山，名曰大荒之山[3]，日月所入。有人焉三面，是颛顼之子，三面一臂，三面之人不死。是谓大荒之野。

西南海之外，赤水之南，流沙之西，有人珥两青蛇，乘两龙，名曰夏后开。开[4]上三嫔[5]于天，得《九辩》与《九歌》[6]以下。此天穆之野[7]，高二千仞[8]，开焉得始歌《九招(shāo)》[9]。

【译文】

有个盖山国。这里有一种树木，树皮、树枝、树干都是红色的，叶子是青色的，名叫朱木。

有一种只长一条臂膀的人。

大荒当中，有一座山，名叫大荒山，是太阳和月亮降落的地方。这里有一种人，头上的前边、左边和右边各长着一张面孔，是颛顼的子孙后代，三张面孔一只胳膊，这种三张面孔的人永远不死。这里就是所谓的大荒野。

在西南海以外，赤水的南岸，流沙的西面，有个人耳朵上挂着两条青色蛇，驾着两条龙，名叫夏后启。夏后启曾三次到天帝那里做客，得到天帝的乐曲《九辩》和《九歌》而下到人间。这里就是所谓的天穆野，高达一千六百丈，夏后启在此开始演奏《九招》乐曲。

【注释】

①盖山之国：国名，具体所指待考。

②支：通“枝”。

③大荒之山：山名，具体所指待考。

④三面之人：见图。

⑤开：指夏后启。

⑥嫔：“嫔”“宾”在古字中通用。这里作为动词，意思是做客。

⑦《九辩》与《九歌》：皆为乐曲名，相传原为天帝的乐曲，夏后启上天做客时偷偷带到人间。后为《楚辞》中的篇名。

⑧天穆之野：地名，具体所指待考。

⑨仞：古代的八尺为一仞。

⑩《九招》：《久韶》。传说中虞舜之乐的名称，因韶乐九章，故名。

互人之国、鱼妇、鸀鸟、大巫山

【原文】

有互人之国。炎帝①之孙名曰灵恝（qì），灵恝生互人，是能上下于天。

有鱼偏枯②，名曰鱼妇，颛顼死即复苏。风道③北来，天乃大水泉，蛇乃化为鱼，是为④鱼妇。颛顼死即复苏。

有青鸟，身黄，赤足，六首，名曰鸀（zhuò）鸟。

有大巫山⑤。有金之山⑥。西南，大荒之中隅，有偏句⑦、常羊之山。

按：夏后开即启，避汉景帝⑧讳⑨云⑩。

【译文】

有个互人国。炎帝的孙子名叫灵恝，灵恝生了互人，这里的人能腾云驾雾，上下于天。

有一种鱼的身子半边偏瘫，名叫鱼妇，是帝颛顼死了又立即苏醒而变化的。风从北方吹来，天于是涌出大水如泉，蛇于是变化成为鱼，这便是所谓的鱼妇。而死去的颛顼就是趁蛇鱼变化未定之机托体鱼躯并重新复苏的。

有一种青鸟，身子是黄色的，爪子是红色的，长有六个头，名叫鸀鸟。

有座大巫山。有座金山。在西南方，大荒的一个角落，有偏句山、常羊山。

【注释】

①炎帝：即传说中的上古帝王神农氏。因为以火德为王，所以号称炎帝；又因创造农具教人们种庄稼，所以叫作神农氏。

②偏枯：偏瘫。

③道：从、由。

④为：谓、以为。

⑤大巫山：山名，具体所指待考。

⑥金之山：山名，具体所指待考。

⑦偏句：山名，具体所指待考。

⑧汉景帝：即西汉皇帝刘启（公元前188－前141年）。

⑨讳：旧时不敢直称帝王名和尊长名，叫讳。

⑩这两句按语不是《山海经》原文，也不知是谁题写的，但为底本所有，今仍存其旧。

北
西
东
南

【第十七卷】

大荒北经

《大荒北经》内容庞杂，大多与《海外北经》相同。如三桑无枝、无肠国等。还有一些内容与《海外北经》类似，但有所改动。如《大荒北经》中的附禺山，在《海外北经》中为务隅山；《大荒北经》中的儋耳国，在《海外北经》中为聂耳国；《大荒北经》中的深目民，在《海外北经》中为深目国。此外，《大荒北经》中的一些神话人物也与《海外北经》相同或相似，如禺强、夸父等。

《大荒北经》的内容除了与《海外北经》相同，也有与其他篇章相同的。如肃慎国在《海外西经》中出现过，大人国、毛民国在《海外东经》中出现过。这些重复内容可能是竹简散落错排所致。

《大荒北经》所记述的地理位置与《海外北经》相似，大概在中国北方。

附禺之山、胡不与之国、不咸山

【原文】

东北海之外，大荒之中，河水之间，附禺之山[①]，帝颛顼与九嫔葬焉。爰有鸱(chī)久、文贝、离俞、鸾鸟、皇鸟、大物、小物[②]。有青鸟、琅鸟[③]、玄鸟[④]、黄鸟、虎、豹、熊、罴、黄蛇、视肉、璿(xuán)[⑤]瑰、瑶碧，皆出于山。卫丘[⑥]方员三百里，丘南帝俊竹林在焉，大可为舟。竹南有赤泽水[⑦]，名曰封[⑧]渊。有三桑无枝，皆高百仞。丘西有沈[⑨]渊，颛顼所浴。

有胡不与之国，烈姓，黍食。

大荒之中，有山名曰不咸。有肃慎氏之国。有蜚蛭[⑩]，四翼。有虫[⑪]，兽首蛇身，名曰琴虫[⑫]。

【译文】

在东北海以外，大荒当中，黄河水流经的地方，有座附禺山，帝颛顼与他的九个妃嫔葬在这座山。这里有鹞鹰、花斑贝、鵹鸟、鸾鸟、凤鸟、大物、小物。还有青鸟、琅鸟、燕子、黄鸟、老虎、豹子、熊、罴、黄蛇、视肉怪兽、璿玉、瑰石、瑶玉、碧玉，都出产于这座山。卫丘，方圆三百里，卫丘的南面有帝俊的竹林，竹子大得可以做成船。竹林的南面有红色的湖水，名叫封渊。有三棵不生长枝条的桑树，都高达数十丈。卫丘的西面有个深渊，是帝颛顼洗澡的地方。

有个胡不与国，这里的人姓烈，以黄米为主食。

大荒当中，有座不咸山。有个肃慎氏国。有一种能飞的蛭，长着四只翅膀。有一种蛇，是野兽的脑袋、蛇的身子，名叫琴虫。

【注释】

①附禺之山：上文所说的务禺山、鲋鱼山与此同为一山。附、务、鲋，皆古字通用。
②大物、小物：指殉葬的大小用具物品。
③琅鸟：白鸟。琅，洁白。
④玄鸟：燕子的别称。因它的羽毛黑色，所以称为玄鸟。玄，黑色。
⑤璿：美玉。
⑥卫丘：山名，具体所指待考。
⑦赤泽水：指水呈红色。
⑧封：大。
⑨沈：深。
⑩蜚蛭：见图。蜚，通“飞”。蛭，环节动物，有好几种，如水蛭、鱼蛭、山蛭等。
⑪虫：这里指蛇。
⑫琴虫：见图。

《山海经》地理考

胡不与之国

“烈姓，盖炎帝神农之裔。今肃慎国去辽东三千余里。”“胡不与国”，就是《汉书》中记载的“挹娄国”。挹娄国在今黑龙江省友谊县境内东南48千米处凤林村，挹娄国遗址就坐落在村子旁边。

不咸山

可能是东北的长白山。位于吉林省延边州安图县和白山市抚松县境内。

肃慎氏之国

《左传·昭公九年》：“肃慎、燕、亳，吾北土也。”“肃慎”为中国古代东北民族，是现代满族的祖先，分布在我国的黑龙江、乌苏里江流域和长白山一带。

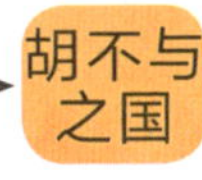

《山海经》图典

蜚蛭 清 汪绂图本

琴虫 清 四川成或因绘图本

大人之国、榆山、衡天山、叔歜国、北齐之国、先槛大逢之山

【原文】

有人名曰大人。有大人之国①，厘（xī）姓，黍食。有大青蛇②，黄头，食麈（zhǔ）③。

有榆山④。有鲧攻程州⑤之山。

大荒之中，有山名曰衡天⑥。有先民之山⑦。有槃（pán）木⑧千里。

有叔歜（chǔ）国⑨，颛顼之子，黍食，使四鸟⑩：虎、豹、熊、罴。有黑虫⑪如熊状，名曰猎猎（xì）。

有北齐之国⑫，姜姓，使虎、豹、熊、罴。

大荒之中，有山名曰先槛大逢之山⑬，河济所入，海北注焉。其西有山，名曰禹所积石⑭。

【译文】

有一种人名叫大人。有个大人国，这里的人姓厘，以黄米为主食。有一种大青蛇，黄色的脑袋，能吞食大鹿。

有座榆山。有座鲧攻程州山。

大荒当中，有座衡天山。有座先民山。有一棵盘旋弯曲一千里的大树。

有个叔歜国，这里的人都是颛顼的子孙后代，以黄米为主食，能驯化驱使四种野兽：老虎、豹子、熊和罴。有一种形状与熊相似的黑虫，名叫猎猎。

有个北齐国，这里的人姓姜，能驯化驱使老虎、豹子、熊和罴。

大荒当中，有座先槛大逢山，是黄河和济水流入的地方，海水从北面灌注到这里。它的西边也有座山，名叫禹所积石山。

【注释】

①大人之国：即前文所说的大人国。

②大青蛇：可能是蟒蛇。

③麈：鹿一类的动物，尾巴可以做拂尘。

④榆山：山名，具体所指待考。

⑤程州：可能是国名。

⑥衡天：山名，具体所指待考。

⑦先民之山：山名，具体所指待考。可能在今东北。

⑧槃木：屈曲盘绕的树。

⑨叔歜国：国名，具体所指待考。

⑩鸟：这里指兽。

⑪虫：这里指兽。

⑫北齐之国：国名，具体所指待考。可能是西周初年初封时的齐国。

⑬先槛大逢之山：山名，具体所指待考。可能在今山东半岛。

⑭禹所积石：山名，可能在今河北境内。

阳山、大泽、毛民之国、儋耳之国、北极天柜

【原文】

有阳山者。有顺山者，顺水出焉。有始州之国，有丹山①。

有大泽方千里，群鸟所解②。

有毛民之国，依姓，食黍，使四鸟。禹生均国，均国生役采，役采生修鞈(jiá)，修鞈杀绰人。帝③念④之，潜为之国，是此毛民。

有儋(dān)耳之国，任姓，禺号子，食谷。北海⑤之渚中，有神，人面鸟身，珥⑥两青蛇，践⑦两赤蛇，名曰禺强。

大荒之中，有山名曰北极天柜⑧，海水北注焉。有神，九首人面鸟身，名曰九凤。又有神，衔蛇操蛇，其状虎首人身，四蹄长肘，名曰强良。

【译文】

有座阳山。有座顺山，顺水从这座山发源。有个始州国，附近有座丹山。

有一大泽方圆千里，是各种禽鸟脱去旧羽毛再生新羽毛的地方。

有个毛民国，这里的人姓依，以黄米为主食，能驯化驱使四种野兽。大禹生了均国，均国生了役采，役采生了修鞈，修鞈杀了绰人。大禹哀念绰人被杀，暗地里帮绰人的子孙后代建成国家，就是这个毛民国。

有个儋耳国，这里的人姓任，是神人禺号的子孙后代，吃谷米。在北海的岛屿上，有一个神，长着人的面孔、鸟的身子，耳朵上挂着两条青色蛇，脚底下踩踏着两条红色蛇，名叫禺强。

大荒当中，有座北极天柜山，海水从北面灌注到这里。有一个神，长着九个脑袋、人的面、孔鸟的身子，名叫九凤。又有一个神，嘴里衔着蛇，手中握着蛇，他的形貌是老虎的脑袋、人的身子，有四只蹄子和长长的臂肘，名叫强良。

【注释】

①丹山：山名，具体所指待考。一说因山中出产丹朱故名；一说可能是今内蒙古赤峰，山体呈红色。

②解：指鸟脱换羽毛。

③帝：指天帝。

④念：怜念。

⑤北海：古代泛指北方偏远之地。秦汉时也指里海、贝加尔湖等大泽。

⑥珥：耳饰，这里作动词。

⑦践：踩、踏。

⑧北极天柜：山名，具体所指待考。

成都载天、无肠之国、相繇

【原文】

大荒之中，有山名曰成都载天①。有人珥两黄蛇，把两黄蛇，名曰夸父。后土②生信，信生夸父。夸父不量力，欲追日景③，逮④之于禺谷⑤。将饮河而不足也，将走大泽，未至，死于此。应龙已杀蚩尤，又杀夸父⑥，乃去南方处之，故南方多雨。

又有无肠之国，是任姓。无继⑦子，食鱼。

共工之臣名曰相繇（yáo）⑧，九首蛇身，自环⑨，食于九土。其所歍（wū）⑩所尼⑪，即为源泽⑫，不辛乃苦，百兽莫能处。禹湮⑬洪水，杀相繇，其血腥臭，不可生谷；其地多水，不可居也。禹湮之，三⑭仞三沮，乃以为池，群帝因是以为台。在昆仑之北。

【译文】

大荒当中，有座成都载天山。有个人耳上挂着两条黄色蛇，手上握着两条黄色蛇，名叫夸父。后土生了信，信生了夸父。而夸父不衡量自己的体力，想追赶太阳的光影，直追到禺谷。夸父想喝黄河水解渴，却不够喝，准备跑到北方去喝大泽的水，还没到，便死在这里。应龙杀了蚩尤，又杀了夸父，因他的神力耗尽上不了天就去南方居住，所以南方雨水很多。

又有无肠国，国人姓任。是无继国的后代，以鱼类为主食。

共工有一位臣子名叫相繇，长了九个头、蛇的身子，盘旋自绕成一团，贪婪地霸占九座神山索取食物。他所喷吐停留过的地方，立即变成大沼泽，气味不是辛辣就是很苦，没有动物能居住在这里。大禹堵塞洪水，杀死了相繇，相繇的血又腥又臭，使谷物不能生长；那地方又水涝成灾，令人无法居住。大禹填塞它，屡次填塞而屡次塌陷，干脆把它挖成大池子，诸帝就用挖出的泥土建造了几座高台。高台位于昆仑山的北面。

【注释】

①成都载天：山名，具体所指待考。

②后土：传说是共工的儿子句龙。

③景：“影”的本字。

④逮：到、及。

⑤禺谷：又叫禺渊，传说太阳落下后进入的地方。

⑥又杀夸父：先说夸父因追太阳而死，后又说夸父被应龙杀死，这是神话传说中的分歧。

⑦无继：即上文所说的无启国。无启就是无嗣，没有子孙后代。但这里却说无肠国人是无启国人的子孙，显然是有继，而非无继。这正合乎神话传说的神奇诡怪的性质。

⑧相繇：即上文所说的相柳。

⑨自环：指身子缠绕在一起。

⑩歍：呕吐。

⑪尼：止。

⑫源泽：这里指沼泽。

⑬湮：阻塞。

⑭三：表示多数，不是实指。

岳之山、不句山、黄帝大战蚩尤

【原文】

有岳之山[①]，寻[②]竹生焉。

大荒之中，有山名不句[③]，海水北入焉。

有系昆之山[④]者，有共工之台，射者不敢北乡 (xiàng)[⑤]。有人衣青衣[⑥]，名曰黄帝女魃 (bá)[⑦]。蚩尤作兵[⑧]伐黄帝，黄帝乃令应龙攻之冀州[⑨]之野。应龙畜水，蚩尤请风伯[⑩]雨师[⑪]，纵大风雨。黄帝乃下天女曰魃，雨止，遂杀蚩尤。魃不得复上，所居不雨。叔均言之帝，后置之赤水之北。叔均乃为田祖[⑫]。魃时亡之，所欲逐之者，令曰："神北行[⑬]！"先除水道，决通沟渎 (dú)[⑭]。

【译文】

有座岳山，一种高大的竹子生长在这座山上。

大荒当中，有座不句山，海水从北面灌注到这里。

有座山叫系昆山，上面有共工台，射箭的人因敬畏共工的威灵而不敢朝北方拉弓射箭。有一个人穿着青色衣服，名叫黄帝女魃。蚩尤制造了多种兵器用来攻击黄帝，黄帝便派应龙到冀州的原野去攻打蚩尤。应龙积蓄了很多水，而蚩尤请来风伯和雨师，纵起一场大风雨。黄帝就降下名叫魃的天女助战，雨被止住，于是杀死蚩尤。女魃因神力耗尽而不能再回到天上，她居住的地方没有一点儿雨水。叔均将此事禀报给黄帝，后来黄帝就把女魃安置在赤水的北面。叔均便做了田神。女魃常常逃亡而出现旱情，要想驱逐她，便祷告说："神啊，请向北方去吧！"事先清除水道，疏通大小沟渠。

【注释】

①岳之山：山名，具体所指待考。可能是今山西霍州市西南的霍山。

②寻：长。

③不句：山名，具体所指待考。

④系昆之山：山名，具体所指待考。可能是阴山山脉。

⑤乡：通"向"。方向。

⑥衣：穿，这里是动词。

⑦女魃：相传是不长一根头发的光秃女神，她所居住的地方，天不下雨。

⑧兵：这里指兵器、武器。

⑨冀州：中国古代九州之一，相当于今山西和陕西间黄河以东、河南和山西间黄河以北地区和山东西北、河北东南部地区。

⑩风伯：神话传说中的风神。

⑪雨师：神话传说中掌管雨水的神。

⑫田祖：主管田地之神。

⑬北行：指回到赤水之北。

⑭渎：小沟渠。

深目民之国、钟山、融父山、齐州之山、少昊之子、无继民

【原文】

有人方食鱼，名曰深目民之国，盼（fēn）姓，食鱼。

有钟山[①]者。有女子衣青衣，名曰赤水女子献[②]。

大荒之中，有山名曰融父山[③]，顺水[④]入焉。有人名曰犬戎[⑤]。黄帝生苗龙，苗龙生融吾，融吾生弄明，弄明生白犬，白犬有牝牡[⑥]，是为犬戎，肉食。有赤兽，马状无首，名曰戎宣王尸[⑦]。

有山名曰齐州之山、君山、鬵（qiàn）山、鲜野山、鱼山。

有人一目，当面中生。一曰是威姓，少昊之子，食黍。

有无继民[⑧]，无继民任姓，无骨[⑨]子，食气[⑩]、鱼。

【译文】

有一群人正在吃鱼，名叫深目民国，这里的人姓盼，以鱼类为主食。

有座钟山。有一个穿青色衣服的女子，名叫赤水女子献。

大荒当中，有座融父山，顺水流入这座山。有一种人名叫犬戎。黄帝生了苗龙，苗龙生了融吾，融吾生了弄明，弄明生了白犬，这白犬有一公一母而自相配偶，便生成犬戎族人，吃肉类食物。有一种红颜色的野兽，长得像普通的马却没有脑袋，名叫戎宣王尸。

有几座山分别叫作齐州山、君山、鬵山、鲜野山、鱼山。

有一种人长着一只眼睛，这只眼睛正长在脸面的中间。一种说法认为他们姓威，是少昊的子孙后代，以黄米为主食。

有一种人叫继无民，继无民姓任，是无骨民的子孙后代，吃的是空气和鱼类。

【注释】

①钟山：山名，具体所指待考。

②赤水女子献：即上文所说的被黄帝安置在赤水之北的女魃。魃，旱神。

③融父山：山名，具体所指待考。

④顺水：水名，具体所指待考。

⑤犬戎：中国古代的一个民族，活动于今陕西、甘肃一带，是殷周西边的劲敌。

⑥白犬有牝牡：一说指白犬一身兼具雌雄两性，一说只有一雄一雌两条白犬。

⑦戎宣王尸：传说是犬戎族人奉祀的神。

⑧无继民：国名或部族名。

⑨无骨：一说是国名或部族名，一说意为身上没骨头。

⑩食气：古代一种养生术，通过调节呼吸来摄取空气中的营养物质。

中辎国、赖丘、苗民、若木、牛黎之国、烛龙

【原文】

西北海外，流沙之东，有国曰中辎(biǎn)[①]，颛顼之子，食黍。

有国名曰赖丘[②]。有犬戎国。有神，人面兽身，名曰犬戎。

西北海外，黑水[③]之北，有人有翼，名曰苗民。颛顼生驩(huān)头，驩头生苗民，苗民厘(xī)姓，食肉。有山名曰章山[④]。

大荒之中，有衡石山、九阴山、泂(jiǒng)野之山，上有赤树，青叶赤华，名曰若木[⑤]。

有牛黎之国[⑥]。有人无骨，儋耳之子。

西北海之外，赤水[⑦]之北，有章尾山。有神，人面蛇身而赤，身长千里，直目正乘[⑧]，其瞑[⑨]乃晦，其视乃明，不食不寝不息，风雨是谒[⑩]。是烛九阴[⑪]，是谓烛龙。

【译文】

在西北方的海外，流沙的东面，有个国家叫中辎国，国人是颛顼的后代，以黄米为主食。

有个国家名叫赖丘。又有个犬戎国。有位神，长着人的面孔、兽的身子，名叫犬戎。

在西北方的海外，黑水的北岸，有一种人长着翅膀，名叫苗民。颛顼生了驩头，驩头生了苗民，苗民姓厘，以肉食为主。有座山名叫章山。

大荒之中，有衡石山、九阴山、泂野山，山上有种红色的树，青色的叶，红色的花，名叫若木。

有个牛黎国。这里的人身上没有骨头，是儋耳国人的子孙后代。

在西北方的海外，赤水的北岸，有座章尾山。有一个神，长着人的面孔、蛇的身子，全身红色，身子长达一千里，竖立生长的眼睛正中合成一条缝，他闭上眼睛就是黑夜、睁开眼睛就是白昼，不吃饭，不睡觉，不呼吸，只是与风雨相生相灭。他能照耀阴暗的地方，所以称做烛龙。

【注释】

①中辎：国名，具体所指待考。

②赖丘：国名，具体所指待考。

③黑水：水名，可能是今甘肃的疏勒河。

④章山：山名，具体所指待考。可能在今甘肃境内。

⑤若木：传说中的神木，生于日落之处，青叶红花。

⑥牛黎之国：国名，具体所指待考。

⑦赤水：水名，这里指黄河上游。

⑧乘：据学者研究，"乘"可能是"朕"字的假借音。朕，缝隙。

⑨瞑：闭眼。

⑩谒：据学者研究，"谒"是"噎"的假借音。噎，吃饭太快而食物堵塞咽喉。这里是吞食、吞咽的意思。

⑪九阴：阴暗之地。

北
西
东
南

【第十八卷】

海内经

《海内经》是《山海经》十八篇中内容最杂乱的。有很多内容是与《海内四经》和《大荒经》的重复。如窫窳兽在《海内南经》中出现过，苗民在《大荒北经》中出现过；流黄辛氏国在《海内西经》中为流黄酆氏国。据学者推测，《海内经》的内容可能是依据与前面《海内四经》《大荒经》相同或相似的古图所作，但内容大多遗失，现在所见是其中一些残篇。

《海内经》中介绍了更为丰富的中华起源。如：殳发明了箭靶；鼓、延二人发明了钟，作了乐曲和音律；番禺发明了船；吉光最早用木头制作出车子。

《海内经》涉及的地域极为广泛，包括今甘肃、新疆、四川、青海、贵州、湖南、河北等地。

朝鲜、天毒、壑市、氾叶、鸟山

【原文】

东海[1]之内，北海[2]之隅，有国名曰朝鲜。有国名曰天毒，其人水居，偎[3]人爱之。

西海[4]之内，流沙之中，有国名曰壑市。

西海之内，流沙之西，有国名曰氾(fàn)叶[5]。

流沙之西，有鸟山者，三水[6]出焉。爰有黄金、璿(xuán)瑰、丹货[7]、银铁，皆流[8]于此中。又有淮山[9]，好水[10]出焉。

【译文】

在东海以内，北海的一个角落，有个国家名叫朝鲜。还有一个国家叫天毒，天毒国的人傍水而居，怜悯人慈爱人。

在西海以内，流沙的中央，有个国家名叫壑市。

在西海以内，流沙的西边，有个国家名叫氾叶国。

流沙西面，有座山叫鸟山，三条河流共同发源于这座山。这里所有的黄金、璿玉瑰石、丹货、银铁，全都产于这些水中。又有座大山叫淮山，好水就是从这座山发源的。

【注释】

①东海：水名，这里包括今黄海和东海。

②北海：水名，这里指渤海。

③偎：怜悯。

④西海：水名，可能是今甘肃的居延海或新疆的罗布泊。

⑤氾叶：国名，在西北地区，具体所指待考。

⑥三水：三条河流。

⑦丹货：不详何物。

⑧流：淌出。这里是出产、产生的意思。

⑨淮山：山名，一说是祁连山、昆仑山的古称，一说即今新疆境内的桓山。

⑩好水：水名，一说是今甘肃境内的疏勒河或黑河，一说在今新疆境内。

朝云之国、司彘之国、不死之山、肇山、都广之野

【原文】

流沙之东，黑水[①]之西，有朝(zhāo)云之国、司彘之国[②]。黄帝妻雷祖，生昌意。昌意降处若水，生韩流。韩流擢(zhuó)[③]首、谨[④]耳、人面、豕(shǐ)喙[⑤]、麟身、渠股[⑥]、豚止[⑦]，取[⑧]淖子[⑨]曰阿女，生帝颛顼。流沙之东，黑水之间，有山名不死之山。

华山[⑩]青水[⑪]之东，有山名曰肇山。有人名曰柏子高，柏子高上下于此，至于天。

西南黑水之间，有都广[⑫]之野，后稷葬焉。爰有膏[⑬]菽(shū)、膏稻、膏黍、膏稷，百谷自生，冬夏播琴。鸾鸟自歌，凤鸟自儛，灵寿实华，草木所聚。爰有百兽，相群爰处。此草也，冬夏不死。

【译文】

在流沙的东面，黑水的西岸，有朝云国、司彘国。黄帝的妻子雷祖生下昌意。昌意自天上降到若水居住，生下韩流。韩流长着长长的脑袋、小小的耳、人的面孔、猪的长嘴、麒麟的身子、罗圈腿、小猪的蹄子，娶淖子族人中叫阿女的为妻，生下帝颛顼。在流沙的东面，黑水流经的地方，有座不死山。

在华山青水的东面，有座肇山。有个仙人名叫柏子高，柏子高由这里上去下来的，直至到达天上。

在西南方黑水流经的地方，有一处地方叫都广野，后稷就埋葬在这里。这里出产膏菽、膏稻、膏黍、膏稷，各种谷物自然成长，冬夏都能播种。鸾鸟自由自在地歌唱，凤鸟自由自在地舞蹈，灵寿树开花结果，丛草树林茂盛。这里还有各种禽鸟野兽，群居相处。在这个地方生长的草，无论寒冬、炎夏都不会枯死。

【注释】

①黑水：水名，指四川岷江上游支流黑水河。
②司彘之国：国名，具体所指待考，可能在今四川、甘肃、青海边境。
③擢：引拔、耸起。这里指物体因吊拉变成长竖形的样子。
④谨：慎重小心、谨慎细心。这里是细小的意思。
⑤豕喙：猪嘴。
⑥渠股：即今天所说的罗圈腿。
⑦止：足、脚。
⑧取：通“娶”。
⑨淖子：即蜀山氏之女，是颛顼之母。
⑩华山：山名，具体所指待考。一说可能指今四川青城山，一说指岷山。
⑪青水：水名，具体所指待考。可能是今四川的青衣江。
⑫都广：地名，可能是今四川成都一带。
⑬膏：这里是味道美好而光滑如膏的意思。

若木、禺中之国、盐长之国、九丘

南海①之外，黑水青水之间，有木名曰若木，若水出焉。

有禺中之国②。有列襄之国③。有灵山，有赤蛇在木上，名曰蝡(ruǎn)蛇，木食。

有盐长之国④。有人焉鸟首，名曰鸟氏。

有九丘，以水络⑤之，名曰陶唐之丘、有叔得⑥之丘、孟盈之丘、昆吾⑦之丘、黑白之丘、赤望之丘、参卫之丘、武夫之丘、神民之丘。有木，青叶紫茎，玄⑧华黄实，名曰建木，百仞⑨无枝，上有九欘(zhǔ)⑩，下有九枸(jǔ)⑪，其实如麻，其叶如芒。大皞(tài hào)爰过⑫，黄帝所为。

【译文】

在南海以外，黑水青水流经的地方，有一种树木名叫若木，而若水就从若木生长的地底下发源。

有个禺中国，又有个列襄国。有一座灵山，山中的树上有一种红颜色的蛇，叫作蝡蛇，以树木为食物。

有个盐长国。这里的人长着鸟一样的脑袋，被称为鸟氏。

有九座山丘都被水环绕着，名称分别是陶唐丘、叔得丘、孟盈丘、昆吾丘、黑白丘、赤望丘、参卫丘、武夫丘、神民丘。有一种树木，青色的叶子紫色的树干，黑色的花朵黄色的果实，叫作建木，高达一百仞的树干上不生长枝条，而树顶上有九根蜿蜒曲折的枝桠，树底下有九条盘旋交错的根节，它的果实像麻子，叶子像芒树叶。大皞凭借建木登上天，黄帝栽培了建木。

【注释】

①南海：指水名亦指地名，所指因时而异。先秦时有时指东海，有时指南方各族的居住地，有时指南部的某一海域。西汉后始用于指今南海。

②禺中之国：国名，可能在今重庆。

③列襄之国：国名，可能是夜郎，在今四川贵州边境。

④盐长之国：国名，该国可能与产盐有关，可能在今四川境内。

⑤络：环绕。

⑥叔得：人名。

⑦昆吾：这里是诸侯名。

⑧玄：黑。

⑨仞：古时以八尺为一仞。

⑩欘：树枝弯曲。

⑪枸：树根盘错。

⑫爰过：一说指通过这棵树上天，一说指经过这里。

窫窳、巴国、流黄辛氏、朱卷之国、赣巨人、黑人、嬴民

【原文】

有窫窳（zhá yú），龙首，是食人。有青兽，人面，名曰猩猩。

西南有巴国[①]。大皞（hào）生咸鸟，咸鸟生乘厘，乘厘生后照，后照是始为巴人[②]。

有国名曰流黄辛氏[③]，其域中方三百里，其出是尘土。有巴遂山[④]，渑（shéng）水[⑤]出焉。

又有朱卷之国[⑥]。有黑蛇，青首，食象。

南方有赣（gàn）巨人[⑦]，人面长臂，黑身有毛，反踵[⑧]，见人笑亦笑，唇蔽其面，因即逃[⑨]也。

又有黑人，虎首鸟足，两手持蛇，方啖[⑩]之。

有嬴民，鸟足。有封豕[⑪]。

【译文】

窫窳，长着龙的脑袋，能吃人。还有一种青色的野兽，长着人一样的面孔，名叫猩猩。

西南方有个巴国。大皞生了咸鸟，咸鸟生了乘厘，乘厘生了后照，这位后照就是巴人的始祖。

有个国家名叫流黄辛氏国，它的疆域方圆三百里，这里出产一种大鹿。还有一座巴遂山，渑水从这座山发源。

又有个朱卷国。这里有一种黑颜色的大蛇，长着青色脑袋，能吞食大象。

南方有一种赣巨人，长着人的面孔而手臂长长的，黑黑的身上长满了毛，脚尖朝后而脚跟朝前反长着，看见人笑他也笑，一发笑嘴唇便会遮住他的脸面，人可乘机逃走。

还有一种黑人，长着老虎一样的脑袋、禽鸟一样的爪子，两只手握着蛇，正在吞食它。

有一种人称嬴民，长着禽鸟一样的爪子。还有大野猪。

【注释】

①巴国：古国名，主要分布在今重庆、湖北交界地带。相传周以前居武落钟离山（今湖北长阳西北）一带，后向川东发展。周武王建立周朝后封为子国，称巴子国。

②始为巴人：指称为巴人的始祖。

③流黄辛氏：国名，具体所指待考。

④巴遂山：山名，具体所指待考。

⑤渑水：水名，可能是今金沙江。

⑥朱卷之国：国名，具体所指待考。

⑦赣巨人：即枭阳。

⑧踵：脚后跟。

⑨因即逃：因赣巨人嘴唇遮住了眼睛，人可乘机逃走。

⑩啖：吃。

⑪封豕：大猪。

苗民、鸾鸟、菌狗、三天子之都、苍梧之丘

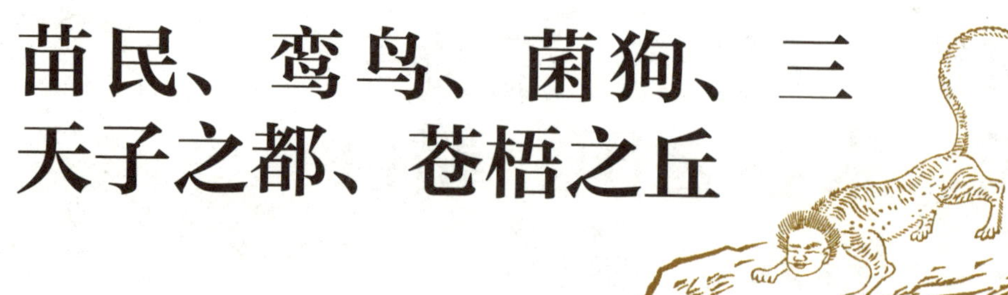

【原文】

有人曰苗民。有神焉，人首蛇身，长如辕①，左右有首，衣紫衣②，冠旃(zhān)冠③，名曰延维④，人主⑤得而飨（xiǎng）⑥食之，伯(bà)⑦天下。

有鸾鸟自歌，凤鸟自舞。凤鸟首文曰“德”，翼文曰“顺”，膺⑧文曰“仁”，背文曰“義”，见则天下和。

又有青兽如菟⑨，名曰菌(jùn)狗⑩。有翠鸟⑪。有孔鸟⑫。

南海之内，有衡山，有菌山，有桂山。有山名三天子之都⑬。

南方苍梧之丘，苍梧之渊，其中有九嶷(yí)山，舜之所葬。在长沙零陵界⑭中。

【译文】

有一种人称苗民。这地方有一个神，长着人的脑袋、蛇的身子，身躯长长的像车辕，左边右边各长着一个脑袋，穿着紫色衣服，戴着红色帽子，名叫延维，人主得到它后加以奉飨祭祀，便可以称霸天下。

有鸾鸟自由自在地歌唱，有凤鸟自由自在地舞蹈。凤鸟头上的花纹是“德”字，翅膀上的花纹是“顺”字，胸脯上的花纹是“仁”字，脊背上的花纹是“义”字，它一出现就会使天下和平。

又有一种像兔子的青色野兽，名叫菌狗。又有翡翠鸟。还有孔雀鸟。

在南海以内，有座衡山，又有座菌山，还有座桂山。还有座山叫作三天子都。

南方有一片山丘叫苍梧丘，还有一个深渊叫苍梧渊，在苍梧丘和苍梧渊的中间有座九嶷山，帝舜就葬在这里。九嶷山位于长沙零陵境内。

【注释】

①辕：车辕，车前驾畜生的部分。

②衣紫衣：前一个“衣”是动词，穿的意思。后一个“衣”是名词，即衣服。

③冠旃冠：前一个“冠”是动词，戴的意思。后一个“冠”是名词，即帽子。旃，纯红色的曲柄旗。这里仅是红色的意思，与上一句的紫色相对。

④延维：见图。即上文所说的委蛇，就是双头蛇。

⑤人主：君主，一国之主。

⑥飨：祭献。

⑦伯：通“霸”。

⑧膺：胸。

⑨菟：通“兔”。

⑩菌狗：见图。

⑪翠鸟：即翡翠鸟，形状像燕子。古人说雄性的叫翡，羽毛是红色；雌性的叫翠，羽毛是青色。实际上，翡翠鸟的羽毛有好多种颜色，不止红、青二色，所以自古以来就做装饰品用。

⑫孔鸟：即孔雀鸟。

⑬三天子之都：可能是今湖北张家界。

⑭陵界：古地名，在今河南宁远县东南。

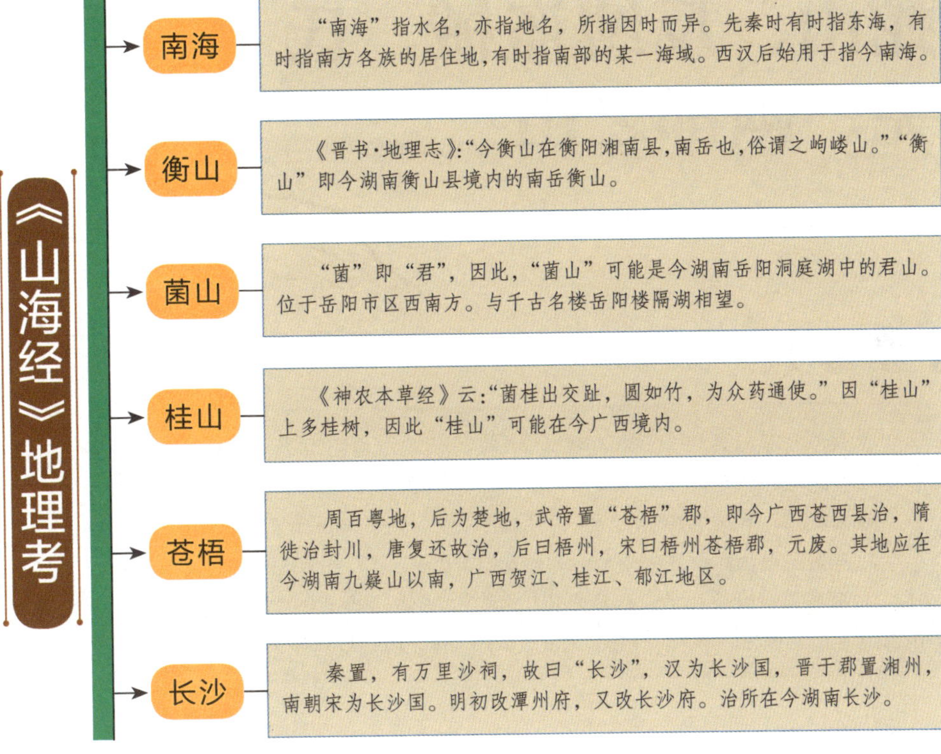

《山海经》图典

延维 明 蒋应镐绘图本

菌狗 清 汪绂图本

蛇山、反缚盗械、氐羌、幽都之山

【原文】

北海[①]之内，有蛇山[②]者，蛇水[③]出焉，东入于海。有五采之鸟，飞蔽一乡，名曰翳鸟[④]，又有不距之山[⑤]，巧倕（ruì）[⑥]葬其西。

北海之内，有反缚盗械[⑦]、带戈[⑧]常倍[⑨]之佐[⑩]，名曰相顾之尸[⑪]。

伯夷父生西岳，西岳生先龙，先龙是始生氐羌（dī qiāng）[⑫]，氐羌乞姓。

北海之内，有山，名曰幽都之山[⑬]，黑水[⑭]出焉。其上有玄鸟、玄蛇、玄豹、玄虎、玄狐蓬尾。有大玄之山[⑮]。有玄丘之民[⑯]。有大幽之国。有赤胫之民[⑰]。

【译文】

在北海以内，有座山叫蛇山，蛇水从蛇山发源，向东流入大海。有一种长着五彩羽毛的鸟，成群地飞起而遮蔽一乡的上空，名叫翳鸟。还有座不距山，巧倕便葬在不距山的西面。

在北海以内，有一个反绑着戴刑具、带着戈而图谋叛逆的臣子，名叫相顾尸。

伯夷父生了西岳，西岳生了先龙，先龙的后代子孙便是氐羌，氐羌人姓乞。

北海以内，有一座山，名叫幽都山，黑水从这座山发源。山上有黑色鸟、黑色蛇、黑色豹子、黑色老虎，还有尾巴毛蓬蓬的黑色狐狸。有座大玄山。有一种玄丘民。有个大幽国。有一种赤胫民。

【注释】

①北海：水名，可能是今贝加尔湖。

②蛇山：山名，具体所指待考，可能在今内蒙古境内。

③蛇水：水名，具体所指待考，可能是今内蒙古境内的黑龙江上游的克鲁伦河。

④翳鸟：传说是凤凰之类的鸟。

⑤不距之山：山名，具体所指待考。

⑥巧倕：相传是上古帝尧时代一位灵巧的工匠。

⑦盗械：古时，凡因犯罪而被戴上刑具就称作盗械。

⑧戈：古代一种兵器。

⑨倍：通“背”，背弃。

⑩佐：辅助帝王的人。

⑪相顾之尸：也是上文所说二负之臣一类的人。见图。

⑫氐羌：我国古代少数民族，分布在今陕西、甘肃、青海、四川西部。见图。

⑬幽都之山：山名，可能在今山西、河北北部，包括燕山及其以北诸山。

⑭黑水：水名，具体所指待考。

⑮大玄之山：山名，具体所指待考。

⑯玄丘之民：古人说是生活在丘上的人，浑身都是黑的。见图。

⑰赤胫之民：古人说是从膝盖以下的腿部全为红色的一种人。见图。

《山海经》传说 

伯夷

三千年前，在现在秦皇岛一带有一个孤竹国。到了商朝后期，孤竹国君生了三个儿子，姓墨胎氏。其长子名允，字公信，即后来谥号为伯夷。幼子名智字公达，即后来谥号为叔齐。孤竹君生前有意立叔齐为嗣子，继承他的事业。后来孤竹国君死了，按照当时的常礼，长子应该即位。清廉自守的伯夷却说："应该尊重父亲生前的遗愿，国君的位置应由叔齐来坐。"于是他就放弃君位，逃到孤竹国外。大家又推举叔齐做国君。叔齐说："我如当了国君，于兄弟不义，于礼制不合。"也逃到孤竹国外，和他的长兄一起过流亡生活。在没有办法的情况下，人们只好立了中子继承君位。

《山海经》图典 

相顾之尸 清 汪绂图本

氐羌 清 汪绂图本

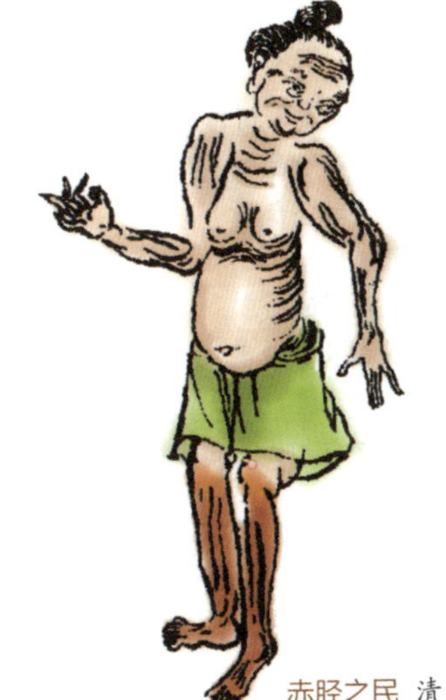

赤胫之民 清 汪绂图本

玄丘之民 清 《边裔典》

钉灵之国、炎帝谱系、乐风创制、黄帝谱系、舟车创制、弓矢创制、羿扶下国

【原文】

有钉灵之国，其民从厀（xī）①以下有毛，马蹄善走②。

炎帝之孙伯陵③，伯陵同④吴权⑤之妻阿女缘妇，缘妇孕三年，是生鼓、延、殳（shū）。殳始为侯⑥，鼓、延是始为钟⑦，为乐风。

黄帝生骆明，骆明生白马，白马是为鲧⑧。

帝俊⑨生禺号，禺号生淫梁⑩，淫梁生番禺，是始为舟。番禺生奚仲⑪，奚仲生吉光，吉光是始以木为车。

少皞⑫生般，般是始为弓矢。

帝俊赐羿彤（tóng）⑬弓素矰（zēng）⑭，以扶下⑮国，羿是始去恤⑯下地之百艰。

【译文】

有个钉灵国，这里的人从膝盖以下的腿部都有毛，长着马的蹄子而善于快跑。

炎帝的孙子叫伯陵，伯陵与吴权的妻子阿女缘妇私通，阿女缘妇怀孕三年，这才生下鼓、延、殳三个儿子。

殳最初发明了箭靶，鼓、延二人发明了钟，作了乐曲和音律。

黄帝生了骆明，骆明生了白马，这白马就是鲧。

帝俊生了禺号，禺号生了淫梁，淫梁生了番禺，这位番禺最初发明了船。番禺生了奚仲，奚仲生了吉光，这位吉光最早用木头制作出车子。

少皞生了般，这位般最早发明了弓和箭。

帝俊赏赐给后羿红色弓和白色矰箭，用他的射箭技艺去扶助下界各国，后羿便开始去救济世间人们的各种苦难。

【注释】

①厀：同“膝”。

②走：跑。

③伯陵：人名，可能是殷商诸侯。

④同：通“通”，通奸。

⑤吴权：传说中的人物。

⑥侯：练习或比赛射箭时用的箭靶。

⑦钟：古代一种打击乐器

⑧鲧：相传是大禹的父亲。

⑨帝俊：这里指黄帝。

⑩淫梁：即上文所说的禺京。

⑪奚仲：传说中发明制造车的人，姓任，黄帝的后代。

⑫少皞：即上文所说的少昊号称金天氏，为传说中的上古帝王。

⑬彤：朱红色。

⑭矰：一种用白色羽毛装饰并系着丝绳的箭。

⑮扶下：辅助下界的国家。

⑯恤：体恤、周济。

《山海经》地理考

钉灵之国

国名，也作丁令、丁零等。《汉书·苏武传》称："匈奴'徙武北海无人处，……丁令盗武牛羊'。"可知到汉武帝之世，丁令人活动中心一直在北海，即今俄罗斯东部贝加尔湖一带。

《山海经》传说

般

当时的轩辕部落与蚩尤部落争战，八战不胜，节节败退。少皞的儿子般，夜观天象，发现流星飞度弧矢星，顿生灵感，发明了弓矢，并以此为武器发起第九次对蚩尤的决战。战争中，蚩尤被逼到大海边后被杀死，轩辕部从而平定天下。轩辕战败蚩尤也震撼了其他部落，纷纷归顺拥轩辕为天子，称黄帝。黄帝奠定君临天下的地位后，对般大加封赏，赐般姓氏张，官封弓正，主祀弧星，世居青阳，即今天的河北省清河县。

《山海经》图典

钉灵国人 明 蒋应镐绘图本

创制琴瑟、创制歌舞、禹鲧布土

【原文】

帝俊生晏龙，晏龙是始为琴瑟。

帝俊有子八人①，是始为歌舞。

帝俊生三身，三身生义均②，义均是始为巧倕（ruì），是始作下民百巧。后稷是播百谷。稷之孙曰叔均③，始作牛耕。大比赤阴④，是始为国。禹、鲧是始布土⑤，均⑥定九州⑦。

【译文】

帝俊生了晏龙，这位晏龙发明了琴和瑟两种乐器。

帝俊有八个儿子，他们开始创作出歌曲和舞蹈。

帝俊生了三身，三身生了义均，这位义均便是所谓的巧倕，从此开始发明世间的各种工艺技巧。后稷开始播种各种农作物。后稷的孙子叫叔均，这位叔均最早使用牛耕田。大比赤阴，开始受封而建国。大禹和鲧开始挖掘泥土治理洪水，度量划定九州。

【注释】

①帝俊：这里是指帝舜。

②义均：就是上文所说的叔均，但说是帝舜的儿子，这里却说是帝舜的孙子，属于神话传说的不同。

③叔均：上文曾说叔均是后稷之弟台玺的儿子，这里又说是后稷的孙子，而且和前面说的义均也分成了二人，神话传说分歧，往往有所不同。

④大比赤阴：意义不明。也有学者认为可能是后稷的生母姜嫄。“比”大概为“妣”的讹文。妣，母亲。“赤阴”的读音与“姜嫄”相近。据古史传说，后稷被封于邰地而建国，姜嫄即居住在这里，所以下面说“是始为国”。

⑤布土：传说鲧与大禹父子二人相继治理洪水，鲧使用堵塞的方法，大禹使用疏通的方法，都需要挖掘泥土。布，即施予、施行。土，即土工，治河时填土、挖土工程。

⑥均：平均、均匀。引申为度量、衡量。

⑦九州：相传大禹治理了洪水以后，把中原划分为九个行政区域，就是九州。

《山海经》传说

叔均

传说，古时候共工氏负责管理农田水利。通过考察部落的土地情况，共工氏制订了一个计划，把土地高处的土运去垫高低地，将洼地填平垫高可以扩大耕种面积，利于水利灌溉。

叔均不赞成共工氏的做法。叔均认为，共工氏一平整土地，就会触怒鬼神，引来灾难，在部族中至高无上的权威是自己，整个部族应当只听从他一个人的号令，反对共工氏实行他的计划。

于是，叔均利用鬼神的说法，煽动部落民众，叫他们不要相信共工氏。当时的人对鬼神之事都极为相信。因此叔均得到了多数民众的支持。共工氏不能得到民众的理解和支持，但他坚信自己的计划是正确的，坚决不肯妥协。为了天下人民的利益，他不惜牺牲自己。于是，他来到不周山下，将不周山的峰顶撞下来，以表示自己的坚强决心。

图解帝俊谱系表

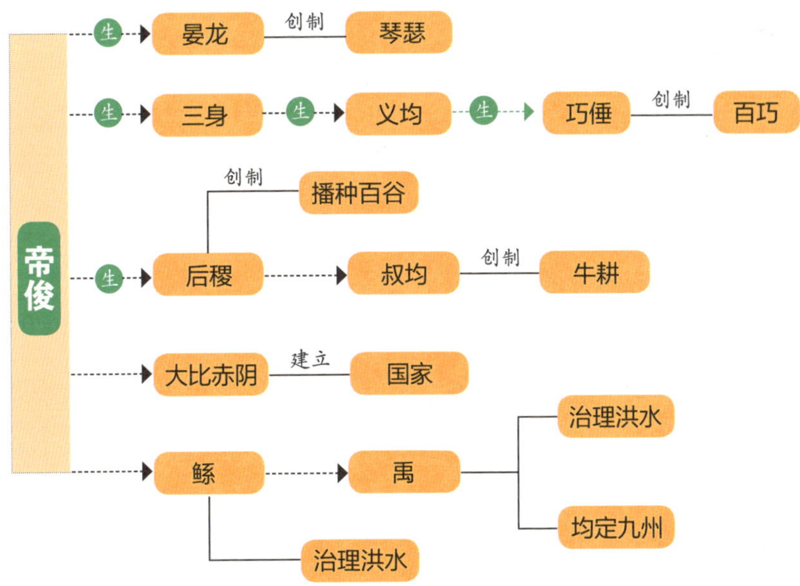

炎帝谱系、禹定九州

【原文】

炎帝之妻，赤水[1]之子听訞(yāo)生炎居，炎居生节并，节并生戏器，戏器生祝融。祝融降[2]处于江水，生共工。共工生术器，术器首方颠[3]，是复土穰[4]，以处江水。共工生后土，后土生噎鸣，噎鸣生岁十有二[5]。

洪水滔[6]天。鲧窃帝之息壤[7]以堙(yīn)洪水，不待帝命。帝令祝融杀鲧于羽郊[8]。鲧复生[9]禹。帝乃命禹卒布土[10]，以定九州。

【译文】

炎帝的妻子，即赤水氏的女儿听訞生下炎居，炎居生了节并，节并生了戏器，戏器生了祝融。祝融降临到江水居住，便生了共工。共工生了术器。术器的头是平顶方形，他通过翻耕土地来使农作物丰收，住在江水边上。共工生了后土，后土生了噎鸣，噎鸣把一年划分为十二个月。

洪荒时代到处是漫天大水。鲧偷偷拿天帝的息壤用来堵塞洪水，而没有等待天帝下令。天帝派遣祝融把鲧杀死在羽山的郊野。禹从鲧的遗体肚腹中生出。天帝就命令禹最后再施行土工制住了洪水，从而能划定九州区域。

【注释】

①赤水：一说指部族名，一说指黄河。

②降：流放；放逐。

③颠：头顶。

④复土穰：指通过翻耕土地来使农作物丰收。

⑤生岁十有二：指把一年划分为十二个月。

⑥滔：漫。

⑦息壤：神话传说中的一种能够自生自长、永不耗损的土壤。

⑧羽郊：羽山之郊，相传是舜杀鲧的地方，一说在今山东郯城东北，一说在今山东蓬莱市东南。

⑨复生：相传鲧死了三年而尸体不腐烂，用刀剖开肚腹，就产生了禹。“复”即“腹”的同声假借字。

⑩布土：区分规划疆土。

《山海经》传说 

禹铸九鼎

大禹建立夏朝后，为了防止诸侯国之间离心离德，决定召开一次诸侯大会。会后，诸侯纷纷聚拢起来，暗自表达对大禹的不满。大禹在一边悄悄观察，不服的诸侯国共有三十三国。

于是，大禹在阳城东南的涂山再次召开诸侯大会，以检讨自己的过失。会上，夏禹大声向诸侯说道："我召集大家开这个大会，为的是希望大家明白，恳切地责备、规戒、劝喻能使我知过，使我改过。"原本对大禹有意见的诸侯看到大禹这种态度，也都表示敬重佩服，消除了原先的疑虑。大禹大享诸侯后，对各诸侯又重加赏赐，并申明贡法，要求务必按照规则缴纳。同时，大禹也表示要竭力保护各诸侯国的权利，使其不受邻国的侵犯。

大会结束后，各方诸侯为表示敬意，纷纷来阳城进献青铜。贡之铜年年增多，大禹为了纪念涂山大会，就准备将各方诸侯进献的"金"铸造成几个大鼎。但为免诸侯责备，大禹经过深思熟虑，决定哪一州所贡之金，就拿来铸哪一州的鼎，将哪一州内的山川形势都铸在上面。并将从前治水时所遇到的各种奇异禽兽、神怪等一并铸在鼎上。

几年后，九鼎铸成，即冀州鼎、兖州鼎、青州鼎、徐州鼎、扬州鼎、荆州鼎、豫州鼎、梁州鼎和雍州鼎。

图解大禹生平

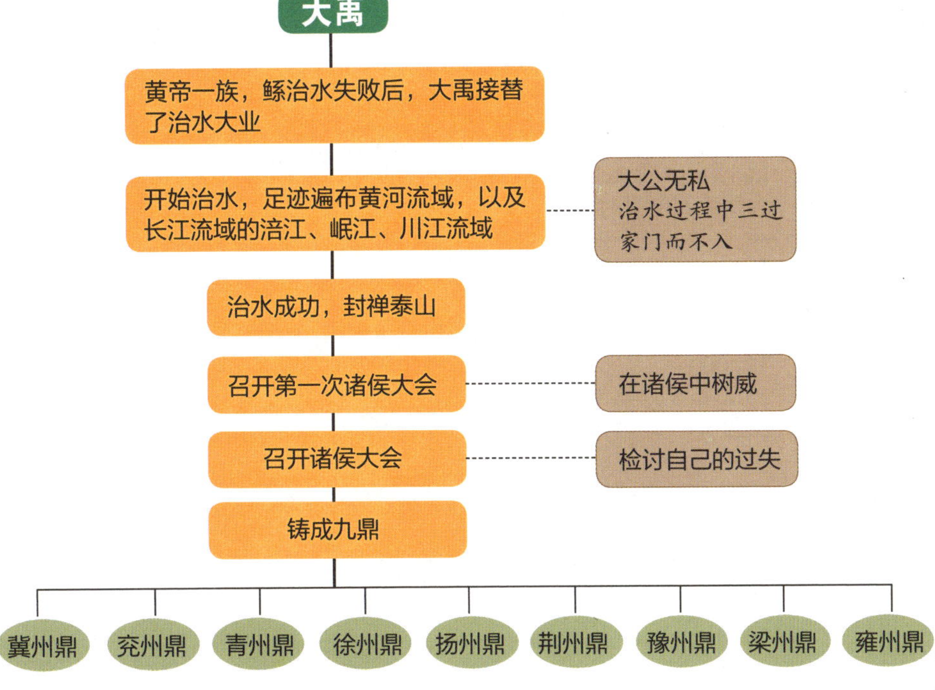

图书在版编目（CIP）数据

山海经：彩图版 / 秦国伟，安百连主编．— 南京：江苏凤凰科学技术出版社，2018.8（2022.5 重印）
ISBN 978-7-5537-9496-9

Ⅰ．①山… Ⅱ．①秦… ②安… Ⅲ．①历史地理 – 中国 – 古代 Ⅳ．① K928.626

中国版本图书馆 CIP 数据核字 (2018) 第 164749 号

山海经（彩图版）

主　　编	秦国伟　安百连
责任编辑	倪　敏
责任监制	方　晨
出版发行	江苏凤凰科学技术出版社
出版社地址	南京市湖南路 1 号 A 楼，邮编：210009
出版社网址	http://www.pspress.cn
印　　刷	天津丰富彩艺印刷有限公司
开　　本	718 mm × 1 000 mm　1/16
印　　张	27.5
插　　页	2
字　　数	374 000
版　　次	2018 年 8 月第 1 版
印　　次	2022 年 5 月第 3 次印刷
标准书号	ISBN 978-7-5537-9496-9
定　　价	76.00 元